# 上海妇女儿童发展：政策与实践

主　编　焦　扬

副主编　田　熊　程福财

上海交通大學出版社

## 内容提要

本书精选近年来上海妇女儿童发展的优秀研究成果，从不同角度呈现了上海妇女儿童发展事业取得的成绩和面临的挑战，以及进一步促进上海妇女儿童发展的对策建议。全书包括“妇幼保健服务与管理”、“儿童健康与疾病防治”、“儿童教育研究”、“女性人才研究”、“婚姻家庭与社会环境”、“来沪妇女儿童生存发展与权益保护”等六大篇章，收录了29篇优秀研究报告。其中，关于儿童发展研究的报告19篇，涉及儿童卫生与健康、儿童教育、儿童权益与司法保护等议题；关于妇女发展研究的报告10篇，分别探讨了当前上海女性在成才与就业、健康、婚姻家庭、权益保障等方面面临的问题与挑战。本书适合相关专业人士参考。

**图书在版编目(CIP)数据**

上海妇女儿童发展：政策与实践/焦扬主编.
—上海：上海交通大学出版社，2013
(儿童发展前沿丛书)
ISBN 978-7-313-09986-0

Ⅰ.①上… Ⅱ.①焦… Ⅲ.①妇女工作—研究报告—上海市②少年儿童—工作—研究报告—上海市 Ⅳ.①D442.6②D432.5

中国版本图书馆CIP数据核字(2013)第133171号

**上海妇女儿童发展：政策与实践**

焦 扬 主 编

上海交通大学出版社出版发行
(上海市番禺路951号 邮政编码200030)
电话：64071208 出版人：韩建民
常熟市文化印刷有限公司印刷 全国新华书店经销
开本：787 mm×960 mm 1/16 印张：21.25 字数：383千字
2013年9月第1版 2013年9月第1次印刷
ISBN 978-7-313-09986-0/D 定价：49.00元

---

# 序

# PREFACE

妇女儿童占全国人口总数的三分之二，是推动国家发展和社会进步的重要力量。妇女儿童事业是关系国家和民族前途的大事。近年来，上海市各级妇女儿童工作委员会紧紧围绕国家妇女儿童发展纲要对妇女儿童工作提出的目标任务，围绕上海建设现代化国际大都市的战略部署要求，围绕妇女儿童的新期待和妇女儿童发展中的重点难点问题，认真实施上海妇女儿童发展“十二五”规划，在妇女儿童身心健康、文化教育、权益保护、福利保障、社会环境和妇女就业、参政等方面开展了新探索和新实践，并取得了显著成效，推进了本市妇女儿童的新发展。为总结上海妇女儿童发展规划实施成果，加强对本市妇女儿童发展重难点问题的研究，促进上海妇女儿童工作水平不断提升，上海市妇女儿童工作委员会先后组织开展了2005～2007年度、2008～2010年度上海妇女儿童发展研究成果评奖工作。本书精选了两次评奖活动中获奖的优秀研究成果，从不同角度呈现了上海妇女儿童发展事业取得的成绩和面临的挑战，以及进一步促进上海妇女儿童发展的对策建议。

全书包括“妇幼保健服务与管理”、“儿童健康与疾病防治”、“儿童教育研究”、“女性人才研究”、“婚姻家庭与社会环境”、“来沪妇女儿童生存发展与权益保护”等六大篇章，收录了29篇优秀研究报告。其中，关于儿童发展研究的报告19篇，涉及儿童卫生与健康、儿童教育、儿童权益与司法保护等议题；关于妇女发展研究的报告10篇，分别探讨了当前上海女性在成才与就业、健康、婚姻家庭、权益保障等方面面临的问题与挑战。我们希望该书的出版能够为广大妇女儿童工作者提供借鉴经验，也希望这些研究报告中闪现的探索精神和智慧火花能转化为促进妇女儿童工作的新动力，进而推动上海妇女儿童工作在未来不断取得新进步，妇女儿童发展水平不断迈上新台阶。

焦　扬

上海市妇女儿童工作委员会副主任

上海市妇女联合会主席

# 目　录

Contents

# 第一篇

# 妇幼保健服务与管理

# 关于建立上海市危重孕产妇和新生儿会诊抢救中心的实证报告*

## 一、研究课题的提出

### （一）2006年，上海市政府颁发"十一五"妇女儿童发展规划，上海市卫生局举全系统之力，努力落实卫生系统的各项目标任务

上海市妇女发展规划总体目标提出：以推进妇女与上海经济社会同步、协调发展为总目标，确保妇女享有获得经济与社会资源的平等机会，进一步发挥妇女劳动力资源在促进上海经济发展中的作用。增强妇女在社会公共事务管理和决策中的能力，进一步提高妇女在高级决策层的比例和决策水平。提高妇女的文化、科学、心理和健康素质，进一步增强妇女的综合竞争力。确保妇女在社会保障体系中平等受益，进一步提高妇女的生活质量。保障妇女享有宪法和法律赋予的各项权利，进一步优化妇女发展的社会环境。到2010年，使上海妇女发展水平在全国领先，接近或达到世界中等发达国家和地区妇女发展的平均水平。特别强调了"保障妇女生命和健康权益，进一步提高妇科病检查的受益面，继续努力将女性平均预期寿命和孕产妇死亡率稳定在世界发达国家和地区的平均水平"。

上海市儿童发展规划总体目标提出：以推进与上海国际大都市发展战略相一致的儿童发展为总目标，不断优化儿童优生、保护、发展和参与的社会环境，使儿童充分享有受法律保护的各项权利；不断满足上海儿童发展的需求，保证儿童得到文化教育、医疗保健、生活娱乐、权益保障等全方位的公共服务；不断提高儿童的综合素质，培养儿童的创新精神和实践能力，为社会的可持续发展造就有理想、有道德、有文化、有纪律的一代新人；到2010年，使上海儿童发展水平接近或达到世界发达

* 本文获2008～2010年度上海妇女儿童发展课题调研成果二等奖。作者：上海市卫生局

国家和地区儿童发展的平均水平。特别强调了“有效提高出生人口素质，将婴儿死亡率、五岁以下儿童死亡率、孕产妇死亡率分别控制在7‰、9‰和15/10万以下”。

国际社会将人均期望寿命、孕产妇死亡率和婴儿死亡率作为衡量一个国家或地区社会经济发展和卫生健康状况的主要指标，上海作为一个国际化大都市和改革开放前沿城市，市民健康水平备受国内外关注，也成为本市卫生改革与发展涉及民生的主要任务和目标。

### （二）近10年本市户籍和非本市户籍产妇分娩情况

近10年来，随着本市上一波人口出生高峰一代进入婚育期，也因为城市现代化建设的不断加快，本市户籍和非本市户籍的出生人数呈现持续上升态势。根据统计资料，2001年本市活产数为81 083人，2010年全年活产数达到197 784人，增加了143.9%。其中，外来孕产妇人数持续攀高。

特别引起社会广泛重视的问题之一，就是外来贫困孕产妇缺乏相对稳定的社会经济保障和有效的自我保护意识，对本市提供的公共卫生服务政策理解不全、利用程度不高，对母婴保健和安全带来了令人棘手的严峻挑战。

孕产妇死亡率和婴儿死亡率作为世界卫生组织评价一个国家或地区的主要卫生指标，上海卫生系统面对问题和挑战，必须研究和建立起一个稳定、有效和便捷的，同时符合中国特色和上海特点的管理体制、工作机制和保健网络。通过行政管理、妇幼保健、卫生管理等专家的调研，从本市多年来孕产妇和新生儿抢救工作经验出发，将加强孕产妇和新生儿会诊抢救这一问题作为深入研究并实施的切入口。

## 二、研究的方法

### （一）会诊抢救中心建立的必要性

通过广泛的文献检索、资料分析、基层调研和专家座谈等过程，特别是对近20年孕产妇和婴儿死亡率的回顾性研究、分析，研究团队清醒地认识到，必须突破原有管理模式和服务网络，有必要而且迫切地构建由政府部门主导、专业机构指导、医疗机构实施的，符合中国特色、适应上海特点的会诊、转运与救治相结合的工作机制。本市建立5家危重孕产妇会诊抢救中心和6家危重新生儿会诊抢救中心，构建覆盖全市的危重孕产妇和新生儿会诊救治网络，坚持“母亲安全、儿童优先”根本理念，作为贯彻《母婴保健法》的具体行动和聚焦“一高一低”的重要举措。在本市妇幼保健工作中已明确：保障妇女儿童健康，降低孕产妇和婴儿死亡率是各级政府的职责，并将其纳入各级政府绩效考核指标体系，充分体现了“法制政府、责任政府、服务政府”的管理理念。

### （二）围绕核心目标建立研究和实施团队

2006年，市卫生局在充分总结“十五”妇女儿童发展规划的基础上，以开拓创新和克难进取为思路，坚持妇幼保健可持续发展的理念，提出了聚焦“一高一低”（提高出生人口素质和降低孕产妇、婴儿死亡率）为核心的目标，在实施本市“十一五”妇女儿童发展规划中，不断强化政府职责，创新管理机制，让千万个母亲安全分娩，让千万个婴儿健康诞生。为此，市卫生局以科研工作为先导，组建了以市卫生局局长徐建光、市卫生局原副局长蔡威、市卫生局副局长王磐石领衔的研究团队，团队成员包括市卫生局主管处室负责人和市妇女保健所、市儿童保健所主要负责人以及各区县卫生局主管领导和各区县妇幼保健所负责人。以临床应用为实践，构建救治基地，于2007年在交通大学附属仁济医院、交通大学附属新华医院、交通大学附属市六人民医院、复旦大学附属第一人民医院、复旦大学附属公共卫生临床中心分别建立了5家危重孕产妇会诊抢救中心；又于2008年在复旦大学附属儿科医院、交通大学附属新华医院、交通大学附属儿童医学中心、交通大学附属儿童医院、交通大学附属第三人民医院、同济大学附属第一妇婴分别建立了6家“危重新生儿会诊抢救中心”，由医院业务副院长担任会诊抢救中心领导，医务处/科长、护理部主任、妇产科主任、新生儿科主任以及相关业务科室主任作为会诊抢救中心成员，充分依托“5+6中心”的技术优势和辐射作用，构建了覆盖全市各区县的“绿色通道”和“安全网络”。

### （三）危重孕产妇会诊抢救中心的建立

2007年，为解决以往长期存在的危重孕产妇会诊难、转院难问题，市卫生局将“建立危重孕产妇会诊抢救中心”列为便民利民实事项目，下发了《关于招募2007年市卫生局便民利民实事项目“建立危重孕产妇会诊抢救中心”定点医院的通知》和《关于在本市部分市级医疗机构建立“上海市危重孕产妇会诊抢救中心”的通知》等文件，向全市招募“危重孕产妇会诊抢救中心”定点医院。全市9家三级综合性医疗机构积极提出申请，经组织全市妇幼保健和卫生管理专家现场评审和集中报告打擂台，仁济医院、新华医院、第一人民医院、第六人民医院和市公共卫生临床中心5家医院最终入选。市卫生局下发了《关于交通大学医学院附属仁济医院等5家市级医疗机构为“上海市5家危重孕产妇会诊抢救中心”的通知》，在以上5家医疗机构建立“上海市危重孕产妇会诊抢救中心”。同时加强制度和队伍建设，建立和不断完善危重报告制度，制定危重孕产妇转诊会诊制度和工作流程，建立“医院—区县—市”各科专家组成的三级急救队伍。通过政府部门监管、专业机构督导、医疗机构负责的有效联动机制，建立起覆盖全市的“助产机构—区县级专家组—市级会诊抢救中心”三级救治网络，有效抢救了危重孕产妇的生命。

### （四）危重新生儿会诊抢救中心的建立

2008 年，在 5 家危重孕产妇会诊抢救中心顺利建立并有效运行的基础上，市卫生局将“建立危重新生儿会诊抢救中心”列入重点工作任务，先后下发了《关于招募“上海市危重新生儿会诊抢救中心”定点医院的通知》和《关于在本市建立 6 个“上海市危重新生儿会诊抢救中心”的通知》等文件，组织全市新生儿医疗力量通过医院现场能力评审和集中报告“打擂台”等过程，最终从 12 家申报的三级甲等医疗机构中，确定了复旦大学附属儿科医院、上海市儿童医院、交通大学医学院附属新华医院、上海儿童医学中心、第三人民医院和上海市第一妇婴保健院 6 家医院为“上海市危重新生儿会诊抢救中心”，并由市财政一次性投入经费扶持启动建设。2008 年 12 月，市卫生局举行了“上海市危重新生儿会诊抢救中心”的授牌和挂牌仪式，正式开始运行。

### （五）会诊抢救中心的技术延伸作用

充分发挥全市 5 个危重孕产妇和 6 个新生儿会诊抢救中心的辐射功能，以中心为基地实施产科高级人才培养计划，2009 年选拔了 19 位基层医院产科骨干医生参加为期 3 个月全脱产临床培养，全面参与中心的产科抢救工作以及教学查房、专家门诊、高危门诊等日常业务，通过培训使基层医生的诊断救治水平得到显著提升。2008～2010 年，在全市再次分层逐级开展覆盖产科医生、儿科医生以及产房助产士的新生儿窒息复苏适宜技术培训，培训达 3 392 人次，培训覆盖率为 97.39％。2009 年开展“生命在你手中绽放——上海市新生儿窒息复苏技术大比武”，2010 年开展“珍爱生命、自由呼吸”活动，有效提升了医务人员新生儿窒息复苏的抢救能力。2009 年，市卫生局组织市妇女保健所和多学科专家合力编撰《危重孕产妇抢救精编》，从近年来本市危重孕产妇抢救案例中精选出 90 个案例，既有大量成功的案例，也有少数挫折的教训，从管理和技术不同层面分析了危重孕产妇抢救的组织和实施过程，为卫生行政管理人员、妇幼保健人员和产科临床医师提供了组织抢救的思路和方法，对提高救治能力和保健管理水平具有重要的参考价值。

## 三、研究结果

### （一）明确会诊抢救网络转运指征

为了既达到及时转诊、有效抢救，而又避免推卸责任、加重负担的运行效果，市卫生局组织专家专家反复讨论，对危重孕产妇和新生儿转运的指征做出了明确规定。关于危重孕产妇管理，《上海市产科质量管理工作要求》进行了明确界定：危重孕产妇系指产科出血（>2 000 ml，或出现休克、DIC 者）、子痫、重度子痫前期出现心、肝、肾、脑重要脏器并发症、羊水栓塞、子宫破裂、各种产科疾病所致的 DIC、妊娠合并症心衰、重症肝炎、急性脂肪肝、重症感染、重症胰腺炎、MODS（多脏器功能衰竭）等主治医师有充分理由认为是危重的患者；关于危重新生儿管理，在有关文件中明确了 11 项转运指征，如"呼吸困难或青紫，经一般氧疗不能缓解"、"出生体重<1 500 g 或胎龄<32 周的早产儿"、"母亲有严重的产前、产后感染病例"、"产时窒息，复苏后仍有缺氧缺血合并症"和"严重先天畸形，影响脏器功能或需要外科手术的先天畸形"等，这些规范的建立为转出和转入医疗机构及早识别危重孕产妇、危重新生儿，从而做到早发现、早转运、早治疗提供了转运救治的依据。

### （二）明确会诊抢救网络对应关系

市卫生局根据"全市覆盖、就近转运、优势互补"的原则，对 5 家危重孕产妇会诊抢救中心和 6 家危重新生儿会诊抢救中心承担的网络救治任务，根据其专业优势和实际能力进行了合理分工划片，每家危重孕产妇和新生儿会诊抢救中心根据实际情况分别承担 2～5 个区县的会诊抢救任务，其中市公共卫生临床中心承担全市孕产妇合并传染病的救治任务；此外，仁济医院和市一医院根据特色还更多地承担全市产科合并心脏病和产科合并糖尿病的诊疗工作。

### （三）明确会诊抢救网络工作流程

市卫生局在工作流程中提出了明确要求：当医疗机构需要进行危重孕产妇或新生儿会诊或转运时，应由转出医院的医务科向划片对口的中心联系并提出申请，向负责转运小组医护人员提交转诊病情记录，并向患者或其监护人告知转诊的原因及转运途中可能发生的问题。危重孕产妇会诊抢救中心在接到会诊请求报告后，应立即与提出会诊的医疗机构联系，根据病情需要以最快的速度派出相关专家进行会诊或接受转诊，对暂不宜转诊的对象，"中心"专家应就地指导抢救工作，待病情允许转运后带回中心继续救治。危重新生儿转运工作由市、区县急救中心组织调度，派出车辆负责完成。

### （四）加强会诊抢救网络沟通联动

各区县卫生行政部门和各级医疗保健机构各司其职，不断加强沟通联动和能力建设，危重孕产妇和新生儿会诊抢救网络体系运转顺畅，成效显著。各区县均建立了区县级危重孕产妇和新生儿抢救工作机制和绿色通道，遵守危重孕产妇和新生儿转诊和抢救的工作规范，从政策上、工作上对市危重孕产妇和新生儿会诊抢救中心给予支持和帮助。各区县妇幼保健所积极主动与对口中心建立了定期沟通协商机制，协助解决会诊、转运过程中出现的问题，确保区域内危重孕产妇和新生儿会诊、转运与抢救绿色通道有序与畅通。

### （五）加强会诊抢救网络制度建设

本市 5 家“危重孕产妇会诊抢救中心”和 6 家“危重新生儿会诊抢救中心”严格按照文件要求，不断加强医疗护理力量和抢救设施设备，由“院领导牵头、职能部门协调、专业科室负责”建立起一支训练有素、反应快捷的会诊和抢救专业队伍，确保第一时间开通“绿色通道”，确保新生儿转运暖箱等抢救设备处于正常工作状态；此外，各危重孕产妇和新生儿会诊抢救中心还分别对划片所辖区县医疗机构产科、儿科、新生儿科人员开展理论与技能培训，提升基层医疗机构的救治能力和水平。

### （六）加强会诊抢救网络督导检查

市卫生局、市妇女保健所和市儿童保健所定期对各家危重孕产妇和危重新生儿会诊抢救中心的人员配备、设备条件、规范流程和网络运转等进行督导检查，保证各个中心达到会诊及时、转运顺畅、救治有效的基本目标。通过政府部门协调、专业机构督导、医疗机构负责的有效联动机制，解决了以往长期存在的危重孕产妇和危重新生儿会诊难、转院难的社会难题，为孕产妇和新生儿保驾护航。

### （七）研究结果展示显著社会成果

据统计，自建立危重孕产妇和新生儿会诊抢救网络以来，5 家危重孕产妇会诊抢救中心共救治危重孕产妇 1 500 余人，其中 2010 年救治 363 人，成功率达 95.6%；6 家危重新生儿会诊抢救中心共救治危重新生儿近 5 000 人，其中 2010 年救治 3 015 人，成功率达 92.32%，均达到发达国家和地区的平均水平，为稳定和降低本市孕产妇死亡率和婴儿死亡率发挥了重要作用。2010 年本市人口期望寿命

82.13 岁，其中男性 79.82 岁、女性 84.44 岁；全市孕产妇死亡率 9.61/10 万，其中户籍人口 5.30/10 万、非户籍人口 13.54/10 万；全市婴儿死亡率 5.97‰，其中户籍人口 3.12‰、非户籍人口 7.47‰达到发达国家和地区的平均水平。

## 四、对策与建议

### （一）开展全覆盖系统管理和风险预警评估

近年来，本市实施“全覆盖孕产妇保健系统管理项目”，覆盖户籍人口、常住人口和流动人口。进一步拓展三级妇幼保健网络，提高主动服务意识，孕情监测由以往计生网络等比较单一渠道向多种途径拓展，同时增强各信息渠道之间的沟通与联系，推动了社区早期孕情管理由被动等待向主动发现的转变。从 2009 年开始，本市建立了妊娠风险预警评估制度，对每一位孕妇按照风险程度在孕册上注明“红、橙、黄、紫”标识并进行分类管理，对高风险孕产妇在专科门诊建立了专册登记和随访制度，追踪直至妊娠结局。2010 年共接报“不宜继续妊娠”患者 47 例，其中安全终止妊娠 46 例，1 例自愿返回原籍接受治疗。

### （二）建立抢救报告、死亡评审和分析反馈制度

2007 年，市卫生局修订了《上海市产科质量管理工作要求》和《上海市儿童保健和儿科质量管理工作要求》，进一步完善危重孕产妇、危重新生儿抢救报告、调查制度，并对孕产妇和 5 岁以下儿童死亡评审制度作了进一步的明确要求，实现了第一时间报告、第一时间抢救、第一时间督查。对孕产妇和 5 岁以下儿童死亡病例，严格执行双盲评审制度，及时发现问题并采取整改措施，通过产科主任和儿科主任例会制度及时进行通报和分析。市卫生局组织市妇女保健所和多学科专家合力编撰《危重孕产妇抢救精编》，分析了危重孕产妇抢救的组织和实施过程，提供了组织抢救的思路和方法，对提高救治能力和保健管理水平具有重要的参考价值。

### （三）全面加强产科质量管理和通报反馈

2010 年 8 月，市卫生局组织市妇女保健所和全市 107 名产科管理和专业人员成立 22 个督导组，首次全覆盖对 86 家助产机构开展全面督导评估。督导内容包括产科质量整体状况、危重孕产妇抢救规范性、妊娠风险预警评估实施情况、助产人员“三基”情况、剖宫产指征掌握情况等。根据督导评估结果，在全市产科质量工作会议上，以文件形式通报了优秀、合格、基本合格和不合格医院名单，对不合格机

构限时办理注销手续。通过对正反典型案例的分析和通报，强化了行政部门、专业单位和医疗机构对产科服务重要性的认识，做到了举一反三、警钟长鸣。

### （四）制定和实施危重孕产妇评审

在继续做好孕产妇死亡评审工作的基础上，市卫生局组织市妇女保健所制定了《上海市危重孕产妇评审实施方案（试行）》，于2010年底开始在全市研究和推行危重孕产妇抢救评审工作制度。本市的危重孕产妇管理模式从单纯的信息上报管理转变为上报和评审相结合的双重管理模式，对于进一步加强本市产科质量管理、提高各级助产医疗机构危重孕产妇救治能力与水平、不断降低本市孕产妇死亡率发挥重要作用。

### （五）促进母婴健康理念更新

根据卫生部《爱婴医院监督管理指南》等要求，组织实施“母乳喂养咨询室”项目，进一步加强对爱婴医院和社区卫生服务中心的督导和管理；2009年5月10日“母亲节”，本市举行了保护、促进和支持母乳喂养“千人报告会”；2010年在全市举行“和宝宝第一个约定——母乳喂养周活动”，积极宣传母乳喂养知识，不断提高婴儿母乳喂养率。全市妇幼卫生系统举办“自然、健康——保护和支持自然分娩活动”等丰富多彩的健康教育活动，与各孕妇学校师资和孕妇家庭一起，呼吁全社会“倡导爱母分娩、关注母婴健康”，同时也积极启发和提高孕产妇自我保护意识和能力，让安全和健康从自我认知、自我管理开始。

### （六）努力落实会诊抢救中心保障制度

危重孕产妇和危重新生儿会诊抢救中心接收诸多外来贫困人口，由于这些特殊人群经济能力微薄、保障政策缺位，由此每年发生比较严重的欠费现象。在市领导的大力支持下，市妇儿工委牵头反复调研，已将“健全危重孕产妇抢救网络，全面提高危重孕产妇救治能力，降低孕产妇死亡率。增加财政对危重孕产妇抢救的投入，加强产科人才队伍建设，提高抢救能力与水平。进一步强化危重孕产妇抢救中心的服务功能和辐射能力，加强各助产医疗机构硬件建设，优化危重抢救工作流程，确保绿色通道畅通”这一政策措施上报市政府，有望作为本市“十二五”妇女儿童发展规划的重要内容。

在社会各方面的积极支持下，在卫生系统人员的不懈努力下，本市危重孕产妇和新生儿会诊抢救网络在过去几年中发挥了非常显著的功效，为降低本市孕产妇死亡率和婴儿死亡率作出了突出的贡献。同时，也应当清醒地认识到，在公共卫生领域中，要建立可持续发展的妇幼保健服务与管理体制、机制，满足市民群众的基本愿望和要求。

# 社区妇幼保健网格化管理及评估指标研究*

## 一、研究背景和研究目的

在市卫生局妇幼处和科教处的业务指导下，我们于1994～1997年开展了上海市医学领先特色项目“瑞金街道开展‘优生优育’工程与实施90年代中国儿童发展纲要接轨的研究”以及1998～2001年进行了第二周期“中心城区妇幼卫生保健服务模式及管理的研究”项目，对社区中常住户籍的妇女儿童探索出了一套有效的管理模式。

目前卢湾区①的社区居民实际上涵盖四部分人：(1) 卢湾区户口，居住本地区居民；(2) 非卢湾区的上海户口，但实际上居住在本地区的居民；(3) 外地人士、海外人士、华侨和外籍人士等，本人在上海工作及其家属居住在本地区的居民；(4) 居住在本地区的外来务工人员及其家属。传统的以户籍制管理为主的妇幼保健管理模式已成为妇幼卫生保健服务发展的瓶颈。

本课题将淡化户籍管理概念，重新树立以居住地全体居民(包括本市户籍及流动人口)为管理目标的新型管理模式，落实属地化管理，从而实现服务全覆盖，为构建和谐社会打下社区基础。

作为上海市医学领先特色项目第一、第二周期的延续，我们在第三周期中按网格化管理要求，把瑞金街道分为北、中、南三块实施妇幼保健管理全覆盖研究。在实施网格化管理后，将管理及服务对象从卢湾区户籍居民扩展为居住在本社区的全体居民。一直困扰我们的本地区居民“户籍空挂”问题、流动人口管理问题，以及作为中心城区实际居住及无户籍人员的管理问题都在网格化社区管理中全部涵盖。

---

* 本文获2008～2010年度上海妇女儿童发展课题调研成果二等奖。作者：卢湾区卫生局

① 此文在卢湾区并入黄浦区之前撰写，故仍使用卢湾区。

通过网格化管理新模式的探索和实践，促使非户籍的妇女儿童能得到与户籍人口同等的医疗保健服务，真正做到保健服务全覆盖，服务内容个性化、人性化，服务模式多层次、多样化，使全社区居民人人享有“公平、公正”的医疗保健服务。

由于网格化妇幼保健管理及服务是在以往的妇幼保健常规管理及评估指标基础上有了新的发展，因此需要开发新的评估指标体系，并确定有效的评估方法，以评价网格化妇幼保健管理及服务的成效，为今后开展纵向和横向比较提供依据。

## 二、研究框架和技术路线

本文的研究框架和技术路线如图1所示：

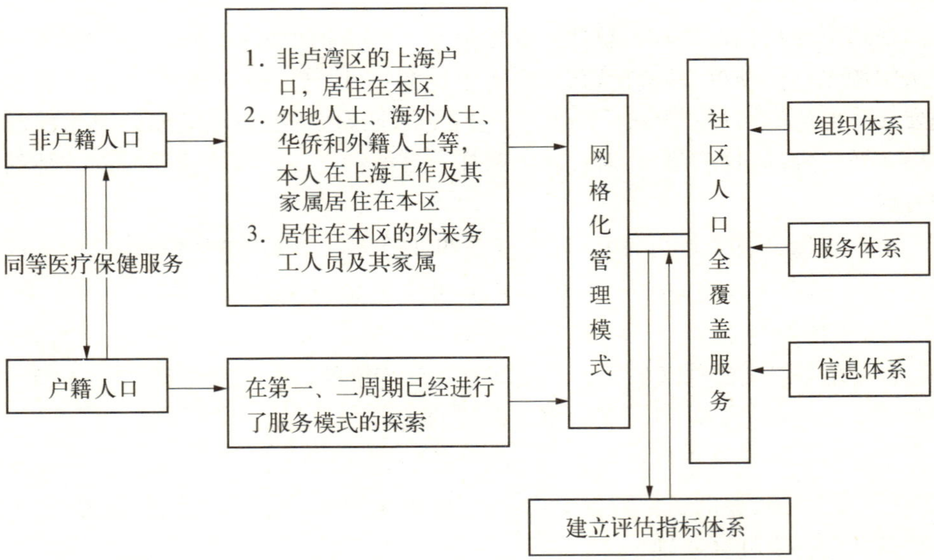


**图1**

## 三、具体措施

### （一）建立新的管理组织结构

在街道党工委、办事处领导下，整合街道资源（包括党政领导、公安、民政、妇联、计生等有关部门）和卫生资源（区卫生局、区妇保院（所）、社区卫生服务中心、社区卫生服务站），构筑合理的管理机制，明确各单位的职责分工，按照划分的网格区域开展医疗、预防、保健、康复、健康教育和计划生育技术指导“六位一体”的医疗卫生保健服务。在社区中真正做到对“实际居住居民”妇幼保健服务的全部涵盖。重点对妇幼保健的常规管理工作落实以及根据不同层次、不同需求提供多层次、全方位的服务进行深入的研究和探索。

### （二）建立网格化服务体系

建立与网格化相适应的妇幼保健服务网络，建立一支骨干技术队伍，组织一支群众参与的志愿者队伍，每年进行两次全覆盖培训，做到社区管理者、志愿者、全科医生与妇幼专业人员相结合，广泛动员社区每个家庭妇幼儿童积极参与，形成社区妇幼保健服务良好氛围。

### （三）建立网格化管理信息体系

明确社区网格中实际居住的妇女儿童的信息通过社区公安、民政、房管物业、居委、计生、妇联等整合各方信息，掌握社区每个家庭情况和妇女儿童的基本信息。公安、民政重点关注非户籍人口妇女儿童，房管物业、居委重点掌握本区户籍、非本区上海户籍、非上海户籍业主的变化，计生、妇联重点排摸流动人口孕产妇和儿童。

在瑞金二路街道党政领导及相关部门的大力支持与积极配合下，建立了一支由各社区居委计生干部组成的“社区妇幼保健网格化管理信息员队伍”，目前共有16名组员，全部接受了社区卫生服务中心的培训，确定了工作方法，明确其工作职责，即负责收集、核实、定期上报社区发现的流动人口孕产妇及儿童信息，包括社区中残疾儿童、高危儿童等。建立每月信息上报制度、考核制度和奖励制度，提高信息的及时性和准确性。

### （四）开展多种形式的孕期保健服务

对早孕门诊中发现的异常情况，如RPR阳性患者，积极跟踪随访，加强沟通，落实治疗，保障母婴健康；对信息员排摸上报的流动人口孕妇，开展孕期全程跟踪，落实产前检查、住院分娩及产后访视；对在瑞金街道的新上海白领阶层，在网上成立了“瑞金新上海人俱乐部”，提供优质的计划生育、孕前保健咨询服务，进一步提高出生人口素质。

至今，发现1例智残孕妇且B超显示胎儿重度畸形，及时终止妊娠，预防了缺陷儿出生；筛查出1例RPR阳性孕妇，及时落实了瑞金医院性病科全程治疗，避免了先天性梅毒儿发生。

### （五）特殊儿童保健服务模式探索

**1. 残疾儿童管理**

在全区范围内调查摸底，掌握了全区 21 名重残儿童的基本情况和残疾状态。这些重残儿童大多是脑瘫患儿，其运动、语言、智力方面残疾程度严重，生活不能自理，无法参加正常学习。课题组聘请市神经内科专家每年为社区脑瘫儿童进行一次会诊、康复评估并制定个性化康复方案（见《卢湾区残疾儿童康复手册》），由综合卫生保健服务团队定期为残疾儿童上门提供康复服务。

**2. 出生缺陷儿童以及出生高危儿童管理**

按网格化的要求对社区内常住户籍和非常住户籍（包括暂住人口和外来流动人口）中的出生缺陷儿童以及出生高危儿童这一弱势群体，加强监测、随访服务，争取早发现问题、早期采取干预措施，探索实现社区内出生缺陷及出生高危儿童监测、治疗、康复、随访服务全覆盖的新型模式，真正体现"和谐社区"对非户籍妇女儿童的人性化服务。

### （六）网格化管理实施效果评价

继 1992 年、1995 年、1998 年三次调查后，开展第四次"0～6 岁儿童及其家庭基本信息"的抽样调查。本次调查是在开展了社区妇幼保健网格化管理 3 年的基础上进行的、以全人群中 0～6 岁儿童为总体的抽样调查。在卢湾区四个社区用 PPS 抽样方法，在每个社区抽 325 户（瑞金社区 625 户）0～6 岁儿童进行入户调查，总调查户数为 1 600 户。回收有效问卷 1 573 份，有效率 98.31%。其目的是比较我区户籍人口及外来人口中儿童保健的接受情况和健康状况；了解儿童家长对儿童教养与保健的知识、态度和能力以及存在的主要问题，从而为制定新的干预措施提供依据。

### （七）探索建立新的评估指标体系

作为社区妇幼保健网格化管理工作的重要环节之一，开展社区妇幼保健网格化服务评价，衡量社区妇幼保健网格化服务的适宜性与合理性，能更好地了解社区妇幼保健网格化管理工作的进度和效果以及存在的问题，必须建立一套具有良好信度、校度、敏感性及可操作性强的综合评估指标体系，以实现对社区妇幼保健工作的考核和改进。

通过建立科学合理的评估机制，对内可促进社区妇幼保健网格化管理工作规范化、标准化，便于进行横向比较，寻找完善依据，有利于本社区的建设和发展；对外可推广社区妇幼保健网格化管理工作模式，便于纵向比较，为决策部门提供依据，有利于妇幼保健整体水平的提高。

本指标体系是研究组在原有指标体系的基础上，参考了其他相关文献中的评估指标，列出新的指标体系框架，作为第一轮特尔斐专家咨询问卷进行专家论证，共进行了三轮专家咨询，每一次信函咨询后再召开专家研讨会，确定下一轮问卷内容。参加特尔斐专家咨询的有公共卫生、社区卫生、妇幼卫生的 20 位资深专家，最终确定了指标体系及指标权重。

在指标体系建立之初，检索了 1990 年至今的相关文献 32 篇，通盘考虑各项指标的合理性、重要性、可操作性等多方面因素。指标的合理性，是指该指标符合社区妇幼保健网格化管理的理念，即服务覆盖社区全人群，包括户籍人口和非户籍人口；指标的重要性，是指该指标在评价社区妇幼保健网格化管理体系中十分重要，不可缺少；指标的可操作性，是指该指标实际操作过程的易难程度。

整个指标体系从体现政府部门介入、社会力量动员、服务机构尽责、自我意识增强等各环节入手，共 29 个指标，分为四大部分：组织体系、业务指标、满意度、特色工作。组织体系又分为组织管理、服务团队、服务内容、信息支持四个部分 16 个指标；业务指标中含 10 个业务项目。

在整个评估体系指标权重中，专家将重点放在业务指标上，其次是组织体系。在业务指标中，10 个业务项目中以儿童计划免疫接种率及住院分娩率所占比重较高，组织体系中组织管理、服务团队、服务内容、信息支持四个部分比重几乎相同。

## 四、建设成效

### （一）初步摸索出一套对全社区实际居住居民服务对象全覆盖的网格化管理模式

在卢湾区已有的社区网格化管理的基础上建立了社区妇幼保健服务的网格化管理模式。这一管理模式是在街道党政部门的直接领导下，由街道相关职能部门共同参与、社区卫生服务中心主要负责、社区信息员和志愿者积极配合，通过社区动员和倡导而形成的，营造了人人关心妇幼健康，促进儿童优先的社会氛围，有效开展辖区内全人群的妇幼保健工作。

### （二）建立了由卫生系统和社区部门共同组建的网格化社区妇幼保健服务队伍

这个队伍包括由妇幼保健医生、社区全科医生及既有专业知识又有爱心的党团员志愿者共同参与的“综合卫生保健服务团队”（简称全科团队）、由各社区居委计生干部组成的“社区妇幼保健网格化管理信息员队伍”（简称社区团队），所有成员均进行了相关的定期培训，确保不论是社区医生还是志愿者、信息员，都对妇幼保健工作认识到位、理解充分。

### （三）建立了信息收集、反馈系统

由社区团队主要负责各类信息的采集、核实，摸清变动和搬迁情况。信息收集的对象是网格内全人群中妇女和儿童，信息核实后交全科团队，由全科团队的医务人员根据上海市孕产妇和儿童系统管理的规范要求，开展相应的卫生保健技术服务工作，并将相关信息反馈社区团队，形成社区部门与卫生系统共同参与和协同工作的社区妇幼保健管理新格局。

### （四）基本实现社区妇幼保健网格化管理

以社区卫生服务中心服务站为中心划分网格，分为南、中、北三块，每个网格区域包含若干个居委会，主要依托居委会的计划生育管理队伍，并将社区卫生服务中心的医疗、预防、护理、保健、康复医生组成专业服务团队，并与网格区域匹配，形成网格管理格局。在实施网格化管理后，以居住在本社区的居民作为整体管理及服务对象，从而使妇幼保健服务在社区居民中真正达到全覆盖。

### （五）实现了“四个转变”

“四个转变”是指：(1) 服务对象转变。从单纯以区内户籍居民为服务对象，转变为以辖区内全人群为服务对象，包括非卢湾区户籍及非上海户籍居民；(2) 管理方式转变。从单纯以“妇幼条”为主的管理，转变为用网格化方式划分管理区域，以全科团队和社区团队协同工作的方式实现“条块结合，以块为主”的管理；(3) 服务内容转变。从单纯以治病为主转变为以防为主，防治结合，建设健康城区，将妇幼保健真正融入社区保健；(4) 优生工作服务模式转变。从以出生后矫正即三级预防为主，转变为以孕前预防即一级预防为主，切实提高出生人口素质。

### （六）提高了非上海户籍人口妇女儿童信息收集的准确性和及时性

自信息员队伍建立以来，信息采集的及时性和准确性大幅提高，尤其是针对非户籍人口中的孕产妇的摸底情况有了明显改善。通过排摸及时掌握外来流动人口妇女生育信息，一旦孕产妇入住社区或在到达暂住地后怀孕、分娩，即可在短期内能得到与户籍人口同等的妇幼保健服务，实现了对流动人员孕产妇的有效管理。

### （七）提高了非户籍人口中妇女儿童保健管理的水平

区域内的所有妇女儿童均能够享受平等的保健服务。自课题实施以来3年内无孕产妇死亡，婴儿死亡率在4‰以下，2007年居民平均期望寿命为82.45岁，其中男性80.35岁、女性84.46岁，妇女儿童保健工作处于全市领先水平。

### （八）提高了特殊儿童早发现及卫生保健的水平

全科团队在开展全人群中妇幼保健服务的同时，在社区团队的积极配合下，还将出生缺陷和出生高危儿童的早发现、早干预作为一项重点工作来抓。课题实施后户籍人口的相关服务对象增加了81例，非户籍人口的相关服务对象从0例增加到26例，随访例数也明显增多。33例出生缺陷儿实现了早诊断、早干预、早康复，其中痊愈22例，占73.33%；好转7例，占23.33%。

### （九）提高了辖区内妇幼保健的总体水平

第四次0～6岁儿童及其家庭基本情况调查显示，通过网格化管理这一新型服务模式的推行和实施，卢湾区社区妇幼保健管理能力和服务水平均明显提高。调查的数据分析显示，网格化管理模式不仅做到流动人口中的孕产妇和儿童保健服务全覆盖，而且能使流动人口得到与本市户籍人口同等水平的保健服务，因而儿童健康指标已接近本区户籍儿童。

随着社会经济发展，人们的卫生服务需求和自我保健意识均有了明显提高，能积极主动参与社区妇幼保健。

家长能花更多的时间陪伴孩子，在教育孩子中更多地采取寓教于乐的方式。大多数被调查家庭父母教养孩子的态度一致，对孩子以说理教育为主呈增长趋势，比较注重孩子的能力培养，超过50%的家长对孩子将来接受教育的程度选择顺其自然，使孩子情绪好、独立性强成主流。

### （十）建立了基于社区网格化管理的评估指标

将特尔斐法运用于建立社区妇幼保健管理评估指标体系，强调对流动人口的全覆盖服务。该评估指标体系旨在反映社区网格化管理的绩效，对社区网格内全户籍人口实现定性、定量化管理，加强针对流动人口的全覆盖服务具有指导作用。

评估指标体系既保留传统指标，如儿童计划免疫接种率、孕产妇保健覆盖率、0～6岁儿童系统保健管理率等，又引入创新指标，如网格化管理工作机制、流动人口信息掌握、针对不同人群的服务包、重点对象个案管理等。在业务指标中按户籍人群和非户籍人群分设不同参考值，使评估体系具有客观性、科学性。

在选择有效指标的同时建立了执行标准即操作方法，详细描述了指标定义、参考值、考评方法和成绩汇总方法，使评估体系具有操作性和推广性，让不同时间、不同区域的妇幼保健工作成效具有可比性，为进一步改进工作创造了条件。

### （十一）建立了“四个保障支持”

“四个保障支持”是指：(1) 组织领导及政策支撑。从区委、区政府到街道党政领导，均重视科研工作。党工委书记从开题阶段即参与，并了解、关心科研进程，解决遇到的难题，整个街道公安、民政、妇联、计生、妇联、各居委均参与妇幼保健工作，该课题工作被纳入街道工作进程，获得了有力组织支撑。我区在全市率先实行免费婚检，区人口计生委对非户籍人群中低保对象提供1 000元产前检查补助费，保证其进入系统管理，落实住院分娩，实现我区全人群中孕妇100%住院分娩。(2) 财政经费支撑。市卫生局下拨专项经费；区卫生局除配套资金外，还另外支持2个主要分课题研究，另行拨款；社区卫生服务中心也及时拨专款予以配套，同时加大对块内“妇幼条”的投入。(3) 青年人才支撑。积极培养优秀青年干部，提升科研能力和科研水平，做到科研实施“出人才”。(4) 志愿者支撑。全社区南、中、北三个块内都有民警、物业、民政、妇联、计生参与，建立了一支优秀的志愿者队伍，支持、参与社区妇幼保健工作。其中，16名志愿者担任信息员，发现人员流动后随时更新名单，按时上报信息，社区卫生服务中心提供优质服务。

## 五、思考与建议

对社区全人口包括户籍人口及非户籍人口信息的动态掌握是实现网格化管理的关键，不同部门之间信息的衔接仍是社区妇幼保健工作的薄弱环节，要保持信息员队伍的稳定、保障信息渠道的通畅还需相关政策的支持。提供全覆盖的服务，使服务对象和服务内容不断增加和完善，需要政府加大经费投入。

由于保健服务的网格化管理是新的事物，缺少可参考的样板及经验，本课题的实施是在摸索中前进；评估指标是在探索社区妇幼保健网格化管理的实践中建立的，需要到实践中验证，以进一步完善和提高。

目前保健服务的内容只涉及新婚妇女及孕产妇系统管理和0～6岁儿童家长的保健管理，对其他不同时段妇女及青少年保健管理、心理保健等尚未涉及，希望在下一阶段能争取落实研究。

本课题虽在卢湾区初步推广，但本区人口较少，若能借鉴前期经验（即在卢湾第一周期项目成功实施后，由卢湾区和闸北区宝山地段医院及崇明妇幼保健院（所）联合进入第二周期研究），在第四周期中由卢湾联合其他社区共同开展扩大范围的比较研究，则本研究成果的推广就更具现实意义。

优生工作要从婚前开始，目前婚检率及婚前教育率虽有上升，但与过去接近100％的水平比较，相差甚远。如何通过社区补上这一课，实现婚前保健、孕前保健、孕产期保健的系列服务，从而尽量预防和减少出生缺陷的发生，尚需进一步探索。

# 黄浦区加强孕产妇系统管理网底建设的效果分析*

随着社会的进步和人们生活水平的提高，孕产妇系统保健管理工作成为保障母婴健康、提高出生人口素质的有力措施，是政府职能强化的重要内容之一，也是妇幼卫生工作永恒的主题。现有孕产妇系统保健管理三级网络的建立对提高孕产妇系统保健管理率，降低孕产妇、围产儿死亡率具有重要意义，也是中国妇女儿童发展纲要监测的重要指标之一。将怀孕早期妇女纳入早孕保健管理是开展孕产妇系统保健管理的第一步。早孕保健是筛查高危妊娠、进行健康教育与咨询、开展出生缺陷一级预防的重要时机，更是提高孕产妇系统管理覆盖面（包括流动人口）的有效途径。由于目前孕产妇对建册和早孕保健的必要性和重要性认识不足，缺乏主动意识，因此利用现有的妇幼保健三级网络，加强社区网底建设，利用社区支持组织人员协同社区医护人员进行孕情排摸和监测，掌握辖区内孕情动态，及早发现怀孕妇女，敦促其早孕建册，是将其纳入早孕保健管理网络的基础，也对提高孕产妇系统管理率具有积极的指导意义。

目前，在国内有一些分析早孕建册现状的文章，但缺乏完整、系统和详细的一手资料。有文献表明，我国近几年孕产妇系统管理率一直徘徊在75%～80%。

相关检索显示，提高早孕建册率，与社区卫生服务中心的妇保医生能够多下社区，与社区计生干部联系，组织计生干部培训，让育龄妇女（尤其是流动人口）知晓早孕建册的重要性和具体操作过程，通过医生和计生干部的宣传和动员，让社区更多的孕妇知晓并做到早孕建册密切相关。

检索得出，上海某社区通过对两年早孕建册途径的分析、比较，发现孕妇从医务人员处获知早孕建册信息的百分率比较低，说明医务人员（尤其是二、三级医院）对孕妇早孕建册重要性还未得到应有的重视。

---

* 本文获2008～2010年度上海妇女儿童发展研究政策建议成果优秀奖。作者：胡凤仙，黄浦区妇幼保健所

而利用社区网络平台，对辖区育龄妇女及新婚家庭开展广泛有效的早孕建册重要性的宣传，对提高早孕建册率，及早进行早孕保健有着重要意义。

## 一、研究目的与研究方法

### （一）研究目的

了解本区结构特点，构建社区支持组织人员队伍并加强培训；利用现有孕产妇系统保健三级网络，以社区卫生服务中心为重点，加强社区网底建设；以社区卫生服务中心为主，协同社区支持组织人员，入户排摸并掌握辖区内孕情，及早发现怀孕妇女，尤其是流动人口孕产妇，将其纳入孕产妇系统保健管理网络，提高孕产妇系统管理率。

建立婚前保健机构及辖区内妇科门诊和社区卫生服务中心的早孕期信息反馈机制，实现信息资源共享。

适时开展健康教育，提高对孕产妇系统保健重要性的认识度，实现公共卫生服务的均等化，为提高孕产妇系统管理率，降低孕产妇死亡率奠定基础。

### （二）研究对象

监测对象：社区户籍所在地的育龄妇女以及流动人口育龄妇女。

早孕建卡对象：为＜孕 13 周的怀孕妇女（户籍及外来常住人口）。

流动人口界定：在上海居住满一个月的对象；按有关规定为在上海居住满 3 个月。

## 二、资料与方法

### （一）课题前期调研工作

调研区域特点：黄浦区全区总面积 12.49 平方公里，其中陆地面积 11.17 平方公里。区内设有 6 个街道 120 个居委。截至 2009 年底，管理人口总数为 603 437 人，其中育龄妇女总数为 145 427 人。

通过社区调研发现，孕产期保健管理方面特点如下：

(1) 中心城区"人户分离"现象突出。约有 1/3 人口为户在人不在的对象，由于信息交换的不畅通，给户籍人口的孕情排摸工作带来了难度。

(2) 商业圈外来人口密集。据统计，外来人口与户籍人口的比例约为 1∶1，且二元结构明显，超生对象不少；贫富差距导致了外来人口对孕产期保健认知的态度截然不同，给社区孕情排摸和监测带来困难。

(3) 社区妇幼保健工作人员匮乏，无法承担和胜任如此庞大的育龄妇女管理人口数及工作量。根据上海市卫生局《关于进一步加强本市孕产妇保健和医疗救治工作的通知》，应由社区卫生服务中心全面开展孕情监测，掌握辖区孕产妇基本情况。而我区目前社区妇保人员为 14 人(其中专职 11 人、兼职 3 人)，难以单独承担 14 万育龄妇女的孕情监测工作(根据卫生部 2007 年 1 月 5 日印发的《妇幼保健机构管理办法》第 13 条规定：一般按人口的 1∶10 000 配备)。

### (二) 依托计生网络，建立管理框架模式

与计生委进行有效沟通合作，加强社区孕产妇系统保健网底建设，落实责任分工，为社区孕产妇系统保健网底建设做好人员构架，并建立黄浦区计生卫生联席会议制度，定期召开相关工作会议。

面对现实状况，在区卫生局、区计生委的支持下，依托现有的计生网络，组建卫生—计生妇女保健联席会议制度及由区妇保所—社区卫生服务中心—街道计生科—社区计生(卫生)干部为轴线的二横二纵管理网络，将孕情排摸、孕情监测任务落实到每个社区。依靠社区支持组织人员(包括街道居委计生干部、楼组长、协管员等)定期主动入户排摸孕情，发现怀孕对象立即填写孕情卡并督促其及时到所属社区卫生服务中心建立孕产妇保健手册。

### (三) 制定网络运行考核评估方案，建立社区孕情监测制度和实施方案，为社区早孕保健网底建设提供制度保障

#### 1. 制定《黄浦区社区孕产妇系统管理奖励评估方案》和《黄浦区社区孕产妇系统管理工作考评标准》

由社区卫生服务中心的妇保医生对各居委计生干部的孕情排摸和监测质量进行定期评估，区妇幼保健所定期按《黄浦区孕产妇系统管理工作考评标准》对各社区卫生服务中心考核，并将评估及考核结果上报各街道卫生(计生)科，由其负责对各居委进行反馈和督导，根据排摸质量实施相关奖励。同时，妇保所对各社区孕情排摸质量的考核又与年度考评分数挂钩，以期做到孕情排摸工作质量控制的常态化、制度化，做到有反馈、有奖惩。

#### 2. 通过各层面强化培训，促进社区卫生服务中心妇保医生与社区支持组织成员对早孕建卡及早孕服务的认知，及早掌握社区孕情，提高早孕建卡率

先对各社区的早孕建卡情况进行基线调查，内容包括居委数量、支持组织人员

构成情况、社区卫生服务网络工作模式等。根据调查内容设计培训前后问卷，针对早孕建册重要性、早孕建册时间及孕情排摸与监测等方面依次进行培训，提高工作人员认知程度和社会责任心，确保社区孕情排摸与监测方案的有效实施。培训前后进行问卷知识调查和评估，以便检验培训的效果。

**3. 社区孕情排摸及孕情监测制度具体实施方案**

(1) 根据社区孕情报告制度，依靠社区支持组织人员(街道干部、居委干部、楼组长、协管员等)定期主动入户排摸(每月 1 次)，了解辖区内有无新婚对象、有无怀孕(包括外来人口)。一旦发现可能怀孕或确诊怀孕的妇女，应当立即填写孕情卡并督促孕妇及时到社区卫生服务中心接受早孕保健服务。

(2) 根据社区孕情监测制度，由社区妇保或团队医生定期(每月 1 次)将早孕门诊建册孕妇名单与居委会孕情排摸登记本名单进行核对，对填写过孕情卡而仍未接受早孕保健服务的对象，掌握后要继续督促，直至落实早孕保健服务为止。

### (四) 利用区妇幼保健三级网络，当二、三级医疗机构妇科门诊及婚前保健机构发现孕情后，即与社区卫生服务中心早孕门诊建立信息反馈机制

及时召开协调会和培训会，落实婚前保健机构和二、三级医疗机构妇科门诊发现的怀孕妇女的孕情信息登记，通过三级妇幼保健网络，反馈给各社区卫生服务中心，督促怀孕妇女进行早孕建卡。

### (五) 探索人户分离与外来孕妇管理

**1. 部门协作、关口前移**

在区计生委和民政局的通力协作下，将新婚访提前到婚姻登记处，在做好婚前咨询的同时，加强孕产期知识的宣传教育，把早孕建卡的流程、重要性制成简单明了的宣传折页，及早告知这些新婚夫妇，以扩大早孕保健健康教育的覆盖面。

**2. 加强新婚访及电话访，弥补人户分离沟通不便的缺陷**

由于人户分离现象比较普遍，为了保证排摸质量，在做好入户排摸的基础上，要求各居委在进行定期计划生育宣教的同时，以当年及近 3 年有婚育现象的育龄妇女为重点对象，做好对人户分离育龄妇女的早孕保健宣教，确认其是否怀孕并了解孕情动态，做好排摸管理。

**3. 利用社区妇女保健网络，加强早孕保健的健康教育**

及时掌握入户社区的外来人口家庭及育龄妇女，要求入户 1 个月内及时进行登记造册，了解生育情况，并纳入监测管理。

## 三、研究结果

通过上述方法，2010 年与 2009 年相比，黄浦区常住本市及外来人口早孕建册数增加 46.51%，早孕建册率上升 1.72%，及时筛出重点孕妇数增加 19.14%等，具体数据见表 1。

**表 1　2009 年、2010 年黄浦区早孕建册数**

| | 常住本市户口 | | | 常住外来户口 | | | 合　计 | | |
|---|---|---|---|---|---|---|---|---|---|
| | 2009 年 | 2010 年 | +% | 2009 年 | 2010 年 | +% | 2009 年 | 2010 年 | +% |
| 孕情排摸数 | 1 888 | 2 314 | 22.56 | 500 | 559 | 11.80 | 2 388 | 2 873 | 20.31 |
| 实际建册数 | 1 531 | 2 257 | 47.42 | 405 | 527 | 30.12 | 1 936 | 2 784 | 43.80 |
| 实际建册率 | 81.09 | 97.54 | 16.45 | 81 | 94.28 | 13.28 | 81.07 | 96.90 | 15.83 |
| 早孕建册数 | 1 461 | 2 179 | 49.14 | 302 | 404 | 33.77 | 1 763 | 2 583 | 46.51 |
| 早孕建册率 | 95.43 | 96.54 | 1.11 | 74.57 | 76.66 | 2.09 | 91.06 | 92.78 | 1.72 |
| 高危孕妇筛出数 | 251 | 308 | 22.71 | 48 | 124 | 15.83 | 299 | 432 | 44.48 |
| 及时转诊数 | 251 | 308 | 22.71 | 48 | 124 | 15.83 | 299 | 432 | 44.48 |
| 重点孕妇确诊数 | 101 | 280 | 17.72 | 15 | 108 | 62.00 | 116 | 388 | 19.14 |
| 不宜妊娠对象数 | 1 | 5 | 40.00 | 6 | 5 | −16.67 | 7 | 10 | 42.86 |

社区孕情监测同时也带动了重点孕妇管理。通过落实各类干预措施，紧抓产科质量管理，2010 年与 2009 年相比，危重孕妇抢救成功率和围产儿死亡率变化明显，2010 年比 2009 年危重孕产妇数增加了 94.44%，围产儿死亡率下降了 1.96%。具体数据见表 2。

**表 2　2009 年、2010 年黄浦区危重孕妇抢救和围产儿死亡数**

| | 2009 年 | 2010 年 | 增减百分比(+%) |
|---|---|---|---|
| 危重孕妇数 | 18 | 35 | 94.44 |
| 危重孕妇死亡数 | 1 | 1 | 0 |
| 危重孕产妇抢救成功率(%) | 94.44 | 97.14 | 2.15 |
| 围产儿数 | 7 770 | 7 830 | 0.77 |
| 围产儿死亡数 | 47 | 32 | — |
| 围产儿死亡率(‰) | 6.05 | 4.09 | −1.96 |

## 四、分析与讨论

运用健康促进理论，把握三年公共卫生行动计划的契机，针对老城区的特点展开研究。通过政策改革，建立社区孕情报告制度、孕情排摸核对制度，建立健全社区全覆盖孕产妇保健管理三级网络；通过加强社区网底建设，利用社区支持组织人员协同社区医护人员进行孕情排摸和监测，掌握辖区内孕情动态，及早发现怀孕妇女，及早纳入孕产期保健服务网络，加强健康教育，为提高孕产妇系统管理率把好第一道关，提高早孕建卡率。

运用部门合作理论，与计生委进行有效沟通，确定社区支持组织人员并落实责任分工，构建由区妇保所—社区卫生服务中心—街道计生科—社区计生（卫生）干部为轴线的二横二纵管理网络模式；依靠社区支持组织人员定期主动入户排摸，发现可能怀孕或确诊怀孕的妇女立即填写孕情卡并督促其及时到社区卫生服务中心接受早孕保健服务；根据社区孕情监测制度，由社区妇保或团队医生与居委会孕情排摸登记本进行核对交换信息，对填写过孕情卡而未接受早孕保健服务的对象，掌握后要继续督促，直至落实早孕保健服务为止。

利用社区妇女保健网络，探索对育龄妇女加强早孕保健健康教育的新模式；在区计生委和民政局的通力协作下，将新婚访提前到婚姻登记处，在做好婚前咨询的同时，加强孕产期知识的宣传教育，把早孕建卡的流程、重要性制成简单明了的宣传折页，及早告知这些新婚夫妇，以扩大早孕保健健康教育的覆盖面。在节假日或双休日采用咨询讲座、播放录像、发放宣传册、展示宣传板报等形式，在外来人口密集的商场处进行健康宣教，让外来人口育龄妇女以及家庭了解早孕保健的重要意义、外来人口孕产妇住院分娩的优惠政策等。

针对老城区外来人口聚集特点，探索外来人口早孕保健途径。辖区内外来人口与户籍人口的比例为 1∶1，因贫富差距导致的二元结构明显，致使不同层次的外来人口对孕产期保健认知的差异，对层次不高、有超生情况的外来流动育龄妇女的管理始终是一个难题。针对这些实际情况，与计生委沟通并商定，对所有辖区外来人口育龄妇女，一旦发现怀孕，不管是否有准生证都填写孕情卡，附告知书，说明违反政策可能受到的相关处罚，以解决卫生和计生部门在超生孕产妇接受保健管理上的认识矛盾。及时掌握入户社区的外来人口家庭及育龄妇女情况，要求在入户 1 个月内及时进行登记造册，并纳入监测管理。

对社区卫生服务中心妇保医生及社区支持组织人员进行相关业务培训，确保社区孕情监测方案的有效实施。

通过2009年4月～2011年3月两年的社区孕情监测，收集相关资料和数据，与基线调查数据进行分析整理，最终比较得出加强社区孕产妇系统管理网底建设后的效果，并进行相关的分析。数据显示：2010年与2009年相比，黄浦区常住本市及外来人口早孕建册数增加46.51%，早孕建册率上升1.72%，及时筛出重点孕妇数增加19.14%。另外，社区孕情监测同时也带动了重点孕妇管理，通过落实各类干预措施，紧抓产科质量管理，2010年与2009年相比，危重孕妇抢救成功率和围产儿死亡率变化明显，2010年比2009年危重孕产妇数增加了94.44%，围产儿死亡率下降了1.96%。

## 五、小结

现有孕产妇系统保健管理三级网络的建立对提高孕产妇系统保健管理率，降低孕产妇、围产儿死亡率具有重要意义，将怀孕早期妇女纳入早孕保健管理是开展孕产妇系统保健管理的第一步。由于目前孕产妇对早孕建册和主动保健的必要性及重要性认识不足，因此利用现有的妇幼保健三级网络，加强社区网底建设，利用社区支持组织人员协同社区医护人员进行孕情排摸和监测，掌握辖区内孕情动态，及早发现怀孕妇女，敦促早孕建册，是将其纳入早孕保健管理网络的基础，也对提高孕产妇系统管理率具有积极的指导意义。

通过这样的层级式管理方式，加强了各社区对所属街道居委计生干部孕情排摸工作质量的全面评估，从而有效提高了早孕建册率及孕产妇系统保健管理率。在实施过程中，每年召开2～3次计生卫生联席会议，汇报分析辖区内孕情排摸动态以及危重孕产妇抢救和死亡情况，协调沟通社区孕情监测情况，有效提高了协作单位对孕产妇系统保健管理的认同度，了解社区在孕情排摸及监测过程中碰到的实际困难，为进一步完善社区孕情排摸评估方案提供了线索和建议。

孕情监测工作要取得满意效果，还需要深化社区健康教育，普及早孕保健知识，起到良好的社区—家庭联动效应。由于目前孕产妇对建册和早孕保健的必要性和重要性认识不足，缺乏主动意识，因此根据不同人群，特别是外来流动育龄妇女的保健需求，开展形式多样的健康教育，在增强孕妇保健意识的同时提高对早孕保健重要性的认识度并增加就医依从性，有利于孕妇对保健服务的态度由被动接受转为主动寻求，从而使孕情监测收效更佳，最终实现公共卫生服务的均等化。

# 预防乳腺肿瘤的技术研究*

## 一、研究背景

乳腺癌目前已是继肺癌后的第二大常见癌症，在欧美及中国一些发达城市（包括上海）居女性恶性肿瘤发病率的首位。早期发现的乳腺癌预后较好，乳腺原位癌几乎都能治愈，I期乳腺癌的治愈率也在90%以上。早期未发生淋巴结转移的乳腺癌患者还有机会行保乳手术。乳腺保乳术目前已发展得较为成熟，国外超过50%的女性选择了保乳术，虽然其术后的复发率比乳腺癌改良根治术略高，但对患者术后生活质量的提高却很有帮助。因此，早期发现乳腺癌显得尤为重要。

绝大部分乳腺癌没有症状，通常是患者突然触及乳房内肿块而就诊。但此时发现的乳腺癌可能已经不是早期而到了进展期，延误了治疗。而且因为乳腺腺体内组织成分较复杂，且随着月经周期变化会有一定变化，即使能用正确的手检方法经常手检也不一定能发现深度或较小的病灶，更难鉴别病灶的良恶性。因此，应用技术手段来筛查乳腺癌是早期发现乳腺癌的首选。

目前乳腺癌的主要技术筛查手段是钼靶摄片。因为一些早期的乳腺癌可能仅表现为成簇的细钙化，而钼靶对细钙化的检测相当敏感，因此能早期发现乳腺癌。但是钼靶摄片具有放射性，年轻女性对辐射损伤较为敏感，而且东方女性乳房内腺体较为致密，会降低钼靶检测的敏感性，因此一般40岁以上的女性才推荐其将钼靶检查作为每年常规的筛查手段。乳腺超声简单、安全，能清晰显示乳房内各种病变，进行病灶囊实性的诊断、良恶性的诊断，并且可作为乳房内良性病灶患者及乳腺癌患者术后近期随访的安全检查手段。目前高频高分辨力超声已能清晰显示乳房内5 mm以下的小病灶，而彩色多普勒超声技术的运用使得病灶内血供情况也能清晰显示。由于恶性肿瘤一般血供较丰富，因此也能帮助

---

* 本文获2008～2010年度上海妇女儿童发展研究政策建议成果优秀奖。作者：复旦大学附属华山医院。

良恶性的判断。超声弹性成像是一项超声新技术，该技术以肿块的软硬度作为诊断指标帮助判断病灶良恶性，对常规超声上较难诊断的小病灶良恶性的诊断尤其有帮助。

虽然国内乳腺超声普查在许多地区和单位都有大规模开展，但普遍存在以下一些问题：检查仪器档次较低（频率低、分辨力差、技术功能少）、检查及诊断不规范（人数过多过于集中导致扫查速度过快、质量不能保证、诊断报告不统一）、诊断医生水平参差不齐（大多未经过系统专科培训、对超声新技术不了解，无法进行综合分析诊断）。总体来说，目前的乳腺普查尚处于初步筛查状态。

本次研究采用先进的超声诊断仪器，运用常规灰阶超声结合高频高分辨力探头、彩色多普勒技术、超声弹性成像技术等多项超声技术，配备具备一定资历的专业超声医师规范检查，拟在2010年9月～2011年8月完成静安区上千人的乳腺超声普查工作，旨在早期发现乳腺癌，同时也宣传乳腺癌危险因素、预防方法，帮助提高市民对乳腺癌的认识，减少乳腺癌的发生；同时也让市民更清楚地了解通过哪些方法能早期发现乳腺癌，了解定期乳腺专科检查的必要性，以达到早发现、早治疗，降低乳腺癌的死亡率。

## 二、研究方法和内容

本次普查共纳入静安区妇女2 516位（随机抽取），年龄范围从22～75岁，包括：20～29岁201人、30～39岁455人、40～49岁733人、50～59岁841人、60～69岁264人、70岁以上22人，均到复旦大学附属华山医院超声医学科进行乳腺超声检查，以了解乳腺疾病在各年龄组中的发现情况和分布比例。

发放《基本情况调查》及《乳腺癌高危因素调查表》各一份，一方面宣传乳腺癌危险因素，普及乳腺癌预防知识；另一方面了解静安区妇女生活因素习惯与乳腺癌的相关关系。

所有来检者中乳腺常规超声检查发现乳腺肿瘤的患者，进一步加以彩色多普勒技术观察血流分布、判断病灶内血供情况，并运用超声弹性成像技术进一步诊断病灶良恶性。

根据调查表资料结合超声结果，了解静安区妇女乳腺肿瘤新发现病例情况，分析超声检查相对于其他各乳腺筛查方法（包括手检、钼靶检查）对早期发现乳腺肿瘤的优势所在。

对超声阳性发现人群定期随访跟踪观察，评价病灶发展情况，确保发现异常情况能得到及时有效的处理和治疗。

## 三、研究成果

本次乳腺超声检查发现阳性病例 642 例，其中：20～29 岁 35 人（占 5.45%）、30～39 岁 119 人（占 18.53%）、40～49 岁 234 人（占 36.45%）、50～59 岁 214 人（占 33.33%）、60～69 岁 37 人（占 5.76%）、70 岁以上 3 人（占 0.47%）；阳性率达 25.52%，包括：乳腺导管扩张 61 例、乳腺囊肿或囊样增生 146 例、乳腺实质性结节（包括增生结节、纤维腺瘤、导管内乳头状瘤等）435 例；未发现恶性病例，但有乳腺癌术后病史 11 人。从以上年龄段分布中，我们可以看到 40～60 岁是乳腺病变的高发期。在 642 个阳性病例中，有 213 人（占 33.18%）是通过此次超声检查首次发现问题，其中 122 人之前从未做过专业的乳房体检。值得注意的是，另有 91 人近一年内曾在其他医疗机构做过超声或钼靶检查，但未有阳性发现。本课题凭借乳腺专科医院的技术优势，由接受专业培训的医师进行规范化的乳腺超声普查，并且配备了先进的超声仪器，采用了高频高分辨力超声探头结合彩色多普勒血流成像以发现病灶，不仅能清晰地观察病灶的形态、大小、边缘、内部回声分布、后方回声衰减情况等肿瘤灰阶特征，同时还可了解病灶的血流分布情况及血供丰富程度，进一步帮助术前判断病灶的良恶性；本次研究还加入了超声弹性成像新技术，从不同于常规超声的诊断视角分析病灶良恶性，其对小病灶良恶性鉴别的优势帮助提高了诊断信心，使得常规超声检查诊断可能提示需要近期随访的病例甚或需要活检的病例数大为减少，避免了不必要的诊疗，减轻了患者的负担及痛苦，也节约了医疗资源。

通过本课题的研究工作和专业乳腺超声普查的实施，让市民了解了乳腺癌的主要筛查方法以及如何正确选择适合自己的乳腺体检方式，对专业乳腺超声检查早期发现乳腺癌的价值有了一定了解，提高了市民对乳腺癌的重视，建立正确合理的体检观念，帮助早期发现、早期诊断、早期治疗乳腺癌以达到最佳的预后，提高生活质量。

本课题完成《乳腺癌宣传手册》一份，旨在宣传乳腺癌的各种高危因素，讲解早期发现乳腺癌的各种方法，介绍乳腺癌治疗的方法，普及预防乳腺癌的知识，提高市民对乳腺癌的认知。另外，也以 PPT 的形式深入浅出地介绍了相关信息，并深入上海市静安区部分街道讲解，旨在更广泛地普及乳腺癌预防知识及筛查方法，让更多的市民能了解乳腺癌的危险性和可预防性，提高认识，接受正规的乳腺体检，达到早期发现异常、及时处理和治疗。

## 四、研究总结

虽然本次研究未发现恶性病例，但来检者中 11 人为乳腺癌术后，乳腺癌患者占了 0.44%。超声结果显示良性病变发病率达到 25.52%，主要集中在 40～60 岁人群，而这也是乳腺癌的高峰年龄段。这些病变中部分没有为钼靶发现，如 5 mm 左右的结节，同时钼靶也不能提供囊实性的诊断；部分如局部的导管扩张可能需要其他检查，如乳管镜帮助进一步排除导管瘤等病变，而超声检查帮助发现了问题。本次研究中 33.18%的阳性病例是通过此次超声检查首次发现问题的，部分近一年内曾在其他医疗机构做过超声或钼靶检查，但未有阳性发现。乳腺的良性病灶一定程度上也是不良生活方式的反映。通过本次研究显示，专业的乳腺超声检查可有效地帮助发现乳腺内的各种病变，包括各种乳腺肿瘤，超声检查可作为一种有效的乳房肿瘤筛查手段。当然，专业的技术支持和相应的医疗支持也很重要。超声检查还可定期观察病变发展以帮助及早发现异常、及时对症处理治疗。

乳腺癌高危因素调查资料显示，本次研究人群中存在乳腺癌 5 个以上高危因素的占 13.17%，存在 4 个及 3 个高危因素的分别占 20.49%和 21.95%，但 44.39%的人群从未进行过乳房自检，能坚持每月一次乳房自检的仅占 20.81%，40 岁以上从未接受乳房钼靶摄片的占 40 岁以上总人数的 46.33%，每 1～2 年进行一次钼靶摄片的仅占 32.07%。这一方面可能是因为市民对乳腺癌的认识和重视不足，另一方面钼靶摄片本身有一定的辐射损伤，多数市民不是很愿接受。其实，乳腺癌高危因素中部分由不良饮食生活习惯如吸烟、喝酒、高脂饮食、肥胖等造成，可通过改善不良生活习惯、坚持有规律运动等方式避免；部分则是受遗传、年龄等内在不可控因素影响，这些就需要定期的专业乳房体检以达到早发现、早治疗。乳腺超声检查无辐射、无痛苦，可短期内复查，也不受哺乳、怀孕等影响，对腺体致密的乳房内肿块也依然敏感，能和其他一些乳腺筛查方法相辅相成，对早期诊断乳腺肿瘤很有帮助。

通过本次研究课题的开展让市民更多地了解乳腺癌的危险因素。我们希望通过对乳腺癌危险因素和保护因子的普及，能提高市民乳房保健意识，建立良好的生活习惯，减少乳腺癌的发生；同时，我们也希望借此让更多的市民了解乳腺超声检查在早期发现和诊断乳腺癌方面的价值，为更多女性提供多一种方式来关注乳房健康，达到乳腺癌的早发现、早治疗，以提高乳腺癌的治愈率和存活率，也为今后进一步开展更大规模乳腺超声普查奠定基础。

# 个性化指导对婴儿母乳喂养影响的研究*

当代医学研究表明，母乳是最好的、天然的、可以预防疾病并提高智力的食物。母乳喂养是4个月内婴儿最佳的喂养方法，但目前我国各地区的婴儿4个月内的母乳喂养率普遍较低①，离我国政府提出的母乳喂养率相差甚远。为提高母乳喂养率，我们对在本院分娩的产妇就饮食、心理、母乳喂养的技巧方面进行个性化的指导，并跟踪延续至产后4个月，现报道如下。

## 1 对象与方法

### 1.1 对象

选自2007年4～7月在本院分娩的产妇60例作为实验组，取2007年1～4月分娩的产妇60例为对照组。两组产妇在孕期无任何合并症，产时无并发症，新生儿体重在2 500～4 000克，孕周37～42周。两组对象在年龄、文化程度、分娩方式上等无显著差异（$P>0.05$）。

### 1.2 方法

**1.2.1 人员培训** 选择经验丰富的有爱心、有责任心的医护人员进行专题培训，作为课题组的指导者、评估者、操作者和随访者。

**1.2.2 指导方法** ① 母乳喂养的认知和评估：由专职护士对实验组60例孕妇在入院后就年龄、文化程度、孕产史、母乳喂养知识的认知等方面进行评估，宣教

* 本文获2005～2007年度上海妇女儿童发展研究成果二等奖。作者：沈莉萍，原卢湾区妇幼保健院

① 许厚琴、金辉、朱丽萍：《上海市母乳喂养率及相关因素的调查》，《中国妇幼保健》，2005年第3期183～184页。

母乳喂养的好处、母婴同室、早吸吮、按需哺乳的意义，解释情绪、营养、睡眠和乳汁分泌有密切关系。② 母乳喂养技巧的指导：在分娩后进行一对一的母乳喂养技巧的指导，告之产妇其正确的哺乳体位、婴儿含接姿势以及挤奶方法等，再次强调早吸吮、勤吸吮、定时排空乳房，可畅通乳腺管、促进乳汁分泌，预防乳房胀痛。③ 饮食和心理指导：指导产妇产后3天内吃清淡的饮食，7日内根据乳汁分泌的量和质的情况调整饮食的类别，同时帮助产妇一起克服产后恐惧、焦虑以及伤口疼痛等引起的不良心理因素，树立其母乳喂养的信心。④ 居家随访指导：产妇出院后，将有产妇信息的资料收集在一起，有专职护士对其进行1个月、2个月、3个月和4个月的电话访视，同时告之产妇本院的爱婴热线电话，如在母乳喂养中有困难时可及时与之联系，我们会随时上门指导，让产妇以及家属知道，在遇到困难时如何寻求帮助，在心理上得到安慰，坚定其居家时母乳喂养的信心。

**1.2.3 统计学方法** 采用SAS 6.12统计软件进行数据统计。计数资料采用X2检验，以 $P<0.05$ 提示有统计学意义。

## 2 结果

### 2.1 2组产妇产后一个月母乳喂养的情况

**表1 2组产妇产后一个月母乳喂养的情况比较** 例(%)

| 组别 | 例数 | 母乳喂养率 | 混合喂养 | 人工喂养 |
|---|---|---|---|---|
| 对照组 | 60 | 30(50.00) | 23(38.33) | 7(11.67) |
| 实验组 | 60 | 40(66.67) | 17(28.33) | 3(5.00) |
| X2 | | 3.429 | 1.350 | 1.745 |
| P值 | | P>0.05 | P>0.05 | P>0.05 |

### 2.2 2组产妇产后4个月母乳喂养的情况

**表2 2组产妇产后4个月母乳喂养的情况比较** 例(%)

| 组别 | 例数 | 母乳喂养率 | 混合喂养 | 人工喂养 |
|---|---|---|---|---|
| 对照组 | 60 | 16(26.67) | 29(48.33) | 15(25.00) |
| 实验组 | 60 | 36(60.00) | 18(30.00) | 6(10.00) |
| X2 | | 13.575 | 4.232 | 4.675 |
| P值 | | P=0.001 | P<0.05 | P<0.05 |

## 3　讨论

### 3.1　个性化母乳喂养指导对促进母乳喂养具有重要意义

从表中的结果显示，产后第一个月两组产妇的母乳喂养率均达到50%以上，但在产后4个月时，对照组的母乳喂养率降至26.67%，实验组母乳喂养率仍达到50%以上。4个月时两组母乳喂养率比较有显著差异。分析原因，个性化母乳喂养注重尊重个人，整体地、全面地看待孕产妇，对其生理、心理、情感等问题进行分析，制订符合个体的健康教育计划，满足不同的需求，促进其独立性，使其由被动依赖转变为主动参与。个性化母乳喂养由于对每个孕产妇进行了充分评估，针对具体存在的问题进行母乳喂养知识的宣教和指导。重点突出，产妇和家属容易接受，避免了内容千篇一律、产妇精力不集中的缺点，充分体现尊重个体的人性化护理理念，取得良好效果，提高了母乳喂养率。

### 3.2　加强产后母乳喂养支持组织的功能是坚持母乳喂养的重要保障

目前母乳喂养支持组织还不够完善，围产保健系统只提供产后1个月内3次访视和产后42 d的检查，远远满足不了产后需求，且对母乳喂养有问题的产妇，接生医院与相关的妇幼保健机构间缺乏必要的联系，产妇在脱离了母乳喂养氛围较浓的医院爱婴区后，一旦遇到哺乳问题得不到支持与帮助，容易导致母乳喂养中断。从本实验中可看出，正是因为有了产后的电话以及上门访视，及时对母乳喂养中有问题的产妇进行帮助，提高了实验组4个月内的母乳喂养率，与对照组相比有显著的提高。电话回访是一种开放式健康教育的良好模式[①]，产后应用电话回访及上门回访是医院护理服务的延续，在一定程度上可弥补围产保健系统服务的不足，可追踪评价产妇在住院期间母乳喂养指导的效果，补充住院时母乳喂养宣教和指导中存在的一些不足。有研究表明，产妇能否母乳喂养取决于医护人员的知识、信心以及行为[②]。出院后由于各种因素的干扰坚持母乳喂养的信心很容易动摇，所以，由专职护士进行产后访视，其扎实的理论基础、丰富的临床经验和熟练的技

---

① 沈芸. 电话追踪访视对病人遵医行为的干预效果[J]. 护理与康复，2003，(6)：379－380.

② 刘爱东，翟风英，赵丽云. 母乳喂养的研究现状[J].. 国外医学卫生分册，2004，31(4)：248－252.

巧，易得到产妇的信任和认同，能增加产妇的自信心[①]，从而提高母乳喂养率。

### 3.3 人工喂养原因分析

从本次调查中显示，放弃母乳喂养的主要原因是乳汁不足、在喂养中遇到困难、自信心缺乏以及奶粉商的介入等，特别是随着月龄的增加，母乳喂养率则逐渐下降。在产后 4 个月资料中，其中对照组 15 例人工喂养，有 7 例是在喂养中遇到困难，如奶胀、乳头破裂和婴儿生病等，由于得不到专业人士的及时帮助，而放弃了母乳喂养；有 5 例是因为产妇很容易地从亲戚、朋友和奶粉商处得到婴儿奶粉，加之大众媒体对奶粉的宣传以及自身优越的经济条件，使产妇心安理得地接受人工喂养；有 3 例是由于心理压力，如担心工作被人替代、丈夫早出晚归、长辈对第三代的格外关注等而选择了人工喂养。而个性化母乳喂养指导则能在第一时间内解决产妇喂养中存在的问题，帮助建立母乳喂养的信心，从而提高母乳喂养率。另外对于奶粉商的免费赠送以及媒体对奶粉的宣传，则需要我们广大医护人员和政府机构共同努力一起来制止，从而在全社会营造一个良好的爱婴氛围。

## 4 小结

本院实施的个性化母乳喂养是针对每个产妇提出适合其特点的饮食、心理和母乳喂养技巧的指导，特别是将这种指导延续到出院后，在产后访视过程中，帮助产妇排除了居家哺乳时遇到的各种干扰因素。个性化母乳喂养的指导是产妇坚持母乳喂养提高母乳喂养率的有效措施，在产科临床护理中具有重要意义，值得坚持与推广，而加强母乳喂养支持组织的建设是政府和社会责任，有待各方面进一步努力。

① 贾维红，范恺之，韦浩. 剖宫产母乳不足新生儿喂养问题的探讨[J]. 现代护理，2005，11(3)：204.

## 第二篇

# 儿童健康与疾病防治

# 学龄前儿童肥胖的预防和干预*

肥胖，是指长期能量摄入超过消耗，导致体内过多的能量以脂肪的形式储存，脂肪的聚集达到损害健康的程度①。高脂膳食、静止的生活方式和遗传是肥胖发生的主要原因。在基因和环境因素（包括膳食因素）之间交互作用中，环境因素可能更重要②。而环境因素的可变性，为我们预防肥胖提供了极好的空间。为此，2006年9月～2007年8月，我们在闸北区托幼机构中开展肥胖儿童的预防和干预工作。

## 一、对象和方法

### （一）对象

闸北区4所托幼机构中的集体儿童120例，分为两组。

（1）干预组：随机抽取闸北区两所托幼机构4～5岁60例超重及肥胖的学龄前儿童。

（2）对照组：随机抽取相同地区、相同条件的其他两所托幼机构4～5岁60例超重及肥胖的学龄前儿童。

### （二）方法

**1. 纳入与排除标准**

（1）纳入标准：参照WHO肥胖筛查标准，按身高测体重，小于参考值10%为

---

* 本文获2005～2007年度上海妇女儿童发展研究成果二等奖。作者：闸北区妇幼保健所

① 单晓益、米杰、王友发：《儿童肥胖的流行趋势及其危险因素》，《中国实用儿科杂志》2004年第4期，第245～248页。

② 张小飞、于嫦琴：《单纯性肥胖儿童内皮素变化研究》，《临床儿科杂志》2004年第8期，第513～514页。

正常体重(0)；大于参考值10%～19.9%为超重(1)，大于20%～29.9%为轻度肥胖(2)，大于30%～49.9%为中度肥胖(3)，大于或等于50%为重度肥胖(4)。这些肥胖儿童均为单纯性肥胖儿童。

(2) 排除标准：由疾病引起的超重和肥胖儿童，伴有先天性或严重疾病的超重和肥胖儿童(如心脏病，高血压，肝、肾疾病等)。

**2. 方法**

两组均在开展工作前召开家长会，通过宣教要求家长配合；同时，对超重和肥胖儿童进行心理辅导，帮助孩子保持对运动的兴趣和耐心。

两组超重和肥胖的儿童均按照市儿保所的要求(每天活动30分钟，控制高糖、高脂饮食，进餐时间不少于30分钟)进行生活和活动。

干预组超重和肥胖儿童，要求在以上的基础上，每天减少静态少动时间(30分钟)，增加运动量20%，用计步器作24小时运动强度记录(入园前、离园前记录两次)。

两组均在试验开始前及试验结束后作体能测试，并要求干预前后测量身高、体重，并及时记录。

### (三) 资料统计和分析方法

体格发育指标在干预前后的差别采用归类汇总方法，所有资料采用Epidata2.1录入数据库，作统计分析。

## 二、结果

干预组：随机抽取闸北区两所托幼机构4～5岁60例超重及肥胖的学龄前儿童，最终参加完实验的为55人，其中男31人、女24人。对照组：随机抽取相同地区、相同条件的其他两所托幼机构4～5岁60例超重及肥胖的学龄前儿童，最终参加完实验的为55人，其中男31人、女24人。

### (一) 超重及肥胖儿童干预前后情况对照

**1. 超重及肥胖度变化**

对照组：超重→正常体重5例，轻度肥胖→超重2例，超重及肥胖情况不变33例，肥胖程度加重15例。试验组：超重→正常体重9例，轻度肥胖→超重6例，中度肥胖到轻度肥胖2例，肥胖情况不变29例，肥胖程度加重(超重→轻度肥胖)5例，详见表1：

表1　超重及肥胖度变化

| | 性别 | | 肥胖度变化 | | | | | | | | | | |
|---|---|---|---|---|---|---|---|---|---|---|---|---|---|
| | 男 | 女 | 1→0 | 1→1 | 1→2 | 1→3 | 2→1 | 2→2 | 2→3 | 3→2 | 3→3 | 3→4 | 4→4 |
| 对照组 | 31 | 24 | 5 | 23 | 6 | 4 | 2 | 7 | 3 | 0 | 2 | 2 | 1 |
| (%) | | | 9.1 | 41.8 | 10.9 | 7.27 | 3.6 | 12.7 | 5.5 | — | 3.6 | 3.6 | 1.8 |
| 实验组 | 30 | 21 | 9 | 16 | 5 | 0 | 6 | 8 | 0 | 2 | 4 | 0 | 1 |
| (%) | | | 17.7 | 31.4 | 9.8 | — | 11.8 | 15.7 | — | 3.9 | 7.8 | — | 2.0 |

注：0：正常体重；1：超重；2：轻度肥胖；3：中度肥胖；4：重度肥胖。

$X^2$ 检验：$X^2_{0.05}=3.84$，$X^2_{0.01}=6.63$。

对照组：好转+痊愈：7例；实验组：好转+痊愈：17例。

$X^2=4.05>X^2_{0.05}$，$P<0.05$，有显著性差异。

**2. 干预前两组后皮脂厚度情况分析**

两组干预前后皮脂厚度均有改变(皮脂变薄)，但 $X^2$ 检验，差异无意义。

干预前后 $X^2$ 检验，$X^2$ 值均$<X^2_{0.05}$，$P>0.05$，无显著性差异。

## (二) 干预前后两组运动情况比较

干预前两组运动的步数、热卡比较，$X^2$ 检验，无显著性差异，而干预后两组运动的步数、热卡比较，$X^2$ 检验，有显著性差异，见表2、表3。

表2　干预前后皮脂厚度情况

| | 对照组 | | | | 实验组 | | | |
|---|---|---|---|---|---|---|---|---|
| | 上臂(厘米) | | 肩胛下(厘米) | | 上臂(厘米) | | 肩胛下(厘米) | |
| | 干预前 | 干预后 | 干预前 | 干预后 | 干预前 | 干预后 | 干预前 | 干预后 |
| 0 | 14.83 | 11.33 | 8.67 | 7.63 | 12.75 | 11.8 | 7.88 | 8.25 |
| 1 | 15.5 | 11.05 | 8.26 | 8.23 | 15.14 | 13.15 | 9.91 | 9.15 |
| 2 | 18.44 | 14.5 | 14.44 | 9.88 | 17.87 | 14.86 | 12.4 | 11.36 |
| 3 | 15.43 | 13.0 | 10.14 | 7.8 | 26 | 16.75 | 17.25 | 15.5 |
| 4 | 25.33 | 18.0 | 20.67 | 13.5 | 21 | | 23 | |
| 平均 | 17.91 | 13.58 | 12.56 | 9.41 | 18.55 | 14.14 | 14.09 | 11.07 |

**表 3　干预前两组运动情况比较**

| | 对照组 | 干预组 | $X^2$ | P |
|---|---|---|---|---|
| 步　数 | 276.04 | 312.7 | 0.902 | $>0.05$ |
| 热　卡 | 11.3 | 13.13 | 0.252 | $>0.05$ |

干预前两组运动情况比较，无显著性差异。

**表 4　干预组增加运动前、后比较**

| | 运动前 | 运动后 | $X^2$ | P |
|---|---|---|---|---|
| 步　数 | 312.7 | 736.2 | 17.53 | $<0.01$ |
| 热　卡 | 13.13 | 28.61 | 4.12 | $<0.05$ |

干预组增加运动前、后比较，有显著性差异。

## （三）干预前后体能测试情况分析

干预前后两组体能测试记录分析，$X^2$ 检验虽然无显著性差异，但从表 5、表 6 的数据看，体能均有不同程度的改善，体重轻的优于体重重的，肥胖度越重，体能改善情况越不明显。

**表 5　对照组体能测试情况分析**

| | 障碍跳(米) | | 10 米来回(秒) | | 投掷(米) | | 平衡木(秒) | | 体前屈(厘米) | | 立定跳远(厘米) | |
|---|---|---|---|---|---|---|---|---|---|---|---|---|
| | 干预前 | 干预后 | 干预前 | 干预后 | 干预前 | 干预后 | 干预前 | 干预后 | 干预前 | 干预后 | 干预前 | 干预后 |
| 0 | 8.75 | 9.4 | 8.88 | 8.21 | 3.92 | 5.78 | 6.81 | 5.78 | 9.1 | 11.42 | 64 | 81.7 |
| 1 | 7.09 | 7.04 | 8.28 | 7.5 | 4.32 | 5.25 | 5.26 | 4.41 | 12.07 | 10.5 | 79.79 | 99.41 |
| 2 | 7.32 | 8.78 | 8.36 | 7.7 | 3.84 | 5.33 | 5.06 | 4.42 | 9.82 | 9.56 | 67.44 | 82.5 |
| 3 | 6.69 | 7.7 | 8.69 | 7.56 | 4.63 | 5.84 | 4.21 | 4.32 | 11.74 | 12.1 | 83.14 | 91 |
| 4 | 10.73 | 8.15 | 11.07 | 8.0 | 4.3 | 5.85 | 19.97 | 5.22 | 6.67 | 14.75 | 51.33 | 95 |
| 平均 | 8.12 | 8.21 | 9.06 | 7.79 | 4.2 | 5.61 | 8.26 | 4.83 | 9.88 | 11.67 | 69.14 | 89.92 |

干预前后 $X^2$ 检验，$X^2$ 值均 $<X^2_{0.05}$，$P>0.05$，无显著性差异。

**表 6　实验组体能测试情况分析**

| | 障碍跳(米) | | 10 米来回(秒) | | 投掷(米) | | 平衡木(秒) | | 体前屈(厘米) | | 立定跳远(厘米) | |
|---|---|---|---|---|---|---|---|---|---|---|---|---|
| | 干预前 | 干预后 | 干预前 | 干预后 | 干预前 | 干预后 | 干预前 | 干预后 | 干预前 | 干预后 | 干预前 | 干预后 |
| 0 | 6.88 | 6.32 | 7.01 | 6.85 | 4.89 | 5.58 | 4.26 | 3.24 | 8.54 | 10.75 | 91.13 | 104.13 |
| 1 | 7.6 | 6.48 | 7.66 | 7.2 | 5.08 | 5.16 | 5.53 | 4.15 | 8.55 | 10.3 | 82.68 | 94 |
| 2 | 6.71 | 4.08 | 7.59 | 7.0 | 5.03 | 5.61 | 4.55 | 4.28 | 9.05 | 10.75 | 85.73 | 96.43 |
| 3 | 6.13 | 5.86 | 7.8 | 6.87 | 6.83 | 6.85 | 3.3 | 3.28 | 10.83 | 11.88 | 92 | 97.5 |
| 4 | 7.5 | | 7.1 | | 7.1 | | 4.5 | | 8.7 | | 89 | |
| 平均 | 6.96 | 5.69 | 7.43 | 6.98 | 5.79 | 5.8 | 4.43 | 3.74 | 9.13 | 10.92 | 88.11 | 98.02 |

干预前后 $X^2$ 检验，$X^2$ 值均$<X^2_{0.05}$，$P>0.05$，无显著性差异。

两组体能测试情况分析：$X^2$ 检验，干预前后两组间 $X^2$ 值均$<X^2_{0.05}$，$P>0.05$，差异无意义。

## 三、讨论

有人认为，体重肥胖与体重较瘦的人的区别不在于热量的摄入不同，而在于热量消耗的不同。每天热量摄入比消耗的多 1%～2%即可导致肥胖①。除基础代谢和产热消耗外，运动的多少直接决定热量的消耗②。

干预前，两组均召开家长会，作肥胖对儿童潜在危害及如何预防的宣教，并要求家长在家也要尽量配合，尽量避免给小孩高脂、高糖饮食，忌吃油炸食品，牛奶量每天不超过 200 毫升。与此同时，对超重和肥胖儿童进行心理辅导，让他们认识到肥胖的病因及危害性，使孩子从内心产生减肥的愿望和动力，帮助孩子克服自卑心理，鼓励孩子面对现实，积极参与周围孩子的生活、游戏圈中，在参与和交往中树立健康向上的心理，同时帮助孩子保持对运动的兴趣和耐心。

### （一）肥胖程度的变化

超重和肥胖的改善情况：干预组好于对照组。对照组：好转＋痊愈：7 例；实

① 廖艳、黎海芪：《小儿肥胖的病因学研究进展》，《中国实用儿科杂志》2004 年第 3 期，第 132～134 页。
② 张小飞、于嫦琴：《单纯性肥胖儿童内皮素变化研究》，《临床儿科杂志》2004 年第 8 期，第 513～514 页。

验组：好转+痊愈：17 例。$X^2$ 检验，$X^2=4.05$，$>X^2_{0.05}$，$P<0.05$，有显著性差异。干预前后两组的皮脂厚度虽均有改变(皮脂变薄)，但 $X^2$ 检验，差异无意义。

### (二) 干预前后运动情况的变化

经过一年来的干预(每天减少静态少动时间(30 分钟)，增加运动量 20%)情况分析(步数、热卡)：$X^2$ 检验，干预前两组运动情况比较，无显著性差异；干预后，干预组增加运动前后比较，有显著性差异。

### (三) 干预前后体能情况的变化

国外研究表明，肥胖儿童的运动能力、躯体外表和整体自我价值感知的社会认同度要显著低于正常体重的同龄人。肥胖女孩在这些方面的得分均低于肥胖男孩，社会认同感也有所降低。在上述方面表现为能力低下的肥胖儿童的数量要高于正常体重同龄人的 3～4 倍①。从本课题干预情况来看亦是如此。从皮脂厚度、体能测试情况分析：虽然干预前后 $X^2$ 检验，差异无显著性意义，但从表 2、表 5、表 6 记录情况来看，无论皮脂厚度还是运动、柔韧性或者是平衡功能，运动后均有改善，体重轻的优于体重重的，肥胖度越重，体能改善情况越不明显。

小儿时期有两个容易发胖的阶段，即婴儿时期和学龄前期(3～6 岁)。学龄前期的儿童，消化系统已健全，摄食旺盛，再加上大多数儿童从家庭到幼儿园，由于环境的变化会使一些儿童特别兴奋，食量猛增，在这个时期如果没有给予足够的重视，很容易发生发胖。为此，我们建议在托幼机构中要增加孩子的户外运动量，开展各种丰富有趣的户外活动，寓教于乐，大多孩子的肥胖是能够预防或治愈的。

---

① 朱雍雍译：《肥胖和低自尊风险：一项针对澳大利亚儿童的全国性调查研究》，American Academy of Pediatrics(中文版)2007 年第 7 期，第 704～705 页。

# 徐汇区中小学生近视预防对策研究*

## 一、背景情况

近几年来，上海市中小学生的近视患病率逐年升高，已经成为社会各界普遍关注的问题。根据2002年的资料，上海市小学生的近视率为30%、初中生为58%、高中生为70%，远高于全国小学生21%、初中生43.6%、高中生66.5%的平均水平。2004年6～9月间，徐汇区妇女儿童工作委员会（简称区妇儿工委）会同复旦大学公共卫生学院在全区19所中小学（不包括中专和技校）开展了以“徐汇区中小学生近视预防策略与实施方案的研究”为课题的学生近视情况的抽样调查。调查结果显示，徐汇区小学生的近视率为37%、初中生为68%、高中生为86%，不但远远高于全国的平均水平，也高于上海市的平均水平。据2003年《徐汇区妇女儿童工作委员会实施妇女儿童发展“十五”计划中期监测评估报告》显示，在上海市妇女儿童发展“十五”计划重点、难点指标中，涉及徐汇区的共有15项指标，其中妇女5项、儿童10项。2002年，徐汇区8项达标，7项未达标，其中6项与儿童有关，与学生近视有关的就有2项。

近视造成的不良影响非常严重，它不但严重影响了孩子的学习成绩和升学、就业，而且对其生理、心理也造成了不同程度的妨碍，甚至影响一代人的整体素质。近视的同学容易发生疲劳、头痛、眼花、神经官能症等并发症，高度近视也是主要的致盲因素之一。另外，近视还会使青少年在升学、就业方面受到诸多限制。例如，2001年天津市300名应征体检不合格的大学生中，近视为最主要的受限因素。近视造成的经济负担也非常惊人。据统计，美国每年用于近视治疗的费用高达128亿美元（美国的近视率为12%～28%），我国虽然缺少这方面的数据，但估计也不会是一个小数目。

---

* 本文获2005～2007年度上海妇女儿童发展研究成果入围奖。作者：徐汇区妇儿工委　复旦大学公共卫生学院

## 二、调研结果

造成学生近视率居高不下的原因很多，除遗传因素外，社会环境和个人习惯也扮演了重要角色。根据区妇儿工委、教育局、卫生局等部门于2004年6～9月，在全区19所中小学(不包括中专和技校)做的抽样调查结果，导致学生近视率居高不下的原因主要有以下因素：

### (一) 学业负担过重是造成学生近视的可能原因之一

改革开放以来，全社会形成了尊师重教的良好氛围，知识和人才重新赢得了应有的尊重，但由此导致的另一个后果就是中小学生学业负担的不断加重，除了正常的在校学习外，越来越多的学生参加到各种各样的辅导班、学习班中，学生室外活动的时间和睡眠时间越来越少，长期过度的用眼导致了学生近视率的不断升高。本次调查显示，小学生参加课外辅导班或聘请家教的比例为70.5%、初中生为78.9%、高中生为51.8%；59.9%的小学生参加过各种类型的学习竞赛，而初中生和高中生的这一比例则分别达到了73.5%和69.9%。

**表1　调查学生每天的睡眠时间**

| 选　项 | 小　学 | | 初　中 | | 高　中 | | 合　计 | |
|---|---|---|---|---|---|---|---|---|
| | 人数 | 百分比(%) | 人数 | 百分比(%) | 人数 | 百分比(%) | 人数 | 百分比(%) |
| 小于8小时 | 452 | 14.8 | 803 | 26.2 | 906 | 63.9 | 2 161 | 28.7 |
| 8～10小时 | 2 053 | 67.4 | 2 086 | 68.2 | 460 | 32.5 | 4 599 | 61.1 |
| 大于10小时 | 341 | 11.2 | 81 | 2.6 | 19 | 1.3 | 441 | 5.9 |
| 不知道 | 202 | 6.6 | 90 | 2.9 | 32 | 2.3 | 324 | 4.3 |
| 合　计 | 3 048 | 100 | 3 060 | 100 | 1 417 | 100 | 7 525 | 100 |

**表2　中小学生参加活动的时间**

| 选　　项 | 小学生 | 初中生 | 高中生 |
|---|---|---|---|
| 周一到周五平均每天的户外活动时间(分钟) | 70.22 | 76.38 | 90.48 |
| 周六和周日平均每天的户外活动时间(分钟) | 96.41 | 98.61 | 108.02 |

表 3　中小学生每天做家庭作业的时间

| 选　项 | 小　学 | | 初　中 | | 高　中 | | 合　计 | |
|---|---|---|---|---|---|---|---|---|
| | 人数 | 百分比（%） | 人数 | 百分比（%） | 人数 | 百分比（%） | 人数 | 百分比（%） |
| 小于 1 小时 | 1 107 | 36.3 | 549 | 17.9 | 78 | 5.5 | 1 734 | 23 |
| 1～2 小时 | 1 484 | 48.7 | 1 672 | 54.4 | 504 | 35.6 | 3 660 | 48.6 |
| 大于 2 小时 | 459 | 15 | 853 | 27.7 | 832 | 58.8 | 2 144 | 28.4 |
| 合　计 | 3 050 | 100 | 3 074 | 100 | 1 414 | 100 | 7 538 | 100 |

表 4　中小学生参加课外学习的比例

| 类　　型 | 小学生 | 初中生 | 高中生 |
|---|---|---|---|
| 参加课外辅导班或聘请家教的比例（%） | 70.5 | 78.9 | 51.8 |
| 参加各种类型的学习竞赛的比例（%） | 59.9 | 73.5 | 69.9 |

### （二）学校的硬件设施不完善，是造成学生近视的另一个重要因素

学校的照明、课桌椅等往往千篇一律，很难完全满足学生的要求。同样是在徐汇区妇儿工委等部门的抽样调查中，37.3%的学生认为在晚上或阴天等光线不好时，教室里的灯光有点暗，15.6%的学生开灯后不能看清黑板上的字，36.1%的学生感觉学校的课桌椅不合适。

### （三）缺乏用眼卫生方面的知识和不良的用眼行为，是造成学生近视的又一因素

调查显示，无论是学生、学生家长还是老师，都比较缺乏用眼卫生方面的知识，而且学生中普遍存在一些不良的用眼习惯，导致了学生中近视率的升高。

表 5　中小学生中不良用眼习惯情况

| 行　为　习　惯 | 小学生 | 初中生 | 高中生 | 合计 |
|---|---|---|---|---|
| 趴在桌子上看书、写作业的比例（%） | 52.8 | 72.2 | 73.8 | 62.7 |
| 躺在床上看书的比例（%） | 39.9 | 73.5 | 81.8 | 61.4 |
| 一边走路、一边看书的比例（%） | 18.0 | 29.1 | 33.5 | 25.4 |
| 在交通工具上看书的比例（%） | 22.2 | 35 | 56 | 37.8 |
| 在直射的阳光下看书的比例（%） | 23.1 | 32.6 | 31.1 | 28.4 |

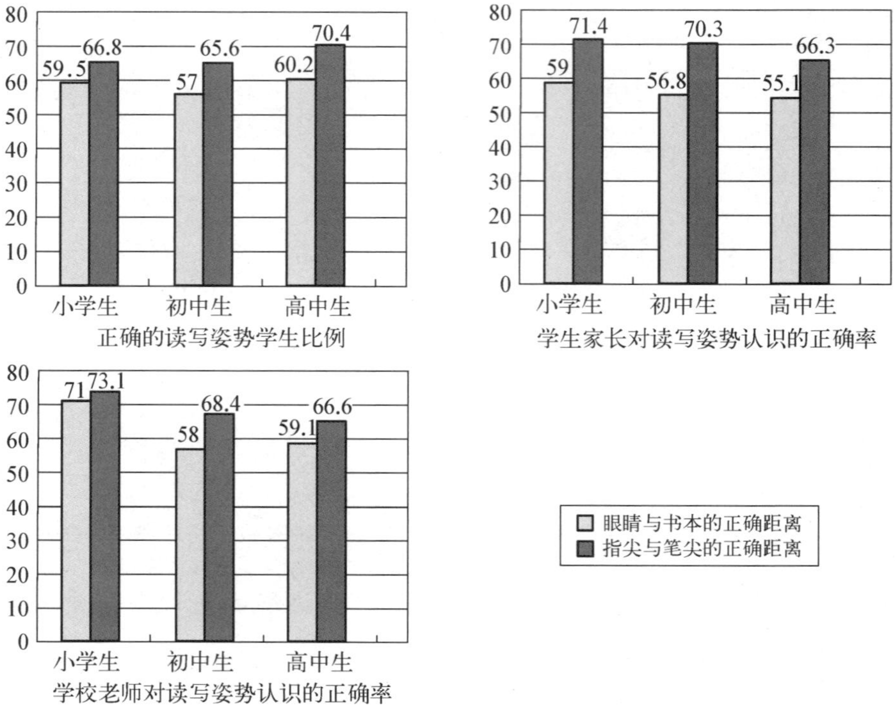


图1　学生、家长、老师对读书姿势的认识

（四）长时间的看电视、用电脑是学生近视的又一重要因素

随着社会的进步，电视、电脑已经成为人们学习、工作、娱乐不可缺少的工具，由于中小学生的自制能力比较弱，一次看电视、用电脑的时间过长，对近视的发生起到了一定的推动作用。

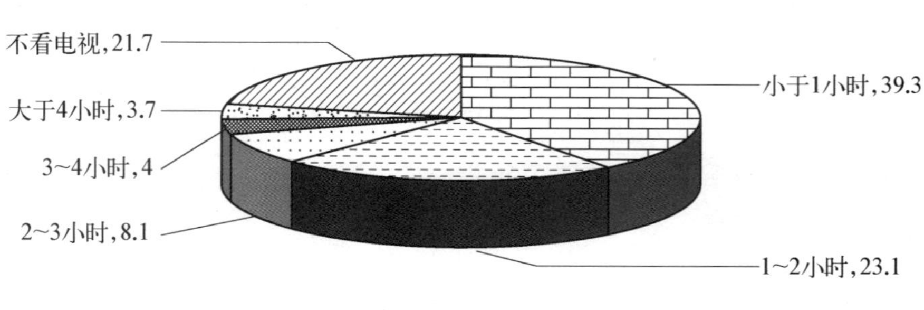


图2　中小学生周中每天看电视的时间

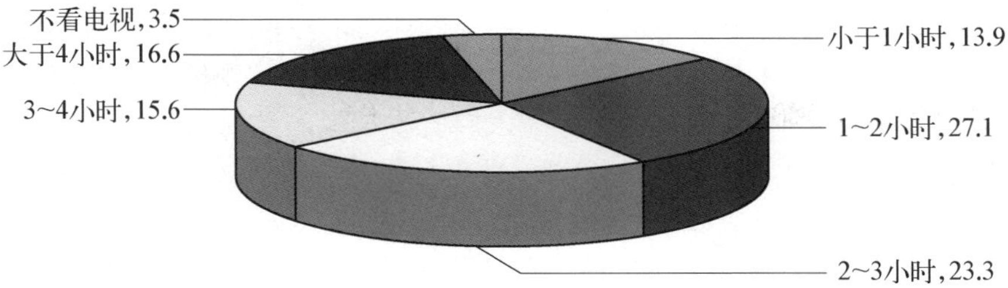


**图 3　中小学生周末每天看电视的时间**

**表 6　中学生使用电脑的情况**

| 类　　型 | 初中生 | 高中生 |
|---|---|---|
| 使用电脑的比例(%) | 95.2 | 96.0 |
| 平均每周使用电脑的次数(次) | 2.58 | 2.68 |
| 每次使用电脑的平均时间(小时) | 1.60 | 1.99 |

当前,中小学生近视率居高不下的现状已经得到了社会各界的广泛关注,学生、家长、老师都希望能够有办法降低近视的患病率,并且愿意参加到防近的活动中,如表 7 所示:

**表 7　不同人群参加近视预防活动的意愿**

| 人　群 | 很愿意参加(%) | 可以参加(%) | 不想参加(%) | 合计(%) |
|---|---|---|---|---|
| 学生 | 46.3 | 70.3 | 13.4 | 100 |
| 家长 | 36.9 | 54.9 | 8.2 | 100 |
| 老师 | 45.8 | 42.0 | 12.2 | 100 |

## 三、应对策略

鉴于目前上海青少年学生近视的高发情况及其对健康的严重危害和对将来就业的不利影响,且由于近视缺乏有效的治疗方法,因此当务之急是采取有效措施控制近视的新发病率。

### (一) 社会关注,媒体宣传

中小学生的近视问题不仅是一个视力问题,更是一个困扰青少年正常生长的疾病问题和社会问题。中小学生近视患病率的降低对于改善国民体质、提高居民生命质量具有重要意义。为此，社会各界要高度重视中小学生的近视问题，动员各种媒体，宣传用眼卫生方面的知识，提高人们爱眼护眼的意识，在全社会形成一个爱护眼睛、预防近视的良好氛围。特别是对近视眼的危害要加大宣传力度，避免由于商业广告对青少年形成误导，避免学生形成戴眼镜是时尚的错误认识和观念。同时，社区作为青少年生活成长的"栖息地"，可以适时地开展各类防近视宣传活动，积极组织符合青少年身心发展规律的户外文娱活动。

充分发挥每年6月6日"爱眼日"的社会效应功能，把青少年的视力保护作为一个重要的宣传内容，加大对青少年视力问题的关注程度。

有关部门合作制作适合学生的预防近视的DVD宣传片或是宣传折页，在学校播放或传阅，使青少年从小就对视力的保护有正确的认识，并形成正确的行为。同时，对于那些已经近视的青少年，要教给他们如何选择适合自己的眼镜，指导他们科学佩戴眼镜。

### （二）职能部门，形成合力

预防近视，提高青少年的身体素质，是政府各相关部门的一项重要职责，应纳入区经济和社会事业发展"十一五"规划之中。特别是在提高人口素质、科学普及、卫生健康、教育引导等方面加强部门之间的联手，将预防近视工作作为联合项目，互相配合推进。协调眼防机构，摸索青少年合理用眼的规律，减少青少年近距离用眼时间，增加远距离用眼时间，采用逐校控制的方式，努力控制视力不良的发生；逐步加大青少年近视防治的投入，增加防治近视的经费，提高青少年近视眼预防知识和治疗方法的知晓率。

### （三）学校重视，软硬同步

教育部门应对学生的用眼问题给予高度的重视，改进中小学教育方法，减轻学生用眼负荷，提高眼防工作者特别是基层卫生保健教师的业务水平，制定相关的政策或条例，并作为学校工作考核的指标之一。卫生部门应对学校的防治近视工作给予指导，加强监督管理，将责任落实到位。学校要进一步改善自身的办学条件，为学生创造良好的学习环境。硬件方面，为近视眼的预防提供较为完善的物质基础，尤其是对学生反映比较多的课桌椅问题、照明问题，可以与卫生部门联手，对有关的设施定期进行监测，并把信息反馈有关学校，以便及时调整。软件方面，学校的防治近视教育和督导功能要加强，各中、小学校应结合本校实际，落实校领导、班主任、任课教师、校医等各类人员的岗位责任，定期指导培训并建立定期检查、评比制度，将近视的患病率或新发病率和学生用眼正确行为的形成率作为考核指标。

### （四）家校配合，联手防近

学生家长和学生本人要密切配合学校的预防工作。学生家长要积极配合学校的工作，及时纠正学生的不良用眼习惯，限制学生看电视、玩电脑游戏的时间，督促学生树立爱护眼睛、预防近视的意识，共同把这项工作做好。特别是对于小学一年级的新生，学校和家长一定要督促、检查学生平时的用眼习惯是否正确，避免由于在小学一年级就已形成的不良的行为动力模式，将来再想纠正则需付出加倍的努力，可能还很难见效。

另外，学校、家庭都要注意保证学生有充足的户外活动时间，学校午间餐和家庭用餐都要注意营养的搭配，做到合理膳食，注意给孩子们多提供对视力有保护作用的营养素。

### （五）加强科研，有效防治近视

科学研究为近视眼的有效预防提供了科学的参考依据。大力加强青少年防治近视的科研工作，推进青少年近视防治方法、措施的研究。预防近视眼政策的制定、干预措施的规划设计、效果的评估等均离不开科学的数据，有必要把近视眼的预防建立在科学的基础上，政府有关部门可以设立专项经费用于近视眼预防方面的研究。必须考虑近视眼形成原因的复杂性和多样性，采取多元化的手段和方法，多部门开展合作研究。

# 保障儿童用药安全有效的制度及规范研究*

## 一、引言

据第五次全国人口普查统计表明，我国14岁以下的儿童有2.9亿人，他们的身体健康关系到国家未来发展。儿童的用药状况是影响儿童健康的一个重要因素。儿童处于生长发育期，生理特征独特，对药物具有特殊的反应性和敏感性，药动学、药效学与成人相比有很大的差异，如：小儿体液占比例较成人大、基础代谢高、水盐转换快，但对水和电解质代谢的调节功能差，因此对影响水盐代谢、酸碱平衡的药物比成人敏感；小儿血脑屏障发育不完善，一些药物容易透过血脑屏障在脑组织中沉积而引起神经系统反应；婴幼儿的肝细胞酶系统发育尚未成熟，药物代谢缓慢、血中半衰期延长；小儿年龄越小，不起作用和不成熟肾单位越多，药物排泄减缓；小儿皮肤纤细、薄嫩，富于水分，对药物的通透性高于成人；等等。新生儿和婴幼儿更为特殊。

WHO提出理想的儿童药物应适合于不同年龄、生理条件和体重的服药儿童，并有灵活的固体口服剂型，可全部服用，用各种液体溶解，或撒在食物上，使儿童易于服用。但是，我国目前儿童用药现状不容乐观，存在诸多问题。许多基本药物没有儿童剂型，用于儿童的许多药物在疗效和安全性方面缺乏足够的儿童信息等现象普遍存在。同时，在我国相关法规、制度处于真空期，在有关保护儿童权益、促进儿童健康发展的两个十年发展纲要中，有关儿童健康的内容均未涉及儿童用药领域。而以美国为代表的发达国家通过立法逐步建立了较为完善的儿童用药管理制度，受到大家的注重并已取得较好的社会、经济效益。探讨如何在我国逐步建立、完善相关制度、规范，保障儿童用药安全、有效意义重大。

---

* 本文获2008～2010年度上海妇女儿童发展课题调研成果三等奖。作者：徐徕等，上海市食品药品监督管理局科技情报研究。

## 二、文献综述：我国儿童用药现状与问题

本研究以“药物不良反应”或“药品不良反应”和“儿童”；“政策”或“法规”或“制度”或“规范”和“儿童用药”或“儿科用药”；“药品说明书”和“儿童”或“儿科用药”等为关键词检索历史文献，检索、分析历史文献，对目前我国儿童用药情况进行总体梳理。

### （一）儿童用药的品种与规格

目前国内市场90%的药物都没有儿童剂型，而患病儿童占总患病人数的20%左右。《中国新药实用全集》中新药品种共2 275种（含中药），儿童用药专用品种仅40种。由于儿科制剂批量小、成本高、利润低，故生产儿童用药的专用厂家寥寥无几，临床上不得不将成人剂型、规格的药品分割后用于儿童，导致剂型破坏、剂量不准确，对于治疗指数低、安全范围窄的药物，危险性更大。20世纪90年代初上海和杭州医药公司供应药品目录中，儿童规格占9%左右。上海某医院儿科药房2005年8月～2006年8月所使用的141个口服制剂中，适宜儿童口服的药品41个（29.08%），儿童专用药品（说明书注明主治儿童疾病或仅有儿童用法的药品）34个，占24.11%，同时期使用的69个注射剂中仅小儿氨基比林为儿童专用药品。药品最小规格剂量单位再分零现象普遍存在，上海某儿童专科医院2005年心胸外科住院患儿出院带药中卡托普利≤1/4量的处方数占到总数的59.76%，还有部分处方的分零情况达到1/10量甚至1/20量。浙江大学医学院附属儿童医院，90年代初618种库存药品中儿童药品只有36种（5.8%）；2006年该院库存药品1 103种，儿童药品也有所增加，达到64种，但百分比仅为5.8%。武汉市妇女儿童医疗保健中心2008年库存的738种药品中，专门针对儿童设计的剂型与规格药品为65种，占8.8%。儿童用药品种少，专用剂型、规格少的现象目前是很严重的，已引起临床医生、药师的重视。儿童药品虽然有所开发，儿童口服制剂虽有所增加，但针剂和注射剂中几乎没有儿童剂型。

### （二）儿童用药的不良反应

儿科中导致ADR的常见药物中抗感染药总是占首位（45.73%、45.92%、52.0%、63.92%、83.75%），抗感染药物中头孢菌素类药物ADR发生率居前（38.81%、42.1%、46.67%），其次多为中药制剂（9.18%、10.55%、16.2%、22.68%），中枢神经系统用药（20.8%）。静脉用药是引起ADR的主要给药途径（49.9%、53.5%、62.24%、72.1%、92.5%、96.91%），合并用药引起ADR（80%左

右)高于单一用药(20%左右)。ADR好发于学龄前儿童(59.2%、70.6%、75%)，以过敏反应为多，多累及皮肤及其附件(43.97%、55.1%、58.10%、61.25%、64.0%)，而与既往过敏史的相关性，报道不一。儿童ADR一般较轻微，99%以上好转或治愈。国内外报道均类似。

### (三) 儿童用药说明书

药品说明书长期存在格式不统一(纸张、字号太小等)、名称项目标准不统一、表达不明确、不同厂家撰写的说明书内容不统一及差异较大等问题。缺项现象普遍存在，其中[药物过量]、[儿童用药]、[老年用药]、[孕妇及哺乳期妇女用药]、[药物毒理]、[药代动力学]各项缺失率较高，中药缺项率远远高于化学药品和生物制品。进口和合资药品说明书内容比较直观、详细清楚，缺项情况好于国产药品，但进口药品试验用人种不明确。

[儿童用药] 首先，缺项率高。但各文献报道不一，缺项率范围为14%～47.4%，进口和合资药品此项缺失率较低(5.7%、8.3%)，国产药品此项缺失率相对较高(37.3%、45.0%)。中药儿童用药的标注率极低，缺失率极高(55.9%、64.7%、100%)，外用药缺失率亦高。综合性医院用药说明书此项缺失情况较专科医院严重。其次，说明书中表达过于笼统，多见"暂无儿童用药资料"、"儿童用药的安全性和有效性尚未确定"、"儿童用量酌减"、"慎用或遵医嘱"等模糊词句，未标明用法和用量。口服药品是否可与牛奶、果汁同用，用药前有何注意事项，药品的服法、治疗周期、是否禁食、是否需分剂量、是否可中西药合用等一些细节问题很少提及。另外，还存在儿童药物剂量计算方法无统一规范、标准，不良反应、药代动力学项下多未提及等问题。无儿童剂量或儿童用药说明比例较高的是眼科和皮肤科用药，较低的是呼吸系统药物。

总体上看，我国儿童用药存在儿童专用药物品种、规格、剂型少的现状。儿童用药药品说明书中，[儿童用药]专项的缺失率仍较高，尤其突出在中成药中，且儿童相关信息表达含糊、不规范现状较为普遍。如何加强、完善儿童用药药品说明书的监管应是目前的切入点。儿童药物不良反应多见于抗感染药物，这与儿童用药的特点相关。因此，规范抗感染药物的说明书、提高其合理使用的水平应优先考虑。

## 三、儿童用药情况上海地区的实证研究

### (一) 研究目的和方法

为提高课题研究的客观性和科学性，采用观察法、谈话法、测验法等实证研究

的方法，观察、调研上海地区儿童用药的实际情况，以期获取客观材料，从个别到一般，归纳出我国儿童用药的基本现状及存在的问题。

### （二）调查问卷的设计、收集与整理

调查问卷涉及目前儿童就医情况，医院规章制度，药品规格、剂型、说明书，不良反应监测系统，儿童用药法规政策等方面。对上海市 400 多家医院院办、儿科和药房进行了问卷调查。共发放 1 400 份“医院儿童用药情况问卷”，回收 189 份，其中完整的为 170 份，退回 5 份。有效问卷中儿科专科医院 84 份、综合医院有儿科 50 份、综合医院无儿科 24 份、其他 26 份，其中儿科专科医师 62 份。对于目前儿科用药存在的问题，专业人士认为排第一位的是用药制度不健全(66.8%)，其次为说明书不规范(60.3%)，认为药品品种少、剂型少和规格少的分别占 48.4%、40.8% 和 41.3%。参与问卷调查的专业人员基本上都认为建立儿科规范给药的用药程序或制度是有意义的，但仅 56.7%的医院设立了相关制度。99.4%的专业人士认为开发儿童专用药品是必要的，97%的认为建立儿科基本药物目录、公开儿科用药信息和出台规范儿科用药的相关法规政策必要且重要。目前绝大部分医务专业人员(88.3%)对不良反应上报系统已有一定的认知度和熟悉度，仅 8.2%的人员对此系统不熟悉，还有 3.5%的人员不知道。值得注意的是，对于在儿童群体进行临床试验是否可行存在一定的分歧，返回问卷中 69.6%认为必要，30.4%认为不必要、不可行，而儿科专科医师中 96.8%认为儿童群体临床试验是必要的。

### （三）从上海市不良反应监测结果中看儿童用药

分析“上海市药品不良反应监测网数据库”信息，2003 年底～2009 年底共收集儿童 ADR 报告 8 299 份。患儿中男性占 58.59%，女性占 41.41%，多为一般报告(97.48%)，严重报告占 2.52%，3 岁以内儿童 ADR 发生率高，详见表 1。易引起 ADR 的药物中抗感染药居前，疫苗引起的 ADR 亦较多，详见表 2。以静脉给药方式引起 ADR 最为多见，肌内注射次之，详见表 3。在所报告的总计 10 300 例次的不良反应中，ADR 多见皮疹、发热，详见表 4。大多转归良好，治愈＋好转占 99.39%。

**表 1　上海市儿童药物不良反应年龄分布**

| 年龄/岁 | 例数 | 构成比(%) | 年龄/岁 | 例数 | 构成比(%) |
|---|---|---|---|---|---|
| 0～ | 2 383 | 28.71 | 2～ | 655 | 7.89 |
| 1～ | 1 056 | 12.72 | 3～ | 670 | 8.07 |

续　表

| 年龄/岁 | 例数 | 构成比(%) | 年龄/岁 | 例数 | 构成比(%) |
|---|---|---|---|---|---|
| 4～ | 618 | 7.45 | 10～ | 226 | 2.72 |
| 5～ | 569 | 6.86 | 11～ | 169 | 2.04 |
| 6～ | 577 | 6.95 | 12～ | 112 | 1.35 |
| 7～ | 387 | 4.66 | 13～ | 72 | 0.87 |
| 8～ | 287 | 3.46 | 14 | 40 | 0.48 |
| 9～ | 288 | 3.47 | 不　详 | 190 | 2.29 |
| | | | 合　计 | 8 299 | 100 |

**表 2　上海市儿童药物不良反应常见药物**

| 药　　品 | 例数 | 构成比(%) | 药　　品 | 例数 | 构成比(%) |
|---|---|---|---|---|---|
| 吸附百日咳菌苗、白喉、破伤风类毒素混合制剂 | 993 | 11.97 | 头孢哌酮 | 197 | 2.37 |
| 阿奇霉素 | 875 | 10.54 | 克林霉素 | 183 | 2.21 |
| 头孢呋辛 | 682 | 8.22 | 头孢他啶 | 160 | 1.93 |
| 头孢噻肟 | 386 | 4.65 | 流行性乙型脑炎灭活疫苗 | 153 | 1.84 |
| 青霉素 | 347 | 4.18 | 头孢拉定 | 140 | 1.69 |
| 无细胞白百破 | 235 | 2.83 | 头孢克洛 | 133 | 1.60 |
| 头孢曲松 | 218 | 2.63 | 头孢唑肟 | 108 | 1.30 |
| 阿莫西林-克拉维酸钾 | 216 | 2.60 | A 群脑膜炎球菌分糖疫苗 0.5 mL | 103 | 1.24 |
| | | | 合　计 | 5 129 | 61.80 |

注：所列为前 16 位、100 例以上的不良反应。

**表 3　上海市儿童药物不良反应用药方式**

| 给药方式 | 例数 | 构成比(%) | 给药方式 | 例数 | 构成比(%) |
|---|---|---|---|---|---|
| 静脉滴注 | 4 800 | 57.84 | 眼内用药 | 7 | 0.08 |
| 肌内注射 | 1 725 | 20.79 | 鼻腔用药 | 6 | 0.07 |
| 口　服 | 1 016 | 12.24 | 直肠给药 | 3 | 0.04 |
| 皮内注射 | 663 | 7.99 | 含　服 | 2 | 0.02 |
| 鞘内用药 | 38 | 0.46 | 鼻　饲 | 1 | 0.01 |
| 吸入剂 | 37 | 0.45 | 硬膜外给药 | 1 | 0.01 |
| | | | 合　计 | 8 299 | 100 |

**表 4 上海市儿童药物不良反应类型**

| 不良反应 | 例次 | 构成比（%） | 不良反应 | 例次 | 构成比（%） |
|---|---|---|---|---|---|
| 皮 疹 | 3 861 | 37.49 | 红斑疹 | 115 | 1.12 |
| 发 热 | 1 358 | 13.18 | 脓 肿 | 112 | 1.09 |
| 瘙 痒 | 699 | 6.79 | 银屑病 | 106 | 1.03 |
| 呕 吐 | 618 | 6.00 | 寒 战 | 98 | 0.95 |
| 血药浓度降低 | 557 | 5.41 | 头 痛 | 88 | 0.85 |
| 恶 心 | 341 | 3.31 | 注射部位坏死 | 71 | 0.69 |
| 斑丘疹 | 254 | 2.47 | 潮 红 | 60 | 0.58 |
| 注射部位纤维化 | 239 | 2.32 | 不 适 | 56 | 0.54 |
| 腹 泻 | 156 | 1.51 | 过敏性休克 | 52 | 0.50 |
| 窒 息 | 137 | 1.33 | 其 他 | 1 322 | 12.83 |
| | | | 合 计 | 10 300 | 100 |

### （四）从长江流域医院用药信息数据库看上海儿童用药

按药品通用名检索“长江流域医院用药信息数据库”，分析儿童用药（包括适宜儿童用的剂型如咀嚼片、喷雾剂、混悬剂、颗粒剂、滴剂、口服液、糖浆、泡腾片以及药名中标识小儿、儿童等特征的药品，不包括针剂）在上海地区 2 家儿童专科医院中的使用情况，可知上海市 2 家儿童专科医院 2008 年用药总金额 1.89 亿元、575 种药品、908 种品规，其中儿科药物总金额 0.71 亿元（37.6%）、127 种药品（22.1%）、171 种品规（18.7%）；2009 年 1～10 月用药总金额 1.81 亿元、573 种药品、886 种品规，其中儿科药物总金额 0.64 亿元（35.3%）、132 种药品（23.0%）、169 种品规（19.1%）。

### （五）从专家访谈中看上海儿童用药

采取走访和电话联系的方式，对儿科专科医师、专科医院药师、药企儿童产品专员等进行访谈，了解上海市儿童用药情况、存在的问题以及专业人员对现状的看法。

儿童用药目前的确存在诸多问题。儿科病人中代谢性疾病逐渐增加，药物治疗非常重要，但专门的儿科药物非常少且较多的成人药品不宜在儿科使用。儿科医师如何处理此类问题，应该有制度，对特殊病例特殊处理。针对少见病和疑难病，需要有特殊用药指导、途径和药源。

儿童实际用药品种太多、乱用，同一药品商品名过于复杂，儿科药物的剂型、规格少，口感太差，减少分药现象非常重要。价格便宜的药逐渐淘汰，价格较贵的药品上市，但两者效果相似。应开发儿科病人专用药物剂型，符合儿童口味，以液剂较好，便于服用，且可小剂量使用。造成目前儿科用药品种少、剂型、规格少的原因很多，但经济因素是最重要的一环。由于儿科用药量少、要求高，利润也就相对低，因此研发、生产、流通单位积极性不高。政府必须从经济政策上扶持。最好要有正规儿童用药专业厂家生产药品，适当改善药品口味、剂型多样化，经济实用。

药品说明书中儿童用药方面资料不全，儿科用药用量、用法不健全。儿科医院自制制剂缺具体用法用量、不良反应及注意等事项说明，用药剂量不规范，缺少用药安全性数据。药物说明书中应写上不良反应发生率，避免患者看了说明书害怕药物不良反应发生。药品说明书的措辞应严谨，避免不必要的矛盾。对在儿科中应用的中成药说明书须加以修改，在严格规范的临床试验基础上，可参照某些西药，根据年龄及体重计算药品服用剂量。要切切实实把好“国药准字”的审批关，对审批机构和人员要有问责制，对批准的每一项新药的各项质量指标均应严格把关。医院进儿科药品时，生产厂家要有一定知名度、一定规模，确保临床用药的质量和安全。每种药物均需有专业单位质量控制证明，静脉用药尤其是中药注射剂使用时更要谨慎。

儿科患者市级专科医院就医人数明显增长，社区一级医院减少，而儿科用药问题多出现在基层医院、外地患者。社区卫生服务中心是卫生保健的基础，但目前是儿科最薄弱的环节，很多地方甚至还是空白。越是大医院，儿童用药的档次越高，医生为了能让家长迅速看到治疗效果，减少医疗纠纷，尽量采用效果好、价格高、级别比较高的品种，价格贵不说，对儿童的体质、用药的效果及抗药性、药品耐受性都不利。希望能对医生及儿童家长做好相关宣传和教育工作。因此，普及知识、改变一些固有观念十分必要。总之，应让广大群众了解规范儿科用药的重要性，加强儿科用药的正面公众宣传，对家长进行用药培训，提供咨询。

在医院门诊和病房增设相关临床药师，及时或实时收集儿科用药安全与不良反应的资料。建议对儿科临床药师多加培训，在发药同时向患儿家长讲清药物的主要不良反应。建立临床药师下病房，与临床医师共同研究疑难病用药。建立常用儿科药物的药物浓度监测，指导临床药物的使用。将药师的儿科用药调配作为业务考核的重要内容，纳入药事管理。有专家指出，儿科用药均应建立在儿童群体临床验证基础上，但目前国内儿童临床试验基地少、志愿者少，而且医生临床试验经验少、不专业。成人用药在进入儿科临床前也应进行相应临床试验，包括中药。

儿科用药量应按体重计算，区别同龄个体差异。医生开具的处方大多数情况下“一方多用”，应根据患儿具体情况增减用药。加强对临床医师所开处方的审核和考量，加强儿童用药的再培训和信息更新。儿科用药知识来源尚未系统建立，应定期对医务人员进行儿科用药的知识培训。应规范用药，减少静脉用药，严格控制儿科中药制剂的应用。

建立高层面的儿科用药督查制度。规范儿科用药的相关法规政策，应与儿科疾病及诊断相关。相关部门应联合中华儿科学会各学组制定相关用药安全、有效制度。医保目录的品种少，应完善儿科用药基本目录。建立管理科学的诊疗用药体系和费用指标体系，建立统一的、科学的儿科绩效考核章程，保障综合医院儿科医师待遇。建立切实有效的政府对综合医院儿科的投入机制，建立规范的儿科药物推广招标制度。

### （六）上海地区儿童用药基本情况

上海地区专业人士对儿童用药的关注度是极高的，普遍认为目前存在一系列问题，亟待改善。儿童用药制度不健全和说明书不规范是最受关注的问题，出台规范儿童用药的政策法规得到绝大多数专业人士的赞同。目前绝大部分医务专业人员对不良反应上报系统已有一定的认知度和熟悉度，值得注意的是，对于在儿童群体进行临床试验是否可行存在一定的分歧。儿童专用药品的品种、剂型和规格仍偏少，在上海市儿童专科医院中儿童专用药品的份额仅25%左右。药物不良反应最常见于抗感染药物，这也是合理用药的薄弱环节。加强社区儿科建设、提高临床药师儿童用药水平并多参与临床工作是今后注重的方向。

## 四、研究成果及其应用

研究表明，影响儿童用药安全有效的因素虽较为复杂，但以下两类因素最为根本：一是儿童药物治疗学的科学基础不够坚实；二是在有限科学证据支持下的临床用药还不够规范。针对上述问题，我们提出以下建议，目的是引导和激励社会积极推动儿童药物治疗学水平的提高，严格管理，促进儿童用药规范化程度的提高。

### （一）建立和完善相应制度，夯实儿童药物治疗学的科学基础

**1. 探索以知识产权保护为核心的激励制度，推动儿童药品的开发和临床试验**

儿童用药品种、规格、剂型少是一个存在长久的问题。虽然儿童药品的市场份

额较大，但对成人药品市场而言，儿童药品的市场空间仍相对较小；加之儿童药品的开发周期较长、研究费用高、资金投入风险大，大多数制药企业不愿意涉及。虽然2003年8月国家食品药品监督管理局颁布《药物临床试验质量管理规范(GCP)》，正式将儿童纳入药物临床试验对象，规定在伦理与严格的监督下，儿童可以享受与成人一样的经新药临床试验后获得循证医学数据进行安全有效治疗疾病的权益，但对于药品研究和生产企业，儿童药物临床试验的组织，与儿童药品研发一样，仍然为担心投入与回报不相称所困扰。

专门针对儿童的药品开发和前瞻性儿童药品临床试验的不足，严重危害儿童用药安全有效的科学基础，而这种不足只能通过市场化机制来解决。我们建议借鉴欧美行之有效的制度与政策，积极探索以药品儿童适应症为标的的专利制度、以"儿科独占"为形式的市场保护制度，形成多形式、分层次，以知识产权保护为核心的制度和政策，依法切实保护产权人的相应权益，最终创造良好的市场氛围，引导、激励药品研究、生产企业加大研发儿童药品和组织儿童药品临床试验的力度，为保障儿童用药的安全有效奠定坚实的科学基础。

**2. 建立有效制度，规范针对儿童的药品标签外使用行为**

从科学角度出发，指导儿童用药安全有效最有把握的资料来自药品的儿童临床试验，其次是基于药品成人临床试验的合理推算。但是，临床上还经常有特殊(有时还危急)的药物使用情况，找不到前述任一种可靠依据，即通常所说的药品标签外使用。药品标签外使用普遍见诸于临床，只是针对儿童的药品标签外使用较成人更为常见。如果放任针对儿童的药品标签外使用停留在医师凭个人经验自行其是的话，对保障儿童用药安全有效，显然十分不利。

建议卫生行政部门在开展调查的基础上，针对比较集中和高频度的儿童药品标签外使用，组织开展儿童临床试验。卫生行政部门应依据临床试验的证据，对药品标签外使用作出合理与否的判断，并及时公开相关信息。对于经临床试验肯定的药品标签外使用，应及时纳入《诊疗常规》、《临床路径》等规范，以便推广。这项工作的制度化、经常化，有利于针对儿童的药品标签外使用科学和规范。

**3. 规范药品使用说明书，指导合理用药**

我国《药品包装、标签和说明书管理规定》指出，药品说明书应包含有关药品的安全性、有效性等重要科学数据、结论和信息，用以指导安全、合理用药。而目前药品说明书不规范现象还比较普遍，主要表现为：儿童用药的用法用量标注不够明确和具体、与儿童有关的注意事项标注不明确甚至缺项、儿童药代动力学情况标注较缺乏等。

为保证药品说明书提供科学、准确的药品信息，指导合理用药，我们建议国家食品药品监督管理局修订《药品包装、标签和说明书管理规定》，对于儿童用药和可用于儿童临床的药物说明书，作更为明确和详细的要求：(1) 儿童用药或经儿童临床试验确认安全有效的药物，其说明书应该有专门的标识，以区别于其他药物；(2) 推荐用于儿童的药物，说明书关于儿童用药的用法、用量必须标注明白、准确，与儿童有关的注意事项也必须标注明白、准确；(3) 不推荐用于儿童的药物，说明书必须有相应的明确标识。

## (二) 严格管理，促进儿童用药规范化程度的提高

### 1. 深化医院管理，提高合理用药水平

医院是儿童用药的主要、关键场所。现实生活中，由于药师个人对于疾病及其药物治疗等认知的局限，或因为经济或其他社会因素的影响，自主或不自主地发生诸多不合理用药现象。不合理用药，轻者浪费医疗卫生资源，重者危及生命，危害极大。

我们建议卫生行政部门采取积极措施，切实提高医院合理用药水平，减少或避免不合理用药：(1) 加强管理，建立健全处方分析制度，定期检查医师的处方并进行分析，采取行政措施规范和约束医师的不合理用药行为，特别是要坚决制止抗菌药物的不合理使用。(2) 加强人员培训，目标是保证医师、药师、护理、管理者都在职责范围内为保障合理用药而形成协力体系。其中，医师培训：针对儿科用药的特殊性，开展合理用药的科学研究，定期组织儿科临床药学或医学专家为医师作有关合理用药新知识、新进展的学术报告，提高儿科医师合理用药水平；临床药师培训：根据医院特点，建立常用儿科药物的血液中浓度监测系统，开展治疗监测，保证婴幼儿及儿童合理用药，避免受不必要的伤害。(3) 组织合理用药督导，卫生行政部门定期组织合理用药调查：按设计方案调取病例和处方样本，分析药物使用合理与否，最后得到关于本市医疗机构合理用药的统计。通过比对，宏观上可以得到本市医疗机构合理用药水平消长的情况，微观上可以得到医疗机构存在的不合理用药情况，这样可使我们的纠偏措施更具针对性。

### 2. 制定《儿童基本药物目录》，将儿科常见病的药物治疗标准化

我国目前尚未制定《儿童基本药物目录》，而于 2009 年 9 月 21 日起施行的《国家基本药物目录(基层医疗卫生机构配备使用部分)》(2009 版)化学药部分明确标明儿童具体用量的只有 5 个品种，中成药部分仅有一个小儿专用品种。因此，基本药物制度保障供给、规范治疗、降低费用的优势将很难在儿科领域得到充分发挥。

我们建议卫生行政部门充分利用我国医药卫生体制改革的战略机遇，建立起符合我国儿童疾病谱特点的《儿童基本药物目录》，纳入基本药物制度，积极推行。基本药物制度的推行，必将有利于常见病药物治疗的标准化。

# 上海市脑瘫儿童综合康复干预模式及效果研究*

## 一、研究背景

近50年来，随着产科技术、围产医学、新生儿医学的发展，新生儿监护病房的广泛应用，抢救危重新生儿的技术不断提高，许多过去很难生存的早产儿、极低体重儿得以存活，而这些早产儿患脑瘫的几率明显高于足月儿，从而使脑瘫的发生率在某些地区再度呈现上升趋势。据全国小儿脑瘫学术会议的估算，国内脑性瘫痪的发病率1.8‰～4.0‰①，按照每年2 000万新生婴儿计算，全国每年新增约3.6万～8万脑瘫患儿，数量十分庞大，给社会、家庭造成巨大的经济负担，形势十分严峻。

如何通过各种方法减轻患儿的四肢运动功能障碍，一直是外科医生和儿科医生长期努力的目标。20世纪80年代以来，我国引入了康复医学，逐步开展了脑瘫康复研究工作。目前我国的脑瘫康复主要以机构康复为主，辅之以社区康复。通过物理治疗、作业治疗、言语治疗、药物治疗、手术治疗、中医中药治疗、矫形器等治疗方式对脑瘫患儿进行康复治疗。而早期康复训练有助于部分功能的改善，提高患儿生活质量。

在开展康复救助过程中发现脑瘫儿童康复训练是一项长期而艰巨的过程，康复训练越早，效果越好。但单纯依赖康复机构开展康复工作存在以下问题：过分依赖医疗机构康复，医疗康复代替了其他方面的康复，然而机构康复费用高、资源少，康复的普及面相对比较小；忽视社区康复和家庭康复，使康复的效果受到了限制；康复与教育相分离。由于患儿从很小就开始进入医疗机构康复，导致学前教育

---

* 本文获2008～2010年度上海妇女儿童发展研究政策建议成果二等奖。作者：季敏，上海市残疾人联合会

① 梁秋雁、张盘德、杨杰华、张缨、陈惠琼、冯顺燕、徐坤玉：《高危脑瘫婴幼儿早期康复干预对运动功能的影响》，《中国康复医学杂志》2009年第12期，第1137～1139页。

的缺失，患儿往往在身体功能上得到了改善，但在心理上以及未来的继续发展上都存在着严重的不足。因此，不能够单纯地依赖机构康复，社区康复、家庭康复是脑瘫儿童康复重要的组成部分，是脑瘫儿童机构康复的有效补充，为改善脑瘫儿童的生活质量，需要在现有基础上探索综合的脑瘫儿童康复服务模式，就显得非常必要和迫切。

本研究通过医学指标、社会指标和生命质量评价指标的测算与分析，实现理论与实践相结合、定性与定量相结合，提出综合康复这一新型康复模式，提倡持续性康复，家长不仅仅是残疾人生活的照料者，社区不仅仅是残疾人工作的管理者，而都应该作为残疾康复的一分子，积极参与其中。本研究的思路和方法具有一定的创新性，不仅仅是对脑瘫儿童康复的一项探索，也可以为其他残疾康复提供借鉴。

## 二、研究目的与研究内容

本研究的目的是要对脑瘫儿童综合康复干预模式效果评估，完善脑瘫儿童综合康复干预模式，为上海市制定脑瘫儿童康复政策提供建议。研究的主要内容包括：

第一，总结分析目前关于脑瘫儿童康复的国内外研究现状。

第二，实施上海市 0～7 岁脑瘫儿童综合康复服务模式的干预研究：

(1) 明确试点对象。确定杨浦区、虹口区、普陀区、宝山区、浦东新区、闵行区作为试点区。

(2) 确定试点机构。与试点区相对应，选出新华医院、第一人民医院、普陀区中心医院、宝山区中冶医院、上海市残疾人康复中心、上海市儿童医学中心作为试点机构。

(3) 开展试点培训。分别对医生以及区县残联工作人员对此项工作进行培训。

(4) 实施干预工作。上海市残联于 2009 年 9 月开展试点干预工作。

第三，对上海市 0～7 岁脑瘫儿童综合康复干预模式进行评价效果，即通过对患儿的生理影响进行医学效果评价；通过对其他家庭成员生命质量的影响及满意度，患儿及其家庭的社会支持感知程度，康复机构、社区、家庭对综合干预措施的依从性进行社会学效果评价，以及对综合干预的政策去向进行讨论。

## 三、材料与方法

### （一）资料与来源

#### 1. 文献与相关政策资料

在中国生物医学文献数据库(CBM)中，按照摘要的方式以“脑性瘫痪”“康复”为关键词，搜索2000～2009年所有在核心期刊发表的文章，共有246篇文献；在《上海市残联文件汇编》、上海市残联网站上获得有关残疾儿童、脑瘫儿童康复方面的资料。

#### 2. 研究中所设计的评估手册

本次研究共设计3本手册，分别为机构填写的《阳光宝宝家庭康复评估手册》、家庭填写的《阳光宝宝家庭康复卡》和社区填写的《阳光宝宝家庭康复督导手册》。本次研究主要依据3本手册所提供的数据进行分析讨论。

### （二）研究方法

#### 1. 文献系统评阅

根据研究的内容，确定文献评阅的标准，主要包括两方面指标：一是文献基本信息情况，包括文章标题、作者、作者单位、杂志来源、发表年份、文献研究方法、研究设计等；二是文献研究主要针对领域。按照严格的定义和界定将文献研究针对分为机构康复、社区康复、家庭康复、矫形器使用、教育康复等12项，并进行编码。通过EXCEL建立文献评阅数据库，根据每一篇文献的具体情况，进行录入和编码，再利用统计软件进行分析。

#### 2. 形成效果评价模式

(1) 通过头脑风暴法，由残联组织复旦大学、市辅助器具资源中心、市残疾人康复中心、儿科医院、新华医院、第一人民医院等机构近20位从事小儿脑瘫康复的专家进行论证，结合残疾人工作者咨询及残疾人访谈，确定评估方式。

(2) 为了达到评价的全面性，本次研究采用经典量表和自制量表相结合。通过医学评估指标GMFM分值、生命质量指标SF-36、社会支持指标SSRS以及自制有关效果评价、满意度评价等量表全面分析综合康复效果。

(3) 组织专家就适用性、完善性和可操作性三个方面进行全面论证，最终形成完整的效果评价模式。

#### 3. 数据分析方法

利用EpiData3.0建立数据库并录入数据，采用SPSS17.0软件建立分析库，计量数据采用配对样本 t 检验、独立样本 t 检验、Kruskal-Wallis t 检验，以 $P<0.05$ 为有统计学的显著性意义。

## 四、结果与分析

### （一）《阳光宝宝家庭康复评估手册》分析

《阳光宝宝家庭康复评估手册》(简称《评估手册》)是以康复机构康复医生填写为主，是脑瘫儿童综合康复干预模式中医疗机构参与的重要方面和体现。主要记录患儿的基本病患情况以及康复训练前后的日常生活能力、粗大功能运动变化情况以及患儿家长生命质量、社会支持等方面的变化情况；同时记录患儿使用辅具的处方，每月记录家庭康复训练评估指导记录单，以及患儿 GMFM 分数变化情况。共收到《评估手册》309 份。

**1. 基本人口学情况**

(1) 患儿基本人口学情况。

① 患儿性别。在 309 份《评估手册》中，经筛选，共有 182 名患儿，其中 179 名填写了性别，男性 92 名，占 51.4%，女性 87 名，占 48.6%。

② 患儿年龄。182 名患儿中，共有 164 名填写了出生日期。按照首次入主年龄统计，所有患儿年龄均值为 3.2 岁，中位数 3 岁，众数 2 岁，极小值 0 岁，极大值 7 岁。其中 6 岁年龄组患儿最少，共 11 人，占 6.7%，2 岁年龄组患儿最多，共 32 人，占 19.5%。

(2) 患儿脑瘫类型。患儿的脑瘫类型由医师根据《评估手册》后附录的脑瘫类型分类图确定患儿目前的脑瘫类型，共分为 9 类。经过统计，此次入主患儿中痉挛型四肢瘫患儿人数最多，为 41 人，占 27%。从分析结果看，此次干预患儿包含了 9 类脑瘫类型(见表 1)，因此研究结果也具有较好的代表性。

**表 1　脑瘫患儿类型分布**

| 脑瘫类型 | 频　率 | 有效百分比(%) | 累积百分比(%) |
|---|---|---|---|
| 痉挛型双瘫 | 28 | 18.4 | 18.4 |
| 痉挛型四肢瘫 | 41 | 27.0 | 45.4 |
| 痉挛型左偏瘫 | 30 | 19.7 | 65.1 |
| 痉挛型右偏瘫 | 14 | 9.2 | 74.3 |

续　表

| 脑瘫类型 | 频　率 | 有效百分比(%) | 累积百分比(%) |
|---|---|---|---|
| 痉挛型三瘫 | 18 | 11.8 | 86.2 |
| 徐动型 | 4 | 2.6 | 88.8 |
| 肌张力障碍型 | 6 | 3.9 | 92.8 |
| 共济失调型 | 3 | 2.0 | 94.7 |
| 肌张力低下型 | 2 | 1.3 | 96.1 |
| 无法分类型 | 6 | 3.9 | 100 |
| 合　计 | 152 | 100 | |

(3) 患儿 GMFCS 分级统计。脑瘫粗大运动功能分级系统(GMFCS)是加拿大医生于 1997 年根据脑瘫患儿运动功能随年龄变化而发生变化，并结合长期临床经验设计的一套脑瘫分级系统，共分为 4 个年龄组，5 个级别，Ⅰ级最佳，Ⅴ级最差，较为客观地反映了脑瘫患儿粗大运动功能的发育情况。经统计，此次干预覆盖脑瘫分级的五个等级，各个级别入主人数相对平均，具有较好的代表性(见表 2)。

**表 2　患儿 GMFCS 分布**

| 分　级 | 频　率 | 有效百分比(%) | 累积百分比(%) |
|---|---|---|---|
| Ⅰ级 | 30 | 21.6 | 21.6 |
| Ⅱ级 | 38 | 27.3 | 48.9 |
| Ⅲ级 | 23 | 16.5 | 65.5 |
| Ⅳ级 | 14 | 10.1 | 75.5 |
| Ⅴ级 | 34 | 24.5 | 100 |
| 合　计 | 139 | 100 | |

**2. 脑瘫儿童家长生命质量评价分析**

生命质量评价量表(SF－36)是美国波士顿健康研究所研制的简明健康调查评估手册，被广泛应用于普通人群的生存质量测定、临床试验效果评价以及卫生政策评估等领域。SF－36 生命质量评分量表分为 8 个维度：生理功能、生理角色限制、躯体疼痛、总体健康、活力、社会功能、情感角色限制和心理健康①。对本次干预对

① Ware JE Jr, Snow KK, Kosinski M, et al. SF－36 health survey manual and interpretation guide. Boston: New England Medicine Center the Health Institute, 1993. 1－12.

象按照不同的影响因素分组，对干预前后生命质量评分按总分和8个维度，经过归一化处理进行比较分析。8个维度计算方法为：第一步，量表条目编码；第二步，量表条目积分；第三步，量表条目各方面计分及得分换算，换算公式为①：

$$换算得分=\frac{该维度实际得分-该维度可能的最低得分}{该维度可能的最高得分-该维度可能的最低得分}\times 100$$

条目2为自我报告的健康变化，不参与量表得分的计算。

根据脑瘫儿童家长生命质量可能的影响因素进行分析如下：

（1）训练周期。对参加1期训练和参加多期训练的患儿家长生命质量评价得分进行独立样本t检验，结果如表3所示。可以看出训练1期的患儿家长在生理功能、生理角色限制等6个维度上生命质量优于训练多期患儿家长，其中在生理功能、生理角色限制及情感角色限制三方面显著优于训练多期患儿，可以说，训练1期患儿家长生命质量整体优于训练多期患儿家长。

**表3　训练1期与多期患儿家长生命质量比较**

| 健康维度 | 组别 | 均数 | 95%可信区间 | | P 值 |
|---|---|---|---|---|---|
| | | | 5% | 95% | |
| 生理功能 | 1期 | 95.78 | 93.97 | 97.60 | 0.023 |
| | 多期 | 92.81 | 91.11 | 94.50 | |
| 生理角色限制 | 1期 | 78.49 | 71.93 | 85.04 | 0.000 |
| | 多期 | 57.78 | 51.53 | 64.02 | |
| 躯体疼痛 | 1期 | 79.11 | 75.94 | 82.29 | 0.090 |
| | 多期 | 75.47 | 72.76 | 78.17 | |
| 总体健康 | 1期 | 69.91 | 66.02 | 73.79 | 0.169 |
| | 多期 | 66.65 | 63.86 | 69.44 | |
| 活　力 | 1期 | 64.65 | 60.74 | 68.55 | 0.626 |
| | 多期 | 65.81 | 63.00 | 68.61 | |
| 社会功能 | 1期 | 103.80 | 98.61 | 109.00 | 0.275 |
| | 多期 | 100.28 | 96.41 | 104.14 | |
| 情感角色限制 | 1期 | 73.86 | 66.75 | 80.95 | 0.000 |
| | 多期 | 54.26 | 47.66 | 60.86 | |
| 心理健康 | 1期 | 69.32 | 65.32 | 73.32 | 0.935 |
| | 多期 | 69.51 | 67.09 | 71.93 | |

① 许燕：《社区人群健康相关生命质量研究》，复旦大学硕士学位论文，2002年。

对训练多期的患儿干预前后家长生命质量评价进行配对 t 检验，结果如表 4 所示。可以看出，经过康复训练，患儿家长生命质量在各维度都有不同程度的提高，其中在生理功能、活力、情感角色限制及心理健康 4 个维度 P<0.05，提高具有显著性差异。

**表 4　训练多期患儿干预前后家长生命质量比较**

| 健康维度 | 组别 | 均数 | 95%可信区间 | | P 值 |
|---|---|---|---|---|---|
| | | | 5% | 95% | |
| 生理功能 | 首期 | 91.48 | 88.33 | 94.62 | 0.019 |
| | 末期 | 94.75 | 91.72 | 97.79 | |
| 生理角色限制 | 首期 | 59.02 | 47.44 | 70.59 | 0.182 |
| | 末期 | 63.93 | 53.38 | 74.49 | |
| 躯体疼痛 | 首期 | 75.21 | 70.27 | 80.15 | 0.118 |
| | 末期 | 78.34 | 74.06 | 82.63 | |
| 总体健康 | 首期 | 64.90 | 59.86 | 69.94 | 0.054 |
| | 末期 | 68.90 | 64.03 | 73.77 | |
| 活　力 | 首期 | 62.38 | 57.25 | 67.50 | 0.005 |
| | 末期 | 69.26 | 64.47 | 74.06 | |
| 社会功能 | 首期 | 97.75 | 90.32 | 105.17 | 0.067 |
| | 末期 | 102.87 | 96.76 | 108.98 | |
| 情感角色限制 | 首期 | 50.82 | 39.20 | 62.44 | 0.028 |
| | 末期 | 59.56 | 48.31 | 70.81 | |
| 心理健康 | 干预前 | 67.21 | 62.98 | 71.44 | 0.024 |
| | 干预后 | 72.39 | 67.81 | 76.98 | |

（2）GMFCS 分级。对 GMFCS 不同级别患儿家长生命质量评价得分进行 Kruskal-Wallis t 检验，结果如表 5 所示，各组间 P 均大于 0.05，并且无规律性，因此无显著性差异。

**表 5　GMFCS 各级别患儿家长生命质量比较**

| 健康维度 | 组别 | 均数 | 95%可信区间 | | P 值 |
|---|---|---|---|---|---|
| | | | 5% | 95% | |
| 生理功能 | Ⅰ级 | 93.82 | 90.37 | 97.27 | 0.098 |
| | Ⅱ级 | 93.73 | 90.58 | 96.88 | |
| | Ⅲ级 | 90.43 | 86.49 | 94.38 | |
| | Ⅳ级 | 93.85 | 91.03 | 96.66 | |
| | Ⅴ级 | 94.93 | 93.56 | 96.29 | |

续　表

| 健康维度 | 组别 | 均数 | 95%可信区间 | | P 值 |
|---|---|---|---|---|---|
| | | | 5% | 95% | |
| 生理角色限制 | Ⅰ级 | 66.177 | 53.61 | 78.74 | 0.311 |
| | Ⅱ级 | 62.69 | 52.71 | 72.68 | |
| | Ⅲ级 | 60.11 | 47.15 | 73.06 | |
| | Ⅳ级 | 76.92 | 61.56 | 92.28 | |
| | Ⅴ级 | 59.70 | 49.14 | 70.26 | |
| 躯体疼痛 | Ⅰ级 | 75.45 | 69.86 | 81.05 | 0.493 |
| | Ⅱ级 | 79.22 | 74.75 | 83.70 | |
| | Ⅲ级 | 75.02 | 68.52 | 81.52 | |
| | Ⅳ级 | 74.54 | 68.19 | 80.89 | |
| | Ⅴ级 | 77.70 | 74.24 | 81.16 | |
| 总体健康 | Ⅰ级 | 68.08 | 62.18 | 73.98 | 0.078 |
| | Ⅱ级 | 70.91 | 65.77 | 76.05 | |
| | Ⅲ级 | 72.46 | 66.51 | 78.40 | |
| | Ⅳ级 | 64.85 | 56.82 | 72.87 | |
| | Ⅴ级 | 64.06 | 60.09 | 68.03 | |
| 活　力 | Ⅰ级 | 63.82 | 58.95 | 68.70 | 0.105 |
| | Ⅱ级 | 68.36 | 63.41 | 73.30 | |
| | Ⅲ级 | 69.02 | 62.00 | 76.04 | |
| | Ⅳ级 | 64.81 | 56.99 | 72.63 | |
| | Ⅴ级 | 64.25 | 59.85 | 68.66 | |
| 社会功能 | Ⅰ级 | 100.49 | 92.41 | 108.57 | 0.788 |
| | Ⅱ级 | 102.43 | 95.38 | 109.47 | |
| | Ⅲ级 | 99.73 | 91.21 | 108.25 | |
| | Ⅳ级 | 98.56 | 88.13 | 108.99 | |
| | Ⅴ级 | 103.36 | 97.60 | 109.11 | |
| 情感角色限制 | Ⅰ级 | 71.24 | 59.09 | 83.40 | 0.174 |
| | Ⅱ级 | 60.70 | 49.74 | 71.65 | |
| | Ⅲ级 | 56.52 | 42.70 | 70.34 | |
| | Ⅳ级 | 67.95 | 51.14 | 84.76 | |
| | Ⅴ级 | 54.23 | 44.04 | 64.42 | |

续 表

| 健康维度 | 组别 | 均数 | 95%可信区间 | | P 值 |
|---|---|---|---|---|---|
| | | | 5% | 95% | |
| 心理健康 | Ⅰ级 | 69.65 | 64.92 | 74.37 | 0.451 |
| | Ⅱ级 | 71.64 | 66.83 | 76.46 | |
| | Ⅲ级 | 71.48 | 65.75 | 77.20 | |
| | Ⅳ级 | 67.69 | 60.41 | 74.97 | |
| | Ⅴ级 | 68.78 | 64.72 | 72.83 | |

对 GMFCS 不同分级的患儿家长干预前后的生命质量评价分别进行配对 t 检验，结果如表 6、表 7、表 8、表 9、表 10 所示。从总体上来看，各级别患儿家长在各维度得分干预后呈上升趋势，但只有 GMFCS 分级Ⅲ级的总体健康维度和分级Ⅴ级的情感角色限制维度 $P<0.05$，有显著性差异，其他级别和维度均无显著性差异。通过对比，按照患儿 GMFCS 分级进行生命质量评价，康复训练前后患儿家长生命质量有所提高，但总体上不具有显著性差异。

**表 6　GMFCS 分级Ⅰ级患儿家长干预前后生命质量比较**

| 健康维度 | 组别 | 均数 | 95%可信区间 | | P 值 |
|---|---|---|---|---|---|
| | | | 5% | 95% | |
| 生理功能 | 首期 | 94.55 | 87.43 | 101.66 | 0.091 |
| | 末期 | 101.82 | 96.56 | 107.08 | |
| 生理角色限制 | 首期 | 65.91 | 33.80 | 98.02 | 0.341 |
| | 末期 | 75.00 | 45.91 | 104.09 | |
| 躯体疼痛 | 首期 | 73.91 | 58.82 | 89.00 | 0.218 |
| | 末期 | 79.45 | 69.58 | 89.33 | |
| 总体健康 | 首期 | 67.00 | 52.83 | 81.17 | 0.092 |
| | 末期 | 76.09 | 62.99 | 89.19 | |
| 活　力 | 首期 | 62.27 | 51.10 | 73.45 | 0.181 |
| | 末期 | 70.45 | 60.00 | 80.91 | |
| 社会功能 | 首期 | 97.73 | 77.56 | 117.89 | 0.133 |
| | 末期 | 111.36 | 96.60 | 126.13 | |
| 情感角色限制 | 首期 | 72.73 | 41.35 | 104.11 | 0.321 |
| | 末期 | 84.85 | 61.65 | 108.04 | |
| 心理健康 | 首期 | 69.45 | 58.62 | 80.29 | 0.515 |
| | 末期 | 73.45 | 63.45 | 83.46 | |

表 7　GMFCS 分Ⅱ级患儿家长干预前后生命质量比较

| 健康维度 | 组别 | 均数 | 95%可信区间 | | P 值 |
|---|---|---|---|---|---|
| | | | 5% | 95% | |
| 生理功能 | 首期 | 90.71 | 81.46 | 99.97 | 0.435 |
| | 末期 | 92.14 | 83.62 | 100.67 | |
| 生理角色限制 | 首期 | 53.57 | 28.99 | 78.16 | 0.583 |
| | 末期 | 57.14 | 34.90 | 79.38 | |
| 躯体疼痛 | 首期 | 81.21 | 72.61 | 89.82 | 0.677 |
| | 末期 | 79.71 | 68.16 | 91.27 | |
| 总体健康 | 首期 | 72.36 | 60.10 | 84.62 | 0.942 |
| | 末期 | 72.21 | 61.11 | 83.32 | |
| 活　力 | 首期 | 71.07 | 63.05 | 79.09 | 0.165 |
| | 末期 | 66.79 | 55.89 | 77.68 | |
| 社会功能 | 首期 | 100.89 | 84.52 | 117.27 | 0.542 |
| | 末期 | 105.36 | 93.11 | 117.60 | |
| 情感角色限制 | 首期 | 38.10 | 14.39 | 61.80 | 0.104 |
| | 末期 | 47.62 | 20.70 | 74.54 | |
| 心理健康 | 首期 | 72.57 | 62.33 | 82.81 | 0.778 |
| | 末期 | 71.43 | 61.43 | 81.43 | |

表 8　GMFCS 分Ⅲ级患儿家长干预前后生命质量比较

| 健康维度 | 组别 | 均数 | 95%可信区间 | | P 值 |
|---|---|---|---|---|---|
| | | | 5% | 95% | |
| 生理功能 | 首期 | 88.85 | 79.04 | 98.65 | 0.656 |
| | 末期 | 90.38 | 82.25 | 98.51 | |
| 生理角色限制 | 首期 | 65.38 | 37.43 | 93.34 | 0.489 |
| | 末期 | 59.62 | 30.99 | 88.24 | |
| 躯体疼痛 | 首期 | 74.00 | 58.70 | 89.30 | 0.605 |
| | 末期 | 76.77 | 62.64 | 90.90 | |
| 总体健康 | 首期 | 69.54 | 57.83 | 81.25 | 0.033 |
| | 末期 | 82.00 | 72.33 | 91.67 | |

续　表

| 健康维度 | 组别 | 均数 | 95%可信区间 | | P 值 |
|---|---|---|---|---|---|
| | | | 5% | 95% | |
| 活　力 | 首期 | 66.92 | 52.20 | 81.65 | 0.231 |
| | 末期 | 76.15 | 63.63 | 88.68 | |
| 社会功能 | 首期 | 100.00 | 80.74 | 119.26 | 1.000 |
| | 末期 | 103.85 | 86.57 | 121.12 | |
| 情感角色限制 | 首期 | 56.41 | 26.33 | 86.50 | 0.337 |
| | 末期 | 64.10 | 35.07 | 93.13 | |
| 心理健康 | 首期 | 70.46 | 58.80 | 82.12 | 0.180 |
| | 末期 | 78.15 | 66.54 | 89.77 | |

**表 9　GMFCS 分Ⅳ级患儿家长干预前后生命质量比较**

| 健康维度 | 组别 | 均数 | 95%可信区间 | | P 值 |
|---|---|---|---|---|---|
| | | | 5% | 95% | |
| 生理功能 | 首期 | 93.00 | 85.92 | 100.08 | 0.208 |
| | 末期 | 96.00 | 87.91 | 104.09 | |
| 生理角色限制 | 首期 | 85.00 | 43.35 | 126.65 | 0.178 |
| | 末期 | 75.00 | 21.23 | 128.77 | |
| 躯体疼痛 | 首期 | 74.00 | 48.00 | 100.00 | 0.971 |
| | 末期 | 74.40 | 57.70 | 91.10 | |
| 总体健康 | 首期 | 58.60 | 32.84 | 84.36 | 0.497 |
| | 末期 | 63.60 | 42.81 | 84.39 | |
| 活　力 | 首期 | 60.00 | 43.57 | 76.43 | 0.208 |
| | 末期 | 66.00 | 48.22 | 83.78 | |
| 社会功能 | 首期 | 80.00 | 35.2850 | 124.72 | 0.426 |
| | 末期 | 87.50 | 56.46 | 118.54 | |
| 情感角色限制 | 首期 | 60.00 | 6.04 | 113.96 | 0.374 |
| | 末期 | 66.667 | 8.13 | 125.20 | |
| 心理健康 | 首期 | 58.40 | 42.85 | 73.95 | 0.546 |
| | 末期 | 62.40 | 32.68 | 92.12 | |

表 10　GMFCS 分Ⅴ级患儿家长干预前后 sf-36 得分情况

| 健康维度 | 组别 | 均数 | 95%可信区间 | | P 值 |
|---|---|---|---|---|---|
| | | | 5% | 95% | |
| 生理功能 | 首期 | 92.94 | 89.41 | 96.47 | 0.076 |
| | 末期 | 95.88 | 93.61 | 98.15 | |
| 生理角色限制 | 首期 | 47.06 | 23.50 | 70.6 | 0.203 |
| | 末期 | 57.35 | 36.15 | 78.55 | |
| 躯体疼痛 | 首期 | 73.76 | 65.82 | 81.71 | 0.101 |
| | 末期 | 78.29 | 72.17 | 84.42 | |
| 总体健康 | 首期 | 56.76 | 50.88 | 62.65 | 0.317 |
| | 末期 | 59.71 | 52.33 | 67.08 | |
| 活　力 | 首期 | 57.94 | 48.45 | 67.43 | 0.154 |
| | 末期 | 61.76 | 51.98 | 71.55 | |
| 社会功能 | 首期 | 101.47 | 88.64 | 114.30 | 0.565 |
| | 末期 | 103.68 | 91.70 | 115.65 | |
| 情感角色限制 | 首期 | 35.29 | 13.90 | 56.69 | 0.046 |
| | 末期 | 54.90 | 33.10 | 76.70 | |
| 心理健康 | 首期 | 66.59 | 59.00 | 74.18 | 0.143 |
| | 末期 | 71.76 | 62.16 | 81.37 | |

(3) 患儿家长学历。将患儿家长学历分为初中及以下，高中、中专、大专、本科及以上四组，进行 Kruskal-Wallis t 检验，结果如表 11 所示。可以看出，学历会对患儿家长生命质量产生一定影响。在生理角色、躯体疼痛和活力三个维度上，由于学历不同，患儿家长得分有显著性差异。三个维度上患儿家长学历为高中、中专以及本科及以上的得分最高。而从 8 个维度整体来看，也是这两个群体患儿家长得分最高。

表 11　各学历患儿家长生命质量评价得分比较(1)

| 健康维度 | 组别 | 均数 | 95%可信区间 | | P 值 |
|---|---|---|---|---|---|
| | | | 5% | 95% | |
| 生理功能 | 初中及以下 | 90.97 | 87.71 | 94.23 | 0.186 |
| | 高中、中专 | 94.85 | 93.23 | 96.47 | |
| | 大　专 | 95.15 | 93.13 | 97.16 | |
| | 本科及以上 | 94.94 | 92.20 | 97.67 | |

续　表

| 健康维度 | 组别 | 均数 | 95%可信区间 | | P　值 |
|---|---|---|---|---|---|
| | | | 5% | 95% | |
| 生理角色限制 | 小学、初中 | 6.02 | 5.58 | 6.45 | 0.006 |
| | 高中、中专 | 6.84 | 6.44 | 7.23 | |
| | 大　专 | 6.46 | 6.03 | 6.89 | |
| | 本科及以上 | 6.96 | 6.64 | 7.28 | |
| 躯体疼痛 | 小学、初中 | 69.42 | 63.40 | 75.44 | 0.050 |
| | 高中、中专 | 79.22 | 75.89 | 82.55 | |
| | 大　专 | 75.87 | 71.48 | 80.25 | |
| | 本科及以上 | 79.19 | 75.71 | 82.67 | |
| 总体健康 | 小学、初中 | 67.23 | 61.96 | 72.49 | 0.118 |
| | 高中、中专 | 69.20 | 65.42 | 72.97 | |
| | 大　专 | 63.31 | 57.87 | 68.75 | |
| | 本科及以上 | 70.95 | 66.52 | 75.38 | |
| 活　力 | 小学、初中 | 60.97 | 56.31 | 65.63 | 0.003 |
| | 高中、中专 | 67.53 | 62.86 | 72.20 | |
| | 大　专 | 60.74 | 55.97 | 65.50 | |
| | 本科及以上 | 68.44 | 63.63 | 73.24 | |
| 社会功能 | 小学、初中 | 96.37 | 88.34 | 104.41 | 0.272 |
| | 高中、中专 | 105.04 | 99.57 | 110.50 | |
| | 大　专 | 97.24 | 90.08 | 104.41 | |
| | 本科及以上 | 105.31 | 99.68 | 110.94 | |
| 情感角色限制 | 小学、初中 | 54.84 | 43.67 | 66.01 | 0.088 |
| | 高中、中专 | 64.58 | 54.38 | 74.77 | |
| | 大　专 | 54.90 | 44.04 | 65.77 | |
| | 本科及以上 | 70.83 | 61.51 | 80.16 | |
| 心理健康 | 小学、初中 | 64.97 | 60.98 | 68.95 | 0.070 |
| | 高中、中专 | 72.53 | 68.62 | 76.45 | |
| | 大　专 | 69.35 | 65.05 | 73.66 | |
| | 本科及以上 | 68.15 | 63.04 | 73.26 | |

同时，经过对每个不同学历患儿家长在干预前后生命质量评价得分进行配对 t 检验，结果如表 12 所示。学历为初中及以下和大专两个组别的患儿家长中，分别在生理角色限制、情感角色限制以及生理功能、躯体疼痛、情感角色维度中干预前后有显著性提高。结合表 11 可以看出，学历为中专、高中和本科及以上两组中，各维度得分均较高且相对稳定(见表 12、表 13、表 14、表 15)。

**表 12　学历为初中及以下患儿家长干预前后生命质量比较**

| 健康维度 | 组别 | 均数 | 95%可信区间 | | P 值 |
|---|---|---|---|---|---|
| | | | 5% | 95% | |
| 生理功能 | 首期 | 89.62 | 80.94 | 98.29 | 0.072 |
| | 末期 | 97.31 | 93.69 | 100.93 | |
| 生理角色限制 | 首期 | 28.85 | 5.90 | 51.80 | 0.025 |
| | 末期 | 57.69 | 30.54 | 84.85 | |
| 躯体疼痛 | 首期 | 63.08 | 47.07 | 79.09 | 0.075 |
| | 末期 | 72.15 | 57.98 | 86.33 | |
| 总体健康 | 首期 | 66.69 | 53.78 | 79.60 | 0.489 |
| | 末期 | 69.38 | 58.35 | 80.42 | |
| 活　力 | 首期 | 57.69 | 47.04 | 68.35 | 0.106 |
| | 末期 | 65.00 | 55.13 | 74.87 | |
| 社会功能 | 首期 | 87.50 | 64.01 | 110.99 | 0.196 |
| | 末期 | 99.04 | 80.16 | 117.91 | |
| 情感角色限制 | 首期 | 33.33 | 7.33 | 59.34 | 0.035 |
| | 末期 | 58.97 | 30.31 | 87.64 | |
| 心理健康 | 首期 | 62.77 | 52.40 | 73.14 | 0.259 |
| | 末期 | 68.92 | 60.72 | 77.13 | |

**表 13　学历为高中、中专患儿家长干预前后生命质量比较**

| 健康维度 | 组别 | 均数 | 95%可信区间 | | P 值 |
|---|---|---|---|---|---|
| | | | 5% | 95% | |
| 生理功能 | 首期 | 93.18 | 87.92 | 98.44 | 0.070 |
| | 末期 | 96.20 | 94.55 | 99.08 | |
| 生理角色限制 | 首期 | 77.27 | 52.99 | 101.56 | 0.659 |
| | 末期 | 81.82 | 60.45 | 103.18 | |

续　表

| 健康维度 | 组别 | 均数 | 95%可信区间 | | P　值 |
|---|---|---|---|---|---|
| | | | 5% | 95% | |
| 躯体疼痛 | 首期 | 78.00 | 68.77 | 87.23 | 0.583 |
| | 末期 | 80.55 | 72.28 | 88.81 | |
| 总体健康 | 首期 | 65.73 | 57.07 | 74.38 | 0.548 |
| | 末期 | 67.36 | 60.03 | 74.69 | |
| 活　力 | 首期 | 60.91 | 45.10 | 76.72 | 0.368 |
| | 末期 | 67.73 | 52.23 | 83.22 | |
| 社会功能 | 首期 | 96.59 | 77.04 | 116.14 | 0.105 |
| | 末期 | 112.50 | 101.88 | 123.12 | |
| 情感角色限制 | 首期 | 57.58 | 29.09 | 86.06 | 0.277 |
| | 末期 | 66.67 | 40.17 | 93.16 | |
| 心理健康 | 首期 | 67.27 | 58.29 | 76.25 | 0.277 |
| | 末期 | 73.82 | 63.60 | 84.04 | |

**表 14　学历为大专患儿家长干预前后生命质量比较**

| 健康维度 | 组别 | 均数 | 95%可信区间 | | P　值 |
|---|---|---|---|---|---|
| | | | 5% | 95% | |
| 生理功能 | 首期 | 93.18 | 87.92 | 98.44 | 0.026 |
| | 末期 | 96.82 | 94.55 | 99.08 | |
| 生理角色限制 | 首期 | 77.27 | 52.99 | 101.56 | 0.459 |
| | 末期 | 81.82 | 60.45 | 103.18 | |
| 躯体疼痛 | 首期 | 78.00 | 68.77 | 87.23 | 0.044 |
| | 末期 | 80.55 | 72.28 | 88.81 | |
| 总体健康 | 首期 | 65.73 | 57.07 | 74.38 | 0.167 |
| | 末期 | 67.36 | 60.03 | 74.69 | |
| 活　力 | 首期 | 60.91 | 45.10 | 76.72 | 0.120 |
| | 末期 | 67.73 | 52.23 | 83.22 | |
| 社会功能 | 首期 | 96.59 | 77.04 | 116.14 | 0.470 |
| | 末期 | 112.50 | 101.88 | 123.12 | |

续　表

| 健康维度 | 组别 | 均数 | 95%可信区间 | | P 值 |
|---|---|---|---|---|---|
| | | | 5% | 95% | |
| 情感角色限制 | 首期 | 57.58 | 29.09 | 86.06 | 0.045 |
| | 末期 | 66.67 | 40.17 | 93.16 | |
| 心理健康 | 首期 | 67.27 | 58.29 | 76.25 | 0.071 |
| | 末期 | 73.82 | 63.60 | 84.04 | |

**表 15　学历为本科及以上患儿家长干预前后生命质量比较**

| 健康维度 | 组别 | 均数 | 95%可信区间 | | P 值 |
|---|---|---|---|---|---|
| | | | 5% | 95% | |
| 生理功能 | 首期 | 93.33 | 86.18 | 100.48 | 0.164 |
| | 末期 | 94.00 | 86.73 | 101.27 | |
| 生理角色限制 | 首期 | 66.67 | 44.06 | 89.27 | 0.510 |
| | 末期 | 71.67 | 52.18 | 91.15 | |
| 躯体疼痛 | 首期 | 79.47 | 72.23 | 86.70 | 0.798 |
| | 末期 | 78.53 | 70.81 | 86.26 | |
| 总体健康 | 首期 | 70.07 | 60.10 | 80.04 | 0.969 |
| | 末期 | 69.93 | 58.75 | 81.12 | |
| 活　力 | 首期 | 71.00 | 61.69 | 80.31 | 0.902 |
| | 末期 | 70.67 | 61.20 | 83.22 | |
| 社会功能 | 首期 | 105.00 | 93.36 | 116.64 | 1.000 |
| | 末期 | 105.00 | 93.96 | 116.04 | |
| 情感角色限制 | 首期 | 55.56 | 30.72 | 80.39 | 0.217 |
| | 末期 | 64.44 | 39.81 | 89.08 | |
| 心理健康 | 首期 | 68.80 | 58.24 | 79.36 | 0.685 |
| | 末期 | 68.27 | 58.67 | 77.87 | |

**3. 脑瘫儿童家长社会支持评定分析**

社会支持评定量表是肖水源于 1986～1993 年设计的。社会支持是影响人们社会生活的重要因素。社会支持从性质上可以分为两类：一类为客观的支持。这类支持是可见的或实际的，包括物质上的直接援助、团体关系的存在和参与等。另一类是主观的支持。这类支持是个体体验到的或情感上感受到的支持，是指个体在社会中受尊重、被支持与理解的情感体验和满意程度，与个体的主观感受密切相关。社会支持量表(SSRS)分为主观支持、客观支持、对支持的利用度三个维度，得分越高说明相应领域情况越好[①]。

根据社会支持评定可能的影响因素分析如下：

(1) 训练周期。对训练 1 期和训练多期的患儿家长社会支持评分进行独立样本 t 检验，结果如表 16 所示。在总分、客观支持分和对支持的利用度三个维度上，训练多期患儿家长得分高于训练 1 期患儿家长，其中客观支持分维度具有显著性差异。

**表 16　训练 1 期与训练多期患儿家长社会支持评定比较**

| 维　度 | 组别 | 均数 | 95%可信区间 | | P　值 |
|---|---|---|---|---|---|
| | | | 5% | 95% | |
| 总　分 | 1 期 | 35.16 | 34.34 | 35.99 | 0.309 |
| | 多期 | 35.89 | 34.68 | 37.11 | |
| 客观支持分 | 1 期 | 4.27 | 4.05 | 4.48 | 0.000 |
| | 多期 | 5.27 | 4.79 | 5.75 | |
| 主观支持分 | 1 期 | 23.90 | 23.12 | 24.67 | 0.247 |
| | 多期 | 23.21 | 22.35 | 24.07 | |
| 对支持的利用度 | 1 期 | 7.10 | 6.77 | 7.43 | 0.087 |
| | 多期 | 7.52 | 7.17 | 7.88 | |

对训练多期的患儿家长社会支持评分按照患儿干预前后进行配对 t 检验，得到结果如表 17 所示。可以看出，经过训练，患儿家长社会支持总分有了显著性提高，并且在主观支持分和对支持的利用度两个维度上也具有显著性提高。

**表 17　干预前后监护人社会支持评定比较**

| 维　度 | 组别 | 均数 | 95%可信区间 | | P　值 |
|---|---|---|---|---|---|
| | | | 5% | 95% | |
| 总　分 | 首期 | 34.20 | 32.86 | 35.54 | 0.000 |
| | 末期 | 36.12 | 34.61 | 37.62 | |
| 客观支持分 | 首期 | 4.17 | 3.83 | 4.50 | 0.111 |
| | 末期 | 4.58 | 4.13 | 5.04 | |

① 齐若兵、朱婉儿、余震、夏泳：《杭州市社区工作者主观幸福感及其影响因素》,《中华行为医学与脑科学杂志》2009 年第 2 期，第 154～156 页。

续　表

| 维　度 | 组别 | 均数 | 95%可信区间 | | P　值 |
|---|---|---|---|---|---|
| | | | 5% | 95% | |
| 主观支持分 | 首期 | 23.22 | 22.03 | 24.41 | 0.005 |
| | 末期 | 24.28 | 22.97 | 25.60 | |
| 对支持的利用度 | 首期 | 6.82 | 6.34 | 7.30 | 0.036 |
| | 末期 | 7.22 | 6.70 | 7.74 | |

通过以上两项分析可以得出，训练多期患儿家长社会支持评分优于训练1期患儿家长，但总分上无显著差异。训练多期患儿训练前后患儿家长社会支持评定总分、客观支持分及对支持利用度都有显著性提高。

(2) 患儿家长学历。根据患儿家长学历不同，将其按前文中的分组方法分为四组，将各组社会支持评分进行Kruskal-Wallis t检验分析，结果如表18所示。患儿家长学历会对支持的利用度产生显著性影响，初中及以下学历利用度最低，本科及以上学历利用度最高，但在总分和其他维度并不产生显著性影响，也无明显的规律性。

**表18　不同学历监护人社会支持评定比较**

| 维　度 | 组别 | 均数 | 95%可信区间 | | P　值 |
|---|---|---|---|---|---|
| | | | 5% | 95% | |
| 总　分 | 初中及以下 | 34.24 | 32.86 | 35.61 | 0.406 |
| | 高中、中专 | 35.96 | 34.32 | 37.59 | |
| | 大　专 | 34.96 | 33.48 | 36.43 | |
| | 本科及以上 | 35.81 | 34.43 | 37.18 | |
| 客观支持分 | 小学、初中 | 4.49 | 4.11 | 4.88 | 0.246 |
| | 高中、中专 | 5.06 | 4.43 | 5.69 | |
| | 大　专 | 4.76 | 4.28 | 5.24 | |
| | 本科及以上 | 4.33 | 3.95 | 4.72 | |
| 主观支持分 | 小学、初中 | 23.65 | 22.25 | 25.06 | 0.526 |
| | 高中、中专 | 23.66 | 22.45 | 24.87 | |
| | 大　专 | 22.78 | 21.61 | 23.94 | |
| | 本科及以上 | 23.78 | 22.71 | 24.85 | |

续　表

| 维　度 | 组别 | 均数 | 95%可信区间 | | P　值 |
|---|---|---|---|---|---|
| | | | 5% | 95% | |
| 对支持的利用度 | 小学、初中 | 6.27 | 5.65 | 6.90 | 0.003 |
| | 高中、中专 | 7.46 | 6.90 | 8.02 | |
| | 大　专 | 7.40 | 7.04 | 7.76 | |
| | 本科及以上 | 7.64 | 7.19 | 8.10 | |

(3) GMFCS分级对社会支持的影响。对GMFCS不同分级患儿家长社会支持得分进行Kruskal-Wallis t检验，结果如表19所示。在总分和主观支持分上$P>0.05$，不具有显著性差异，得分最高的为Ⅲ级患儿家长，其余患儿家长得分随着患儿GMFCS级别的提高而下降。在客观支持分和对支持的利用度两个维度上，$P<0.05$，具有显著性差异，得分最高的分别为Ⅱ级患儿家长和Ⅲ级患儿家长，最低的分别为Ⅴ级患儿家长和Ⅳ级患儿家长。综合分析，可以认为患儿GMFCS级别会对患儿家长社会支持得分产生一定影响。

**表19　GMFCS不同级别患儿家长社会支持评定比较**

| 维　度 | 组别 | 均数 | 95%可信区间 | | P　值 |
|---|---|---|---|---|---|
| | | | 5% | 95% | |
| 总　分 | Ⅰ级 | 36.04 | 34.63 | 37.45 | 0.055 |
| | Ⅱ级 | 35.19 | 33.49 | 36.89 | |
| | Ⅲ级 | 37.27 | 35.40 | 39.14 | |
| | Ⅳ级 | 34.76 | 33.20 | 36.31 | |
| | Ⅴ级 | 34.12 | 32.63 | 35.61 | |
| 客观支持分 | Ⅰ级 | 4.92 | 4.41 | 5.44 | 0.024 |
| | Ⅱ级 | 4.95 | 4.37 | 5.52 | |
| | Ⅲ级 | 4.71 | 4.12 | 5.30 | |
| | Ⅳ级 | 4.35 | 3.95 | 4.75 | |
| | Ⅴ级 | 4.34 | 3.74 | 4.95 | |
| 主观支持分 | Ⅰ级 | 23.47 | 22.08 | 24.86 | 0.292 |
| | Ⅱ级 | 23.41 | 22.09 | 24.73 | |
| | Ⅲ级 | 24.83 | 23.55 | 26.12 | |
| | Ⅳ级 | 23.78 | 22.27 | 25.29 | |
| | Ⅴ级 | 22.76 | 21.52 | 24.00 | |

续　表

| 维　度 | 组别 | 均数 | 95%可信区间 | | P 值 |
|---|---|---|---|---|---|
| | | | 5% | 95% | |
| 对支持的利用度 | Ⅰ级 | 7.83 | 7.27 | 8.39 | 0.019 |
| | Ⅱ级 | 7.11 | 6.56 | 7.66 | |
| | Ⅲ级 | 7.71 | 7.02 | 8.40 | |
| | Ⅳ级 | 6.62 | 6.15 | 7.10 | |
| | Ⅴ级 | 7.02 | 6.54 | 7.49 | |

**4. 家庭辅具使用情况**

(1) 是否继续使用辅具。根据每个患儿身体发育、病情发展以及家庭训练康复程度的不同，患儿在每期训练结束后，经过医生评估，综合分析每个患儿不同的情况，结合辅具训练情况，提出具体的辅具使用意见，以确定是否继续使用原配发的辅具。笔者对回收的309份《评估手册》进行了统计，医生对40名(12.94%)患儿给出停止使用原辅具、229名患儿(74.12%)继续使用原辅具的意见，剩余的(12.94%)未给出相应意见。这表明从医生的角度对辅具使用效果是认可的。

(2) 辅具使用效果评价。这是指患儿家长对一个疗程辅具训练效果的主观评价，由医生填写在《评估手册》上，反映患儿家长对训练效果的主观认同度，也在一定程度上影响家长对整个训练的支持度。共有266份《评估手册》给出有效的评分，其中，最低分4分，共6人，最高分10分，共11人，均值7.30分，可以看出大多数的家长对于训练效果持积极态度。

(3) 家长配合度评价。这是指患儿家长在整个疗程中能否按照医生要求开展家庭训练以及对训练所持的态度，由医生评估并填写在《评估手册》上，反映医生对家长在训练过程中所表现出的态度的评分。共有266份《评估手册》做出有效评分，其中，最低4分，共9人，最高10分，共17人，均值7.50分，可以看出家长对整个康复训练有着较高的配合度。

针对辅具使用效果和家长配合度可能的影响因素进行如下分析：

① 监护人学历。由表20可以看出，在辅具使用效果评价以及家长配合度两项中，评价分最高的均为高中、中专组别，最低的均为初中及以下组别。其余组别随着学历的增高，得分增高，经过Kruskal-Wallis t检验，P值均大于0.05，不具备显著性差异。而对高分与最低分进行独立样本t检验，$P<0.05$，具有显著性差异。由此可以看出，监护人学历能够在一定程度上影响辅具使用效果的主观评价以及参与康复的配合度。

表 20　监护人学历对使用效果、家长配合度影响

| 组　　别 | 辅具使用效果平均分 | 家长配合度平均分 |
|---|---|---|
| 初中及以下 | 7.00 | 7.28 |
| 高中、中专 | 7.56 | 7.82 |
| 大　专 | 7.32 | 7.37 |
| 本科及以上 | 7.35 | 7.69 |

② 患儿 GMFCS 分级。由表 21 可看出，在辅具使用效果的主观评分中，随着患儿 GMFCS 级别的提高，得分相应降低。这反映出患儿级别越重，康复效果的主观感受越不明显，但各级别间并没有显著性差异。同时，在家长配合度上，GMFCS Ⅲ级家长配合度最低，其余级别随着级别越重，家长配合度越高，Ⅴ级与Ⅲ级之间有显著性差异。由此可以看出，患儿患病越重，家长参与康复的积极性越高。

表 21　患儿脑瘫级别对使用效果、家长配合度影响

| 组　　别 | 辅具使用效果平均分 | 家长配合度平均分 |
|---|---|---|
| Ⅰ级 | 7.21 | 7.33 |
| Ⅱ级 | 7.17 | 7.33 |
| Ⅲ级 | 7.06 | 7.06 |
| Ⅳ级 | 7.00 | 7.39 |
| Ⅴ级 | 6.84 | 7.86 |

③ 训练周期。对训练多期的患儿家长在使用效果和家长配合度两个维度分别进行干预前后配对 t 检验，结果如表 22 所示。康复训练干预前后辅具使用效果的评分与家长配合度评分有了显著性差异。可以看出，康复训练的干预对于患儿家长对辅具使用效果的感受及其配合度有显著影响。

表 22　训练周期对使用效果、家长配合度影响

| 维　度 | 组别 | 均数 | 95%可信区间 | | P 值 |
|---|---|---|---|---|---|
| | | | 5% | 95% | |
| 使用效果 | 首期 | 6.70 | 6.33 | 7.06 | 0.000 |
| | 末期 | 7.00 | 6.60 | 7.40 | |
| 家长配合度 | 首期 | 7.00 | 6.60 | 7.40 | 0.008 |
| | 末期 | 7.51 | 7.22 | 7.80 | |

**5. 医学评价效果**

GMFM粗大运动评分表是在此次研究中加入的一项反映患儿康复医学评价指标。

根据GMFM可能的影响因素进行分析如下：

(1) 训练周期。对所有《评估手册》中基线分数与一期训练结束后分数进行配对t检验，结果如表23所示。可以看出，经过一期训练，GMFM评分有了显著性提高，证明康复训练队患儿粗大运动功能有显著性提高。

**表23　基线分数与一期分数比较**

| 组　别 | 均　值 | 95%可信区间 | | P　值 |
|---|---|---|---|---|
| | | 5% | 95% | |
| 基线 | 45.36 | 41.88 | 48.83 | 0.000 |
| 首期 | 51.17 | 47.64 | 54.71 | |

对训练多期的患儿，一期训练得分与末期训练得分进行配对t检验，结果如表24所示。末期分数与一期分数具有显著性差异，证明持续的训练仍然能够对患儿粗大运动功能提高起到显著性改善。

**表24　一期分数与末期分数比较**

| 组　别 | 均　值 | 95%可信区间 | | P　值 |
|---|---|---|---|---|
| | | 5% | 95% | |
| 基线 | 44.41 | 38.60 | 50.22 | 0.001 |
| 首期 | 51.40 | 45.36 | 57.45 | |

(2) 脑瘫患儿GMFCS级别。按照患儿GMFCS分级对所有患儿基线得分与末期得分进行配对t检验。结果如表25所示。可以看出，在五个不同级别中，康复训练都会对患儿GMFM得分产生显著性提高，随着GMFCS级别的提高，改善的效果有所下降。

(3) 患儿年龄。将患儿年龄分为0～2岁、3～5岁和6～7岁三个组别，分别对基线分数和末期分数进行配对t检验。结果如表26所示。可以看出在不同年龄段上，通过康复训练，患儿在GMFM得分上都有显著性提高，可见综合康复训练对0～7岁年龄段患儿普遍显效。

表 25　GMFCS 不同分级干预前后 GMFM 分值比较

| 等　级 | 组　别 | 均　值 | t　值 | P　值 |
|---|---|---|---|---|
| Ⅰ级 | 基线 | 64.08 | 4.136 | 0.001 |
| | 末期 | 74.65 | | |
| Ⅱ级 | 基线 | 54.09 | 3.751 | 0.001 |
| | 末期 | 61.23 | | |
| Ⅲ级 | 基线 | 48.03 | 3.124 | 0.007 |
| | 末期 | 55.96 | | |
| Ⅳ级 | 基线 | 38.21 | 2.832 | 0.015 |
| | 末期 | 46.06 | | |
| Ⅴ级 | 基线 | 31.66 | 2.490 | 0.021 |
| | 末期 | 35.96 | | |

表 26　不同年龄组患儿干预前后 GMFM 分值比较

| 等　级 | 组　别 | 均　值 | t　值 | P　值 |
|---|---|---|---|---|
| 0～2 岁 | 基线 | 40.04 | 6.891 | 0.000 |
| | 末期 | 48.79 | | |
| 3～5 岁 | 基线 | 52.97 | 4.512 | 0.000 |
| | 末期 | 58.95 | | |
| 6～7 岁 | 基线 | 48.81 | 3.156 | 0.006 |
| | 末期 | 54.14 | | |

### 6. 医疗机构的指导情况

每本《评估手册》使用时间为 3 个月，由医生每月进行一次指导并对辅具情况、《家庭康复卡》填写情况以及监护人对康复效果的评价进行记录。医生的指导意见在整个康复过程中起到重要作用，反映医生对于此项综合康复干预模式的支持程度。对《评估手册》中医生督导情况统计如表 27 所示：

表 27　督导情况统计

| 督导情况 | 填写例数 | 百分比（%） |
|---|---|---|
| 第一次督导 | 275 | 89 |
| 第二次督导 | 271 | 87.70 |
| 第三次督导 | 269 | 87.05 |
| 总结建议 | 172 | 55.66 |

由表27可知，87%以上的医生能够认真记录《评估手册》并给予指导，55%的医生能够在评估周期末给出具体的总结建议，可以看出医生对于此项综合康复干预模式给予了充分的支持。

### （二）《阳光宝宝家庭康复卡》情况分析

《阳光宝宝家庭康复卡》（简称《家庭康复卡》）是由患儿户口所在地区（县）残联发放，由患儿监护人填写，用于记录持卡儿童在家庭进行康复训练的情况、效果以及患儿家长生命质量、社会支持的变化情况。每本《家庭康复卡》使用期限为3个月，需要由家长每天训练后填写并在一期康复训练结束后做出小结。《家庭康复卡》体现出家庭在“机构—社区—家庭综合康复干预”模式中家庭所发挥的作用。

**1. 基本人口学情况**

（1）患儿基本人口学特征（年龄按初次入主计算）：

① 患儿中男性33人，占47.1%，女性37人，占52.9%。

② 患儿在各年龄组分布上比较均匀，其中：0～2岁组占37.1%、3～5岁组占40%、6～7岁组占22.9%。

（2）监护人基本人口学特征：

① 监护人男性27人，占38.6%，女性43人，占61.4%。

② 监护人中共有62人提供了年龄信息，占全部人员的88.6%。对62人进行统计，30岁以下8人，占12.9%；30～39岁43人，占69.4%；40～49岁5人，占8%；50岁以上6人，占9.7%。

③ 监护人中共有52人填写了学历，占74.29%。其中61.5%为大专以上学历，最低学历为初中，19.2%，表明绝大多数监护人有较高学历，有能力填写《家庭康复卡》。

④ 监护人与患儿关系中，母亲有40人，占57.1%，父亲26人，占37.2%。

**2.《家庭康复卡》填写情况**

（1）训练天数。这是指《家庭康复卡》中由监护人签名确认并记录的训练天数。对收到的130本《家庭康复卡》进行分析，训练天数均值为70.3天，中位数为80.5天，众数为84.0天，占39.2%，极小值为0天，极大值为84天。根据干预计划，每期疗程为84天，从该数据可以看出，训练天数均值和中位数都接近或超过应训练天数的90%，训练天数众数为疗程干预天数，反映出大部分患儿能够坚持每天训练；但训练天数少于42天的有17人次，占13.1%，也反映出部分患儿家庭未能按要求完成相应训练；训练天数为0的患儿，经调查是因为定做的辅具耗时较长，导致其领到《家庭康复卡》后无法开展训练。

根据训练天数可能的影响因素分析如下：

① 训练周期。对于28名训练超过1期的患儿《家庭康复卡》进行分析，28名患儿共填写《家庭康复卡》88本，均值为71.45天，中位数为79天，众数为84天，极小值为12.0天，极大值为84.0天。与训练1期的患儿训练天数均值进行比较，P>0.05，说明训练周期并未对训练天数产生显著影响。

② 患儿年龄。将患儿年龄分为0～2岁、3～5岁、6～7岁三组，对训练天数进行Kruskal-Wallis t检验，结果如表28所示。可以看出，随着年龄的增长，患儿训练天数有所下降，P>0.05，不具有显著性差异。根据监护人在《家庭康复卡》上的记录显示，由于一部分3岁以上开始进入幼儿园或小学学习，因此导致训练天数下降，同时由于就读率低，未形成显著性差异。

**表28　患儿年龄与训练天数关系**

| 组　别 | 均　值 | 95%可信区间 | | P　值 |
|---|---|---|---|---|
| | | 5% | 95% | |
| 0～2岁组 | 73.62 | 68.64 | 78.60 | 0.081 |
| 3～5岁组 | 68.83 | 62.35 | 75.30 | |
| 6～7岁组 | 67.38 | 59.38 | 75.39 | |

(2) 填写完整程度。这是针对《家庭康复卡》“家庭康复每周训练记录单”而言，每期训练共12页，包括记录患儿训练时间、训练效果评估、训练感受等情况，反映患儿家长对此项干预措施的依从性和支持度。从完整度评分看，均值为8.99分，10分的有100人次，占76.9%，说明绝大多数的家长能够配合填写康复卡，体现出较高的依从性和支持度。

根据填写完整度可能的影响因素进行分析如下：

① 训练周期。对训练1期和训练多期的患儿《家庭康复卡》填写完整度得分进行独立样本t检验，结果如表29所示，说明训练期数增多，填写完整度有所提高，但无显著性差异。

**表29　填写完整度比较**

| 组　别 | 均　值 | 95%可信区间 | | P　值 |
|---|---|---|---|---|
| | | 5% | 95% | |
| 1期 | 8.58 | 7.6 | 9.56 | 0.214 |
| 多期 | 9.19 | 8.70 | 9.67 | |

对28名训练多期的患儿《家庭康复卡》首期填写完整度与末期填写完整度得分进行配对t检验，结果如表30所示，P值小于0.05，说明随着训练的进展，家长的配合度和依从性有明显提高。

**表30　多期患儿首末期填写完整度比较**

| 组　别 | 均　值 | 95%可信区间 | | P　值 |
|---|---|---|---|---|
| | | 5% | 95% | |
| 首期 | 8.78 | 7.81 | 9.75 | 0.018 |
| 末期 | 9.97 | 9.91 | 10.03 | |

② 监护人学历。将监护人学历分为初中及以下、中专及高中、大专、本科及以上四组，对患儿《家庭康复卡》填写完整度得分进行Kruskal-Wallis t建议，P>0.05，说明监护人学历对填写完整度不产生显著性影响。

(3) 康复训练效果。这是监护人对患儿康复训练效果的主观评价，反映监护人对干预效果的认同度。根据《家庭康复卡》训练小结中的相关数据进行统计，130本手册中，共有124人在小结中填写了训练效果分数，占95.4%。均值6.48分，中位数7分，众数7分，极小值1分，极大值10分，总体训练效果中等(见表31)。

**表31　训练效果得分分布**

| 分　数 | 频　率 | 百分比(%) | 有效百分比(%) |
|---|---|---|---|
| 1 | 1 | 0.8 | 0.8 |
| 2 | 5 | 4.0 | 4.8 |
| 3 | 4 | 3.2 | 8.1 |
| 4 | 11 | 8.9 | 16.9 |
| 5 | 16 | 12.9 | 29.8 |
| 6 | 16 | 12.9 | 42.7 |
| 7 | 35 | 28.2 | 71.0 |
| 8 | 18 | 14.5 | 85.5 |
| 9 | 9 | 7.3 | 92.7 |
| 10 | 9 | 7.3 | 100 |
| 合　计 | 124 | 100 | |

根据康复训练效果可能的影响因素，进行如下分析：

① 训练周期。对训练 1 期与训练多期的患儿训练效果得分进行独立样本 t 检验，分析结果表明患儿家长自我感受的训练效果训练 1 期高于训练多期，但 P>0.05，不具有显著性差异。经过调查，这主要由于训练多期的家长对康复训练抱有更大的期望，而实际训练效果没有迅速地显现，导致主观感受相对较低，同时也与患儿年龄有关（见表 32）。

**表 32　训练效果得分比较**

| 组　别 | 均　值 | 95%可信区间 | | P　值 |
|---|---|---|---|---|
| | | 5% | 95% | |
| 1 期 | 6.79 | 5.96 | 7.63 | 0.299 |
| 多期 | 6.38 | 5.99 | 6.76 | |

对训练 2 期以上的患儿首末期康复训练效果得分进行配对 t 检验（见表 33），可以看出末期得分明显高于首期，说明随着训练的开展，家长对训练效果主观感受明显提高。

**表 33　多期患儿首末期训练效果比较**

| 组　别 | 均　值 | 95%可信区间 | | P　值 |
|---|---|---|---|---|
| | | 5% | 95% | |
| 首期 | 5.64 | 4.85 | 6.43 | 0.003 |
| 末期 | 6.71 | 6.03 | 7.40 | |

② 训练时间。根据《家庭康复卡》记录的每天训练时间计算平均值，将 130 份样本分为每天训练 30 分钟以下（不含 30 分钟）、训练 30～60 分钟（不含 60 分钟）和训练 60 分钟以上三组，进行 Kruskal-Wallis t 检验，如表 34 所示，监护人训练效果主观感受随着训练时间的增多而下降。经分析，这与前文中训练周期多、训练效果得分低的原因相同。

**表 34　训练时间与训练效果关系**

| 组　别 | 均　值 | P　值 |
|---|---|---|
| 30 分钟以下 | 6.72 | 0.073 |
| 30～60 分钟 | 6.18 | |
| 60 分钟以上 | 5.94 | |

③ 患儿年龄。将患儿年龄分为0～2岁、3～5岁、6～7岁三组，对训练效果进行 Kruskal-Wallis t 检验，结果如表35所示。可以看出，随着年龄的增长，患儿训练效果有所提高，但 P>0.05，效果不具有显著性差异。

**表35　患儿年龄与训练效果关系**

| 组　别 | 均　值 | 95%可信区间 | | P　值 |
|---|---|---|---|---|
| | | 5% | 95% | |
| 0～2岁组 | 6.13 | 5.56 | 6.69 | 0.081 |
| 3～5岁组 | 6.70 | 6.04 | 7.36 | |
| 6～7岁组 | 6.70 | 6.00 | 7.39 | |

(4) 满意度评价。这是针对《家庭康复卡》3个月训练小结中患儿家长对整个康复训练的满意度评价。在130本手册中，共有124本在小结中对满意度做了回答，占95.4%。平均值6.85分，中位数7分，众数7分，极小值2分，极大值10分。

**表36　满意度得分分布**

| 分　数 | 频　率 | 百分比(%) | 累积百分比(%) |
|---|---|---|---|
| 2 | 3 | 2.4 | 2.4 |
| 3 | 5 | 4.0 | 6.5 |
| 4 | 10 | 8.1 | 14.5 |
| 5 | 12 | 9.7 | 24.2 |
| 6 | 12 | 9.7 | 33.9 |
| 7 | 32 | 25.8 | 59.7 |
| 8 | 28 | 22.6 | 82.3 |
| 9 | 11 | 8.9 | 91.1 |
| 10 | 11 | 8.9 | 100 |
| 合　计 | 124 | 100 | |

根据满意度可能的影响因素分析如下：

① 训练周期。对训练1期和训练多期患儿家长满意度评价进行独立样本 t 检验，分析结果表明训练多期的患儿家长满意度高于训练1期的，但不具有显著性差异(见表37)。

表 37　满意度评价得分比较

| 组　别 | 均　值 | 95%可信区间 | | P　值 |
|---|---|---|---|---|
| | | 5% | 95% | |
| 1 期 | 6.75 | 6.37 | 7.13 | 0.270 |
| 多期 | 7.18 | 6.42 | 7.94 | |

对训练多期首末期患儿家长满意度评价进行配对 t 检验(见表 38)，可以看出，随着训练的进行，家长的满意度有了显著性提高，这与家长主观效果感受的变化一致。

表 38　满意度评价得分比较

| 组　别 | 均　值 | 95%可信区间 | | P　值 |
|---|---|---|---|---|
| | | 5% | 95% | |
| 首期 | 6.04 | 5.33 | 6.74 | 0.001 |
| 末期 | 7.11 | 6.33 | 7.89 | |

② 训练时间。根据《家庭康复卡》记录的每天训练时间计算平均值，将 130 份样本分为每天训练 30 分钟以下(不含 30 分钟)、训练 30～60 分钟(不含 60 分钟)和训练 60 分钟以上三组，进行 Kruskal-Wallis t 检验，如表 39 所示，监护人满意度随着训练时间的增多而下降，这与监护人训练效果主观感受的趋势相同，也是由于监护人对于训练效果预期过高，导致满意度相对较低，但是从表 38 可以看出，监护人满意度随着训练的进行有了明显提高。

表 39　训练时间与监护人满意度

| 组　别 | 均　值 | P　值 |
|---|---|---|
| 30 分钟以下 | 7.04 | 0.163 |
| 30～60 分钟 | 6.70 | |
| 60 分钟以上 | 6.31 | |

(5) 训练感受。这是患儿监护人对训练过程、训练效果及辅具使用等的主观综合感受，反映监护人对康复训练的态度和认同度。

对《家庭康复卡》第一周与最后一周训练训练感受进行配对 t 检验，结果如表 40 所示。分析结果表明，训练感受有显著性提高，反映随着训练的进行，监护人对康复训练的认同度和态度有显著性提高。同时，分别对训练 1 期和训练多期的患儿家长感受度得分作配对 t 检验，得到结果均具有显著性差异，表明随着训练的开展，监护人对康复训练的感受都有明显提高。

**表 40　干预前后训练感受对比**

| 组　别 | 均值 | 95%可信区间 | | P　值 |
|---|---|---|---|---|
| | | 5% | 95% | |
| 第一周 | 5.56 | 5.15 | 5.97 | 0.000 |
| 最后一周 | 6.48 | 6.13 | 6.82 | |

(6) 训练效果。这是患儿监护人对康复训练效果的主观评判，通过对《家庭康复卡》第一周与最后一周训练效评分，来评价随着康复训练的进行，患儿监护人对康复训练效果感受的变化。

对《家庭康复卡》第一周与最后一周训练效果评分进行配对 t 检验，分析结果表明，患儿感受有显著性提高，反映随着训练的进行，监护人对综合干预的效果认同度和满意度提高。同时，分别对训练 1 期和训练多期的患儿家长训练效果评分进行配对 t 检验，得到结果均具有显著性差异。

**表 41　干预期训练效果变化**

| 组　别 | 均值 | 95%可信区间 | | P　值 |
|---|---|---|---|---|
| | | 5% | 95% | |
| 第一周 | 5.58 | 5.18 | 5.98 | 0.000 |
| 最后一周 | 6.41 | 6.06 | 6.76 | |

(7) 监护人生命质量分析。监护人生命质量量表由监护人自行填写，每疗程后在《家庭康复卡》上填写一次。

根据监护人生命质量可能的影响因素分析如下：

① 训练周期。对训练 1 期和训练多期患儿家长生命质量评分进行独立样本 t 检验，分析结果表明在生理功能、生理角色限制、躯体疼痛以及总体健康四个维度中，训练多期患儿家长生命质量得分低于训练 1 期的家长，而在活力、社会功能、情感角色限制以及心理健康四个维度中，训练多期患儿家长得分高于训练 1 期家长，但都无显著性差异。可以认为，训练期数对患儿家长生命质量评分没有显著性影响(见表 42)。

表 42　训练 1 期与多期患儿家长生命质量比较

| 健康维度 | 组别 | 均数 | 95%可信区间 | | P 值 |
|---|---|---|---|---|---|
| | | | 5% | 95% | |
| 生理功能 | 1 期 | 88.87 | 81.59 | 96.16 | 0.573 |
| | 多期 | 86.40 | 81.82 | 90.98 | |
| 生理角色限制 | 1 期 | 70.97 | 55.07 | 86.87 | 0.382 |
| | 多期 | 62.80 | 53.07 | 72.54 | |
| 躯体疼痛 | 1 期 | 76.13 | 71.12 | 81.14 | 0.871 |
| | 多期 | 75.49 | 70.91 | 80.07 | |
| 总体健康 | 1 期 | 69.87 | 62.92 | 76.82 | 0.297 |
| | 多期 | 65.45 | 61.02 | 69.88 | |
| 活　力 | 1 期 | 62.74 | 56.83 | 68.65 | 0.613 |
| | 多期 | 65.06 | 60.04 | 70.08 | |
| 社会功能 | 1 期 | 97.58 | 87.58 | 107.59 | 0.644 |
| | 多期 | 100.30 | 94.19 | 106.42 | |
| 情感角色限制 | 1 期 | 49.46 | 32.50 | 66.43 | 0.260 |
| | 多期 | 60.16 | 50.50 | 69.82 | |
| 心理健康 | 1 期 | 63.87 | 57.59 | 70.15 | 0.485 |
| | 多期 | 66.78 | 62.27 | 71.29 | |

同时，又比较了训练多期的患儿家长在训练的首期与末期生命质量评价得分，结果如表 43 所示。可以看出，经过康复训练的干预，患儿家长生命质量在 8 个维度上都有提高，其中在活力、社会功能、心理健康三个维度上 $P<0.05$，表明有显著性提高，在生理功能、生理角色限制、总体健康及情感角色限制四个维度上 P 值均接近 0.05，只有在躯体疼痛上无明显提高，表明随着康复训练的进行，患儿家长的生命质量也有显著性变化。

表 43　训练多期的患儿干预前后监护人生命质量比较

| 健康维度 | 组别 | 均数 | 95%可信区间 | | P 值 |
|---|---|---|---|---|---|
| | | | 5% | 95% | |
| 生理功能 | 首期 | 80.19 | 67.46 | 92.92 | 0.077 |
| | 末期 | 91.54 | 87.47 | 95.61 | |
| 生理角色限制 | 首期 | 52.88 | 32.22 | 73.54 | 0.056 |
| | 末期 | 75.96 | 60.72 | 91.20 | |

续　表

| 健康维度 | 组别 | 均数 | 95%可信区间 | | P 值 |
|---|---|---|---|---|---|
| | | | 5% | 95% | |
| 躯体疼痛 | 首期 | 73.62 | 63.38 | 83.85 | 0.318 |
| | 末期 | 79.31 | 73.84 | 84.78 | |
| 总体健康 | 首期 | 61.12 | 51.81 | 70.42 | 0.054 |
| | 末期 | 71.88 | 64.88 | 78.89 | |
| 活　力 | 首期 | 57.69 | 46.21 | 69.18 | 0.031 |
| | 末期 | 70.77 | 62.82 | 78.72 | |
| 社会功能 | 首期 | 92.31 | 77.19 | 107.43 | 0.028 |
| | 末期 | 109.13 | 101.24 | 117.03 | |
| 情感角色限制 | 首期 | 52.56 | 32.35 | 72.78 | 0.070 |
| | 末期 | 70.51 | 54.21 | 86.82 | |
| 心理健康 | 首期 | 59.85 | 50.31 | 69.38 | 0.027 |
| | 末期 | 72.92 | 65.41 | 80.44 | |

② 训练时间。根据《家庭康复卡》记录的每天训练时间计算平均值，将 130 份样本分为每天训练 30 分钟以下（不含 30 分钟）、训练 30～60 分钟（不含 60 分钟）和训练 60 分钟以上三组，进行 Kruskal-Wallis t 检验，各维度 P 值均大于 0.05，各组别间患儿家长生命质量无显著性差异。

③ 监护人学历。根据《家庭康复卡》记录的监护人学历，将监护人学历分为初中及以下、中专及高中、大专、本科及以上四组。对四组患儿家长生命质量评价得分进行 Kruskal-Wallis t 检验，可以看出在躯体疼痛、活力、社会功能三个维度上 $P<0.05$，三个维度中，最低分都来自大专学历的监护人，但其他维度上都无显著性差异，说明监护人学历对患儿家长生命质量评价没有产生显著性影响。

**表 44　各学历组别监护人生命质量比较**

| 健康维度 | 组别 | 均数 | 95%可信区间 | | P 值 |
|---|---|---|---|---|---|
| | | | 5% | 95% | |
| 生理功能 | 初中及以下 | 81.43 | 73.94 | 88.92 | 0.539 |
| | 中专、高中 | 92.17 | 89.58 | 94.77 | |
| | 大　专 | 89.79 | 83.97 | 95.61 | |
| | 本科及以上 | 93.33 | 87.61 | 99.06 | |

续　表

| 健康维度 | 组别 | 均数 | 95%可信区间 | | P　值 |
|---|---|---|---|---|---|
| | | | 5% | 95% | |
| 生理角色限制 | 初中及以下 | 64.29 | 50.27 | 78.30 | 0.853 |
| | 中专、高中 | 65.22 | 47.74 | 82.69 | |
| | 大　专 | 55.21 | 37.06 | 73.35 | |
| | 本科及以上 | 77.38 | 58.03 | 96.73 | |
| 躯体疼痛 | 初中及以下 | 76.00 | 68.69 | 83.31 | 0.037 |
| | 中专、高中 | 78.91 | 71.80 | 86.02 | |
| | 大　专 | 70.71 | 64.88 | 76.54 | |
| | 本科及以上 | 81.43 | 76.14 | 86.71 | |
| 总体健康 | 初中及以下 | 65.11 | 58.47 | 71.76 | 0.579 |
| | 中专、高中 | 68.09 | 62.17 | 74.00 | |
| | 大　专 | 65.63 | 56.80 | 74.45 | |
| | 本科及以上 | 70.52 | 63.50 | 77.55 | |
| 活　力 | 初中及以下 | 68.86 | 63.21 | 74.51 | 0.017 |
| | 中专、高中 | 69.57 | 60.30 | 78.83 | |
| | 大　专 | 57.29 | 48.36 | 66.23 | |
| | 本科及以上 | 61.19 | 51.75 | 70.63 | |
| 社会功能 | 初中及以下 | 101.07 | 92.21 | 109.93 | 0.014 |
| | 中专、高中 | 105.98 | 94.82 | 117.14 | |
| | 大　专 | 94.27 | 86.65 | 101.89 | |
| | 本科及以上 | 101.79 | 88.17 | 115.40 | |
| 情感角色限制 | 初中及以下 | 64.76 | 50.62 | 78.91 | 0.181 |
| | 中专、高中 | 57.97 | 38.43 | 77.51 | |
| | 大　专 | 40.28 | 23.69 | 56.87 | |
| | 本科及以上 | 73.02 | 54.67 | 91.36 | |
| 心理健康 | 初中及以下 | 70.86 | 65.54 | 76.17 | 0.073 |
| | 中专、高中 | 69.39 | 61.84 | 76.94 | |
| | 大　专 | 59.17 | 51.55 | 66.79 | |
| | 本科及以上 | 64.19 | 56.18 | 72.20 | |

(8) 监护人社会支持量表分析。对所有样本中患儿监护人社会支持得分统计如表 45 所示：

**表 45 监护人社会支持量表得分情况**

| 维 度 | 最小值 | 最大值 | 平均值 | 中位数 | 众数 |
|---|---|---|---|---|---|
| 总 分 | 20 | 55 | 34.69 | 35 | 39 |
| 客观支持分 | 1 | 14 | 4.65 | 4 | 4 |
| 主观支持分 | 11 | 32 | 22.61 | 22 | 22 |
| 对支持的利用度 | 3 | 12 | 7.43 | 7 | 6 |

根据监护人社会支持可能的影响因素进行分析如下：

① 训练周期。对训练 1 期和训练多期的患儿家长社会支持量表得分进行独立样本 t 检验，得到以下结果(见表 46)。在总分、主观支持分、对支持的利用度三项上，训练多期患儿家长社会支持量表得分高于训练 1 期患儿家长，其中主观支持分有显著性差异，总分和对支持的利用度上 P 值接近 0.05；在客观支持分上，1 期患儿监护人得分高于多期患儿家长，但无显著性差异。可以看出，训练多期的患儿家长在社会支持方面优于训练 1 期的患儿家长。

**表 46 训练 1 期与多期患儿监护人社会支持量表得分比较**

| 维 度 | 组别 | 均数 | 95%可信区间 | | P 值 |
|---|---|---|---|---|---|
| | | | 5% | 95% | |
| 总 分 | 1 期 | 32.70 | 30.00 | 35.51 | 0.067 |
| | 多期 | 35.46 | 33.97 | 36.94 | |
| 客观支持分 | 1 期 | 4.90 | 4.11 | 5.70 | 0.389 |
| | 多期 | 4.54 | 4.12 | 4.96 | |
| 主观支持分 | 1 期 | 20.91 | 18.88 | 22.94 | 0.043 |
| | 多期 | 23.28 | 22.07 | 24.49 | |
| 对支持的利用度 | 1 期 | 6.92 | 6.19 | 7.64 | 0.057 |
| | 多期 | 7.63 | 7.26 | 8.01 | |

对训练多期患儿监护人干预前、干预后社会支持量表得分进行比较分析，结果如表 47 所示。可以看出，经过康复训练干预，患儿监护人社会支持在总分、客观支持分、主观支持分三方面有所提高，其中总分和主观支持分的 $P<0.05$，有显著性差异。对支持的利用度维度，干预训练后略微降低，但无显著性差异，主要考虑由

于主观、客观支持度的提高，造成利用度相对下降。因此，可以说通过康复干预训练，患儿监护人社会支持总体得到了显著提高。

**表 47　多期患儿干预前后监护人社会支持评分比较**

| 维　度 | 组别 | 均数 | 95%可信区间 | | P　值 |
|---|---|---|---|---|---|
| | | | 5% | 95% | |
| 总　分 | 首期 | 33.68 | 31.66 | 35.70 | 0.001 |
| | 末期 | 37.76 | 34.64 | 40.88 | |
| 客观支持分 | 首期 | 4.32 | 3.80 | 4.84 | 0.265 |
| | 末期 | 5.04 | 3.89 | 6.19 | |
| 主观支持分 | 首期 | 21.52 | 19.63 | 23.41 | 0.002 |
| | 末期 | 25.16 | 22.80 | 27.52 | |
| 对支持的利用度 | 首期 | 7.84 | 7.13 | 8.55 | 0.356 |
| | 末期 | 7.56 | 6.89 | 8.23 | |

## 五、结语

脑瘫儿童的康复是一个漫长而艰辛的过程，单靠家长和医疗机构的力量不足以让脑瘫患儿全面有效地康复，同时也会对家长造成沉重的经济负担和心理压力，因此需要社会各界共同努力。本次综合干预试点工作由上海市残联组织安排，发动家庭、医疗康复机构、社区街道的力量，在对患儿进行多层次的康复训练的同时，也是对家长的支持和鼓励。机构、社区、家庭三者在脑瘫儿童康复过程中如果能够综合发挥作用，将起到1+1>2的效果。经过效果评价研究发现，本次综合干预取得了较好效果，患儿医学指标显著性提高，监护人生命质量、社会支持度、满意度和主观感觉效果也都随着训练的开展明显提高。家庭、医疗康复机构、社区三者的依从性较好，与综合干预的社会学目的相吻合。

目前此项综合康复干预措施已在全市各区县推广进行。在推广过程中我们逐渐简化了3本手册的填写，同时加强对三者的监管，使得康复训练工作能够取得更加明显的效果。通过研究，我们也认识到，脑瘫儿童康复不仅仅是一个家庭的工作，而是社会共同应该承担的责任，它需要以政府为主导进行牵头进行，只有这样，脑瘫儿童康复工作才能更加有效地开展，脑瘫儿童生命质量以及整个脑瘫儿童家庭的生活质量才能够得以切实提高。

# 室内环境因素与青少年呼吸道症状与疾病研究*

室内空气污染可追溯到史前时期，20万年前，当时的人类为了追求适宜的居住气候环境，摆脱自然环境的影响，构筑供栖生用的建筑，并在室内使用火取暖、做饭和照明。然而，这些活动在给人们带来舒适的同时也使人类暴露于高水平的室内污染物。室内空气污染已经成为全球关注的重点公共卫生问题①，越来越多的研究资料显示，呼吸道疾病与室内空气质量存在联系②，哮喘在全世界范围内发病有增高的趋势③。儿童由于肺部发育等生理原因，对空气污染物的敏感性高于成人。因此，研究影响儿童呼吸道健康的环境因素，特别是某些可改变的潜在环境因素意义重大。国外有研究显示，多种室内污染物与呼吸道疾病或疾病症状存在联系④，而目前国内这方面的大样本的研究尚不多见。本研究对上海市城区儿童和青少年呼吸道疾病与室内环境因素进行调查，探讨室内环境因素对城区儿童和青少年呼吸道健康之间的效应。

---

* 本文获2008～2010年度上海妇女儿童发展课题调研成果三等奖。作者：吴金贵等，上海市长宁区疾病预防控制中心

① Bruce N, Perez-Padilla R, Albalak R. Indoor air pollution in developing countries: a major environmental and public health challenge. Bull World Health Organ 2000; 78: 1078—1092.

② Brauer M, Hoek G, Smit HA, et al. Air pollution and development of asthma, allergy and infections in a birth cohort. Eur Respir J 2007; 29: 879—888; Schwartz J. Air pollution and children's health. Pediatr 2004; 113: 1037—1043.

③ altraud Eder, M. D. , Markus J. Ege, M. D. The Asthma Epidemic, N Engl J Med 2006; 355: 2226—2235.

④ V Morgenstern, A Zutavern, J Cyrys, I Brockow, Respiratory health and individual estimated exposure to traffic-related air pollutants in a cohort of young children, Occup Environ Med 2007; 64: 8—16; asayuki Shima and motoak Adachi, Effect of outdoor and indoor nitrogen dioxide on respiratory symptoms in schoolchildren, International Journal of Epidemiology 2000; 29: 862—870; K. B. Rumchev*, J. T. Spickett*, M. K. Bulsara Domestic exposure to formaldehyde significantly increases the risk of asthma in young children, Eur Respir J 2002; 20: 403—408.

## 一、对象与方法

### （一）研究对象

根据上海市的地理位置特点，以城市内、中、外环线为界划分为三个地区并进行整群随机抽样，每个城区随机选取中学1～2所、小学2～3所。内环以内抽取的学校是江五小学、愚一小学、番禺小学、新世纪中学和延安初中；中环至内环选取的学校有威宁小学、天山二中、建青实验中学、天山路一小、天二幼儿园；外环到中环选取的学校有新虹桥中学、淞虹路小学、北新泾二小、北新泾三小、机场小学，每个学校选取10个班级（不足10个班级全部抽取），对随机选取班级的全体学生进行问卷调查，调查时间为2007年3～5月。

### （二）研究变量和方法

参考美国胸腔协会（ATS）呼吸道疾病的调查问卷，并依据国情作了相应的修改。主要观察指标包括持续咳嗽、持续咳痰、哮喘、哮喘现患、喘息、喘息症状。按照ATS诊断标准定义呼吸系统疾病和相关症状。同时调查可能影响潜在环境与个体特征等6大类54个因素（见表1）。

**表1　研究变量与赋值方法**

| 影响因素 | 赋值方法 |
|---|---|
| **家庭社会经济因素** | |
| 1. 儿童年龄 | 岁 |
| 2. 儿童性别 | 0,女;1,男 |
| 3. 上学路途时间 | 0,<30分;1,>30分 |
| 4. 锻炼情况 | 0,很少;1,经常 |
| 5. 母亲年龄 | 0,<35年;1,≥35年 |
| 6. 母亲文化程度 | 0,<中专;1,中专及以上 |
| 7. 父亲年龄 | 0,<35年;1,≥35年 |
| 8. 父亲文化程度 | 0,<中专;1,中专及以上 |
| 9. 家庭年收入(万元) | 0,<5;1,5～10;3,≥5 |
| 10. 是否上托儿所 | 0,无;1,有 |
| 11. 是否上幼儿园 | 0,无;1,是 |
| **儿童出生与喂养因素** | |
| 12. 出生低体重 | 0,无;1,有 |
| 13. 早产史 | 0,无;1,有 |
| 14. 喂养方式 | 0,母乳;1,非母乳 |
| **父母过敏病史** | |
| 15. 父过敏史 | 0,否;1,是 |
| 16. 母亲过敏史 | |

续　表

| 影响因素 | 赋值方法 |
|---|---|
| **居室环境因素** | |
| 17. 住宅类型 | 1,平房;2,工房;3,高层 |
| 18. 住宅房间数* | 0,<3 间;1,≥3 间 |
| 19. 家庭人口数 | 0,≤3 人;1,>3 人 |
| 20. 近 2 年是否装饰 | 0,无;1,有 |
| 21. 装修后入住时间<3 月 | 0,无;1,有 |
| 22. 住宅是否有异味 | 0,否;1,是 |
| 23. 居室内是否使用地毯 | 0,否;1,是 |
| 24. 家庭卫生频度 | 0,<3 次/周;1,≥3 次/周 |
| 25. 居室是否能见到蟑螂 | 0,否;1,是 |
| 26. 1 年内是否购新家具 | 0,否;1,是 |
| 27. 2 年内是否购私家车 | 0,否;1,是 |
| 28. 冬天用煤气取暖 | 0,否;1,是 |
| 29. 冬天是否经常通风 | 0,否;1,是 |
| 30. 夏天是否经常使用空调 | 0,否;1,是 |
| 31. 怀孕时母亲吸烟 | 0,否;1,是 |
| 32. 现在母亲吸烟 | 0,否;1,是 |
| 33. 父亲吸烟 | 0,否;1,是 |
| 34. 家庭有其他人吸烟 | 0,否;1,是 |
| 35. 在家庭每天吸烟多少支 | 1≤5;2,5～10;3,≥11 |
| 36. 家中经常使用空气清洁剂 | 0,否;1,是 |
| 37. 烹调使用燃气 | 0,否;1,是 |
| 38. 烹调时间(分) | 0,<45 分;1,≥45 |
| 39. 是否有使用排烟设备 | 0,否;1,是 |
| 40. 家庭是否有霉斑 | 0,否;1,是 |
| 41. 家庭潮湿或水渗漏 | 0,否;1,是 |
| 42. 是否饲养皮毛动物 | 0,否;1,是 |
| 43. 是否饲养其他动物 | 0,否;1,是 |
| 44. 家庭是否养花 | 0,否;1,否 |
| **居室外环境因素** | |
| 45. 附近有交通繁忙公路或街道 | 0,否;1,是 |
| 46. 离附近公路的距离 | 1,<50;2,50～150;3,≥150 |
| 47. 家庭 50 米内干洗店、家俱厂、加油站 | 0,无;1,有 |
| 48. 居住城区 | 0,外环;1,中、内环 |
| **教室、活动室因素** | |
| 49. 教室面积 | $M^2$ |
| 50. 班级人数 | 人 |
| 51. 近 1 年教室是否装修 | 0,无;1,有 |
| 52. 教室有霉斑 | 0,无;1,有 |
| 53. 教室附近繁忙公路 | 0,无;1,有 |
| 54. 教室离附近公路的距离 | 1,<50;2,50～150;3,≥150 |

* 除厨房、厕所外。

## (三) 调查方法

所有儿童及家庭居室情况由父母填写,学校教室与儿童活动室情况由班主任老师提供。调查问卷的填写质量由培训过的校医和课题组医师控制,部分儿童呼吸道症状信息由儿童以及老师提供信息相印证。

### （四）统计分析

以 Epidata3.1 建立数据库。单因素 $\chi^2$ 检验分析与呼吸道症状有统计学关联的因素，观察影响因素在两组间分布特征；对潜在呼吸道危险因素分析采用多因素 logistic 回归模型。上述统计分析使用 SPSS(13.0 版)完成。

## 二、结果

### （一）个体和家庭特征因素儿童与青少年呼吸道疾病、症状的影响

调查发表，在家庭特征因素中，父母哮喘史及父母有过敏病史是儿童呼吸道持续咳嗽、持续咳痰、喘息、喘息样症状患病率增高的影响因素，而母亲文化程度低、家庭人均年低收入家庭呼吸道症状患病率反而较低。除患支气管炎外，父母哮喘史、父母有过敏史的儿童哮喘、哮喘现患的患病率增高。儿童个体因素对呼吸道症状与疾病同样有联系，本研究的第一部分结果显示，儿童呼吸道症状与疾病低年组患病率高于高年龄组，但在儿童早产、出生低体重与母乳喂养三个因素中，只有出生低体重儿童哮喘的患病率高。

### （二）环境因素的呼吸道健康效应分析

**1. 环境因素对儿童呼吸道症状的影响**

调查发现，居室内被动吸烟，室内霉斑，1 年内家庭中置新家俱，居室、教室附近有繁忙的公路，儿童呼吸道症状的患病率高；居住在城市的内环、中环持续咳痰与喘息症状的患病率高于外环；居室饲养皮毛动物的，持续咳嗽、持续咳痰的患病率高；2 年内居室装修的，喘息、喘息样症状的患病率高；室内有蟑螂的持续咳嗽的患病率高；居住房间数少于 3 间的，喘息、喘息样症状的患病率高；家庭潮湿的，持续咳咳嗽、持续咳痰的患病率高。

**2. 环境因素对儿童与青少年呼吸道疾病的影响**

调查发现，居住在城市内、中环以内、室内被动吸烟、室内有霉斑、家庭饲养皮毛动物、居室内潮湿以及居室靠近繁忙的公路的，儿童哮喘与哮喘现患的患病率高；室内霉斑、饲养皮毛动物、居室内常使用化学品、室内潮湿、居室靠近公路儿童的，支气管炎的患病率高。

**3. 室内环境因素对儿童与青少年呼吸道症状的影响**

对可能影响儿童呼吸道症状潜在环境因素进行 Logistic 回归分析结果显示：

在调整了儿童年龄、性别、出生低体重、母亲文化程度、父母哮喘病史、父母过敏史、经济收入等8个儿童个体因素、家庭特征因素和其他环境因素后，持续咳嗽与父或母室内吸烟、室内霉斑、饲养皮毛动物、2年内居室装修、1年内置新家俱、居室内潮湿存在统计学意义的联系；持续咳痰与饲养皮毛动物、1年内置新家俱、室内常使用多种家用化学品、居室内潮湿存在统计学意义联系；喘息与父或母吸烟室内吸烟、室内霉斑、饲养皮毛动物、每天使用燃气炉超过45分钟、2年内居室装修存在统计学意义联系；而儿童喘息样症状与父或母吸烟室内吸烟、每天使用燃气炉超过45分钟、1年内置新家俱存在统计学意义联系。虽然居住的城区、居室与附近公路的距离、学校教室与公路的距离并不是室内环境因素，但众所周知，室内环境与室外环境彼此并非孤立，由于空气流动与渗透，室内空气质量受室外环境空气影响不可避免。分析结果显示，居住城市内环、中环与持续咳嗽存在统计学意义联系，居室靠近交通繁忙公路50米以内与持续咳嗽、喘息、喘息样症状均存在统计学意义联系，50～100米范围与喘息、喘息样症状仍存在联系，持续咳嗽、喘息样症状与教室靠近公路50米范围内存在统计学意义联系。室内其他人吸烟、室内有蟑螂、居宅房间数少于3间、室内使用地毯与呼吸道症状未发现有联系。

**4. 环境因素对儿童与青少年呼吸道疾病的影响**

对影响儿童哮喘、哮喘现患与支气管炎的环境危险因素进行多因素 Logistic 回归分析结果显示，在控制了潜在混杂因素和其他环境因素后，儿童哮喘患病与父母室内吸烟、室内有霉斑、室内潮湿存在统计学意义联系；哮喘现患与父母室内吸烟、室内有霉斑、饲养皮毛动物存在存在统计学意义联系；而支气管炎只与室内常使用多种化学品存在统计学意义联系。其他室内环境因素未发现与呼吸道疾病存在联系。在室外环境因素中，居住在内环是儿童哮喘和哮喘现患的危险因素；居室靠近附近公路50米范围以内则是儿童哮喘、哮喘现患和支气管炎的危险因素。

**5. 呼吸道疾病室内环境危险因素的相对危险度**

对儿童呼吸道症状与疾病的环境危险因素的相对危险度进行分析发现，持续咳嗽以母亲吸烟的相对危险度OR最高达1.8，其次是父亲吸烟为1.6，室内霉斑、饲养皮毛动物以及1年内置新家俱OR均为1.5，2年内室内装修OR为1.1。除此之外，住宅与繁忙公路、教室的距离50米之内分别为1.5和1.6；父亲吸烟、家庭饲养皮毛动物、1年内置新家俱、室内常使用多种化学品、室内水渗漏潮湿是持续咳痰的危险因素，OR分别为1.5、1.5、1.6、1.4～1.5；父亲吸烟、母亲吸烟、室内霉斑、燃气炉使用超过45分钟、2年住宅装修是持续喘息的危险因素，OR分别为1.4、1.6、1.8、1.4、1.3；父亲吸烟、母亲吸烟、燃气炉使用超过45分钟、1年置新家俱是喘息样症状的危险因素，OR分别为3.1、1.9、1.4、1.5；影响哮喘的危险因素有父亲吸烟、母亲吸烟、室内霉斑以及潮湿，OR 分别为 2.8、1.3、1.5、1.2；哮喘现患的室内环境危险因素有父亲吸烟、母亲吸烟、皮毛动物，OR 分别为 1.9、1.8、1.6、1.7；支气管炎的室内危险因素有父亲吸烟、室内常使用多种化学品，OR 为 1.38、1.93、1.98。

对室内吸烟量的呼吸道健康效应分析结果发现，在调整了潜在的混杂因素和其他环境因素后，随着室内吸烟量越多，OR 值增加，呈一种剂量—反应关系的趋势。

## 三、讨论

### （一）室内环境因素健康效应研究的必要性

在发达国家，室内空气污染越来越受到广泛关注，这主要因为在工业国家人们待在室内的时间较长，室内环境是人群暴露的主要场所。对于学龄儿童，最重要的室内环境是家庭和学校教室。本研究第二部分结果显示，上海城区学龄儿童，平均每日在居室的时间为 14.8 小时，在学校教室的时间是 6.7 小时，在居室和教室的时间占全天 24 小时的 89.7%。国外研究报道①，儿童在家时间 15 小时，婴幼儿在家时间达 20 小时。室内环境烟草烟雾（ETS）、氮氧化物、甲醛等多种污染物与呼吸系统症状与疾病存在联系②。但有关室内环境对儿童呼吸系统的健康效应的研究报道大多来自西方发达国家，此类研究结论运用到中国并非可靠，因为中国城市空气本底大气污染水平高于发达国家；此外，造成室内污染的建筑材料、家用化工产品、汽车排放标准均不完全一致；种族和遗传基因也有一定的差异，故有必要对此进行深入研究，为我国卫生、环境政策制定提供基础数据。

### （二）室内 ETS 暴露的健康效应

本研究发现，学龄儿童呼吸道症状持续咳嗽、持续咳痰、喘息、喘息样症状均与

① Wiley JA, Robinson JP, Cheng Y-T, et al. Study of Children's Activity Patterns. Sacremento, Californian Air Resources Board, 1991; Farrow A, Taylor H, Golding J. Time spent in the home by different family members. Environmental Technology 1997; 18: 605—613.

② asayuki Shima and motoak Adachi, Effect of outdoor and indoor nitrogen dioxide on respiratory symptoms in schoolchildren, International Journal of Epidemiology 2000; 29: 862—870; K.B. Rumchev*, J.T. Spickett*, M.K. Bulsara Domestic exposure to formaldehyde significantly increases the risk of asthma in young children, Eur Respir J 2002; 20: 403—408; Cook DG, Strachan DP. 1998. Health effects of passive smoking. 7. Parental smoking, bronchial reactivity and peak flow variability in children. Thorax 53(4): 295—301.

父或母室内吸烟存在联系，哮喘、哮喘现患同样与父母吸烟存在联系。在上海城区，学龄儿童母亲吸烟率为 4.8%、父亲吸烟为 32%、其他人吸烟为 3.3%。Cook[①]对儿童 ETS 暴露与呼吸道健康效应的文献进行 Meta 分析认为，学龄前儿童的 Odds 高于学龄儿童，母亲吸烟高于父亲吸烟。对 6～16 岁儿童，父母一方吸烟咳嗽 OR 为 1.4(1.27～1.53)、喘息 OR 为 1.24(1.17～1.31)、哮喘 OR 为 1.31(1.08～1.54)。本研究结果也同样显示母亲吸烟对持续咳嗽、喘息、哮喘以及哮喘现患的 OR 值均一致性地高于父亲吸烟，提示母亲吸烟对儿童呼吸系统健康有更大的负性效应。对于儿童，居室是 ETS 暴露的主要暴露场所，随着我国公共场所禁烟相关法规的实施[②]，学校吸烟逐渐被禁止，教室内吸烟更不被允许，学龄儿童在其他公共场所时间较少，学校和其他场所 ETS 暴露机会较少。本研究对室内吸烟量与儿童呼吸道疾病和症状联系分析发现，OR 与吸烟量呈剂量反应关系，吸烟量增多，OR 值也随之增大。研究还发现，室内其他人吸烟与儿童呼吸道症状或疾病未发现联系，这可能与上海城区、核心家庭(父母和 1 个孩子组成的家庭)占绝大多数，相比较父母，其他吸烟者与儿童的关系密切程度低有关。Hu 等报道[③]，母亲在怀孕吸烟与医生诊断的哮喘比当前母亲吸烟有更强的联系，本研究未能分清怀孕期间吸烟还是怀孕后吸烟，也有认为女性吸烟者大多数属烟瘾较大，中国女性的吸烟习惯仍需进一步调查。

### (三) 室内潮湿与真菌暴露的呼吸道健康效应

真菌是一种在室内外环境中正常生长且无处不在的生物，人类每天几乎不可避免地暴露于真菌中。如果室内环境条件不利于真菌生产，则室内真菌暴露水平差别不大[④]，然而，如果出现水管设施损坏，室内湿度增大，则有利于真菌生长，改变了室内真菌的组成特征和水平，特别是一些嗜水性的霉菌。嗜水性霉菌的存在可作为建筑物潮湿的标志。大规模流行病学研究对室内潮湿和真菌暴露评价多由

---

① Cook DG, Strachan DP. Health effects of passive smoke. 10. Summary of effects of parental smoking on the respiratory health of children and implications for research. 1999, Thorax 54(4): 357—366; Cook DG, Strachan DP, Carey IM.. Health effects of passive smoking. Parental smoking and spirometric indices in children. 1998, Thorax 53(10): 884—893.

② 卫生部履行《烟草控制框架公约》领导小组办公室:《2007 年中国控制吸烟报告》。

③ Hu FB, Persky V, Flay BR, Zelli A, Cooksey J, Richardson J. 1997. Prevalence of asthma and wheezing in public schoolchildren: association with maternal smoking during pregnancy. Annals of Allergy, Asthma, and Immunology 79(1): 80—84.

④ Flannigan B, McCabe EM, Jupe SV, Jeffrey IG. 1993. Mycological and acaralogical investigation of complaint and non-complaint houses in Scotland. In: Indoor Air'93, Proceedings of the Sixth International Conference on.

调查对象自我报告①。通常反映真菌暴露的指标是室内有水管损坏或渗漏、室内有霉味、室内有可见霉斑等。本研究同样以居室内可见霉斑、室内有水渗漏为真菌暴露指标，研究结果发现，室内可见霉斑是持续咳嗽、喘息、哮喘以及哮喘现患的独立危险因素，OR 分别为 1.47、1.75，1.54、1.64，提示在上海城区，居室内真菌暴露对儿童呼吸系统的影响应引起足够重视。国外也有研究报道居室潮湿与呼吸道症状如咳嗽、喘息和哮喘患病存在联系②，但迄今仍没有足够的研究证实暴露于真菌是否会导致哮喘的发病③。Haverinen 研究认为④，现况研究中自我报告的室内潮湿或霉菌生长并不能准确地反映暴露实际情况，Strachan 甚至认为⑤患哮喘的儿童父母可能会过度报告潮湿从而造成了室内潮湿与哮喘的过度联系。但近期研究对室内真菌计数和培养⑥显示室内地板和坐椅粉尘真菌孢子的浓度与呼吸道症状和哮喘患病存在联系，由专业人员对居室内潮湿进行盲法评估⑦也显示起居室和儿童卧室潮湿与可见霉菌生长是儿童哮喘患病的危险因素。

### （四）室内化学物暴露的呼吸道健康效应

室内化学污染物的来源与种类复杂，既有来自吸烟、家用化工产品、居室装修材料、新家俱、家用电器、燃气炉等室内污染源，也有来自室外汽车尾气、工厂以及餐饮业排放废气的渗透。国内研究报道较多是住宅装修、新家俱对室内空气质量

---

① Douwes J, Pearce N. Invited commentary: is indoor mold exposure a risk factor for asthma? Am J Epidemiol 2003; 158: 203—206; Jacob B, Ritz B, Gehring U, et al. Indoor exposure to molds and allergic sensitisation. Environ Health Perspect 2002; 110: 647—653; Belanger K, Beckett W, Triche E, et al. Symptoms of wheeze and persistent cough in the first year of life: associations with indoor allergens, air contaminants, and maternal history of asthma. Am J Epidemiol 2003; 158: 195—202.

② Douwes J, Pearce N. Invited commentary: is indoor mold exposure a risk factor for asthma? Am J Epidemiol 2003; 158: 203—206; Haverinen U, Husman T, Pekkanen J, Vahteristo M, Moschandreas D, Nevalainen A. Characteristics of moisture damage in houses and their association with selfreported symptoms of the occupants. Indoor Built Environ 2001; 10: 83—94.

③ J. Pekkanen, A. Hyvärinen, U. Haverinen-Shaughnessy, Moisture damage and childhood asthma: a opulation-based incident case-control study.

④ Haverinen-Shaughnessy U, Hyvärinen A, Pekkanen J, et al. Occurrence and characteristics of moisture damage in residential buildings as a function of occupant and engineer observations. Indoor Built Environ 2005; 14: 133—140.

⑤ Strachan DJ. Damp housing and childhood asthma: validation of reporting of symptoms. BMJ 1988; 297: 1223—1226.

⑥ Ju-Hyeong Park, Jean M. Cox-Ganser, Hydrophilic Fungi and Ergosterol Associated with Respiratory Illness in a Water-Damaged Building, Environmental Health Perspectives, 2008; 116(1): 45—50.

⑦ J. Pekkanen, A. Hyvärinen, U. Haverinen-Shaughnessy, Moisture damage and childhood asthma: a population-based incident case-control study, Eur Respir J 2007; 29: 509—515.

的影响[①]。新装修住宅室内甲醛、挥发性有机物、苯、甲苯污染普遍较为严重，甚至超过GB18883《室内空气质量标准》。本研究结果显示，2年内住宅装修、1年内置新家俱是持续咳嗽、喘息的危险因素。Rumchev报道[②]，室内高水平的苯、甲苯、乙苯增加哮喘患病的危险性，且苯、甲苯增高10 $\mu g/m^3$，哮喘患病增高2～3倍。Venn[③]报道室内甲醛浓度与哮喘患者夜间呼吸系统症状有联系，每增加16 $\mu g/m^3$，相对危险度OR为1.45。本研究并未发现哮喘、支气管炎与室内近期装修、添置新家俱之间存在联系，这可能是因为哮喘与支气管炎是比较长期的慢性发病过程，而住宅装修只是近期影响。Sherriff报道[④]，母亲经常使用家用化工产品与婴幼儿喘息症状存在联系。Henderson报道[⑤]，母亲在怀孕期间使用家用化工产品与儿童早期喘息有联系，且学龄期(7岁时)的持续喘息仍与怀孕期间使用家用化工产品有联系，在8.5岁时仍发现对儿童的肺功能有影响。还有研究报道[⑥]，经常在婴幼儿卧室使用摩丝会增加7岁儿童患哮喘的风险。本调查发现，在上海城区，除了洗涤和化妆用品等日用化工产品，90%以上儿童母亲使用化妆品，约70%经常使用摩丝、发胶等，使用樟脑54%、空气清新剂28%、香味剂10%、除臭剂14%。除母亲使用化妆品和洗涤用化工产品外，室内经常同时使用2种或2种以上家用化学品占16%，且经常使用2种或2种以上化工产品是持续咳痰和支气管炎的危险因素。随着城区居民生活水平的提高，人们追求高品质生活的同时，家用化学品的种类和数量有持续增长的趋势，家用化工产品对室内空气的污染同样应引起关注。

### (五) 住宅与学校附近车辆排放的呼吸道健康效应

本研究结果显示，在调整了其他个人与家庭特征因素以及其他室内环境因素

---

① 刘卫超、彭党舵：《室内小气候与居室空气中甲醛浓度关系分析》，《现代预防医学》2007年第6期，第1077～1078页；刘君卓、陶永娴、温天佑等：《室内装修后甲醛和苯的浓度变化特征》，《环境与健康杂志》2002年第5期，第387～388页；王菲凤：《现代装饰材料所致居室空气污染及防治对策》[J]，《福建师范大学学报》(自然科学版)，2000年第3期，第65～69页；王春、张焕珠、蒋蓉芳等：《装修后居室空气中甲醛和总挥发性有机物污染现状》，《环境与健康杂志》2005年第5期，第356～358页。

② J. Pekkanen, A. Hyvärinen, U. Haverinen-Shaughnessy, Moisture damage and childhood asthma: a opulation-based incident case-control study.

③ Venn AJ, Lewis SA, Cooper M, Hubbard R, Britton J. 2001. Living near a main road and the risk of wheezing illness in children. Am J Respir Crit Care Med 164(12): 2177—2180.

④ Sherriff A, Farrow A, Golding J, Henderson J. Frequent use of chemical household products is associated with persistent wheezing in pre-school age children. Thorax 2005; 60: 45—49.

⑤ Henderson J, Sherriff A, Farrow A, Ayres JG. Household chemicals, persistent wheezing and lung function: effect modification by atopy? Eur Respir J 2008; 31: 547—554.

⑥ Ponsonby AL, Couper D, Dwyer T, Carmichael A, Kemp A, Cochrane J. The relation between infant indoor environment and subsequent asthma. Epidemiol 2000; 11: 128—135.

变量后，住宅、学校教室附近50米有车辆繁忙的公路是持续咳嗽、喘息、喘息样症状、哮喘、哮喘现患的危险因素，住宅、教室附近50～150米有车辆繁忙的公路仍是喘息样症状的危险因素。国外有类似研究也报道交通繁忙的公路与呼吸道症状、哮喘、出生低体重等存在联系①。评估交通污染暴露的方法有多种，现有的研究使用的指标有：住宅或学校与公路邻近②，住宅或学校与交通繁忙公路的距离③、住宅一定的半径范围内存在交通密度，近期研究则使用GIS评估交通密度④。Morgenstern等研究报道⑤，住宅附近的公路密度、公路长度、车辆计数与室内污染物水平存在联系。尽管使用繁忙公路与住宅和学校的距离作为暴露评估指标可能存在一定的局限性，因为住宅、学校与公路的距离是一种替代暴露指标，交通对居室、教室空气质量的影响还受风向、风速等多种因素的影响，但对大规模流行病学研究仍不失为一种可行暴露评估方法。Janice报道⑥，住宅附近75米范围内交通繁忙的公路对儿童哮喘现患危险度有统计学意义且OR值最大，与本研究结果类似。美国加州的研究显示⑦，即使在空气质量良好的地区，交通污染仍存在呼吸系统负性效应。上海作为国际大都市，近年来汽车保有量持续快速增长，交通污染应受到应有的重视。本研究结果也提示，学校教室、住宅离交通繁忙的公路150米，交通污染可能对儿童呼吸系统健康产生影响，因此在学校、住宅小区选址时应加以考虑。

---

① Brunekreef B, Janssen NA, de Hartog J, Harssema H, Knape M, van Vliet P. Air pollution from truck traffic and lung function in children living near motorways. Epidemiology,1997;8(3): 298—303; Hoek G, Brunekreef B, Goldbohm S, Fischer P, van den Brandt PA. 2002. Association between mortality and indicators of traffic-related air pollution in the Netherlands: a cohort. study. Lancet 360(9341): 1203—1209; Wilhelm M, Ritz B. 2003. Residential proximity to traffic and adverse birth outcomes in Los Angeles County, California, 1994—1996. Environ Health Perspect 111: 207—216.

② Kim JJ, Smorodinsky S, Lipsett M, Singer BC, Hodgson AT, Ostro B. 2004. Traffic-related air pollution near busy roads: the East Bay Children's Respiratory Health Study. Am J Respir Crit Care Med 170 (5): 520—526.

③ Gauderman WJ, Avol E, Lurmann F, Kuenzli N, Gilliland F, Peters J, et al. 2005. Childhood asthma and exposure to traffic and nitrogen dioxide. Epidemiology 16(6): 737—743.

④ Brauer M, Hoek G, Smit HA, de Jongste JC, Gerritsen J, Postma DS, et al. 2007. Air pollution and development of asthma, allergy and infections in a birth cohort. Eur Respir J, 29(5): 879—888.

⑤ V Morgenstern, A Zutavern, J Cyrys, I Brockow, Respiratory health and individual estimated exposure to traffic-related air pollutants in a cohort of young children, Environ. Med. 2007;64;8—16; Janice J. Kim, 1 Karen Huen, 1, 2 Sara Adams, Residential Traffic and Children's Respiratory Health, Environmental Health Perspectives,2008;16(9),1274—1279.

⑥ Janice J. Kim, 1 Karen Huen, 1, 2 Sara Adams, Residential Traffic and Children's Respiratory Health, Environmental Health Perspectives,2008,16(9),1274—1279.

⑦ Janice J. Kim, 1 Karen Huen, 1, 2 Sara Adams, Residential Traffic and Children's Respiratory Health, Environmental Health Perspectives,2008,16(9),1274—1279.

### （六）呼吸道疾病的遗传倾向性

本研究还显示，母患哮喘、父母亲过敏史与儿童呼吸道症状、疾病存在较强的联系，提示儿童哮喘、咳嗽、喘息有一定的遗传倾向，国外有研究报道类似的结果①。

本研究采用的是横断面研究方法，问题由学龄儿童父母填写，可能会存在回忆偏倚；此外室内环境变量采用一种代理指标，未能对空气的污染物水平进行监测，缺乏一种定量的客观依据，这些是本研究的局限性所在。为探讨大都市室内环境因素的呼吸道健康效应，今后的研究方向应侧重于大样本前瞻性队列研究，并对室内空气质量指标进行连续动态监测，以更加准确地分析暴露剂量。

---

① NICHOLAS J. WITHERS，LORRAINE LOW，The Natural History of Respiratory Symptoms in a Cohort of Adolescents，American Journal of Respiratoty and Critical Care Medicine，1998；158：352—357；Martinez，F.，A. Wright，L. Taussig，C. Holberg，M. Halonen，and W. Morgan. Asthma and wheezing in the first six years of life. N. Engl. J. Med. 1995；332：133—138.

# 上海市虹口区中学生乙肝病毒感染及免疫状况研究*

乙型病毒性肝炎传染性强，流行面广，危害大，是我国重点控制的传染病之一。卫生部于 1992 年将乙型肝炎疫苗纳入儿童计划免疫管理以来，我国一般人群尤其是 15 岁以下儿童的乙型肝炎病毒感染率明显下降①。虹口区作为上海市试点区之一，于 1986 年即率先在全市开展了新生儿血源性乙肝疫苗的免疫工作，免疫程序按 0、1、6 个月执行。为掌握本区在新生儿期全程接种血源性乙肝疫苗的中学生乙肝病毒感染状况，为完善乙肝疫苗免疫策略和防治措施提供科学依据，笔者于 2009 年 9～11 月开展了此项调查，现将结果报告如下。

## 一、对象和方法

采用分层随机抽样的方法，在虹口区 25 所初中、15 所高中内随机抽取 3 所初中、2 所高中作为调查点，在调查点中随机抽取 1990 年 1 月～1996 年 7 月出生(13～19 岁)且有明确全程乙肝血源疫苗免疫史的学生，经监护人签署《知情同意书》后作为调查对象。每个年龄段 105 名，共 735 名，其中 8 名因血清量较少无法检测，实际纳入结果分析为 727 名，其中初中生 391 名、高中生 336 名。汉族占 99.04%。

由经过统一培训的调查人员按照上海市疾病预防控制中心设计的“上海市人群乙肝血清流行病学调查问卷”进行个案调查，内容包括人口学特征、健康状况、疫苗接种史和乙肝感染可疑危险因素，包括家人及周围接触人群乙肝史、侵入/创伤性医疗史、创伤性美容史、饮食史和个人卫生习惯五大类 26 个因素。

---

* 本文获 2008～2010 年度上海妇女儿童发展课题调研成果优秀奖。作者：杨吉星等，上海市虹口区疾病预防控制中心

① 梁晓峰、陈园生、王晓军等：《中国 3 岁以上人群乙型肝炎血清流行病学研究》，《中华流行病学杂志》2005 年第 9 期，第 655～658 页。

采集调查对象静脉血 4 mL 经分离血清后送至国家疾病预防控制中心检测乙肝表面抗原(HBsAg)、乙肝表面抗体(抗-HBs)和乙肝核心抗体(抗-HBc);采用 Abbott 检测试剂,试验方法为微粒子酶免疫测定(MEIA)法,检测设备为美国 Abbott 公司生产的 Axsym Plus 型全自动免疫发光检测仪,严格按仪器操作规程操作。以 HBsAg 或抗-HBc 任意一项阳性者判定为 HBV 感染①。

采用 EpiData3.0 将调查问卷和实验室检测结果严格双人录入数据库,以 SPSS13.0 软件进行统计分析。乙肝感染危险因素分析首先以 $\chi^2$ 检验对 26 个因素逐一进行单因素筛选,将单因素分析有意义的 4 个变量纳入多因素 Logistic 回归模型中进行分析,确定危险因素。

## 二、结果

### (一) 乙肝血清标志物阳性率

调查对象中 HBV 感染 16 人,感染率为 2.20%(95% CI 为 1.26%～3.55%),HBsAg 携带率为 1.10%(95% CI 为 0.47%～2.16%),抗-HBs 阳性率为 34.25%(95% CI 为 30.80%～37.83%)。不同年龄中学生抗-HBs 阳性率差异有统计学意义,最小年龄组(13 岁)抗-HBs 阳性率为最高,中学生抗-HBs 阳性率呈现随年龄增加而下降的趋势($\chi^2$ 趋=11.74,$P$=0.001)。HBV 感染率、HBsAg 携带率和抗-HBc 阳性率男生高于女生,抗-HBsAg 阳性率女生高于男生,但差异均无统计学意义。初中生 HBsAg 携带率、抗-HBsAg 阳性率均高于高中生,且差异均有统计学意义($P$ 值均<0.05);HBV 总感染率和抗-HBc 阳性率差异无统计学意义,见表 1。

**表 1　虹口区不同人口统计学指标中学生乙肝血清标志物阳性率**

| 人口统计学指标 | | 人数 | HBsAg | 抗-HBs | 抗-HBc | HBV |
|---|---|---|---|---|---|---|
| 年龄/岁 | 13 | 105 | 0 | 54(51.43) | 2(1.90) | 2(1.90) |
| | 14 | 105 | 0 | 33(31.43) | 1(0.95) | 1(0.95) |
| | 15 | 101 | 7(6.93) | 38(37.62) | 1(0.99) | 7(6.93) |
| | 16 | 103 | 1(0.97) | 34(33.01) | 1(0.97) | 2(1.94) |

① 倪莉红、王鸣、刘建华等:《乙肝疫苗应用后不同时期人群血清流行病学调查》,《中国公共卫生管理》2010 年第 3 期,第 278～281 页。

续 表

| 人口统计学指标 | | 人数 | HBsAg | 抗-HBs | 抗-HBc | HBV |
|---|---|---|---|---|---|---|
| | 17 | 105 | 0 | 33(31.43) | 4(3.81) | 4(3.81) |
| | 18 | 103 | 0 | 26(25.24) | 0 | 0 |
| | 19 | 105 | 0 | 31(29.52) | 0 | 0 |
| 性别 | 男 | 329 | 6(1.82) | 104(31.61) | 6(1.82) | 11(3.34) |
| | 女 | 398 | 2(0.5) | 145(36.43) | 3(0.75) | 5(1.26) |
| 学段 | 初中 | 391 | 8(2.05)* | 151(38.62)* | 5(1.28) | 12(3.07) |
| | 高中 | 336 | 0 | 98(29.17) | 4(1.19) | 4(1.19) |

注：()内数字为阳性率/%；与高中比较，* $P<0.05$

### （二）乙肝感染危险因素

将 HBV 感染的 16 名中学生与其余 711 学生进行乙肝感染危险因素分析，以单因素 $\chi^2$ 检验，初步筛选乙肝感染的危险因素，其中有统计学意义的变量有：吃火锅次数≥1 次/周、有生食海/河鲜习惯、无饭前便后洗手习惯、有静脉输液史。将单因素分析筛选出有意义的 4 种变量进行两分类的 Logistic 回归分析，结果提示，吃火锅次数≥1 次/周是调查人群 HBV 感染的危险因素，见表 2。

**表 2　虹口区中学生乙肝感染多因素 Logistic 回归分析**

| 变　量 | Wald 值 | *P* 值 | OR 值(OR 值 95%CI) |
|---|---|---|---|
| 吃火锅次数≥1 次/周 | 5.621 | 0.018 | 4.178(1.281～13.623) |
| 有生食海/河鲜习惯 | 0.625 | 0.429 | 1.787(0.424～7.533) |
| 无饭前便后洗手习惯 | 1.710 | 0.191 | 2.397(0.646～8.886) |
| 静脉输液史 | 0.046 | 0.892 | 0.892(0.316～2.521) |

## 三、讨论

本次调查结果显示，上海市虹口区中学生的 HBV 感染率为 2.20%，HBsAg 携带率为 1.10%，远低于 2006 年全国乙肝血清流行病学调查一般人群(7.18%)，也低于有关文献报道的学生人群水平(3.10%～7.95%)[①]。这可能是本区从1986年开始在新生儿中推广血源性乙肝疫苗免疫，使得学生人群全程接种乙肝疫苗有关，可见疫苗保护效果显著，社会效益明显。

中学生抗-HBs阳性率为34.25%，低于文献报道相近年龄中学生抗-HBs阳性率[②]，并呈现随年龄增加而下降的趋势。这主要与免疫后乙肝表面抗体(抗-HBs)水平随时间推移而自然下降，导致高中生抗-HBs阳性率较低有关。高中学生HBsAg携带率低于初中学生，且差异无统计学意义，表明抗-HBs的下降并未导致HBsAg携带率和HBV感染率的升高。这与吴维寿等[③]对新生儿血源性乙肝疫苗免疫18年随访结果报道一致。因此，人群在选择乙肝疫苗加强免疫的时机上，抗-HBs阳性率仅是一个参考指标，HBsAg是决定乙肝疫苗加强免疫的重要指标。

本次调查发现，常吃火锅可能是该人群HBV感染的危险因素，与王晔等[④]的调查相一致。有调查发现，乙肝患者的唾液中也能检测到乙肝病毒[⑤]，且消化道损伤是HBV感染的危险因素[⑥]。此外，在同类调查中发现HBV感染的危险因素，如家人及周围接触人群乙肝史，静脉输液(注射)、口腔诊疗、手术、输血等侵入/创伤性医疗史，创伤性美容史，共用牙刷或剃刀等个人卫生习惯[⑦]，在本次调查中未发现其统计学意义。可能在本次调查中HBV感染阳性人数较少及相关危险因素在本次调查人群中所占比例较低及统计效能较低有关。

---

① 曹毅敏、徐建敏：《广州市中学生HBsAg、抗-HBs检测结果分析》，《疾病控制杂志》2006年第1期，第71～72页；薛海滨：《临沂市中小学生乙肝病毒感染及免疫状况调查》，《中国学校卫生》2007年第5期，第464～465页；苏洁寒、李岗、陈智平：《中学生HBsAg携带情况及乙肝疫苗接种前后的免疫状况分析》，《广西医科大学学报》2004年第3期，第391～392页。

② 赵红、郭晓荣：《乌海市大中小学生接种乙肝疫苗效果分析》，《包头医学院学报》2007年第1期，第34～35页。

③ 吴维寿、孙超美、姜铭波等：《乙型肝炎免疫预防持续效果探讨(18年随访结果)》，《中国计划免疫》2005年第3期，第204～207页。

④ 王晔、李燕婷：《上海市2004至2008年乙型肝炎流行病学特征分析》，《诊断学理论与实践》2009年第2期，第152～154页。

⑤ 黄力毅、江建宁：《应用聚合酶链反应检测112例乙型肝炎患者血液、尿液、唾液中HBV-DNA结果分析》，《广西医学》1997年第4期，第541～543页。

⑥ 戴春梅、陈辉、周建党：《消化性溃疡患者HBsAg携带情况分析》，《实用预防医学》2004年第5期，第948～949页。

⑦ 王华、江伟：《中国人群乙型肝炎主要危险因素的Meta分析》，《江苏预防医学》2010年第3期，第13～16页；申旭波、周远忠、雷鹏远等：《某市乙型肝炎流行因素及控制措施探索》，《现代预防医学》2009年第20期，第3942～3944页；陆伟、周赟、谢佳新等：《上海地区乙型肝炎家庭聚集性危险因素的流行病学调查》，《第二军医大学学报》2009年第10期，第1162～1165页；韩建康、沈建勇、金玫华等：《乙型肝炎危险因素病例对照研究》，《中国农村卫生事业管理》2008年第8期，第620～622页；陈立章、莫显昆、范学工：《乙型肝炎传播途径的研究现状及进展》，《中国医师杂志》2003年第8期，第1141～1143页。

在政府重视、部门支持和卫生系统的努力下，2001 年来本地区新生儿乙肝疫苗全程接种率始终保持在 98%以上，2006 年后已无学生人群急性乙肝病例报告。为持续有效地控制和降低乙肝发病，结合本次调查结果，笔者认为应继续坚持新生儿乙肝疫苗预防接种制度，不断提高疫苗接种率和及时率。教育部门应严格落实新生入学时预防接种证查验制度，对未接种或未全程接种乙肝疫苗的学生，卫生部门应及时开展补种工作并共同做好对学生及家长乙肝预防知识的宣传教育，不断提高预防接种的意识和防病技能，对已全程接种的学生人群尚无加强免疫的必要。

# 第三篇

# 儿童教育研究

# 上海城郊地区“留守儿童”教育研究*

## 一、研究背景

目前全国有近 5 800 万“留守儿童”，如果让这些“留守儿童”放任自流、任其发展，带来的社会问题是极其严重的。首先，“留守儿童”所牵涉的利益群体达数亿万人计，而且，绝大多数处于社会的底层，是社会主义和谐社会特别关注的对象，他们的安定团结是社会发展和进步的福音；其次，“留守儿童”也是九年制义务教育法的实施对象，他们的受教育状况已经成为社会主义法治和社会公平正义的风向标；第三，和谐家庭是和谐社会的基础，留守儿童承载着家庭的未来和希望，他们的健康成长涉及家庭的幸福和和谐，因此，农村“留守儿童”的教育问题已经成为建设社会主义和谐社会亟待解决的一个社会问题。教育部《关于进一步推进义务教育均衡发展的若干意见》指出：地方各级教育行政部门和学校要有针对性地采取措施，及时解决进城务工农民留在农村的“留守儿童”在思想、学习、生活等方面存在的问题和困难。

由于“留守儿童”是在成长发育关键时期远离父母、远离亲情，因而，容易产生思想道德和心理发展的异常，他们中有相当一部分存在着任性、孤僻、情感淡漠、自暴自弃、合作意识差、行为习惯差等问题，逃学、辍学现象也时有发生，一些人甚至走上了违法犯罪道路，还有些人甚至过早地结束了自己年轻的生命。“留守儿童”身上出现的这些问题，不只是让农民工揪心，更让教育者忧心。因此，关注和解决“留守儿童”的教育问题，帮助他们走向阳光，拥有自信，培育积极向上的健康心理，是未成年人自身发展的需要。

正是基于这样的认识与思考，我们提出了“上海城郊地区‘留守儿童’教育研究”的课题。

---

* 本文获 2008～2010 年度上海妇女儿童发展研究政策建议成果二等奖。作者：顾玉娟等，崇明县教师进修学校

## 二、研究的基本概况

“上海城郊地区留守儿童教育研究”系2008～2009年度上海儿童发展研究课题。本课题针对当前社会转型时期一个典型的区域现实问题展开研究，具有一定的实践价值，自2008年12月立项，至2011年10月完成研究。

### （一）概念界定

上海城郊地区，是指除上海中心城区（黄浦、卢湾、虹口、徐汇、静安、普陀、闸北、长宁、杨浦、浦东新区）以外的闵行、奉贤、松江、青浦、南汇、金山、宝山、嘉定、崇明等上海城郊地区。

留守儿童：是指在上海城郊地区中小学义务教育阶段（小学一年级至初中三年级）的学生中，因父母双方或一方离开本地区，孩子留在户籍所在地，并因此不能和父母双方共同生活，缺少父母教育和监护的未成年人。

### （二）研究对象与时间

本课题以崇明、奉贤、闵行、原南汇等四个区县的中小学义务教育阶段的“留守儿童”为调查对象；以崇明地区中小学义务教育阶段的学校的“留守儿童”为主要研究对象。时间自2008年12月～2011年10月。

### （三）研究目标

通过问卷调查和个案研究，获取上海城郊地区“留守儿童”生存现状及教育问题的基本信息；探索学校开展“留守儿童”教育的有效原则、途径、方法与策略；开展“三位一体”改善上海城郊地区“留守儿童”教育现状的对策研究，构建职责分明、目标一致的关心、爱护“留守儿童”的运行机制。

### （四）研究方法

一是文献研究法。课题组成员查看了各类文献资料，如中国知网“中国基础教育期刊全文数据库”（2000年至今）；《国家中长期教育改革和发展规划纲要（2010～2020年）》；《中国少先队文库——全队调研奖》等文献。

二是调查研究法。本课题主要通过问卷调查、个别访谈、座谈等方法，了解上海城郊地区“留守儿童”教育的真实状况。选取了“留守儿童”比较集中的学校分别对教师、学生进行“留守儿童”教育现状调查，并在“留守儿童”较集中的崇明地区通过组织亲子活动开展了家长和“留守儿童”的配对调查，从中归纳和提炼“留守儿童”的教育现状。

三是个案研究法。课题组针对“留守儿童”中的特殊对象设计教育转化方案，进行矫治、转化、剖解，形成典型个案；或对产生显著教育效果的对象或活动进行反向的追溯研究，分析内在的成功因子及其规律，以便及时调整研究方法和相关策略。

四是行动研究法。在调查现状及弄清存在问题的基础上，收集研究过程中的各类定性和定量资料，并对此进行归纳、分析，制订出切实可行的改善上海城郊地区“留守儿童”教育现状的方案。

## 三、研究的主要成果

### （一）“留守儿童”教育的基本特点

上海城郊地区的“留守儿童”与西部不发达地区的“留守儿童”不同，具有以下几个特点：

（1）在他们的家庭和父母身上具有经济、文化发达地区的深深烙印。

（2）现有教育资源的配置虽然有许多不尽合理的方面，但与西部不发达地区的教育现状不可同日而语。

（3）他们中的大多数父母虽然背井离乡到上海打工，但毕竟离家较近，外加上海地区日益便捷的交通和通信方式使亲子联系和沟通变得并非遥不可及。

（4）他们中的绝大多数是独生子女，作为他们的父母，“望子成龙，望女成凤”的想法与学校教育的宗旨有一定的交集，为形成教育合力提供了有利条件。

### （二）“留守儿童”教育存在的主要问题

#### 1. “留守儿童”中特殊家庭比例偏高

家庭类型调查中，我们把家庭类型分为：正常、单亲、再婚、无父无母四种家庭类型。统计显示，在留守儿童中，父母双全的家庭只有 67.2%，特殊家庭占了 32.8%，其中：单亲家庭占了 18.9%、再婚家庭占了 4.4%、无父无母家庭占了 9.5%。近年来，各种调查资料显示：特殊家庭的比例一般在 15%，而留守儿童中的特殊家庭的比例竟达到了 32.8%，比例偏大。尤其是单亲家庭和无父无母家庭的孩子甚为可怜，他们中的小部分不但在学业上得不到家人的帮助，有时甚至连起码的衣食都有问题。有些外来媳妇由于经济原因，当时被买卖婚姻骗到崇明结婚生子，但是随着孩子的降临，经济负担日益加重，加之有些男人不仅贫穷、不会赚钱，而且经常赌钱、酗酒、打人，有些母亲不堪重负就以打工为名离家出走，很少回来或者不再回来。这些父亲从来不把孩子放在心上，而是甩给祖辈扶养，自己消极度日。

**2. “留守儿童”的家庭教育环境一般较差**

调查显示，“留守儿童”日常监护呈现母亲占 50.3%，隔代教养占 32%的特点，重养轻教，重口头说教轻榜样示范是最大的问题。不少班主任反映，有不少母亲既不下田劳动又没有工作，再加之村风民俗的问题，她们把孩子送到学校后，觉得无聊，便到学校附近棋牌室或者邻居家里打麻将，以消磨时间。母亲们的言行给孩子不好的示范。祖辈监护的特点是比较随意和溺爱，所以在双休日，留守儿童用于学习和作业的时间也不多，30%的学生不满 1 小时，有约 30%的孩子离开成人的视线闲逛，有 60%的孩子不参加任何发展特长的兴趣班学习。多数家长只知道养的责任，不懂得育的重要，认为把孩子送到学校读书就完事了，就是教育的全部，自己不会也不想钻研如何教育孩子问题。虽有约 40%的母亲和祖辈知道家庭教育的重要，能认真陪伴或者辅导孩子作业，但由于自身文化水平的局限，教育不得其法，效果不显著。

**3. “留守儿童”中存在较严重的“亲情饥渴”**

亲情的抚慰与关怀对孩子的成长起着至关重要的作用。但由于留守儿童的父母长年在外务工，工作的紧张和劳累让他们无暇顾及亲情的滋润。有的半年、一年甚至几年都难得见上孩子一面，给孩子打一个电话、传个口信显然很难沟通思想、倾听烦恼，难以给孩子足够的关怀。调查显示，每月能与孩子利用电话联系的父亲占 57%、母亲约 30%；有 10%的父亲和 15%的母亲一年难得回家一次与孩子团聚；有 95%以上的留守儿童表达对亲人的强烈思念和对亲情的深深渴望。

**4. “留守儿童”中的大多数学习品质有落差**

尽管有一些“留守儿童”也表现出了强烈的求知愿望，然而，与完整的核心家庭的孩子相比，“留守儿童”实际学习品质却不容乐观。对班主任的调查中我们发现：“留守儿童”中“学习成绩”和“学习习惯”“很好”的分别为 14%和 17%，“差”和“很差”的为 28%，“一般”的在 30%左右。从总体比例上看，与完整的核心家庭的孩子相比“好的”低了 8%～11%；“差”的比例高了 12%～15%，主要表现为缺乏高远的学习理想和追求，缺乏积极向上的学习动力和意志，缺少学习的主动性和自觉性。日常学习具体表现为作业潦草、得过且过；上课注意力不够集中，举手发言的频率较低；课外阅读的兴趣淡薄，知识面比较狭窄……随着年龄的增长，学习自觉性和学习成绩呈下降趋势，尤其是隔代教养的男孩，到了初中，学习兴趣和学习成绩大多数呈下降趋势。

**5. “留守儿童”中存在心理问题的比例偏高**

在调查“留守儿童”心理健康状况的过程中，我们从“感受”和“行为”两个层面进行询问和观察。在“感受”层面设计了13道题，如是否感到苦闷、紧张、害怕、孤独？是否感到提不起精神来？是否有大喊想摔东西的冲动等题目，并设计了“无，偶尔，经常，是”四个选项供孩子选择。通过合并计算统计，回答“经常”或者“是”的占到36%。心理学家认为：一般情况下，选择“经常”或者“是”的，说明已经存在一定的心理问题。日常生活中孩子们最大的不良感受主要是学习的压力和对学习的害怕，达到了51.4%和58.2%，其次是紧张的情绪，约有22%的孩子感到孤独、害怕，提不起精神来，缺乏自信。由于远离父母，缺少起码的亲子沟通的机会，而监护人又无暇顾及他们的情感变化，日积月累，造成留守孩子的心理问题和种种心理病症，如感情脆弱、自暴自弃、焦虑自闭、缺乏自信、悲观消极。

**6. “留守儿童”随父母就读的意愿难以实现**

据崇明的调查，一种情况是父母双方共同在上海打拼的约占农民工总数的1/3强，他们大多有较固定的工作，虽然是租房，但有固定的住所。如占上海出租车行业1/2强的崇明驾驶员就是这种现状。尽管他们都希望把孩子带在身边就近入学，但是，主要由于户籍的原因和现有教育资源的限制，这种良好的愿望难以实现，只得把孩子托付给祖辈照看而成为“留守儿童”。另一种情况是父母（主要是父亲）一方在上海或者外省市打工的约有60%，尽管从理论上说母亲可以经常陪伴在孩子身边，关心孩子的学习和生活，但是，实际情况是母亲们出于种种考虑，还要经常离开孩子到丈夫身边，不少母亲常常处于两边担心、两边跑的尴尬境地。据调查，在这类群体中，有39.4%的“留守儿童”想要到父母打工所在地学习；有24.3%的父母想把孩子带到自己身边就读。然而，碍于教育资源的短缺、招生政策、居住条件、经济考量等多方原因，孩子想跟随父母读书的意愿很难实现。

### （三）“留守儿童”教育问题形成的主要原因

**1. 家境贫困伴随家庭教育观念淡薄是造成“留守儿童”教育问题的家庭因素**

家庭教育是伴随孩子的终身教育，家庭教育直接影响孩子思想品德、行为习惯、心理健康和智力发展，特别是中小学时期，是人的行为习惯、性格形成的关键期。地区经济的落后以及家境贫困让许多农民工不得不背井离乡，抛家别子到城市打拼，在孩子教育的黄金期缺失了亲情的滋润和家庭教育应负的责任。有的父母平时与子女缺少沟通，疏于管教，造成亲情淡漠，孩子缺乏安全感；有的父母教育方法不得法，存在“金钱补偿”的心理，认为把钱寄回家，满足孩子物质上的需求就行了，忽视了孩子情感和身心发展的需要；有许多隔代监护的，大多偏于溺爱，以生活照顾为主，根本承担不了对孩子品德培养、学习辅导的任务，使家庭教育始终处于软弱无力的状态。

**2. 教育问题的多样化伴随升学压力所产生的“教育疲劳”是造成留守儿童教育问题的学校因素**

高新科技的飞速发展，社会多元价值观的影响，导致早恋、网瘾、行为偏差、离异家庭、“留守儿童”等问题成倍增加，再加上挥之不去的升学压力的阴影，搅得学校领导和一线教师疲于应付、力不从心。长此以往所造成的“教育疲劳”（甚至可说是“过劳”），钝化了一些教师的教育敏锐，许多现象见怪不怪；失却了应有的教育机智，很难为问题学生提供个性化、针对性的教育，从而与农民工将子女的教育寄厚望于学校的想法形成了强烈的反差，导致有些地方留守儿童的教育问题成堆，甚至积重难返。

**3. 教育资源配置的不尽合理和入学政策的相对滞后是造成“留守儿童”教育问题的社会因素**

许多地方政府和教育部门进行学校布点、资源配置的时候往往从地区的常住户籍为唯一依据，而不是以常住人口资源为依据，忽略了城镇化进程中人口流动和流向所带来的社会需求的变化，造成了有的地方教育资源大量浪费，有的地方严重不足的现象。如前几年幼儿园的达标工程按乡镇为单位，一式的图纸、一样的规格，结果，许多农村幼儿园门可罗雀，而人口导入区和县城地区的幼儿园则人满为患。另外，以户籍为依据的就近入学政策已经不适应城市现代化发展的形势，而且严重违背和谐社会应该体现的社会公平和公正的原则。解决“留守儿童”的教育问题最理想的是变“留守”为“随行”，让成长中的儿童与父母朝夕相处，沐浴在其乐融融的亲情下。因此，就近入学政策的改革势在必行。

**4. 逆境成才意识的淡薄和自强不息精神的缺失是造成“留守儿童”教育问题的自身因素**

“留守儿童”由于成长中缺少了父母思想、情感和生活上的关注和呵护，极易产生认识、价值上的偏离和个性、心理发展的异常。他们在孤寂的情感生活面前，缺少足够的思想准备；在繁重的学习压力面前缺乏自强不息的奋斗精神；在面对外部世界的诱惑时，缺少自我约束的能力；在复杂的人生际遇的选择面前，缺乏逆境成才的意识和意志，在思想和心理的多重压力下，他们中的大多数缺乏自信和自律。因此，不断提高他们自我成才的意识和自强自立的精神是解决留守儿童自身问题的症结所在。

### （四）确立“留守儿童”教育的基本原则

**1. 教育公平原则**

“留守儿童”群体是《中华人民共和国义务教育法》所规定的义务教育的对象，所以，无论从法治的视角还是建设和谐社会的需要，我们都应该在教育的制度层面、政策层面和执行层面上保证“留守儿童”接受义务教育的公平权利；在入学机会、教育权益、教育过程中给“留守儿童”以平等待遇。在教育资源的配置上要有前瞻性，要充分考虑社会飞速发展带来的诸多民生问题。要变“户籍为依据”为“常住人口为依据”进行教育资源配置，切实保障上海地区农民工子女“无条件就近入学”政策的落实，让有条件跟随父母读书的孩子早日如愿，茁壮成长。

**2. 主体自强原则**

主体自强的意识和能力是人在社会环境或参与社会活动中经历失败—吸取教训—获得成功—取得经验的过程中逐步形成的，它表现于人的自尊、自立、自强、自律以及对自己人生价值的清醒认识，是自我意识的高度觉醒。因此，提高留守儿童的主体意识和自强精神是改变问题的关键所在，而且能够对他们的健康成长终身受益。

**3. 滋养发展原则**

儿童的成长犹如小树需要阳光、空气、雨露的滋养才能长成参天大树。“爱，是教育的润滑剂”！留守儿童的健康成长更需要老师和家长的精心呵护和爱心滋养。用科学文化知识为他们搭建进步的阶梯，用人文素养充盈他们的精神世界。

### （五）提出“留守儿童”立体化教育的对策

**1. 政策机制层面：改革现有“以户籍为依据就近入学”的制度，形成长住人员孩子就近入学机制，加快实现教育的公正和公平**

导致“留守儿童”教育问题的重要原因之一是大中城市迅猛发展与教育资源相对不足之间的矛盾，而固守“以户籍为依据就近入学”制度，造成了“留守儿童”这一特殊群体。应该看到，上海地区高楼大厦林立，现代化建设日新月异的变化离不开农民工兄弟的辛劳和付出。从某种意义上说，变“留守儿童”为“随行儿童”，让父母双方均有相对稳定工作的民工子女享有就地入学、接受义务教育的权利是对城市建设功臣共享改革开放成果的补偿，是一种社会良心的觉醒，更是社会公平和公正的体现。作为经济发达、民工集中的上海地区，改革现有“以户籍为依据就近入学”的制度，形成长住人员孩子就近入学机制，政府部门应该做好以下三方面的工作：

（1）由区县妇联牵头，联合教育局、乡镇派出所调查统计所辖范围内农民工及其子女的基本状况及其就读需求，作为教育资源的合理配置和行政决策的重要依据。

(2) 尽快出台"常住人口子女就近入学"的相关规范文件。短期内可通过挖掘现有学校的办学潜能，通过扩大班级规模(班级数和班额)，尽量接收农民工子女入学；长期的有效措施是要修订人口导入地区的教育事业规划，扩大办学规模。

(3)"千方百计改善、优化民工子弟学校"的教育资源。通过政府资助、师资培训、业务指导、资源共享、结对联动等形式尽快提高本市民工子弟学校的办学水平和教育质量。

事实上，近几年"留守儿童"的教育问题已越来越受到各级政府部门的关注，上海许多区县纷纷出台了农民工子女进当地公办学校读书的相关规定。社会媒体对"留守儿童"问题进行的调查报道已成为解决"留守儿童"问题的催化剂。

**2. 实践推进层面：建构关爱"留守儿童"的社区工作网络，形成全覆盖的关怀机制，保障"留守儿童"的健康成长**

(1) 以家庭为中心，以创建和谐家庭为抓手，实施"家庭教育三强"工程，推进家庭关怀工作。

① 加强家教指导，提高家长素质。在县妇联牵头下，崇明县成立了县级家庭教育讲师团，每年在乡镇社区和学校举办家庭教育专题讲座，开展家庭教育文化节和家庭教育宣传周活动，提升家长的家教水平和能力。

② 开展创建活动，加强家庭建设。崇明县把学习型家庭、平安家庭、五好文明家庭创建工作纳入文明乡镇创建考核目标中。由各级妇联牵头，联合共青团，依托学校，组织创建文明家庭的宣传发动和考核验收工作，取得了预期的效果。三年来，崇明县通过五好文明家庭验收的共达 1.25 万户。

③ 进行宣传表彰，树立典型榜样。开展市、县级优秀家长学校、家庭教育先进工作者、五好文明家庭、学习型家庭示范户、好家长评选工作，营造良好的教育风尚。在《少年报》、上海教育电视台、《崇明报》和崇明电视台报道优秀"留守儿童"事迹，让全社会关注"留守儿童"的成长，引领更多的"留守儿童"自立自强。

崇明县"三强"教育工程实施 3 年来，引导家长走出了"教育孩子是学校的事"的认识误区，努力承担起教子之责，认识到即使在外地务工，也要把教育孩子的那份责任承担起来，开始主动与学校、班主任联系，加强沟通，共同商讨教育孩子的策略和方法。许多家长尽可能调整好自己的外出方式，千方百计留一个人在家照顾、监护孩子的学习和生活，注意加强与"监护人"联系及亲子间的沟通。

(2) 以乡镇为龙头，以村居为基础，开展"三项活动"，推进社区关怀工作。

① 组织"爱洒瀛洲，情暖童心"活动。各乡镇团委热烈响应县团委的号召，开

展上海市重点青少年群体教育帮助和预防犯罪工作试点工作。组织开展“爱洒瀛洲，情暖童心”为主题的“十个一”系列活动和守护星项目(即搭建一个平台、打造一个基地、注册一个微博、组建一支队伍、开展一次辅导、组织一次考察、创建一份档案、建立一项制度、举办一期沙龙、出版一期简报)。每个村都建立了“爱心妈妈”队伍，每月与班主任和临时监护人沟通，了解孩子的生活和身心健康情况，指导“留守儿童”的学习和生活。

② 组织节假日主题关爱活动。每年“六一”节和暑假，分别由县妇儿委办和文明办、教育局牵头，精心制订工作方案，条块结合地开展活动。每年县妇联联合县教育局开展“情牵留守儿童、欢乐共庆六一”为主题的各项活动；县文广局组织开展青少年读书系列活动，并特别组织“留守儿童”特长展示专场；团县委要求社工以各种形式与“留守儿童”共度欢乐“六一”；青保办、关工委组织社会力量为“留守儿童”家长开设专题讲座；卫生局等部门为“留守儿童”送去免费体检等服务。

③ 开展社区少先队活动。社区少先队是在乡镇团委和学校少先队指导下的、以村为单位的少先队特殊组织，主要目的是让少先队员特别是让单亲家庭和留守儿童在寒暑和双休日通过自组织的形式获取活动所带来的温暖和友谊，防止因寂寞、孤独、无助而受到不法侵害和不良诱惑。5 年来，崇明县三星镇开展的社区少先队活动丰富了队员的节假日生活，有效地预防了青少年的违法犯罪，成为崇明县少先队的品牌活动。

(3) 以教育局为重点，以学校为基点，实施“三大关爱工程”，推进学校关怀工作。

① 实施“留守儿童”教育关爱工程，以师爱滋润亲情饥渴。县少工委启动了“留守儿童”关爱工程，由教育局调查摸底，做到了“三个清”。一是留守人数清。摸准崇明县“留守儿童”人数，建立资料库。二是家庭情况清。了解家长去向、家庭地址、联系电话，代理监护人姓名及住址、联系电话等，分年级分班登记造册。三是结对老师清。要求各校每位党员干部结对帮扶 1～2 名留守学生，由单纯学习上的指导，转换为对生活、情感、心理等方面的关注，做好“代理家长”，开展“让师爱充满智慧”教育故事征文、演讲活动。

② 实施中小学“温馨教室”建设工程，以集体之爱抚平情感创伤。崇明县教育局围绕让管理充满温馨、班级充满温馨、课堂充满温馨三个主题，实施“温馨教室”建设工程。以温馨课堂建设为重点实现师生、生生关系的和谐，提高教学教育质量。同时，通过“阳光少年”评选和主题班队活动，为“留守儿童”找优点、树榜样，用班队集体的力量抚平情感上的创伤。崇明县教育局把“温馨教室”的建设成果汇编成集，供教师学习和参考。

③ 实施“留守儿童”心理健康维护工程，以心灵之爱解决成长中的烦恼。通过多年的努力，崇明县已形成了县、校两级层面的心理咨询室，形成了一支具有国家级心理咨询师资格的专业队伍，全面开设了心理健康教育课，开展了个别心理辅导；同时，为“双留守”儿童单独建立心理档案，要求心理老师每月进行一次沟通交流。选择我县偏远地区和城区学校，建立关爱留守儿童基地，利用双休日开展各类活动，并以“阳光伙伴”为主题，开展伙伴结对关怀活动，通过自助和互助的形式解决“留守儿童”成长中的烦恼。

## 四、研究的主要成效

### （一）“三位一体”帮教机制初步形成

近几年来，“留守儿童”的教育问题受到社会广泛关注，在各级政府的主导下，“三位一体”的帮教机制初步形成。学校、家庭、社会为了“留守儿童”健康成长这一共同目标，互相协作，各尽其职，发挥越来越大的作用。

崇明县妇联利用其健全的组织网络，发动县、乡、村三级妇女干部关心留守儿童，特别是关注全县双留守儿童(即父母双方都外出打工的留守儿童)的教育问题，将双留守儿童的名单及关爱要求落实到各乡镇，作为乡镇妇联工作考核的指标之一。县少工委组织百名“留守儿童”和家长参加了东方绿舟亲子活动，融洽了留守儿童和家长的亲情；组织百名留守儿童参加了“崇明县留守儿童消防夏令营”，消防官兵不怕牺牲、永不服输和吃苦耐劳的精神给孩子留下了深刻的印象；组织 40 名留守儿童到上海参加“我与公安同行”夏令营，留下了与公安“亲密接触”的诸多体验和感悟。崇明社工站启动了“守护星”项目，孩子们在守护星们的陪伴下，幸福快乐地成长。每年元旦、春节及“8.18”帮困助学日，走访慰问困难“留守儿童”已成为各级政府部门的惯例。据不完全统计，3 年来，县、乡共计投入专项帮困资金 30 多万元。

学校在解决“留守儿童”的教育问题中发挥着教育主阵地和承上启下的桥梁纽带作用。在崇明县教育局的指导下，3 年来，一是基本实现了外来民工子女免费就近入学的愿望；二是构建了学校内部的帮教机制，形成了关爱“留守儿童”的浓郁氛围，搭建了崇明县“留守儿童”成长的精彩舞台；三是各校组织了分层分类家长学校，提供了大量教子育儿的经验、办法和案例，使许多家长在迷茫中警醒、在两难中正确抉择、在无奈中奋起，肩负起“留守儿童”教育问题第一责任人的重担。

### （二）教育人员的综合指导素养有了提升

没有爱，就没有教育；没有爱，就不会有教育的成功。在高度关注“留守儿童”的教育实践中，中小学教师、广大志愿者和社工的综合指导素养有了很大的提升，活动中涌现了一批爱心老师、爱心妈妈和爱心志愿者。

在关爱“留守儿童”的工作中，教师充分发挥了师爱智慧，对“留守儿童”倾注了款款真情，进行了“亲情补偿”，让“留守儿童”感受到师爱的温暖。我们在4个区县中开展了“留守儿童”教育案例征集活动，共征集到120多篇教育案例，评出了一、二、三等奖共45篇。从一个个鲜活的案例中，我们看到了老师们正用心中的爱点燃了留守孩子心中的星星之火。《点亮心灯》、《用爱开启孩子新的征途》、《温馨的通话》等教育案例中流露出老师对留守孩子深深的爱。在《胜似亲人的温暖》案例中，讲述了海桥小学李菁兰老师从2008年起关爱照顾多名留守学生的日常生活、思想品德和学业成绩，其感人事迹在全校师生和家长中传为佳话。在这些“留守儿童”的眼里，老师俨然成了他们的爱心妈妈。新村学校小曹同学自豪地说：“我有两个爱我的妈妈，我的亲妈妈在外地挣钱供我上学，我的老师妈妈关怀我的学习和生活，我要好好学习，将来报答她们。”

广大社会工作者在活动中付出了真情和真爱，同时也收获了快乐和自信。中心镇团委的一位名叫嵇开明的志愿者在《点滴关爱，相伴成长》中写道：“坐在书桌前，脑海中久久不能忘记那一张张可爱的笑脸，……我愿用点滴的关爱陪伴他们，让他们在人生的路上拥有这么一段幸福的时光！”崇明工作站的一名阳光社工感悟道：“守护星活动开展以来，虽然有时候工作得很累，但看着孩子们甜蜜的笑容、欢快的身影，让我觉得累有所值。我不仅收获了友情，也磨炼了自己的意志，锻炼了自己的能力，提升了自己的综合素质。”

### （三）城郊地区“留守儿童”群体的心智有了较大改善

3年来，“上海城郊地区‘留守儿童’教育研究”促进了“留守儿童”的健康成长。据崇明、南汇、奉贤、松江等多所学校的调查反馈，“留守儿童”群体的发展水平有了显著提高。

**1. 由“情感饥渴”而导致的孤独、寂寞、失落、无助等心理问题得到了很大的舒缓**

在学校、家庭、社会的共同精心经营下，通过亲情补偿、师爱补偿、志愿者之爱等多种渠道，有力地改变了“留守儿童”对情感的渴求，许多由情感饥渴所引起的孤独、寂寞、失落、无助等心理问题得到了舒缓。崇明新村学校的留守儿童小王在座谈时说："去年，父母给我买了手机，而且商定每天晚上 9 点之前与父母通话，交流双方一天的学习生活状况，手机真好，架起了我与父母之间的温馨通道。我不再感到孤寂，因为，我的身后时时有父母支持和关爱的目光……"奉贤区实验中学的留守儿童小蒋原本是一名不思进取、桀骜不驯的学生。班主任石晓晨老师改变教育策略，用浓浓的师爱给予他生活的关照和情感的慰藉，终于融化了坚冰。小蒋同学在最近一次《我生活在阳光下》的作文中这样写道："其实这个世界正是因为有了真情，才会让人觉得这个世界很温暖，温暖不只是家人才能给予的，还有同学、老师。我就生活在阳光般的关爱中。有一天我也要给予别人阳光。"

**2. 由"缺乏自信"而导致的易焦躁、甘无为、常退缩、易放弃等行为问题有了较大的改变**

在 2009 年"留守儿童"行为现状的调查中，有 82%以上的"留守儿童"认为自己身上程度不同地存在着脾气易焦躁、害怕出头露面、遇事常退缩、碰到困难易放弃等行为问题。分析认为"缺乏自信"是这些行为问题产生的根源所在。自信和自强是成功人士的基本特质，也是解决"留守儿童"教育问题的一把金钥匙。3 年来，课题成员所在的学校通过锲而不舍的努力和坚持，在增强"留守儿童"的自信心、培养自强不息的人生态度方面获得诸多经验，积累了不少成功的个案。

崇明县西门小学的老师运用"引导—鼓励—转变—强化"的教育方式，让"留守儿童"认识到"我是一个真实的存在"，"我很重要"，"在我身上凝聚着班集体的关注与期待，承载着家庭美满发达的期望"。学校老师把集体活动看做是培养"留守儿童"自信心的肥沃土壤。他们关注活动的整个过程，关注活动过程中孩子们的表现，让那些平常不显山露水的同学负责一些力所能及的工作或扮演一定的活动角色，在集体活动的舞台上让他们获取"我能行"的积极体验。在学校组织的红领巾迪斯科舞台上，"留守儿童"也和其他队员一起，舞出了自信、舞出了生命的精彩。西门小学"让我自己来！"、"我能行！"的办学理念，取得了很大的成功。据 2011 年 6 月的调查，西门小学 62 位留守儿童中有 56 位认为自信心有了较大程度的提高。

榜样的力量是无穷的。如果榜样来自身边的小伙伴，来自自己的父母则更亲切、更具说服力。东门中学以"自强不息——寻找身边的榜样"为主题，引导"留守儿童"从自己父母身上寻找艰苦奋斗、自强不息的精神，引起了孩子和父母的强烈反响。留守儿童小宋在作文中写道："爸爸妈妈，我想你们，想得好苦！我常常在梦里哭醒。有时候，我真的很恨你们，恨你们把我一个人抛在家里。今天学校布置命题作文《寻找身边的榜样》，给我很大的触动。为了我和全家，您和爸爸 24 小时轮班开车，为了多挣钱，车轮滚滚，多装快跑；为了节省开支，不管严寒酷暑，在不载客的时候，你们决不会开空调，哪怕面对四五十度的马路高温还是大雪纷飞的漫漫长夜！去年，爸爸还获得了‘世博优秀服务奖’，我真自豪。爸爸妈妈，从今天开始，我不哭了，我会管好自己。我要以你们为榜样。刻苦学习，绝不辜负你们的期望。”

**3. 由“缺乏学习理想”而导致的不求上进、得过且过、遇难而退、浅尝辄止等学习问题有了可喜的转变**

缺乏学习理想和追求往往是“留守儿童”学习问题的根源所在。许多学校从源头着手，帮助孩子学会追求，改善学习方法和学习习惯，取得了良好的效果。2011 年6 月，在留守儿童学习品质的对比调查中，发现 3 年来“留守儿童”的优秀率提高了2%，进步率提高了 35%。

## 五、反思和后续研究

本课题的后续研究重点要放在细化和拓展方面。一是继续关注上海城郊地区“留守儿童”教育的新动向，加强调查研究，为政府有关部门提供决策参考。二是进一步收集各校有关“留守儿童”的教育案例，并对现有的教育案例进行修改、提炼，完成《上海城郊地区“留守儿童”教育案例集》出版的前期准备工作。三是充分享用科技进步的成果，进一步拓展亲子沟通的渠道。加强对搭建“留守儿童”教育校园网平台、建立“亲子 QQ”等方面的研究，进一步贯通亲情补偿的通道。

“留守儿童”已经成为备受关注的社会热点问题，各地各界人士都开展了关爱“留守儿童”的活动，在各式各样关爱“留守儿童”的热潮活动中更要理性反思：政府、社会、家庭和学校在全面关注“留守儿童”的同时要淡化留守的概念；政府、社会、家庭和学校在形成机制、开展活动的同时要切实关注孩子的内心需求和人格健全。留守工作应该是爱心工作，更是一项科学的教育工作，只有把工作做得更细致，才能有效解决问题。我们坚信，在全社会的共同努力下，感受着社会大家庭温暖的“留守儿童”，都会健康茁壮地成长，他们将和其他孩子一样，拥有阳光和雨露，拥有温馨和亲情，拥有微笑和快乐！

# 中小学男生学业劣势现象研究*

## 一、研究背景

我国当前的教育公平问题体现在地区教育、城乡教育、社会群体教育、弱势儿童教育、性别差异教育等多方面①，其中，教育的性别公平一直是教育公平非常关注的维度，但是在追求教育性别公平的道路上，我们关注更多的是女性的受教育权利，男生的特殊性和对教育的独特要求却遭到了忽视②。综观当今教育界，男生学业劣势已经越来越成为一个世界范围内普遍存在的现象和难题。这种男不如女的现象使得男生在当今教育体系中越来越处于一种“边缘化”的境地。无怪乎国际上已经有相关报告指出：21 世纪的基本国民教育，更要关注的是男生的受教育问题③。学业成就的“阴盛阳衰”是教育世界男不如女的一个核心表现，这一现象已经引起了国外许多学者和专家的重视，针对此问题的研究已经出现了阶段性的成果。但在我国，尽管也有学者认识到了男生的受教育问题，并对此进行了一定的研究和探讨，但总体而言，这一现象仍然没有引起社会的足够重视，针对此问题的研究也不多。为此，本研究拟专门研究男生学业劣势现象。需要说明的是，本研究的出发点并非基于男生一定要优于女生的理论假设，而是就事论事，在不影响女生自我发展的前提下，探讨男生学业劣势现象的现状、原因及对策，以期达到男女生的共同进步，进而真正促进社会和谐。

---

* 本文获 2008～2010 年度上海妇女儿童发展课题调研成果三等奖。作者：纪明泽等，上海市教委教研室

① 华桦等：《教育公平论》，天津教育出版社 2006 年版，第 171～183 页。

② 刘涛：《试论中小学因性评价的必要性》，《教育督导》2008 年第 5 期。

③ 林凤英：《男生受教育问题摆上台面》，《教育》2006 年第 11 期。

## 二、研究方法

### （一）研究目标

笔者在对上海市某区2007～2008年度第二学期期末考试试卷进行抽样分析的基础上，综合运用访谈法、文献研究法等方法，揭示男生学业劣势现象的现状，探求造成这一现象的原因以及解决这一现象的有效途径，以期引起国内社会各界特别是教育领域对男生学业劣势的重视，切实解救在学校中越来越边缘化的男孩，实现男女均衡发展的目的，以便男孩和女孩都能真正享受到教育所带来的快乐。

### （二）研究方法

(1) 统计方法。采用随机抽样和集群抽样相结合的方式，抽取一定数量的上海市某区2007～2008年度第二学期语文、数学、英语期末考试试卷，并对其进行相关的数据统计和分析，以寻求男生学业劣势在上述学科各测验项目上的具体表现，为研究提供数据支持。

(2) 访谈法。通过对一定数量的学生、教师以及家长的访谈，获取对男生学业劣势现象的更全面了解，并进一步寻求造成这一现象的各方面原因，初步获取制定对策的相关依据。

(3) 文献分析法。通过对国内外现有研究文献进行分析，总结现有研究中针对男生学业劣势原因和出路的研究成果，寻找现有研究的可取及不足之处，在有效借鉴现有研究成果的基础上，将男生学业劣势问题的研究进一步深化。

## 三、调查发现：男生学业劣势现象的现状

笔者通过对抽样试卷统计分析所获得的数据和资料，尽可能地为读者呈现男生学业劣势问题的现状，从而使每一位读者明白，本研究所使用的"学业劣势"并非仅仅作为一个负面警报，而是作为进行积极变革的启示和依据。

### （一）男生语文成绩劣势

中小学语文测验的常设题型主要包括字词的积累和运用、古文阅读、现代文阅

读和作文。根据对样本试卷[①]的统计分析，男生在上述诸指标上的学业表现均不如女生。

**1. 积累和运用的劣势**

积累和运用测验项目主要是考查学生识字写字、记忆以及简单的语言运用能力，其常设题型包括解释词语、默写、造句、选词填空、连线搭配等。在低年级(一般是小学1～5年级)的语文测验中，积累和运用是经常使用的测验项目。在本次试卷抽样中，4年级、5年级的语文试卷包含这一项目，4年级男女生在该项目上的平均得分分别为13.08和13.94，女生成绩比男生高6.57%[②]；5年级男女生在该项目上的平均得分为14.08和14.29，女生成绩比男生成绩高1.49%。由此可以看出，在积累和运用项目上，男生表现不如女生，但是这种差距还不是特别明显，我们认为，这与测验试卷命制题目相对简单有关。

**2. 文言文阅读的劣势**

通过对4～7年级语文试卷的抽样统计，我们发现男女生在文言文阅读能力上体现出一定的差异，而且这种差异比较明显，值得重视。

**3. 现代文阅读的劣势**

对样本试卷的统计表明，在现代文阅读能力上，男生的表现同样不如女生，各个年级的男女生得分都有比较明显的差异，值得注意的是，4年级、6年级和7年级男女生在现代文阅读能力上的差异非常明显，男生劣势表现得非常突出。

**4. 作文的劣势**

语文学习的最终目的要落实到语言的运用上，因此，作文是任何年级段语文考试的必考内容，而且随着新课程改革的逐步推进，语文教学越来越重视学生实际运用语言能力的培养，而对于单纯的记忆和背诵则越来越淡化。在这样的背景下，作文的重要性就会越来越大，在语文测验中的比重也会越来越高。理论上讲，在所有的测验项目中，作文是最能集中反映一个学生语文综合能力高低的项目，这一项目上的差异很可能就会集中代表男女生语文整体水平的差异。统计表明，4个年级男女生在作文上的得分情况也存在较大的差异，男生的劣势依旧十分明显(见图1)。

根据上面的数据和对比，我们至少可以获得以下两个结论：第一，男生学业劣势现象在语文学科上反映明显，在语文测验的各个统计项目中，男生的得分情况均不如女生，当对抽样男女生的语文总平均分进行对比时，这种差异就变得非常明显

---

① 本研究的样本试卷为上海市闵行区2007～2008年度第二学期期末全区统考试卷，试卷由教科院统一命题，有较高的信度和效度。由于涉及的试卷较多，外加对试卷保密的考虑，决定不将试卷作为附录。下同。

② 计算方法为：(女生得分－男生得分)/男生得分×100。下同。

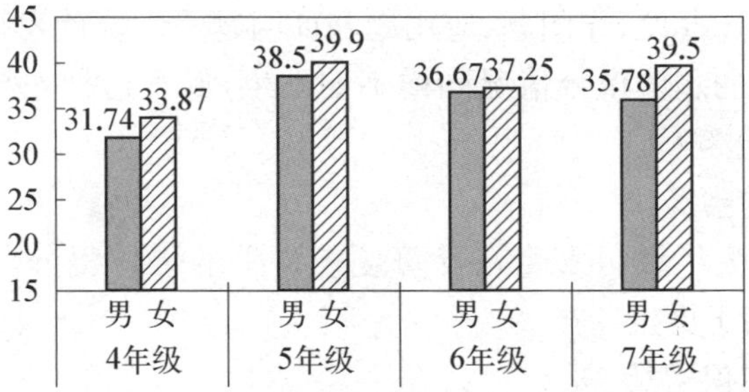


**图1　4～7年级男女作文得分对比**

了。在各测验项目中，男女生在现代文阅读和作文的差距最大，文言文的差异也比较明显（见图2、图3），这说明女生的语言理解、运用能力远远高于男生。第二，男生的学业劣势与年级之间没有明显的相关。换句话说，随着年级的增长，男女生之间的语文成绩差异没有明显的缩小趋势，这说明人们通常所认为的随着年级和年龄的增长，男生将逐渐超过女生是没有事实依据的。

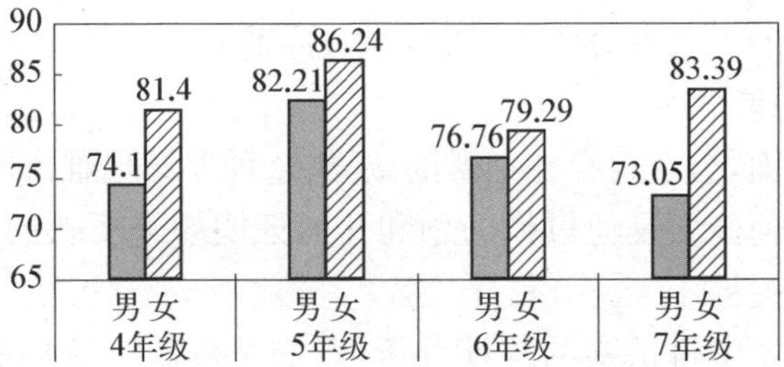


**图2　4～7年级男女生语文总平均分对比**

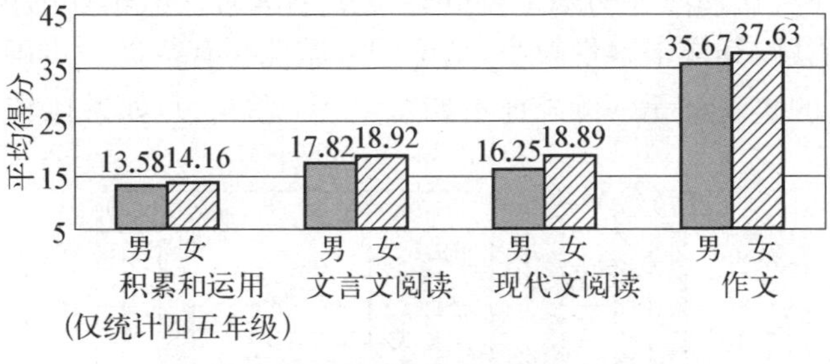


**图3　男女生语文各项目平均得分对比**

### （二）男生数学成绩劣势

为了有效地检测上述各目标的达成程度，中小学数学测验的常设题型一般包括计算题、填空题、选择题、作图题、应用题和证明题等。统计发现，除个别项目外，男生在数学科目上的总体得分情况同样不如女生，尽管这种差异不像语文学科那样明显。

**1. 计算能力的劣势**

统计表明，4～7 年级男女生在计算题项目上的平均得分分别为 34.66 分和 34.98 分，女生略高于男生。

**2. 数学基础知识劣势**

对 3 个年级（5 年级此次考试没有选择题和填空题）试卷的分析可以得出，女生的数学基础知识掌握情况明显好于男生，同时，随着年级的增长，男女生之间的差距有不断扩大的趋势。

**3. 数学应用能力劣势**

数学教育不仅要教会学生基本的数学知识、技能和方法，更要注重锻炼学生运用数学知识解决实际问题的能力。在很多人看来，男生的应用能力要好过女生，但是，数据很无情地否定了这一主观臆断，从 4、5、6 3 个年级考试试卷的分析看，男生在应用题项目上的平均得分依然不如女生，特别是 4 年级，差距较大。

**4. 几何能力的差异**

在几何能力方面，男女生存在细微的差异，这种差异很难说明哪一方处于劣势地位。中学生的几何能力是通过作图题和几何证明题来反映的，本研究证明男女生在此方面的能力差异不大。

通过对上述数学学科试卷的统计分析，我们可以获得这样的结论：人们传统观念中的“数理化都是男生的天下”在如今的数学学科中已经被否定，男生在数学上唯一的优势体现在几何证明题上；同时，由于本次研究所统计的试卷中，仅 3 个年级有几何证明题，其样本容量较小，结论的可靠性还有待进一步确认。而在其他的项目中，男生的表现都无一例外地不如女生（参见图 4），如果比较样本男女生数

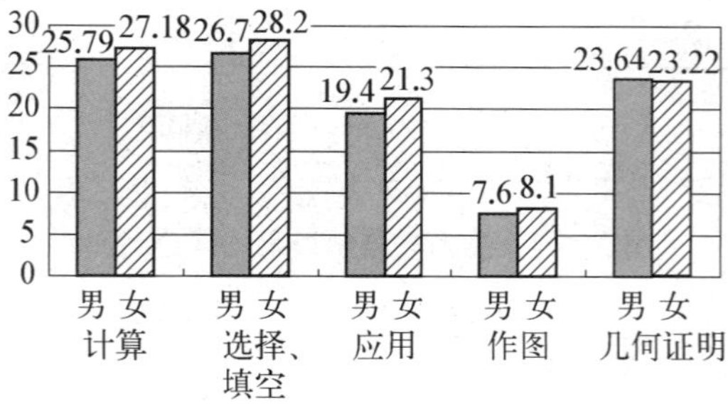


**图 4　样本男女生数学各项目平均得分对比**

学学科的平均得分，这种差距就会变得更加明显(参见图 5)。鉴于此，我们不得不相信，在基础教育领域，原本男生所擅长的理科领域。

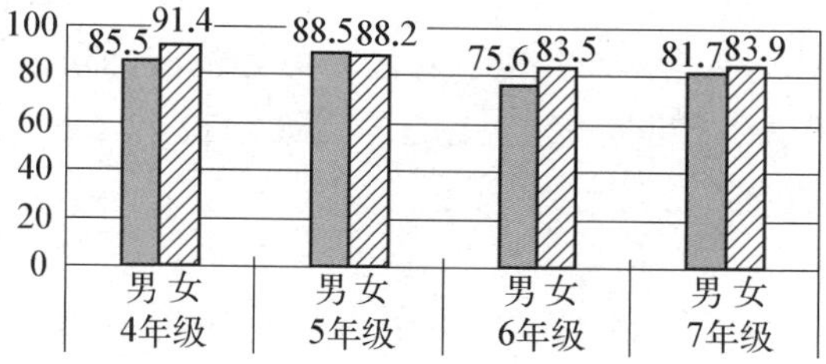


**图 5　4～7 年级男女生数学总平均分对比**

### (三) 男生英语成绩劣势

中小学英语测验中常用的题型主要包括词汇、语法、听力、阅读和写作，多种题型的综合运用能够有效检验学生综合运用英语语言的能力。本次研究表明，在上述各项指标中，男女生的平均成绩均呈现较大的差距，可以说，男生学业劣势在英语科目上表现得尤为突出，甚至已经达到了较为惊人的程度。

**1. 词汇劣势**

英语词汇是英语学习基础的基础，一定的词汇量是学好英语的必要前提。鉴于此，我国义务教育阶段向来十分注重词汇教学和学生词汇的积累，尽管过分强调词汇的记忆并非正确的英语教育手段，但是，不能否认的是，重视词汇的学习可以为后续阶段的英语学习打下坚实的基础。统计结果显示，在词汇的学习和掌握方面，女生的优势明显。这足以证明，在英语学习的起步阶段男生的劣势就已经开始显现了。

**2. 语法劣势**

语法是连词成句的基本原则和技巧，语法同词汇一样，都是英语学习的基础，在词汇和语法项目上的劣势直接影响了男生英语学习的积极性和成绩。在对样本学校 20 名英语成绩较差的学生的访谈中，我们发现有 70%(14 人)的学生认为自己英语成绩不好的主要原因是词汇和语法掌握得不好，进而导致了以后对学习越来越失去兴趣。对样本男女生试卷的统计表明，男女生在语法项目的学习成绩上同样存在差距，并且这种差距随着年级的增长有不断扩大的趋势。

**3. 听力劣势**

在中小学的英语测验中，听力也一直是必考内容。通过对样本试卷的分析，我们发现在听力项目上，男生的劣势同样十分明显，4～7 年级男生的听力得分情况均不如女生。

**4. 阅读劣势**

阅读教学一直是我国中小学英语教育的重中之重。调查显示，男女生在英语阅读能力上的差异十分明显，男生处于明显的劣势地位；而且，可以很明显地看出，随着年级的增长，男女生在阅读能力上的差异逐渐拉大，到了7年级，这种差距已经到了比较惊人的程度。

**5. 作文劣势**

英语作文不仅能够集中体现学生英语中“写”的能力，更能够集中反映学生英语综合水平和能力。相对于其他几方面能力，作文能力对学生的要求要相对高一点，因为一定的作文能力必须建立在相应的词汇、语法、句型基础之上，因此，作文考试一般不在低年级中进行。在本次调查统计中，仅有6、7两个年级的英语考试中设计了作文项目。对这两个年级试卷的统计发现，男生在作文项目上的表现也不如女生，这充分表明女生的英语综合水平已经远在男生之上。

在本次研究统计的三门学科中，男生学业劣势现象在各门学科中都有不同程度的体现，其中，体现得最为淋漓尽致的就是英语学科。在这一学科的所有项目中，男生的表现与女生相比均存在着很大的差距。如果我们将样本男女生英语学科的总平均分做一个对比统计的话，男生的英语劣势会得到更明显的体现，同时，随着年级的增高，男生的英语成绩与女生之间的差距被进一步拉大，这是值得我们重视的一种现象。

此外，从语、数、英三门功课的总成绩看，男生的劣势同样十分明显，4年级男女生总成绩平均分分别为：249.52和266.22，女生比男生高16.7分；5年级男女生总成绩平均分分别为：260.78和267.04，女生比男生高6.26分；6年级男女生总成绩平均分分别为：216.85和289.32，女生比男生高72.47分；7年级男女生总成绩平均分分别为：210.73和241.79，女生比男生高31.06分。这些差距显然值得关注和思考。

## 四、改变男生学业劣势现象的对策

男生学业劣势问题已经不仅仅是一个学习上的事情，它所带来的影响是多方面的：首先，男生学习不如女生，在学校中自然而然就需要向女生学习，而这种学习很可能不仅仅局限在学习层面，其中也必然涉及行为习惯等方面，这就有可能会引发男性对女性的过度模仿甚至崇拜，从而引起对自己的性别否定，呈现出男性女性化的倾向。当前中小学男生中出现的“娘娘腔”情况，恐怕与男生学业劣势不无关系。其次，男生学业劣势，在东方社会还会引发一个严重的问题，那就是越来越多的男生没有办法找到结婚伴侣①，同样，如此一来，越来越多的女孩也没有办法找到心仪的结婚对象，社会上“剩女”现象的存在也许是一个有力的警醒和证明。这一点是可以理解的。在传统思想的作用下，一方面，男生一般很难接受一个比自己学历更高的女性作为妻子；另一方面，女性也不太愿意嫁给一个比自己学历还低的男性，这就很可能诱发社会的婚姻危机。再次，中国当前的高校入学考试，在很大程度上仍然是以分数作为最终的依据，男生学业劣势，意味着他们在与女生竞争高校入学机会的时候将处于一个非常不利的地位，很多男生因为学习成绩的原因被高校拒之门外，提前踏入社会，这部分人很可能会成为一种导致社会不安定的因素。最后，尽管我们一直在强调男女平等并正在为最终实现男女平等而做着不懈的努力，但是，在相当多的家庭和个人（特别是在东方社会）心目中，男人依然是顶梁柱，在家庭和社会生活中扮演着主导者角色。男生学业劣势，将使未来的男人成为社会的弱势群体，他们学历不如女人、工作不如女人、收入不如女人，其角色期待将难以完成，与之伴随而来的，必然是东方社会传统价值观念和生活方式的颠覆。

鉴于上述理由，本研究拟从学校教育、家庭教育等方面探讨男生学业劣势的解决之道。

### （一）重拾男孩教育中家庭的责任

学校对于学生的责任不同于家庭，学校所负担的是一种教育学和道德范畴的义务，而家庭对于学生（孩子）所承担的是一种生物社会学和种族范畴的责任，无疑，后一种责任是更实实在在的，这也是为什么我们要提出重拾男孩教育家庭责任的原因。实际上，对于女孩同样如此，同样需要家庭教育责任体系的重构。我们在此特别强调男生，一方面是因为本文所探讨的主题所限，另一方面有研究表明男生对家庭教育的依赖程度更甚于女生。

**1. 成立家长领导小组**

现代社会生活，让父母很难有充足的时间来关注和帮助孩子的成长，在这样的情况下，成立家庭教育的家长领导小组就显得很必要了。家长领导小组的目的就是确保家长更好地担负起家庭教育的职责，为男孩提供学习所需要的帮助。家长领导小组的成员主要是父母、兄弟姐妹、祖父母、外祖父母等直系血亲，有条件的家庭可以加入孩子的家庭教师。当然，这些成员不是随便都可以加入的，他们必须真的喜欢孩子，对与孩子有效的交往方式有一定的理解，并且是孩子比较

① 林风英：《男生受教育问题摆上台面》，《教育》2006年第11期。

喜欢的人[①]。在家长领导小组中，每一个人的职责必须明确，并根据自己的时间和精力进行分工，确保孩子在家庭中的每一时刻都处于一种被关注和被帮助的角色之中。

**2. 呼唤父亲参与家庭教育**

当今社会比较认同的父亲在家庭中的角色包括四个方面：家庭经济来源的提供者，家庭的领袖（20 世纪 60 年代以后，随着妇女运动的浪潮，这一角色已经受到挑战），家庭的保护者，家庭的精神向导。但是，很少有父亲完全地扮演好这四个方面的角色，其中很突出的一个缺陷就是父亲对孩子家庭教育权利和义务的漠视。

父母在家庭教育中的重要性是等同的，但是其对孩子的教育方式和影响方式是不同的。美国精神病学家、《需要父亲》一书的作者凯尔·普赖特研究发现：自出生之日起，父亲和婴儿之间就存在着一种不可否认的联系；6 周的婴儿就能够分辨出父亲和母亲说话的差异；8 周时，婴儿就能分辨出父亲和母亲照料方式的差异；婴儿生来就有一种寻找与父亲连接起来的驱动力，幼儿往往明确显示他们对父亲的需要，10 几岁的少年以更复杂的方式显示他们对父亲的需要[②]。有研究者指出，男性家长其实更具教育魅力：第一，目前，多数男性家长的文化水平高于女性家长，他们见多识广、学识较为渊博，能够更好地满足孩子的求知欲；第二，男性家长的兴趣爱好往往更加广泛，对孩子的全面发展更有帮助；第三，男性家长在处理问题的时候，往往能够更加理性和艺术化[③]。

家庭教育中对父亲角色的呼唤，不仅是男孩的声音，对于女孩也同样如此，只不过父亲角色及其教育方式对于男孩的学习和成长作用更加直接和突出：

（1）男性倾向于自立，因此教育孩子也要自立，他们对孩子的事情不会采取包办的态度，特别是对男孩子，这种自立教育对其成长是必要的；

（2）男性往往喜欢冒险，因此他们对男孩子的冒险行为也会适当地给予鼓励，这对于男性性格的发展是有利的；

（3）男性往往更爱活动，他们喜欢带着孩子参加各种户外活动，这会无形之中锻炼孩子的意志力；

（4）男性的动手能力比较强，这会有利于培养孩子的动手能力；

（5）男性的探索精神比较强，他们会和孩子一起从事一些探索性的活动，这对培养孩子的探索精神是有好处的；

---

① 〔美〕迈克尔·古里安-凯西·史蒂文斯著，田文慧译：《男孩的脑子想什么》，世界图书出版公司 2006 年版，第 30 页。

② 〔美〕詹姆士·杜布森著，陈德民等译：《培育男孩》，中国社会科学出版社 2007 年版，第 77 页。

③ 洪亚臻：《男性家长更具教育魅力》，《教育导刊》2005 年第 7 期。

(6) 男性不像女性那么爱干净,因此他们对男孩子玩土、挖沙等活动往往采取宽容的态度。这种看来是对孩子卫生问题的宽容,实际上反而有利于孩子的成长,因为根据英国科学家的研究发现,孩子太干净反而不好,"脏"孩子其实更健康,因为太干净的孩子,很少接触细菌和病毒,体内无法产生抗体[①]。

鉴于上述分析,男孩的成长无疑更需要父亲的帮助。我们可以肯定的是,绝大多数的男孩喜欢和父亲一起玩耍,和父亲打闹,他们愿意跟父亲一起去探险,去体会更广阔的世界,他们愿意听父亲讲小时候的事情,愿意见父亲的朋友,愿意了解父亲是怎样养家糊口的。他们会学习父亲的人生态度,会通过观察父亲的行为来学会为人处世[②],可以说,父亲在很大程度上就是男孩成长的最重要的人生导师和榜样。

在许多中国人的心目中,孩子依然是自己最重要的精神寄托,"为了孩子"依然是许多家庭最核心的生活理念。在这样的背景下,父亲就更加没有理由游离于孩子的家庭教育之外了,同性相斥的原理不适用于家庭教育,父亲应该认真学习家庭教育的相关知识,和母亲一起共同担负起培育孩子的重任,特别是对一个有男孩的家庭,父亲的参与显得尤为重要。

**3. 更新性别观念**

首先,对于男孩,不能一味地宠爱甚至溺爱,这不利于男孩健康心理和良好行为习惯的养成;其次,要真正认识到男女有别的科学含义,男女的差异不仅仅是生理方面的,他们的社会性别同样不同,在家庭教育中,对于男女孩不能按照一套标准和一种方式进行教育和培养,这样会抹杀男女生之间的天然性别差异,造成男生女性化或者女生男性化倾向,这对于男女孩的生长发育都是不利的。对于男生,家长一方面要严格要求,对原则性的错误要给予及时纠正,甚至辅以必要的惩罚;另一方面,对于男孩的行为要有适度的宽容,毕竟他们的性格决定了他们不可能像女生那样安静、听话、讲究卫生。

### (二) 学校教育的改革

从我们现实的学校教育模式来看,在构建完整宏大的教育理论和课程体系企图的引导下,整体性、确定性成为学校教育最根本性的追求。在这种条件下,几乎所有的儿童发展权威都承认,一般学校不是为了满足男孩的专门需要而设立的,尤其是中小学课堂,是更为适应女孩气质和学习方式的。当然,这种对男孩不利的学

---

① 关鸿羽:《防止教育中的"阴盛阳衰"现象》,http://hi.baidu.com/jelinux。

② 〔澳〕史蒂夫·比达尔夫:《培养男孩》,中信出版社 2008 年版,第 81~86 页。

习环境是在无意识中造成的，它已经成为学校运作的一贯方式。哈佛大学心理学家和作家威廉·波洛克这样说："女孩们更关心学校，她们能应付它，而男孩则不然，对男孩的教育步调并不适合男生，那种受教育的方式使他们感觉不适应，而只要他们公开说出来，他们就会被送到校长那里。"①现实的教育造成了对男孩的人为伤害，戴安娜·麦吉尼斯甚至认为，教育简直就是专门与男孩的天资和倾向作对的阴谋诡计②。鉴于此，不论是从男孩的自我发展角度还是教育公平的最终实现角度进行思考，学校教育的整体性变革恐怕都势在必行。

**1. 因"性"施教**

不可否认，近年来，我国的教育理论和研究取得了很大的进展，不仅在理论上认可了"以学生发展为本"的基本原则，而且在实践层面上也展开了包括课程改革、教材编写、教育方法改革等一系列改革活动；与此同时，教育界对性别差异的问题也已经开展了相应的研究和讨论。但是，应当看到，我们现在对于教育性别关注更多的是把性别差异看成是文化或者教育的"因"和"起点"，而没有将之看成我们教育之"果"，从而制约了我们对现实教育反思之力度和深度③。

理论研究的滞后直接导致了我们现实教育的盲目性，过于统一的要求忽视了学生自身最大的差异——性别差异，其造成的后果是非常严重的。在这样的背景下，教育教学方式的改革就显得尤为重要。在本研究看来，学校教育中最迫切需要改变的就是逐步实现因"性"施教。

所谓因"性"施教，就是教师在教学过程中根据男女两性智力发展的特点，采取各种措施克服性别刻板印象的影响，有针对性地开发两性的智力潜力，发展其各自智力优势，弥补其智力劣势，使男女两性都能得到完善而优异的发展④。这既包括从理论上需要明确提出"因性施教"的观念，以真正科学的、体现人本精神原则的教育理论来回答和解决因忽视性别差异而带来的教育问题，也包括在教育以及教学内容和方法上探索因"性"施教的具体做法⑤。

教师是落实因"性"施教的主要依靠力量，作为一名中小学教师，首先要纠正传统消极的性别偏见和性别观念，有破有立。这既包括破除对男性或者女性的各种歧视性的观念，而且更重要的是要树立起针对不同性别学生的特点进行因"性"施

① 〔美〕詹姆士.杜布森著，陈德民等译：《培育男孩》，中国社会科学出版社2007年版，第235页。

② MCGUINESS, D. "How schools discriminate against boys", Human Nature, (Feburary 1979), 82.

③ 丁钢、岳龙：《学校环境中的教育平等——基础教育中男生性别弱势的调查及思考》，丁钢主编：《中国教育：研究与评论》第6辑，第54页。

④ 何丽君：《教育对性别差异的应答》，《教育评论》2000年第5期。

⑤ 吴亦明：《浅论性别差异与学校教育》，《育人经纬》2001年第9期。

教的科学观念。有了科学的观点，教师才可以在教学方法上，根据男女生心理发展的不同特点，有的放矢地传授知识，发展男孩子的优势，弥补其劣势[①]。首先，教师在上课时对男生的一些行为要持宽容态度，准许男生天性的适度释放，多请男生回答问题，给男生表达的机会，不要因为男生的好动就批评男生、书写不端正就给他们低分、嗓音不好听就不给他们朗读课文的机会……。其次，男生的时间管理能力不如女生，建议教师在布置家庭作业的时候为男生设定比较明确的时间限制。例如，告诉他们用1个小时完成英语作业，用半小时做数学作业，要注意从平时起就给男生多灌输时间意识，并且给男生布置的任务也应该更明确些，因为他们倾向于接受分解得比较清楚的学习任务。再次，要让更多的男生加入班级管理层，强调男女合作，以便取长补短，为他们搭建一个互相学习的平台，同时教师在日常教学过程中要注意用激励、赞美的语言增强男生的自信心，鼓励男生接受一些富有挑战性、刺激性的任务，避免由于自卑心理而产生的恶性循环[②]。最后，由于男女生在语言能力方面的先天差异，教师要注意督促男孩学习语文和英语，并通过选取他们感兴趣的材料、增加户外学习等方式，增强男生的学习积极性，提高他们的学习效果。

**2. 因"性"评价**

教育评价是对教育活动满足社会和个体需要的程度作出判断的活动，是对教育活动现实的或潜在的价值作出判断，以期达到教育价值增值的过程[③]。斯塔弗尔比姆(Stufflebeam, D. L.)认为："评价最重要的意图不是为了证明，而是为了改进。"[④]因此，教育评价对于教育事业的功能不应局限于鉴别优劣的层面，更要体现在促进教育质量提升的层面。学生评价作为教育评价的一个重要分支，是学校教育工作的一个重点。学生评价工作是否合理、是否到位，不仅关系到学生个人的发展进步，也关系到整个基础教育质量。我国基础教育领域的学生评价工作从无到有、从简到精，取得了巨大的发展和进步，但学生本身所固有的性别差异却一直被教育评价领域所忽视。这一理论上的巨大缺陷已经给教育实践带来了巨大的影响，一方面造成了男生学业成就偏低的现实，另一方面也有可能引导男生过度学习女生，造成男性性别角色缺失现象。鉴于此，因"性"评价理应成为教育研究迫切需要关注的命题。因"性"评价是教育本质的要求，是社会公平的呼唤，是教育现实的

---

① 张晓龙：《男孩的脑子想什么——拯救处于教育边缘化的男生》，《中国教育报》2007年3月15日。

② 赵惠、刘涛：《中小学男生学业成就偏低的原因及对策》，《教育科学论坛》2008年第2期。

③ 陈玉琨：《教育评价学》，人民教育出版社2005年版，第7页。

④ Stufflebeam, D. L., Philosophical Conceptual and Practical Guides for Evaluating Education, 1978.

必需，是男女差异的必然[1]。

首先，在考试内容上要体现男女性别的差异。考试的题目应该杜绝纯粹考察记忆性知识的现象，保证记忆性知识、理解性知识和探索性知识能够保持适当的比例，以确保学生“知识与技能、过程与方法、情感态度与价值观”三维目标的达成。同时，设计考试题目的时候，应该注意题目的难度和区分度，要保证一定比例的难度、区分度较大的题目，以鼓励学生的探索、钻研精神，保证男女生都有发挥自己优势的舞台。其次，在评优活动中，优秀的指标中要注意体现男生的特点，如爱动脑筋、上课积极发言、敢于提问、关心集体、活泼健康、热爱体育锻炼等，让男生也能够在发展自我个性的过程中得到认可和肯定。最后，在对学生进行评价的时候，要根据男女本身的差异，采用性别加权评价的方法。所谓性别加权评价，就是在评价的过程中，针对评价所涉及的不同指标，结合男女自身的差异配给不同的权重，在男女各自的优势项目中（如男生的喜欢钻研和女生的刻苦认真）配以较大的权重，各自的劣势项目（如男生的书写能力和女生的体育锻炼积极性）配以较小权重。在这样的评价模式下，男女生都可以获得教师较高的评价和认可，无疑会更加体现学生评价的公平所在。

相对于其他措施来说，在中小学中实施因“性”评价不需要太大的成本，其理论也已经比较成熟，操作的难度不大，只要学校管理者和教师对此问题有一个明确的认识，愿意改变，因“性”评价还是很容易落实的。所以，改革学生评价模式，实施因“性”评价，可以成为学校教育变革的一个突破口。

**3. 平衡中小学教师队伍性别比例**

相对于女性教师，男性教师的教育优势非常明显，他们充满自信、感染力强，独立自强、勇敢果断，大度豁达、富有幽默感，兴趣广泛、思维灵活[2]。这样的教育优势对于每一位学生的成长都是非常有必要的。当然，对于当前在基础教育中已经处于弱势地位的男生来说，他们的发展与成长更加需要男教师的帮助。西悉尼大学的彼得·维斯特教授指出，有充足的理由证明男教师的存在将给我们的课堂和运动场注入新鲜的血液，他们将以自己的方式给男生提供帮助，有些是女教师无法做到的。

（1）男孩在成长过程中需要让自己表现出男性特征，但是学校里的女性多而男性少。正如塞巴斯蒂安·克莱默在《英国医学杂志》上所说的那样，为了表现出自己是男性，男孩会拒绝所谓的“异性特征”，但是由于学校中缺乏典型的男子汉形

① 刘涛：《试论中小学因“性”评价的必要性》，《教育督导》2008年第5期。

② 刘辉：《男性教师心理结构及教育优势探析》，《辽宁师范大学学报》2006年第3期。

象，男孩往往有一种没有目标方向的感觉，甚至会选择一些社会上的不安分子作为自己的偶像和榜样，这必然会影响到他们的学习和生活。

(2) 男孩从男教师那里获得的体验有别于从女教师那里获得的。男性教师的嗓音音量更大、更低沉，这与男学生具有相通性。很多男教师反映，男孩们在操场上听男教师的指挥，也愿意跟他们谈心，如果是女教师，情况可能就不一样。

(3) 男教师对男孩子的行为更为宽容。教师们普遍反映，男孩子"嗓门大、更吵闹、更粗野"，这些行为在女教师那里往往成为被批评教育的原因，而在男教师这里，这些行为往往都是可以被容忍和理解的，因为很多男教师小时候也是这么过来的。

(4) 男教师的教学风格与女教师不同，他们上课时候更加幽默，会讲更多的笑话，语言更简洁，对科学和数学更加重视。研究表明，理解男性行为很大程度上取决于对男性幽默的理解。新西兰一个关于男孩学习困难的研究得出结论：应该让男孩接触尽可能多的学习风格，如果男孩在教室里只能看到女教师，他们只能了解一半人口的学习风格。

(5) 根据英国学者安妮特·麦克唐纳的研究，如果学校的大多数教师是女性，学校会倾向于采取女性喜欢的教学方式和评价方式。比如，相同的作业，如果外观整洁则会获得更好的评价，但男教师或许会更愿意帮助男孩通过别的、更易接受的方式来呈现作业，比如通过电脑①。

上述理由已经充分表明了男教师对于男生乃至全体学生健康发展和成长的必要性，加之我国现在基础教育教师队伍性别比例严重失调的现实，我们的确有必要认真考虑一下如何平衡教师队伍性别比例的问题了。当然，这不是一个简单的问题，它既涉及传统性别观念和择业观念，也涉及教育管理制度。一个可喜的现象是许多师范院校已经认识到平衡教师队伍性别比例的重要性，开始采取措施吸引男性进入教师队伍。上海师范大学几年前就曾规定，"师范各专业录取男生一般不低于招生计划的 40%"，对男生录取适当"降低门槛"，此举在一定程度上可以缓解上海中小学教师的性别比例。但是，仅仅如此，显然是不够的。笔者认为，当前迫切需要解决以下两个问题：

一是改善男教师的生存状态。有研究者对小学男性教师的生存状态做过调查，总结出 6 种普遍存在的现象：工作量 VS 工作待遇：生命不能承受之失衡；学科歧视：我是不是你最需要的人；单身情歌：如何登上你的爱情诺曼底；得过且过：

① 李茂编译：《彼岸的教育》，华东师范大学出版社 2007 年版，第 124～125 页。

当激情已成往事；卧薪尝胆：城里的月光把梦照亮；另辟蹊径：离开你并非我愿意[①]。幽默诙谐的标题透露着现实生活中男性教师生存状态的无奈，经济压力、婚姻问题成为制约男教师数量发展的两大瓶颈。要能够将男性吸引到中小学教师队伍中，必须改善男教师的生存状态。这需要教育行政部门和学校的通力合作。

二是对于教育管理部门来说，一方面要积极鼓励品学兼优的男性报考和投身教育事业，加大引进优秀男性进入学校从事教育教学工作的力度；另一方面在现有的条件下，要诱导和鼓励教师充分考虑学生性别差异，诱发教师的性别意识，通过培训提高教师正确处理男女生在发展过程中所遇到问题的技能和技巧，提升因“性”施教的水平。这在教师队伍性别比例短时期内无法做出较大改变的现实下是非常关键和有必要的。

**4. 有效运用单一性别教室**

男女分校有其自身的历史，但是，随着现代教育体系的完善和发展，男女同校已经成为当今世界主要国家普遍认可的公共教育标准。但是，随着男生教育问题的凸显，对于单一性别教育的讨论再次占据了公众的眼球。

美国著名的“不让一个孩子落伍”法案明确说明：如果公立学校认为单一性别教室将有助于所有孩子提高学习成绩，那么应该允许对他们提供分别教育。随着社会的发展，人们会逐渐理解将男孩和女孩进行适度的分班甚至分校教育对男孩和女孩都不会造成伤害。

单一性别教室自提上议程就是一个争议不断的政策，但是，现实的教育效果是这一政策值得实施的最有力证明。世界主要国家（包括美国、加拿大、英国和澳大利亚）进行的研究证明：单一性别教育有助于男孩和女孩的学习。澳大利亚教育研究委员会在过去的6年中对全国53个地区的25万学生进行了研究，结果发现，单一性别教室中学习的学生成绩平均高出其男女同班同学15～22个百分点。英国一项研究调查了来自800所公立学校的考试成绩，结果发现来自单一性别教育的学生不仅学习成绩提高，对学校和学习的态度也有很大程度的改观。在美国，已经出现了许多成功的单一性别教育学校，比如阿拉巴马州潘森市路德中学、乔治亚州翰斯威尔市刘易斯·弗莱泽中学、肯塔基州列克星敦市博蒙特中学、威斯康星州北枝市主街学校、西雅图瑟古德·马歇尔小学等[②]。

在我国，对于单一性别教室的使用也已经出现多年了。2001年9月份，上海

---

① 苏静、王芳：《痛要怎么说出口——小学青年男教师生存状态面面观》，《当代教育科学》2004年第18期。

② 〔美〕迈克尔·古里安-凯西·史蒂文斯：《男孩的脑子想什么》，世界图书出版公司2006年版，第165页。

市第八中学率先作出决定，在高一年级中各选出 48 人，实行男女同校但分班教学的新模式，轰动社会各界；随后，北京工业大学附属中学也从 2002 年 9 月开始尝试男女分班教学的新模式；接着，全国其他地区也纷纷出现男女分班的情况，单一性别教室的使用成为社会关注热点。调查显示，这一教学模式改革的作用是显著的，以上海市第八中学为例，女班的成绩年级第一，男班的成绩年级第二[①]，男女分班教学后，更加凸显了男女生的不同个性，有利于加强对学生思维性别特征的针对性教学。同时，由于教学的针对性更强，学生的学习成绩也得到了显著提高[②]。对于这种教育领域的新尝试，著名教育学家吕型伟先生表达了赞同的意见，认为男女同校分班既能按照性别教学，又能确保学生与异性交流的机会与环境[③]。当然，一些心理学家和社会学家也认为，这样的教学模式会人为地阻隔男女生之间的交往，是不可取的。我们在此不讨论这种做法的对与错，但是，至少它能够表明进入 21 世纪，原本被看做民主、平等、进步标志的男女同校、同班现象开始遭到批评和反驳，这足以说明教育领域对于性别差异已经开始予以重视，这是一个很好的现象和开始。

本研究认为，男女分校是不太可行的，但是，在同校的基础上实施适度的男女分班教学却不失为一种针对男女性别差异的有益尝试。分班可以首先在选修课等课堂上进行尝试，在尊重学生自主选择的基础上逐渐铺开。相信，这对于化解男性的教育危机，促进男女生的和谐发展会有一定的好处。

### （三）教育研究新的关注点

教育研究的意义体现在四个方面：第一，它可以促使教育决策的科学化；第二，它充当了教育理论与教育实践之间的桥梁，为教育科学理论转化为教育实际应用提供了条件；第三，它是深化教育改革、提高教育质量的有效手段；第四，它为未来有远见和抱负的教育改革家提供了教育实验的舞台[④]。正因为如此，教育研究才被视为教育领域中的一项核心工作。

教育研究不应该是盲目的，而是应该紧跟时代教育发展的步伐。换句话说，根据社会和教育的发展，每一时期都应该有一个或几个教育研究比较集中的关注点，如教育领域曾经和正在普遍关注的义务教育就近入学问题、高等教育质量保障问

---

① 资料来源：http：//learning. sohu. com/77/38/article200483877. shtml。

② 资料来源：http：//www. hpe. sh. cn/ShowNews. asp？ ArticleID＝10881。

③ 丁钢、岳龙：《学校环境中的教育平等——基础教育中男生性别弱势的调查及思考》，丁钢主编：《中国教育：研究与评论》第 6 辑，第 56 页。

④ 吴志宏等主编：《新编教育管理学》，华东师范大学出版社 2000 年版，第 135～136 页。

题、教育公平问题等。从当前来看，性别差异与教育的问题还没有引起教育主管部门的足够重视，针对此问题的研究项目还很少，特别是较有影响力的大中型研究项目几乎没有。从2008年度教育部基地项目重大课题招标所列的研究项目看，在全部的261个重点项目中，与教育直接相关的有14项，但是，其中无一涉及性别差异问题。

对男女生的差异及其各自适应的教学方式进行研究，并非要人为地将男女生之间进行界限的制定和划分，而是真正落实以人为本、以学生发展为本的必然要求。理论研究的缺乏必定会导致教育实践的盲目。既然越来越多的人已经认识到性别差异与教育问题研究的重要性和必要性，各级教育行政部门就有必要将此问题作为教育研究的招标课题，让性别差异与教育问题成为教育研究的一个全新的关注点。唯此，才能引起理论工作者对此问题的研究兴趣，相应的研究成果才会不断地出现，以为男女生的健康发展、合理发展提供必要的智力和理论支撑。

# 幼儿生命意识启蒙教育的实践研究*

## 一、问题的提出

长期以来，由于生命教育的缺失，部分少年儿童生命意识淡漠。当今的独生子女在家长的宠爱下长大，小太阳的家庭地位造成孩子极度以自我为中心、依赖性强、情感脆弱、惧怕困难、缺乏爱心等性格弱点。部分儿童对生命现象和生命发生发展规律认识有限，不能真正意识到生命的唯一性和不可逆转性，因此有些孩子模仿影视剧和电脑游戏的某些场景，扮演"小飞侠"或与同伴玩"死亡"游戏，造成自己或他人伤亡事件时有发生；一些儿童人身安全意识淡薄，缺乏自护知识和技能训练。因此少年儿童因溺水、交通事故、被拐卖、食物中毒、建筑物倒塌、自然灾害等以"每天消失一个班"的数字警示着我们。以上种种现象是当今面临的严重社会问题，它提醒人们生命教育迫在眉睫。

生命教育在幼儿教育阶段的实施与研究相对较少，就笔者的视野来说，只看到过广东省公安厅幼儿园的《安全教育与幼儿素质发展的研究》、上海市安亭幼儿园以"认识自我"、"关心身边的人和事"、"亲近动植物"三大板块为教育内容对幼儿实施生命意识启蒙教育的研究，以及《幼儿园艺术主题生成中渗透生命教育的实践研究》，幼儿园与学前家庭教育中，目前尚未有系统的生命教育内容序列及实施体系。然而，幼儿的生命成长是不断追求人生意义而全面、均衡发展的过程，这种发展是生命价值的体现和超越，任何形式的生命意识启蒙教育都要帮助幼儿掌握必要的生存技能，认识和感悟生命的可贵，培养幼儿尊重生命、爱惜生命的态度，学会欣赏和热爱自己的生命，尊重、关怀、欣赏他人的生命，形成积极向上的生命观。幼儿园应合理地整合各方面的资源，有机地综合生活、运动、游戏、学习等各项活动，并把生命意识启蒙教育自然地渗透于一日生活的各项活

* 本文获 2008～2010 年度上海妇女儿童发展研究政策建议成果三等奖。作者：方芝苹，虹口区花园幼儿园

动中。

本研究旨在通过幼儿生命启蒙教育的研究，总结一套可具操作性的实施方法、途径、策略和教材，使幼儿能初步认识生命的由来和成长变化，激发幼儿对父母、亲人、师长、周围人及地球妈妈的感激之情，培养幼儿爱自身、爱他人、爱自然的粗浅意识。本研究主要从三方面进行：幼儿生命意识启蒙教育内容的研究，探索幼儿生命意识启蒙教育的主题思想框架、确立课程内容与实施的方案；幼儿生命意识启蒙教育的实施途径和方法研究，探索和总结多样化的生命教育途径和园本化的特色活动及生命教育实施方法策略；幼儿生命意识启蒙教育效果研究，探索总结幼儿成长发展的特点和教育规律，总结实施经验。

## 二、研究方法

一是行动研究法。适合于幼儿生命教育的内容是在幼儿与生活、自然、社会的对话中不断产生的，无论是途径还是策略都是因时因地而生成的，其价值也是在幼儿生活中逐步显现的，因此需要运用行动研究法，在计划、行动、反思、再计划的过程中创生出新的研究点。运用此方法进行幼儿生命意识启蒙教育的实践研究非常适合，教育活动的设计方案就是按照设计、实践、反思三个环节来进行，反思后再计划，使设计方案日臻完善。在这个系统的研究中，研究者可以发挥一定程度的灵活性，以适应实践中不断变化的情景。

二是文献法。我们认真查阅《上海市学前教育纲要指导用书》、《上海市学前教育课程指南（试行稿）》、《上海市中小学生命教育指导纲要（试行）》等文件中与幼儿生命教育相关的内容，参考收集相关的文献资料及网上信息，联系自己研究的问题，分析、思考和筛选，汲取有价值的资料。

三是调查法。采用问卷、走访、谈话等方法，了解幼儿生命意识的现状，分析形成这些现状的主要因素，寻找生命教育的突破口，使教育的目标、内容、方法更具有针对性和实效性。

四是个案研究法。我们对 3 年来大量的系列活动个案和幼儿、教师教育中的典型事例进行追踪调查、案例分析，总结、反思正反两方面的经验及教训，从中寻求一般规律。

五是经验总结法。在实施过程中不断地进行检查、反馈、调整和总结，积累并及时运用教育教学经验，利用教研活动和业务学习，分享教师的教育经验，形成良好的热爱生命的教研氛围。

## 三、研究结果

### （一）幼儿生命意识启蒙教育的主题思想框架

幼儿生命意识启蒙教育的主题思想框架是以幼儿发展为本作为切入点，对《上海市学前教育课程指南》进行认真解读，根据二期课改精神，促进每个幼儿的全面和谐的发展，主要从“认识生命”、“感恩生命”、“博爱生命”三大板块进行阐述。

(1) 认识生命——着重让孩子在感知生命的由来及成长变化的过程中，了解生命的珍贵，珍惜生命的权利，形成初步的自理、安全、卫生、运动、自我保护、心理调适意识和能力，学习一些科学合理的生活方式，爱惜生命、关注健康，提升生命质量。

(2) 感恩生命——着重让幼儿了解在自己成长过程中父母、亲人、师长、同伴、幼儿园所有的工作成员及社会各方面的人对自己的关爱和帮助，感受大自然赐予人类丰富的财富与美景，激发幼儿对父母、师长、他人、自然的感激之情，从而能从身边力所能及的小事做起，来回馈父母、他人及社会。

(3) 博爱生命——着重让幼儿了解生命体之间相互依存关系，亲近大自然，树立关爱动植物、保护环境的意识，乐意参与护绿活动、环保制作活动。理解人与人之间的差异，学会关爱他人及弱势群体，尊重残障人士，乐意接纳来自不同地域、不同种族、不同年龄、不同家庭、不同国度的朋友，共同创设愉快、健康、充满爱心的心理环境。

### （二）生命启蒙教育课程方案

**1. 指导思想**

花园幼儿园生命意识启蒙教育课程是以《幼儿园教育纲要》和《上海市学前教育课程指南》为指导，根据幼儿各年龄阶段年龄特点和心理特征，结合生命意识三层含义，确定“让孩子在认识和体验生命现象的基础上，怀着一颗感恩的心，学会善待世间万物的生命，养成关爱自己和他人的态度，增强自信心与抗挫折能力。促进幼儿形成认识生命、感恩生命、博爱生命的粗浅意识，从而获得身心健康发展和道德品质的提升”的课程目标。

幼儿生命启蒙教育课程是学习活动的一部分，是对幼儿生命教育的加强，应体现在幼儿的一日活动之中，贯穿于幼儿园文化建设的始终。幼儿生命启蒙教育活动内容选择的原则：(1) 必须以课程目标为主要依据；(2) 必须适应幼儿的需求及兴趣；(3) 注重内容的基础性与启蒙性；(4) 应该贴近社会生活与幼儿生活。按照小班、中班、大班的年龄特点，确立课程内容。

**2. 小班幼儿生命启蒙教育课程内容(见表 1)**

**表 1　小班幼儿生命启蒙教育课程内容**

| 三大板块 | 目　　标 | 主　　题 | 内　　容 |
|---|---|---|---|
| 认识生命 | 让孩子初步了解自己基本的身体构造，激发幼儿对自己身体，包括四肢、五官等部位的关注以及对周围事物观察的兴趣，爱吃常见蔬菜与水果，喜欢听自己成长的故事，形成初步的自我保护意识，从而认识自己，认同自己，爱护自己 | 身体的秘密 | ● 成长的秘密<br>● 有趣的嘴巴<br>● 能干的小手<br>● 动动我的身体<br>● 牙齿白又白 |
| | | 我健康我快乐 | ● 多吃蔬菜身体棒<br>● 好吃的水果<br>● 宝宝的成长故事<br>● 面油香香 |
| | | 生命红绿灯 | ● 动物乐园奇遇记<br>● 不跟陌生人走<br>● 小兔乖乖 |
| | | 生活真美好 | ● 不怕冷的人<br>● 凉快小招数<br>● 花儿朵朵开<br>● 真暖和 |
| 感恩生命 | 让幼儿知道自己的生命是父母给的，学会爱父母，对亲人、师长、同伴有礼貌，激发幼儿对父母、对师长、对他人、对自然的感激之情 | 我爱我家 | ● 送礼物<br>● 我的妈妈<br>● 夸夸我的好爸爸<br>● 我是妈妈的好孩子 |
| | | 幼儿园里的好爸好妈 | ● 教师节——谢师恩、献真情 |
| | | 身边的人 | ● 冬季欢乐颂 |
| 博爱生命 | 让幼儿喜欢亲近大自然，知道动植物是人类的朋友，逐步树立保护环境的意识，在成人的帮助指导下，乐意观察和参与自然角管理活动。关心友爱同伴，爱护花草树木 | 共同的家园 | ● 为小动物造家家<br>● 小鱼吹泡泡<br>● 我爱小动物 |
| | | 我们爱花园 | ● 参与种植活动<br>● 花儿好看不能摘 |
| | | 你行我也行 | ● 我为奶奶捶捶背 |

### 3. 中班幼儿生命启蒙教育课程内容(见表 2)

**表 2　中班幼儿生命启蒙教育课程内容**

| 三大板块 | 目　标 | 主　题 | 内　容 |
|---|---|---|---|
| 认识生命 | 让孩子了解生命的由来，在感知动植物成长变化的过程中，乐意观察它们的不同特征，学习日常生活中常用科学合理的生活方式，形成初步的自理、安全、卫生、运动、自我保护能力，为自己的成长感到高兴 | 身体的秘密 | ● 保护牙齿 |
| | | 我健康我快乐 | ● 我的心情<br>● 小河马的大口罩 |
| | | 生命红绿灯 | ● 有用的护栏<br>● 快和慢<br>● 小小安全员<br>● 地震来袭 |
| | | 生活真美好 | ● 雪孩子<br>● 春花之舞<br>● 纸变变变<br>● 水果变变变<br>● 生活中的小工具 |
| 感恩生命 | 让幼儿了解在自己成长过程中父母、亲人、师长、同伴及幼儿园所有工作成员对自己的关爱和帮助，通过节日活动，体会家庭、幼儿园的温暖，感受大自然赐予人类丰富的财富与美景，激发幼儿对父母、对师长、对他人、对自然的感激之情 | 我爱我家 | ● 夸夸我的好爸妈<br>● 我和爸妈亲又亲<br>● 父亲节——爸爸的表情<br>● 三八妇女节<br>● 快乐的元宵节<br>● 快乐平安中国年<br>● 生命树 |
| | | 幼儿园里的好爸好妈 | ● 爱心卡 |
| | | 身边的人 | ● 给爷爷奶奶献寿桃<br>● 好娃娃 |
| 博爱生命 | 让幼儿了解生命体之间相互依存关系，亲近大自然，树立关爱动植物、保护环境的意识，乐意参与护绿活动、环保制作活动。理解人与人之间的差异，学会关爱他人及弱势群体 | 共同的家园 | ● 动物搬家<br>● 我们身边的水资源<br>● 小小魔术师<br>● 感谢奶牛<br>● 手印画鸽子 |
| | | 我们爱花园 | ● 小雪花荡秋千<br>● 一个大邮包 |
| | | 你行我也行 | ● 送慰问品 |

**4. 大班幼儿生命启蒙教育课程内容(见表 3)**

**表 3　大班幼儿生命启蒙教育课程内容**

| 三大板块 | 目　　标 | 主　　题 | 内　　容 |
|---|---|---|---|
| 认识生命 | 让孩子感知生命的由来，能正确面对生命成长过程中的生理心理现象，知道生命的珍贵，珍惜生命的权利，乐意接受科学合理的生活方式，掌握简单的人际交往策略，热爱生命，情绪愉快，关注健康，提升生命质量 | 身体的秘密 | ● 保护牙齿<br>● 眼球操 |
| | | 我健康我快乐 | ● 名字的故事<br>● 成长别烦恼<br>● 成长的快乐<br>● 小学里的声音<br>● 我长大了 |
| | | 生命红绿灯 | ● 参观消防队<br>● 防灾演练<br>● 交通安全 |
| | | 生活真美好 | ● 丰收的季节<br>● 稻子与麦子<br>● 粮食博览会<br>● 八宝粥 |
| 感恩生命 | 让幼儿了解在自己成长过程中父母、亲人、师长、同伴、幼儿园所有的工作成员及社会各方面的人对自己的关爱和帮助，感受大自然赐予人类丰富的财富与美景，激发幼儿对父母、对师长、对他人、对自然的感激之情，从而能从身边力所能及的小事做起，来回馈父母、他人及社会 | 我爱我家 | ● 鲜花送妈妈<br>● 我为妈妈送健康<br>● 父亲节——大手牵小手 |
| | | 幼儿园里的好爸好妈 | ● 爱的祝福卡 |
| | | 身边的人 | ● 不怕冷的人<br>● 让座 |
| 博爱生命 | 让幼儿了解生命体之间相互依存关系，亲近大自然，树立关爱动植物、保护环境的意识，乐意参与护绿活动、环保制作活动。理解人与人之间的差异，学会关爱他人及弱势群体，尊重残障人士，乐意接纳来自不同地域、不同年龄、不同家庭的朋友，共同创设愉快、健康、充满爱心的心理环境 | 共同的家园 | ● 地球日宣传<br>● 小小魔法师<br>● 天气预报<br>● 环保小卫士<br>● 爱满人间<br>● 爱心志愿队 |
| | | 我们爱花园 | ● 美丽的校园<br>● 美丽的菊花<br>● 制作螃蟹<br>● 动物怎样过冬<br>● 谁在天空飞飞飞<br>● 制作禁烟标志 |
| | | 你行我也行 | ● 公益广告<br>● 与敬老院老人联欢<br>● 采访残疾人运动员<br>● 大手牵小手<br>● 迎奥运知识竞答 |

**5. 实施方案(见表4)**

**表4　实施方案**

| 类别 | | 时空安排<br>(月、周安排) | 地点 | | |
|---|---|---|---|---|---|
| | | | 幼儿园 | 家庭 | 社区 |
| 课程教学 | 学习活动 | 每月4～5次,每次20～30分钟 | ☆ | | |
| 特色活动 | 采访活动 | 一学期1～2次,每次10～20分钟 | ☆ | | |
| | 一日活动 | 每天随机渗透 | ☆ | | |
| | 绿色活动 | 植树节、每年的爱鸟周、世界水日、世界地球日、世界粮食日、世界动物日、世界环境日等及春秋游、远足 | ☆ | ☆ | ☆ |
| | 养护活动 | 园内绿化种植园地或自然角<br>每日1次 | ☆ | ☆ | |
| | 节庆活动 | 一学年8～9次(中秋节、国庆节、敬老节、元旦、春节、三八妇女节、五一劳动节、母亲节、父亲节、儿童节) | ☆ | ☆ | ☆ |
| | 花园乐 | 每月一次(结合节庆活动开展的师生、亲子活动) | ☆ | | |
| 园内外 | 安全演练 | 每月1次(防火、防震、防劫持或应急疏散等演练) | ☆ | | ☆ |
| 园内 | 家长讲座 | 一学期1～2次。告诉家长如何对幼儿进行生命教育、让意外事故远离幼儿等 | ☆ | | |
| 园外 | 社会活动 | 一学期1～2次。敬老节参观敬老院、国际残疾人日、参观残疾人运动训练中心、超市购物等 | | | ☆ |

**6. 实施指导意见**

(1) 创设有利于幼儿生命意识启蒙的教育环境。环境作为一种“隐性”课程,在对幼儿进行生命意识启蒙教育,促进幼儿全面发展方面起着举足轻重的作用。我们在创设环境中,围绕“认识生命”、“感恩生命”、“博爱生命”三大板块来选择内容,使幼儿在无形中习得知识、开阔视野、尊重生命、保护环境,提升生命质量。盥洗室里“洗手六步法”的图示,既教会了幼儿洗手的方法,也提示幼儿节约每一滴水的环保好习惯。走廊里，老师亲手制作“旗袍式”废电池回收箱，吸引着小朋友，大家争先恐后地把家中的废电池扔进箱内，以表达自己“保护地球、保护环境、珍爱生命”的决心和实际行动。生命意识启蒙教育，必须从小抓起，我们制作张贴了“家庭树”，让幼儿知道自己是怎样来的，了解自己与周围长辈的关系，教育幼儿从小学会感恩。走廊墙面上，琳琅满目展现在我们眼前的是教师、家长与幼儿共同利用废旧材料制作的镜框工艺画——《中国我为你骄傲》，用手套制作的《神舟七号》、毛线绕出的《国宝熊猫》、无纺布做成的《海宝来了》等起到了一定的教育作用。家长幼儿共同制作的“果蔬造型”展，凝聚了父母对孩子的爱、孩子对幼儿园的爱，用白萝卜、胡萝卜、青萝卜雕刻出来的《世博会徽》，用茄子、笋壳做的《仙鹤》，用各种大小不一的瓜果雕刻成的《套娃》，用生姜、绿豆做成的《唐老鸭》，用苦瓜做成的《鳄鱼》，等等，吸引着幼儿与家长驻足，流连忘返，爱园、爱家、爱国成了幼儿感恩的纽带。

(2) 安全演练是幼儿生命意识启蒙教育的重要环节。面对越来越复杂的社会和安全事故屡屡发生的现实，防范胜于补救，隐藏在幼儿安全事故背后的原因既有来自家庭、社会的，也有幼儿园和幼儿自身的。汶川大地震，在“最牛的校长”领导下的学校师生，以训练有素的疏散速度，保全了全体师生的生命，动人的故事创造了奇迹，让我们震撼。热爱幼儿、热爱生命，不应该仅仅在口头上，而应该落实在行动上。“安全”两字像重锤一样，深深地敲击着我们的心扉。

“以幼儿发展为本”，首先就必须把幼儿看做是生命发展的主体，遵循幼儿身心发展的规律，珍视他们发自天性自然的那种主动权。其次，幼儿生命意识启蒙教育，要满足幼儿成长的需要。火灾、地震、劫持这些灾难对孩子们来说是陌生的，我们的教育就是要提供一种有准备的需要。因此，安全演练是应对突发事件应急处理的重要环节。本着对孩子生命的尊重，安全是幼儿园一切工作的中心。为此，我们在幼儿容易发生事故的地点，制作了“海宝安全警示标记”和“爱心安全警示标记”，亲切的温馨提示语为幼儿的生命意识启蒙教育奠定了基础，珍爱生命的意识在幼儿幼小的心灵中深深扎下了根。

(3) 寓生命意识启蒙教育于幼儿的一日活动之中。将幼儿生命意识启蒙教育有机地渗透到幼儿园的生活、学习、运动、游戏等基本活动中，捕捉和挖掘一日生活中蕴藏着的许多生命教育契机和因素，并结合各类活动内容，在不同的活动背景和活动形式中将生命意识潜移默化地根植于幼儿的头脑中，从而有效地实施教育整合。

针对当今幼儿绝大多数是独生子女，生活条件比较优越，加之受社会上大吃大喝、铺张浪费等不良风气的影响，在幼儿园里挑食、剩饭的现象十分普遍，我们通过《不许倒粮食》等生活活动让幼儿了解粮食来之不易，体验成人劳动的艰辛，懂得珍惜他人的劳动成果，养成不挑食、不浪费、爱惜每一粒粮食的良好习惯，告诉他们我国还是一个缺粮的国家，粮食决不能浪费，节约粮食就是爱护环境，节约粮食就是珍爱资源，爱惜粮食就是珍爱生命。

针对幼儿好奇、爱模仿的心理特点，开展《娃娃家》、《花店》、《甜甜西饼屋》、《爱心超市》、《红绿灯》等游戏活动，加强同伴之间的人际交往，有礼貌地使用“你好”、“谢谢”、“对不起”、“别客气”等规范语言，教师以身作则，引导幼儿在游戏中学会相互尊重，学会感恩父母、师长、营养员、保育员阿姨、保安叔叔及所有帮助过我们的人。交通安全游戏主题，通过对交通标志的认识，提高了幼儿的规则意识、安全意识。

### （三）幼儿生命教育的方法

**1. 故事法**

故事法，简单地说，就是在教育教学中给幼儿讲生命教育的故事，这在儿童教学中非常普遍。教师讲生命教育的小故事，可来自教材，还可以根据幼儿日常活动中发生的生动案例编成故事。教师采用此方法可以自己掌握，抓住适当机遇，随机应变。

**2. 情境表演法**

情境表演法是指在幼儿生命教育过程中，教师有目的地引入或创设具有一定情绪色彩的、以形象为主体的生动具体的场景，以引起幼儿一定的态度体验，从而帮助幼儿理解教材，并使幼儿的心理机能得到发展的教育方法。情境表演法的核心在于激发幼儿的情感。它剔除情感中的消极因素，保留积极成分。这种净化后的情感体验具有更有效的调节性、动力性、感染性、强化性、定向性、适应性、信号性等方面的辅助认知功能，如花园乐《幼儿交往策略大讨论》，小品《禁止吸烟》、《打电话》，歌舞表演《拔萝卜》、《拉拉钩》、《不再麻烦好妈妈》等。

**3. 实践体验法**

实践体验是一个合成词。在这里，实践，泛指人在生活成长中的各种亲历性活动；体验，是一个既有行为特征又有心理特征的概念。从行为特征的意义上看，是指人对事物的亲历实验活动，与人们对实践的解释有相似之处。生命教育的实践体验，主要是通过幼儿亲自的实践活动，引导幼儿学习尝试从自身行动开始，从身边的小事做起，共同来珍惜生命、保护环境，加深幼儿印象，内化教育行为。例如，师生共同创设的自然角、种植园地，经过师生的共同管理，幼儿的实践（观察、浇水、记录）使他们获得了动植物生长过程的知识和经验，体验到生命成长的奇妙与艰辛，生命成长中阳光、空气和水的作用，同时亲历了动植物生命生长、发展、衰亡的过程，从而更加珍惜生命中的每一刻。

**4. 榜样示范法**

榜样示范法是教育者以他人的高尚思想、模范行为和卓越成就影响幼儿，促使其形成优良品德的方法。这种方法的特点是把抽象的概念具体化、人格化，以生动具体的典型形象影响幼儿心理。这种教育方法有很强的吸引力、说服力和感染力。榜样是无声的语言，而这种无声的语言往往比有声的语言更有力量。生命教育需要榜样的示范。汶川大地震中国家领导人、公安干警、教师、各地志愿者全力以赴抗震救灾，守护生命的动人事迹，深深打动了孩子们的心，榜样的示范力量是无穷的。幼儿的可塑性大、模仿性强，有了生动具体的形象作为榜样，便容易具体地领会道德标准和行为规范，容易受到感染，容易随着学、跟着走。孩子们纷纷参与为灾区小朋友献爱心，"感恩生命、博爱生命"的意识得到升华，这样就有助于他们养成良好的道德品质和行为习惯。

**5. 采访法**

这里是指通过幼儿向被调查者面对面地提问，来了解有关生命教育相关问题的方法。在采访过程中，关键是要准备好谈话计划，采访前尽可能收集有关被访者的材料，对其个性、专长、兴趣等有所了解，取得被访者的信任和合作。大班幼儿参观残疾人体育训练中心，采访了残奥冠军，从中感受到残奥运动员们热爱生命、身残志坚、永不放弃、为国争光的风采。

**6. 亲子活动法**

这是指充分利用家长资源，开展各种亲子活动，在活动中融入"认识生命、感恩生命、博爱生命"的内容，激发幼儿与家长对生命教育的兴趣，同时通过亲子环保制作，为幼儿感恩生命提供展示才能的舞台，促进孩子与家人的情感交流。例如，庆国庆亲子运动会、亲子创意环保玩教具制作大赛、中国我为你骄傲工艺画制作大赛、亲子果蔬造型展示、迎世博做可爱的上海人游园会、粮食博览会、三八妇女节、父亲节等都是有幼儿家长共同参与的、深受幼儿家长欢迎的亲子活动。

## 四、研究效果

经过三年的实践探索，我们欣喜地看到幼儿生命启蒙教育给幼儿园带来的成效。

### （一）幼儿的和谐发展

幼儿是天真的、好奇的、创造的，更是行动的，行动是幼儿学习的主要方式。通过生命意识启蒙教育，孩子们懂得了自己是爸爸妈妈的宝宝，因为有爱，才有了自己，所以要尊敬父母、感恩生命，因为生命是宝贵的、奇妙的。我们身上每一个器官都是有用的，不能伤害自己，要避开危险物品，不做危险动作，听大人的劝导，学会自我保护。良好的饮食和卫生习惯是身体健康的保证。防灾演练、安全教育都是保护自己生命的保障。生命教育关注情感教育，从“感恩生命、博爱生命”内容中，渗透了关爱。3年的实践研究，大量的活动内容均与此有关，孩子们喜欢老师，亲近同伴，保持和谐的师生关系，每当有新朋友来临，幼儿会热情地关心、帮助他。幼儿园曾有听障、视障、脑瘫儿，在老师的教育引导下，得到同伴的关爱、同情和互助，使这些孩子心情愉快地度过充满爱的学前期，顺利进入小学。

### （二）教师的和谐发展

课题实施过程中我们加强园本培训，通过学习《中小学教师职业道德规范》，认识到教师素质是一个关乎生命教育成败的关键问题，教育者自身的生命理念，往往是实践教育目的的关键性因素。对幼儿进行生命意识启蒙教育，教师必须重新认识生命的价值，建立尊重幼儿生命体规律和潜力的儿童观，形成促进生命发展的教育理念。通过争创文明班组，学习十佳班主任的先进事迹，认识到我的生命需要尊重，孩子的生命同样需要尊重。我们定期交流爱生实例，特别是对特殊儿童的教育、残障儿童和性格偏差幼儿的调适和关心，倾注了更多的爱心，每一年评选一次“好教师”、“好职工”，营造爱幼儿、爱生命的氛围。采取走出去、请进来的办法拓展教师的工作思路，提高实践生命教育的能力。定期组织教师交流分享实践经验，定点分析事例，使教师不断吸取教育智慧，充实自己的业务能力。举办各类讲座，提供教科研咨询网站信息，提升教师参与实践研究的能力。

### （三）家长教育观念与行为的转变

我园是一所公办二级幼儿园，幼儿家长的经济条件、居住环境、文化背景、职业类别有较大的差距，有将近29.5%的外来民工家庭，不同类型的家长对我园开展的幼儿生命启蒙教育的理解也迥然不同。有较大一部分家长把“幼儿教育”理解为“幼儿园教育”，教育观念落后。我们从幼教法律规范谈起，让家长知道《儿童权利公约》、《课程指南》的内容；举办专家专题系列指导讲座，如《家长如何对幼儿进行认识生命、感恩生命、博爱生命的教育》、《让意外事故远离幼儿》、《幼儿园生命教育的方法与途径》、《幼儿营养》、《迎世博做文明的家长》等；针对家长的实际情况，开展有关幼儿生命启蒙教育各类亲子活动，如“民间游戏乐乐乐”、“庆祝三八节活动”、“父亲节活动”、“敬老节活动”等，沟通幼儿与家长的亲情关系，有效改变家长的传统落后观念。家长对“认识生命、感恩生命、博爱生命”的幼儿启蒙教育内容十分认可，他们从孩子的表现中尝到了幼儿生命启蒙教育的甜头，在家园共育中，家长对老师的误解少了，理解多了，能积极参与园方组织的环保制作大赛、果蔬造型大赛、迎世博环保袋设计大赛、制作禁烟标志等。可以说，生命教育的萌芽在家长的心中也在往下扎根，往上生长。家长委员会积极参与幼儿园的管理工作，当幼儿园需要组织大型活动时，我们的家长志愿者踊跃参与，为幼儿的安全保驾护航。每年我园组织家长评选“家长心目中的好教师、好职工”、评选“优秀家长志愿者”都得到家长的大力支持。

# 宝山区 0～3 岁婴幼儿早期教养现状及对策研究*

## 前言

为进一步加强宝山区 0～3 岁婴幼儿科学育儿指导服务、推进独生子女早期社会化教育，区人口计生委联合华东师范大学学前教育与特殊教育学院，在科学发展观的引领下，通过对本区抽样得出的 901 户有 0～3 岁适龄婴幼儿的家庭进行问卷调查，对抽样得出的 26 名 0～3 岁婴幼儿家长进行电话访谈，针对本区 77 所早教机构开展问卷调查，召开 10 所早教机构的教师或园长参加集体座谈会，深入本区各早教指导机构和 0～3 岁婴幼儿科学育儿指导服务示范点进行访问和实地观察，就宝山区 0～3 岁婴幼儿教养现状展开全面、深入的研究，以期总结和诊断当前早期教育的经验和存在的问题，探讨适合本区发展的针对性措施，为宝山区 0～3 岁婴幼儿早教事业的蓬勃发展、构建和谐宝山献计献策。

## 一、现状与需求

### （一）0～3 岁婴幼儿教养主体以家庭、祖辈为主，缺乏科学教养知识等特点，使开展科学育儿指导服务工作成为必要

**1. 教养场所以家为主，实施主体多为祖辈**

调查显示，宝山区近九成 0～3 岁婴幼儿未入托儿所等早教机构，主要散居在各自的家庭。本区 0～3 岁婴幼儿早期教育的主要形式是散居式家庭教育，并且呈现以“主干家庭”为主、“核心家庭”为辅的特点和局面。区内 0～3 岁婴幼儿 61%生活在“主干家庭”；33.89%生活在“核心家庭”。对早期教育实施主体的调查则表

* 本文获 2005～2007 年度上海妇女儿童发展研究成果三等奖。作者：宝山区人口计生委。

明，宝山区 0～3 岁婴幼儿由祖辈带养占 62.5%，由父母带养占 35%。

**2. 教育观念尚未深入，教育内容有失均衡**

调查发现，除 16%的家长认为对 0～3 岁婴幼儿无需实施教育外，84%的 0～3 岁婴幼儿家长普遍认同早期教育对个体发展具有重要作用。从表面上看，广大婴幼儿家长的教育观念和教育认识较强，但进一步深入访谈却发现这种认同更多地停留于表层。在早教内容方面，约 44%的家长认为教育孩子最重要的是传授知识，23%的家长则将“发展语言”置于这一阶段教育内容的首位。基于这种观点，家长们在实施早期教育时就表现出重认知和语言发展，轻情绪情感和个性及社会性发展的倾向。

**3. 教育方式过于宽容，教育方法仍欠科学**

在有关婴幼儿行为习惯培养方面，大部分家长持顺其自然的态度，比较尊重孩子的意愿，由此也带来较为明显的“过度保护”倾向。当孩子犯错误时，41.09%的家长对孩子的错误一味原谅和包容，47.73%的家长则不顾孩子的理解力坚持讲道理，而在日常生活中依据具体情境进行随机教育的意识欠缺，抓住各种教育契机灵活展开教育的能力尚待提高。对于孩子的发展特点，尽管 89.85%的家长注重以交流沟通的方式进行观察、发现，但因方法不当，近三成的家长往往沟通效果不佳。

### （二）早教指导内容以幼儿认知、动作发展为主，忽视积极的情绪情感发展、良好个性与社会性发展等特点，使提升科学育儿指导服务质量成为必需

**1. 偏向以婴幼儿为直接指导对象，忽视对早期教育实施主体——家长的指导**

0～3 岁婴幼儿的教养主体是家长。可见，提高家长的教养观念，指导家长的教养方式是促进婴幼儿发展的主要途径。另外，区内开展 0～3 岁婴幼儿的早期教育机构数量上不能满足家长的需求。

**2. 偏向以认知、动作发展为主要指导内容，较少涉及情绪及社会性发展**

目前偏重对幼儿认知、动作发展的指导，然而这种忽视情绪、个性发展的做法与全面发展观显然背道而驰，育儿指导的科学性难以体现，其长远效果也就难令人满意。因此，在大力推进育儿指导服务工作的同时，必须保证和突显科学性和长期效果。

### （三）早教指导机构以幼儿园为主，缺乏专用活动场所及专门师资等，使改善科学育儿指导服务条件成为必然

**1. 活动场所等硬件设施有待专门化**

首先，幼儿园较少专门的空间用来组织 0～3 岁婴幼儿早教活动，大大限制了

早教活动开展的时间与频率。其次，幼儿园的场所、设备主要是为 3～6 岁幼儿设计布置的，并不符合 0～3 岁婴幼儿的发展特点，也不能辅助早教活动的开展。

**2. 教师指导方法和内容有待专业化**

0～3 岁婴幼儿早教活动具有极强的专业性，而以 3～6 岁幼儿为教育对象的幼儿园教师对低龄婴幼儿的发展与教育往往缺乏精细化、操作化的专业知识，这些都不利于早教活动科学性、有效性、长效性的发挥。

## 二、探索与实践

遵照国家和上海市对开展 0～3 岁婴幼儿科学育儿指导服务工作的有关要求，区政府和相关部门结合本区实际，在加强辖区内 0～3 岁婴幼儿家庭教养科学指导、促进社区 0～3 岁婴幼儿全面协调发展等方面已初见成效。

### （一）建立长效工作机制，为 0～3 岁婴幼儿科学育儿指导服务的有序推进提供保障

在区委、区政府的重视与协调下，区妇联、区教育局、区卫生局和区人口计生委四部门共同发文，明确职责，建立 0～3 岁婴幼儿科学育儿指导服务联席会议制度，为此项工作的有序展开、有力推进提供了可靠的组织保障。

### （二）搭建指导服务平台，将 0～3 岁婴幼儿科学育儿指导服务的深入开展落到实处

**1. 以区早教中心为主干，各幼教网点为分支开展 0～3 岁婴幼儿科学育儿指导服务**

2006 年，区教育、妇联、卫生、计生四部门在早教中心联合挂牌，成立了社区 0～3 岁婴幼儿科学育儿指导服务基地，并以区早教中心为主干，带动各镇、街道亲子苑、宝宝苑等幼教网点。

**2. 创建庙行社区 0～3 岁婴幼儿科学育儿指导服务示范点，探索社区科学育儿平台的规范建设**

根据市人口计生委关于创建社区 0～3 岁婴幼儿科学育儿指导服务示范点的要求，协调、指导庙行镇政府，高起点、高标准创建“星星点点”社区 0～3 岁婴幼儿科学育儿指导服务示范点。

**3. 多层次发挥人口计生阵地优势，营造科学育儿氛围**

充分调动人口学校、人口计生综合服务站、家庭计划指导室等人口计生阵地，

在利用其原有资源优势的基础上，为社区 0～3 岁婴幼儿及其照料者提供丰富、便捷的科学育儿指导服务。

### （三）探索建立具有专业知识的指导人员队伍，使 0～3 岁婴幼儿科学育儿指导服务的有效实施得到保证

近两年来，区教育局充分发挥早教中心培训指导作用，定期对指导老师进行培训；区卫生局、区人口计生委资源整合、计卫联手，落实家庭计划指导员；区人口计生委积极整合各方资源，邀请市、区资深儿科专家、心理学专家、优生优育专家，定期深入社区开设讲座，提供咨询与指导；区人口计生委联合团区委在全区团员和青少年社工中招募并建立了 0～3 岁科学育儿青年志愿者队伍。

### （四）开展形式多样的早教指导活动，把 0～3 岁婴幼儿科学育儿指导服务从全面铺开推向纵深

区教育、妇联、卫生、人口计生等部门，结合实际、注重实效，开展有特色的 0～3 岁婴幼儿科学育儿指导服务。各街镇通过开展专题讲座、举办亲子活动等，让 98%以上隶属或居住在本区的 0～3 岁婴幼儿家庭，每年获得不少于 4 次的系列性科学育儿指导服务。此外，部分镇、街道还以项目化管理的方式开展 0～3 岁婴幼儿科学育儿指导服务。

## 三、思考与建议

### （一）各部门齐抓共管，加大宣传力度，提高公众对 0～3 岁早期教育重要性、科学性的认识

**1. 明确宣传职责**

各部门可依据自身工作对象的特点及自身知识与资源优势，在展开宣传时各有侧重。例如，卫生部门可以从婴幼儿保健、科学养育的角度；区教育局则以早教机构为依托；区妇联可从父母在早期教养中所扮演的角色与所发挥的职能等角度；区人口计生委则可从提高人口质量角度宣传。

**2. 创新宣传形式**

积极开展各项研究成果的推广工作，利用书刊报纸、广播电视、网络平台、手机短信等多渠道、多形式对科学育儿的新理念、新知识进行宣传。

**3. 深化宣传内容**

应注重从宣传内容的实效、实用性着眼，深化宣传效果。在宣传中不仅明确早期教育的重要性，更要指出某些传统经验、陈旧做法的弊端与危害。

**4. 扩大宣传对象**

对于宣传对象的定位，不仅要立足现有 0～3 岁婴幼儿家庭，还要涵盖孕期待产家庭，同时兼顾新婚未育家庭。

### （二）充分发挥各部门优势，形成工作合力，增强 0～3 岁婴幼儿科学育儿指导服务工作的实效性

**1. 建立联席会议制度**

建议区政府成立宝山区 0～3 岁联席会议制度，由分管区长为第一召集人，成员单位由教育、计生、卫生、妇联等部门组成，办公室设在教育局，明确相关部门职能。各街、镇也相应成立工作领导小组，在全区形成“政府推动、部门协作、社会参与、家庭响应”的长效工作机制。

**2. 成员单位资源整合，优势互补**

积极发挥区教育、计生、妇联、卫生等各级工作网络的优势，将 0～3 岁婴幼儿科学育儿指导服务与家庭保健、教育工作、妇女工作等联系起来。

**3. 成员单位明确职责，形成合力**

区教育局职责：牵头做好宣传组织、考核、评估、表彰等发动工作。负责协调基层 0～3 岁科学育儿指导工作，管理 0～3 岁早教机构日常运作，同时为其搭建展示平台，并指导业务开展。

区妇联职责：利用妇联组织网络做好调查、摸清社区内散居婴幼儿人数，协调社区中（宝宝苑、亲子苑）做好 0～3 岁散居婴幼儿教育的宣传、报名和注册工作。共同做好评估、表彰工作。

区人口计生委职责：充分发挥人口计生系统宣传优势和网络优势，提供新生儿出生数据；利用各种阵地，深入家庭，积极开展社区 0～3 岁婴幼儿科学育儿指导服务工作；建立 0～3 岁婴幼儿科学育儿指导服务讲师团；在区婚姻登记处增设指导员，指导免费婚检、做好优生优育等咨询服务。

区卫生局职责：开展围婚期保健，开设“婚姻家庭咨询室”；健全和完善“孕妇学校”，提供婚前卫生指导、婚前医学检查、孕前保健指导服务，确保出生人口质量。指导社区卫生服务中心（站）、村卫生室全科医生，深入辖区内 0～3 岁婴幼儿家庭，为看护人员提供每年不少于 4 次个性化的科学育儿指导服务。

### （三）建立经费投入机制，加大投入力度，逐步实现0～3岁婴幼儿科学育儿指导服务的公益性

**1. 增加政府投入力度，提高投入针对性**

一是增加对早教机构的投入，增设0～3岁婴幼儿教材、教具、活动场所及设施。依据经济增长速度，逐渐提高政府的分担比例，逐步实现早期教育的公益性；二是加大教师培训投入，建立优秀教师表彰评估制度；三是在突出关注困难家庭的同时，还应包括外来人口0～3岁家庭。

**2. 规范机构收费标准，体现教育公益性**

政府应规范早教机构收费标准，为体现教育公益性，应按成本价收费，财政给予必要的补贴。

从宝山区当前收费状况来看，宝山区早教机构有诸多类型，归属不同部门管理，收费标准也各不相同。据大多数家长反映，早教机构收费标准较高。显然，费用偏高成为多数家庭不愿或不能接受早教指导服务的主要障碍。

从早教机构条件来看，尤其是收费制的早教机构，应认真核算成本，调整、降低0～3岁婴幼儿接受早期教育以及对家长进行早教指导的费用，初步实现早期教育机会的公平性。

### （四）完善人员培训机制，严把上岗资格关，加强0～3岁婴幼儿科学育儿指导服务工作的科学性

调查表明，区内早教师资大部分由幼儿园的带班教师兼职，对0～3岁婴幼儿发展与教育特点的掌握缺乏细致化、精确化和操作化，缺乏指导0～3岁婴幼儿及其家长所必备能力。这一现状决定了提高师资专业化水平势在必行。

**1. 完善人员培训机制**

一是实行持证上岗制度；二是加强早教机构之间的交流合作；三是机构内部建立并完善研究性师资培训模式。

**2. 建立培训经费保障**

建议由政府出资进行首次上岗培训，之后5年内按80%～20%分四次等差递减培训资助金额。要求早教师资自上岗之日起，5年内每年应至少参加一次较高级别的培训。

**3. 充实师资培训内容**

培训内容不仅包括认知语言等，更应突出婴幼儿情绪情感及社会性发展的相关内容；不仅包括对理论的系统介绍，还应突出实践中的操作方法；不仅包含课堂

讲授，还应注重实践训练。实现教师持证上岗，机构持证运营。

### （五）建立监督评估机制，加大激励力度，全面提升0～3岁婴幼儿科学育儿指导服务工作的积极性、主动性

有必要在全区建立并逐步完善监督评估机制，在增加压力与责任意识的同时充分调动0～3岁婴幼儿科学育儿指导服务工作者与管理者的积极主动性。

**1. 监督指导**

成立监督指导小组（简称督导组）。督导组可由宝山区分管0～3岁婴幼儿科学育儿指导服务工作的副区长担任组长，总体指挥和部署督导工作按时、规范、科学地开展。督导组成员可以邀请多位不同领域早教专家组成，每年视区内早教机构及其管理部门的工作需要进行定期与不定期随访、抽检，并实行年终评估与平时检查相结合。

**2. 激励措施**

在区政府网站公布年度早教机构或早教指导部门最终考核成绩及排名。对于考核不合格的单位，应采取一定措施限期整改；对于考核处于前列的单位应予以一定的物质和精神奖励，对表现突出的个人也予以表彰。

**3. 评估体系**

评估体系应涵盖如下内容：(1) 领导负责制。在管理中做到有人负责、有章可循、有法可依。(2) 指导内容及活动设计。内容应包括婴幼儿认知、动作、语言、情绪等，活动设计应操作简便。(3) 指导服务效果。指导方法应科学，指导系统应完备。(4) 资源配置与师资素质。具体包括教育经费投入力度、到位程度，教育场所及教具等硬件设施的配置，师资队伍的学历结构及参加培训状况等。(5) 家长满意度。对参与指导的0～3岁婴幼儿家庭进行随机抽查，以家长的满意度、收效感、规范感等为评价内容。

# 寄宿制幼儿园亲子关系研究*

## 一、问题的提出

### （一）研究目的

寄宿制幼儿园是我国幼儿园集体教育生活的一种特殊模式，它又被称为全托幼儿园。许多家长在享受寄宿制幼儿园带给他们好处的同时，也切实感受到了存在的某些教育问题。其中，寄宿制幼儿的亲子关系遭到了社会舆论的一些质疑。据一项对寄宿制与全日制幼儿家庭亲子教育的优劣所作的调研分析，77%的寄宿制幼儿每周与父母交流的时间仅 1 至 2 小时，而超过 83%的全日制幼儿每天可有多达 5 小时以上与父母交流的时间。由于幼儿寄宿后与父母在一起的时间大大减少，导致了亲子关系的严重缩水，并由此引发了很多问题。

亲子关系是儿童早期最基本最重要的关系，它对儿童的一生都会产生重大的影响，亲子关系的好坏直接影响到儿童能否健康成长。中国福利会幼儿园多年来一直招收寄宿制幼儿，从 1949 年 7 月宋庆龄创办起至今有 60 年寄宿制的办园历程和经验。因此，本研究希望通过对寄宿制幼儿园亲子关系现状与促进的研究，探讨切实改善寄宿制幼儿的亲子关系的办法。

具体地说，本研究的目的是要了解寄宿制幼儿园亲子关系的现状以及存在的问题、了解寄宿制幼儿园亲子关系的特点、分析造成寄宿制幼儿园亲子关系现状与问题的原因、针对问题与原因，探索有效的解决措施，改善寄宿制幼儿园的亲子关系，促进幼儿健康快乐成长。

### （二）国内外研究述评

已有研究对亲子关系做出了不同的定义。亲子关系（parent-child relationship）原

* 本文获 2008～2010 年度上海妇女儿童发展研究政策建议成果三等奖。作者：中国福利会幼儿园。

是遗传学中的用语,指亲代和子代之间的生物血缘关系。在这里一般主要取其心理学上的意义,指父母与子女之间的相互关系(孟育群,1994)。在此基础上,许多研究者都对其内涵进行了进一步的界定,有学者(王云峰,冯维,2006)将其界定为"以血缘和共同生活为基础,家庭中父母与子女互动所构成的人际关系"。吴玲(2003)在研究中将其定义为"以家庭生活为基础,存在于代际,主要体现为抚育、教养、赡养等基本内容的一种人际关系"。还有的学者将其定义为"以血缘和共同生活为基础的父母和子女间相互作用所构成的、亲子双维体系的自然关系和社会关系的统一体"(刘晓梅、李康,1996)。比较而言,最后一种定义最明确、最全面,它既排除了非血缘亲子关系,又突出了亲子关系中的双维双向原则和亲子之间的自然关系与社会关系,为亲子关系的研究提供了较为明确的研究内容和方法。

关于亲子关系的理论,国外许多心理学家都已作过探讨。研究者们一致认为,在儿童不同的年龄阶段上,亲子之间相互交往的方式也不一样,儿童早期的亲子关系主要有依恋和父母的教养方式两种,因此,对依恋和父母教养方式的研究就成了亲子关系理论的主要来源。

其中鲍尔比(JohnBowlby)在生态学、控制系统理论、认知科学和精神分析理论的基础上建立了依恋理论,这项理论包括依恋行为系统的概念和内部工作模式的假设。他认为,依恋系统可被看做行为控制系统,它有自己特有的动机,它不同于调节喂食行为和性行为的系统。系统功能上的个体差异与个体对自我、他人和世界的内部工作模式紧密相关。此外,安斯沃斯(Mary Ainsworth)把依恋划分为三种模式,即:安全型依恋、回避型依恋和反抗型依恋。

父母的教养方式是家庭内外影响儿童青少年发展的众多因素的重要中介。父母教养方式的研究代表人物要首推美国心理学家鲍姆林德(D. Baumrind,1997)。鲍姆林德认为亲子交往是一个互动的过程,她以"父母控制"为中心维度,以构建的方式建立了评价父母教育方式的体系,对父母的教养方式进行了系统的研究,并提出了养育四型说:权威型教养方式、专制型教养方式、宽容型教养方式与放任型教养方式。在此研究的基础上,斯特内伯格等提出了权威型、专制型、放任型和溺爱型四型说;麦考比和马丁(Maccoby&Mart,1983)提出了权威型、专断型、放纵型和忽视型的教养方式四型说。而国内的研究者(黄河清,1998)则把家长教养方式分为溺爱型、专断型、纵容型和民主型这四种类型。

从上述的资料综述中可以得知,尽管可以说关于寄宿制幼儿园与亲子关系的研究在一定程度上取得了很大的进展,但是,对于它们的研究还存在着如下的不足之处:(1) 不管是从理论研究还是从实证研究的角度来看,对于寄宿制幼儿园的研究极其不完善,可以说还仅仅只是处于起步阶段。研究资料也极度匮乏,即使仅有的文献资料也大都停留在对一般性现象描述的层面，缺乏系统性、缺乏理论与有效数据的支撑，研究的范围相对比较狭窄，缺乏深层次的研究，缺乏全面、系统、深入的研究。(2) 相比较而言，国内外对亲子关系的研究要丰富和完善得多，但是，这些研究大多停留在对以往研究的归纳总结或者是改进上，对近期国内亲子关系的现状、问题等方面的研究却较少，亲子关系理论很难与实践相结合，这样大大减少了理论的实践意义。(3) 目前我国关于亲子关系对青少年影响的研究相对比较多，而对其他各阶段特别是对儿童一生有重要影响的早期亲子关系的实证研究却相对较欠缺。(4) 目前尚缺乏对寄宿制幼儿园亲子关系的实证研究。同时，不管是对寄宿制幼儿园的研究还是对亲子关系的研究，研究者采用的几乎都是问卷调查法，导致研究方法比较单一，缺乏多样性。

### (三) 概念界定

寄宿制：幼儿一周五天昼夜居住在幼儿园里，由教师负责照顾其生活，对其进行教育。

亲子关系：以血缘和共同生活为基础的父母和子女间相互作用所构成的、亲子双维体系的自然关系和社会关系的统一体。

促进：通过研究，使寄宿制幼儿园亲子关系向更好的方向发展，家长、教师与幼儿之间的互动更积极、有效。

### (四) 研究意义

到目前为止，国内外还没有关于寄宿制幼儿园亲子关系的系统研究。因此，对寄宿制幼儿园的亲子关系进行研究，有助于了解寄宿制幼儿园亲子关系的特殊性，从而进一步证实和丰富有关寄宿制幼儿园亲子关系的理论，并在一定程度上为现实生活中寄宿制幼儿的亲子关系提供一定的理论指导。

在实践层面，通过本研究，有助于人们更直观更具体地认识到现实中亲子关系状况以及存在的问题，更能引起人们对寄宿制幼儿亲子关系的认识与关注。通过本研究，有助于帮助家长形成对寄宿制幼儿亲子关系的正确认识，并促进家长进行一定程度的反思，解决他们的困惑，促使他们以更合理的教养方式来对待幼儿，努力建立良好的亲子关系，有助于幼儿健康的成长。本研究还将有助于激发幼教工作者采取一定的措施，改善寄宿制幼儿园的不良现状，弥补寄宿制幼儿园的弊端。也有助于幼儿教师与家长一起实现家园共育，建立良好的环境，共同促进幼儿的健康发展。

## 二、研究方法

本研究 2008 年 3 月开展前期资料搜集，于 2010 年 6 月完成结题。本研究选取了中国福利会幼儿园六个寄宿班的 167 名幼儿家长，同时为了进行对比，还选取了大、中、小各一个日托班的 63 名家长作为调查对象。

根据研究目标及研究内容的需要，本课题使用文献研究、行动研究、问卷、访谈、观察等方法。

(1) 文献研究法。

我们对目前有关寄宿制幼儿亲子关系的状况与改善研究进行了深入的文献检索与研究。第一，对已有研究中的亲子关系作了整理归纳；第二，对现有寄宿制幼儿园的现状进行了资料搜集整理；第三，对目前已有研究的不足作了整理分析。

(2) 问卷法。

问卷主要用于调查当前幼儿亲子互动的现状与特点。问卷包含两部分。第一部分是基本信息，主要包括家长的具体职业、年龄、学历，幼儿的年龄、性别。第二部分主要调查家长送幼儿入寄宿制的原因、亲子互动的对象、时间、内容和方式。第三部分主要考察家长的教育观念。第四部分是征询家长在促进亲子关系方面的建议和家园协同促进的建议。

(3) 访谈法。

访谈法主要对象为幼儿家长。我们根据调查中出现的四个问题设计了四个访谈维度，分别是：第一，亲子互动的内容，例如："您和孩子相处做些什么?"第二，亲子互动的方式，例如："周末在家，孩子有何表现？您如何处理?"第三，亲子互动的时间，例如："孩子寄宿期间，如何保持与孩子的互动?"第四，亲子互动的对象，例如："你认为孩子的教育中，父亲的地位如何?"

(4) 个案研究法。

根据现状调查中出现的问题，我们进一步提出了改善与促进的相关策略，对幼儿进行个案研究，观察记录行为，分析动机成因。实施策略后，对家长进行访谈，从幼儿后续反应、与父母交流情况等维度了解策略成效。

(5) 行动研究法。

行动研究从促进寄宿制幼儿亲子关系的需要中寻找突破口，由教师、家长与研究者共同参与，使研究成果为家长、教师理解、掌握和应用，从而达到促进寄宿制幼儿亲子关系，改变家长教养行为的目的的研究方法。第一，运用网络论坛的方式开展"互动群言堂"；第二，运用现场研讨的方式开展"爸爸这点事"；第三，运用父母写信的方式开展“爸妈心语”；第四，运用观察记录与反馈的方式开展“心情小屋”；第五，运用记录与反馈的方式开展“周末36计”；第六，运用书签与折页小册子的方式开展“送计送策”。

## 三、结果分析

### （一）寄宿制幼儿园亲子关系的现状

**1. 亲子互动内容以外出游玩和在家娱乐为主**

寄宿幼儿亲子互动的主要内容是外出游玩和在家娱乐，其中在家娱乐主要进行的活动是玩玩具和看电视。根据调查显示，寄宿幼儿周末回家后开展的活动有玩玩具(29.94%)、看电视(28.74%)、外出游玩(17.37%)、聊天(10.18%)、阅读(7.19%)、上兴趣班(6.59%)。与日托相比，寄宿幼儿在玩玩具、看电视、外出游玩、阅读这几项有一定的差异，经 $\chi^2$ 检验，P 值为 0.996>0.05，未达到显著性的水平。

调查显示，家长参与孩子的活动主要是在家娱乐(47.31%)、外出游玩(40.72%)。寄宿幼儿外出游玩的比例明显高于日托幼儿，而在家娱乐的时间相对较少。虽然这几项有差异，但未达到显著性水平。经 $\chi^2$ 检验，P 值为 0.989>0.05。(见图1)

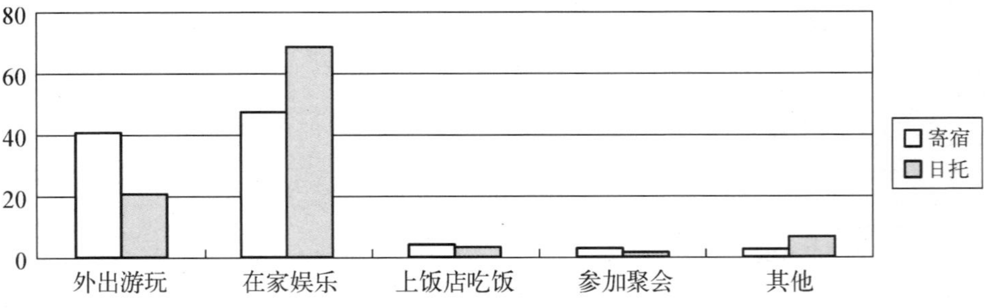


**图1　家长参与幼儿的主要活动**

寄宿制幼儿的家长在与幼儿谈话中，基本能从幼儿的角度出发选择他们感兴趣的话题。但从开启谈话的内容来看，家长还是比较关心幼儿在园的学习情况。关于和孩子交流的话题，70.06%的家长表示“孩子感兴趣的，我们都谈”，另有7.78%和11.38%的家长表示他们更愿意谈论的话题是关于孩子的生活和学习，10.78%的家长认为和孩子交流有困难。有80.95%日托幼儿的家长更倾向于谈论孩子感兴趣的话题，但同时也有9.52%的家长表示和孩子交流有困难。

研究显示，对于和寄宿回家后的孩子交流，42.51%的家长表示会先询问孩子的学习情况，先询问孩子心理情况的家长占35.33%。而日托孩子回家后，65.08%的家长最为关心的是孩子的心理情况。

研究显示，寄宿幼儿亲子互动内容的低效。寄宿幼儿亲子互动的内容中，寄宿幼儿看电视和外出游玩的比例要大大高于日托幼儿。看电视和外出游玩这样的活动内容，往往是以接收外界环境信息为主的活动。特别是看电视，幼儿在看电视时，往往全神贯注，鲜少与家人交流、沟通，因此，我们认为这是一种相当低效甚至于无效的互动。而外出游玩也需要家长选择符合幼儿兴趣和年龄特征的地点并且有意识地关注和发起与幼儿间的交流，方能成为积极有效的互动。另外，虽然在对"幼儿成长各方面的重视程度"的调查中，家长表示最关心幼儿的身心健康状况，认为文化知识不是很重要，但是从家长每周接幼儿开启谈话的内容来看，他们还是更关心幼儿在园的学习情况。可见，互动内容选择的低效、家长教育观念与行为的矛盾还是会对亲子关系产生一定的影响。

**2. 亲子互动方式更倾向于奖励与补偿**

研究显示，寄宿制幼儿的家长对亲子关系中双方平等的地位比较认同，因此，亲子互动的方式往往是比较对等的。但出于补偿心理，寄宿制幼儿的家长会更宠爱孩子。

关于最有效的教育方式，50.90%的寄宿制幼儿的家长会对孩子予以物质奖励，而44.44%的日托家长认为精神鼓励会更有效。从数据显示，家长们普遍不认同诉诸暴力的教育方式。经 $\chi^2$ 检验，P 值为 0.978>0.05，未达到显著性的水平。(见图2)

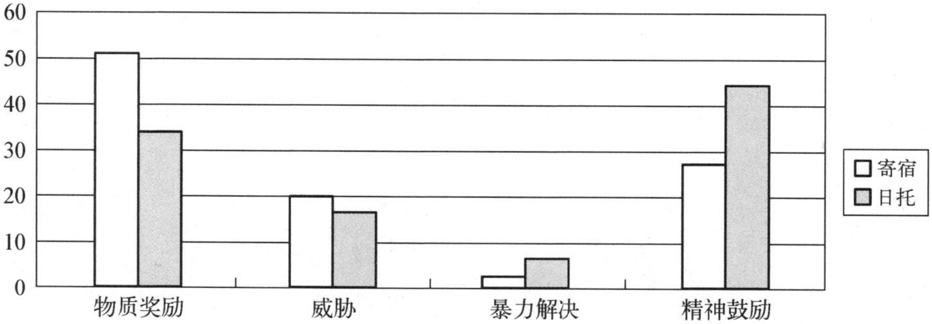


**图2　最有效的教育方式**

调查结果显示，寄宿幼儿亲子互动方式倾斜。调查研究了亲子互动时家长的体势语言及教育方式，发现寄宿制幼儿的家长能够尝试尊重孩子。但由于内疚、补偿心理的因素，很多寄宿制幼儿的家长在亲子互动中会采取被动的态度，过度满足孩子的需要，导致了互动方式向“幼儿为中心”倾斜。这种方式上的误区，往往会造成幼儿过度自我中心，影响到亲子关系的质量。

**3. 亲子互动时间少于日托幼儿**

研究显示，寄宿幼儿亲子互动的时间明显少于日托幼儿。50.79%的日托家长表示“每天都有固定的时间”花在孩子身上，而仅28.14%的寄宿制幼儿的家长这样做。41.92%的寄宿制幼儿的家长表示“不定期，根据孩子的情况”。寄宿家长和日托家长存在一定的差异，但未达到显著性水平。经 $\chi^2$ 检验，P 值为 0.960>0.05。(见图 3)

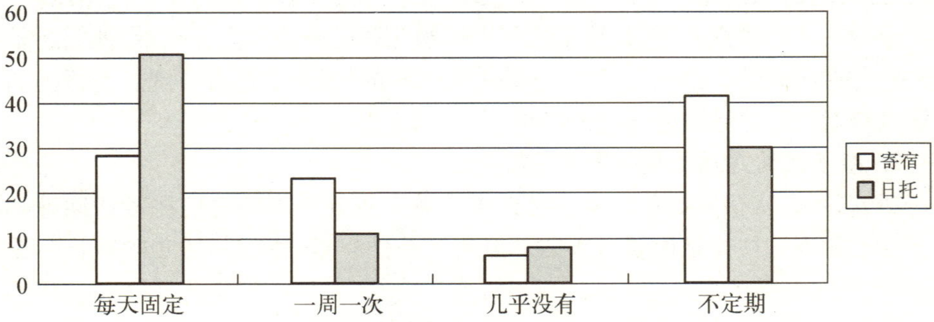


**图 3　工作日内花在孩子身上的时间**

关于亲子互动各项内容时间的调查显示，无论是游戏、语言交流、共同进餐、外出活动，寄宿幼儿与父母互动的时间都明显少于日托幼儿。特别是在游戏和语言交流两项上有一定的差距。经 $\chi^2$ 检验，P 值为 0.998>0.05，差异未达到显著性水平。

研究调查了寄宿及日托幼儿周末与父母、祖辈、保姆、其他人相处的时间。结果显示，寄宿幼儿周末与父母相处的时间为35.26%，略多于日托的34.6%。分析认为，这可能也是出于寄宿制幼儿的家长的补偿心理，他们会尽可能把周末的时间都留给孩子，而日托家长因为每天都能和孩子见面，便不会太在意亲子相处的时间。寄宿孩子与祖辈、保姆相处的时间明显少于日托幼儿，原因可能是，出于工作的关系，日托家长会请祖辈或保姆帮忙带孩子，造成孩子与他们相处的时间增加。

**4. 亲子互动对象以母亲为主**

研究显示，寄宿幼儿主要交往的对象是父母。其中幼儿与母亲最为亲近，而与父亲最为亲近的比例相当低。在接送孩子的对象上，71.08%的寄宿幼儿是由父母接回家的，日托幼儿仅有33.33%是由父母接回家的。周末回家后，71.26%的寄宿幼儿与父母相处的时间最多。经 $\chi^2$ 检验，P 值为 0.957>0.05。有 58.08%的寄宿幼儿是和父母一起睡觉的，而日托幼儿和父母一起睡觉的比率仅有 42.82%。在所有的家人中，寄宿幼儿最亲近的是母亲，其比例高达 67.07%。经 $\chi^2$ 检验，P 值为 0.975>0.05。（见图 4）

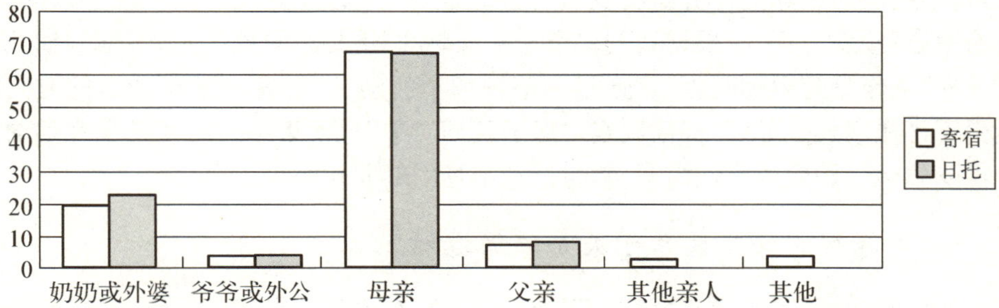


**图 4　与幼儿最亲近的人**

**5. 亲子关系满意度很高**

研究发现，寄宿制幼儿的家长对亲子关系的满意度相当高。96.4%的家长对亲子关系的现状表示满意，91.61%的家长认为亲子互动情况良好，87.42%的家长和孩子沟通时感到愉悦或宽松。对于和孩子交流时的困难，家长主要认为是“孩子大了，有自己的见解，我们讲话他不愿意接受”和“孩子太小，好多道理讲不清”这两项原因。（见图 5）

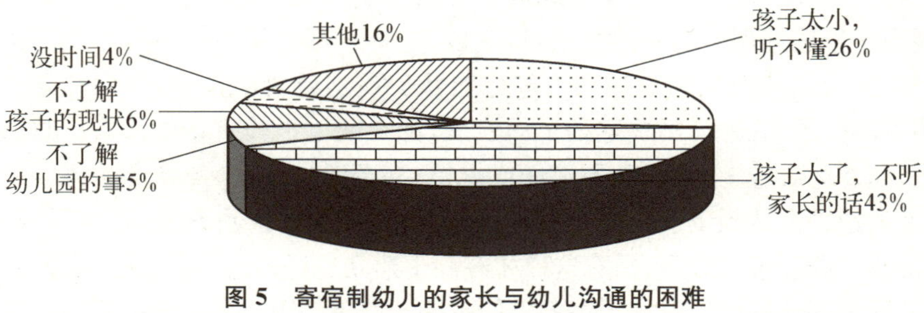


**图 5　寄宿制幼儿的家长与幼儿沟通的困难**

综合以上整个调查结果我们发现，家长的教育观念总体状况较好。分析原因，现代家长都具备较高的学历，网络信息也非常丰富，随时可以汲取科学的育儿观念。其次，现代家庭都是 4－2－1 独生子女家庭，4 位老人、爸爸妈妈围着一个孩子，都希望把自己的爱全部奉献给孩子。再次，现代社会是知识经济的社会，家长对孩子的成长与教育都有着足够的重视与期待。最后，随着时代的进步，教育观念的不断更新，家长也逐步认识到与孩子的平等相处、尊重儿童的重要性。所以，寄宿制幼儿家长对亲子关系的观念总体状况较好。

另一方面，调查发现，寄宿制幼儿家长在教养方式还存在某些偏差。首先，“亲子互动内容”低效。寄宿幼儿亲子互动的内容中，“看电视”和“外出游玩”的比例要大大高于日托幼儿。其次，根据调查，“亲子互动方式”倾斜。研究显示亲子互动时，寄宿制幼儿家长的体势语言及教育方式能够尝试尊重孩子，但互动方式向“幼儿为中心”倾斜。再次，根据调查，“亲子互动时间”不足。研究显示，寄宿制幼儿的家长在“工作日与教师交流”、“通过网络视频了解幼儿”等花在孩子身上的时间明显少于日托家长。最后，根据调查，“亲子互动对象”过度集中。幼儿亲子互动的对象主要集中于妈妈或女性祖辈，常与爸爸亲近的幼儿相当少。

### （二）寄宿制幼儿园亲子关系的促进研究

如前所述，寄宿制幼儿家长在亲子关系中存在着教养方式的问题，这对幼儿的心理发展具有一定影响。基于上述问题，本研究以认知、情感、行为的辩证关系为线索，根据现状研究中寄宿制幼儿亲子关系中关于亲子互动内容、方式、时间、对象的问题，探索符合现实状况的促进策略。

#### 1. 寄宿制幼儿园亲子关系促进的认知策略

认知一般是以抽象、精确、逻辑推理的形式出现，是关于“是如何”的认识，迁移到寄宿制亲子关系中，即如何让家长以正确的教育观念指导亲子关系，因为家长对教育观念的正确认知会影响其教养方式、教养态度。

首先，研究发现，亲子互动方式倾斜。由于家长处于养育者的地位，其知识经验、能力水平远远超出幼儿的水平，长期以来，家长都处于指导、帮助、教育幼儿的主体地位，幼儿的地位相对被动。过分地保护孩子或要求孩子，不倾听孩子的想法，不了解孩子的需求，不尊重孩子的发展，都是缺乏平等意识的表现。这会导致亲子之间产生心理上的疏离、不信任或畏惧，甚至矛盾冲突，对亲子关系状况会带来极大的损害。从根本上认同亲子的平等关系，家长才能更尊重、了解孩子，同时也获得孩子的理解与尊重，只有这样才有利于建立良好的亲子关系。所以，如何从方式上帮助家长正确理解亲子关系中的平等与尊重是策略的重要内容。

其次，研究还发现，亲子互动对象过度集中。大多集中于妈妈或女性祖辈，传统教育观念中女性承担了更多的教育职责，而父亲往往会受到来自工作的压力，担负起更多养家的责任，鲜少参与孩子的教育。事实上，相关研究证明，父亲在亲子关系中同样起着重要作用，父亲对孩子的性别角色发展和社会性发展有着比母亲更为重要的影响，而且是母亲不能替代的。事实上，男性与女性在个性风格、思维方式、行为表现上的不同，可以为亲子关系注入更多新内容。因此在认知上提示家长认识到父亲在亲子关系中的作用也是本研究的重点。

**2. 寄宿制幼儿园亲子关系促进的情感策略**

情感一般是以直观的、模糊的、非逻辑的形式出现，侧重于从意义的角度进行感知，是关于“应如何”的认识，迁移到寄宿制亲子关系中，即通过寻找亲子关系问题的深层心理原因，构建和谐的亲子关系。

情感不仅是幼儿各项活动的伴随因素，而且已经作为一个独立的功能系统控制着亲子关系的行进，并在其发展过程中发挥着重要作用。成人可以根据幼儿的情绪情感去判断他们的各种表征行为，也可以根据情感去分析他们对家庭、家长的态度倾向，情感功能的释放为构建良好的亲子关系提供了可能。另一方面，寄宿制幼儿的情绪情感是亲子关系的重要影响因素，小班新入园、周一入园、黄昏时段是分离焦虑的凸显时段，焦虑是一种消极的情绪，经常体验这种情绪，不仅影响幼儿的身体发育，也会影响幼儿的心理发育。

首先，研究发现，亲子互动时间不足。寄宿幼儿一周 5 天在园度过，这 5 天内鲜少有与家长交流的机会，依恋情绪得不到满足。即便在周末，家长出于愧疚心理极力补偿，但在园 5 天的交流机会却白白流失。所以，如何利用寄宿幼儿在园 5 天的时间，也能不间断地进行亲子互动，把孩子对父母的依恋在幼儿园得以延续，是策略的设计依据。

其次，研究发现，亲子互动方式倾斜。寄宿制幼儿家长更关心的是幼儿在园的学习情况，对于孩子的情绪情感关注度不够。但是事实上，孩子的情感是行为的原动力，是亲子关系正确建立的关键。所以，从家长关注孩子的学习情况迁移到关注孩子的情绪情感是策略设计的另一依据。

**3. 寄宿制幼儿园亲子关系促进的行为策略**

行为一般是以有意识的、随意的、能动的形式出现，侧重于从行为效应的角度进行认知，是关于“怎么办”的认识，迁移到寄宿制亲子关系中，即指导家长以正确的教育方法构建亲子关系，以高效的互动内容改善亲子关系，以合理的互动时间提高亲子关系质量。

根据研究，亲子互动内容低效。寄宿幼儿亲子互动的内容中，寄宿幼儿看电视和外出游玩的比例要大大高于日托幼儿。看电视和外出游玩这样的活动内容，往往是以接收外界环境信息为主的活动。特别是看电视，幼儿在看电视时，往往全神贯注，鲜少与家人交流、沟通，因此，我们认为这是一种相当低效甚至于无效的互动。而外出游玩也需要家长选择符合幼儿兴趣和年龄特征的地点并且有意识地关注和发起与幼儿间的交流，方能成为积极有效的互动。另外，虽然在对“幼儿成长各方面的重视程度”的调查中，家长表示最关心幼儿的身心健康状况，认为文化知识不是很重要，但是从家长每周接孩子开启谈话的内容来看，他们还是更关心幼儿在园的学习情况。可见，互动内容选择的低效、家长教育观念与行为的矛盾还是会对亲子关系产生一定的影响。

## 四、研究结论

寄宿制幼儿亲子关系现状总体情况较好。无论是从家长对教育的重视程度、对亲子关系满意度，还是亲子互动的内容、方式、时间、对象，抑或是家长的教育观念状况来看，寄宿和日托都不存在显著差异。

互动内容方面：寄宿幼儿亲子互动的主要内容是外出游玩和在家娱乐，其中在家娱乐主要进行的活动是玩玩具和看电视。寄宿制幼儿的家长在与幼儿谈话中，比较关心幼儿在园的学习情况。互动内容低效。

互动方式方面：寄宿制幼儿的家长对亲子关系中双方平等的地位比较认同，因此，亲子互动的方式往往是比较对等的。但出于补偿心理，寄宿制幼儿的家长会更宠爱孩子。互动方式倾斜。

互动时间方面：寄宿幼儿亲子互动的时间明显少于日托幼儿。仅仅在周末与父母相处的时间略多于日托。互动时间不足。

互动对象方面：寄宿幼儿主要交往的对象是父母。其中幼儿与母亲最为亲近，而与父亲最为亲近的比例相当低。互动对象过度集中。

寄宿制幼儿的家长对亲子关系的满意度相当高。

从认知、情感、行为等方面入手，有助于提升寄宿制幼儿的亲子关系。

## 五、讨论与建议

### （一）注意方法，增进理解

首先，亲子关系是一种双向互动的过程。在亲子互动的过程中，成人与孩子的地位是对等的，不存在"成人本位"，亦不应该产生"孩子中心"的现象。"尊重"是这一关系当中的关键词。家长要尝试尊重孩子的一切，尊重孩子的意见、看法，尊重孩子的脾气、情绪，尊重孩子的个性、成长方式。同时也应该要求孩子尊重家长的想法和决定。只有先摆正成人与孩子的地位，亲子关系才能更健康地发展。

其次，寄宿幼儿与家长相处的时间虽然不如日托幼儿长且比较集中，但时间长短并不能决定亲子互动的效率，关键是如何进行高质量的互动。寄宿幼儿与家长由于长时间的分离，双方有强烈的情感需求和交往渴望，这为亲子交往创造了一个很好的条件。但正是因为这样，有时家长的行为会比较盲目，忙于弥补幼儿情感的缺失、修补亲子之间的关系，而导致亲子关系产生问题。所以，家长也要避免因为出于补偿心态，在周末回家无原则地满足孩子的需求，造成溺爱娇宠，无助于健康亲子关系的建立。

再次，寄宿幼儿一周有五天在幼儿园度过，大部分时间和老师、同伴一起生活。某种程度上，老师充当着“妈妈”的角色，关心、照顾幼儿，了解、满足他们的需要。虽然不能做到像在家里一样一对一的互动，但可以通过各种方法来尽量弥补幼儿的情感缺失，疏导他们的情绪，减少他们的心理落差。同样，家长也不应该因为孩子寄宿在幼儿园，就认为周一到周五孩子的教育应该由老师负责，回家才轮到家长教育。正因为和孩子接触的时间比较少，家长就需要抽出更多时间了解孩子，了解孩子在幼儿园的情况，了解幼儿园的教育，这是亲子有效互动的基础。

### （二）关注情感，有效互动

首先，情感是人对客观事物的态度体验，它反映了客观事物与人的需要之间的关系。人的情感色彩最丰富、最复杂，伴随着认识和需要的改变而变化。幼儿在亲子关系中的情感缺失或合理的情感需要得不到满足，那么，幼儿将会产生消极的情感，导致不良的行为，对幼儿的成长发展极为不利。因此，在亲子关系促进方面要极力重视幼儿的情绪情感，寻找心理原因，进行合理情绪干预，培养幼儿亲子关系中健康积极的情感。

其次，依恋的情感需要是个人的基本社会需要之一，表现为需要他人对自己关心、照料和爱护。寄宿制幼儿一周在园度过，童年期的照料基本由托幼机构承担，初期会有明显的焦虑、紧张等情绪反应，易激动、过敏、睡觉时常会惊醒或难以自然入睡。因此及时为亲子间建立良好的沟通渠道，为孩子提供安全的心理保障，在孩子需要关注时及时给予注意，是创设身心健康发展的必要条件。

再次，在亲子关系中要及时满足幼儿被爱的情感需要。寄宿制幼儿长时间离开父母，缺少父母的抚爱，总渴望成人的亲近与爱抚，希望得到成人的抚摸、拥抱和体贴，如果这种情感长时间得不到满足幼儿就会产生孤独甚至自卑。所以创设宽松的心理环境，细心地了解幼儿的需要是心理调试的方法之一。心理环境是使幼儿产生丰富情感的重要因素。生长在良好家庭心理环境中的幼儿，其发展一般高于家庭心理环境差的幼儿。因此，作为家长和老师要及时捕捉幼儿的情感变化，了解幼儿的心理需要并采取相应的积极有效的办法。

### （三）认知、情感、行为的协同促进

首先，亲子关系是父母与孩子之间的交往关系，是人生形成的第一种人际关系，是人际关系中最重要的一环。亲子关系能否健康发展，对个体的心理、生理健康十分重要，特别是对个体人格结构的形成有着十分重要的影响。亲子关系的一个显著特点就是稳定性，一旦某种模式的亲子关系形成后，将长期影响个体的心理发展并决定个体社会交往的方式和水平。所以，父母在幼儿园阶段从认知上重视寄宿制幼儿的亲子关系，在情感上弥补幼儿的心理缺失，在行动上落实亲子互动行为，三者联动，才能更好地构建健康的亲子关系。

其次，寄宿制幼儿亲子关系中的认知是情感的源泉，以情感为导向；情感是行为的源泉，以行为为导向；情感最初是从认知中逐渐分离出来的，它又反过来促进认知的发展，行为最初是从情感中逐渐分离出来的，它又反过来促进情感的发展；认知、情感与行为相互渗透、相互作用、互为前提、共同发展。

再次，认知是观念上的认识，是情感与行为的基础。家长在观念上认同了亲子关系的重要、理解了亲子关系中的尊重与平等，才能指向情感，真正落实到行为。情感是导向，是深层次的心理因素，是影响亲子关系的重要指标，只有找准了情感脉络，才能有效地实施亲子互动。行为是认知与情感的最终落实，在观念理解、情感分析之后，运用切实可行的行为策略，才能真正为亲子关系的良好互动实施具体行为。

# 特殊教育的实践与对策研究*

“体现公平，均衡发展”、“适度超前，领先发展”是徐汇教育的指导思想。徐汇区特殊教育康复指导中心(简称特教中心)为徐汇区特殊教育管理的执行机构，成立于1998年，由区教育局直接领导，为辖区内的残疾学生(包括随班就读、特殊教育学校及送教上门学生)提供教育支持服务。近年来，徐汇区特教中心以“满足残障儿童的发展需求，提高特殊教育质量”为发展目标，努力做好区内特殊教育的全面推进工作，对残障学生及时给予关注，向上级主管部门提出了多项政策建议，完善特殊教育管理体制、推动特殊教育发展。

## 一、我区特殊教育面临的问题

随班就读是指特殊儿童在普通学校中与其他儿童一起接受普教教育的特有安置形式。特殊学生能够和普通学生一起学习、一起活动，通过学习文化知识、人际交流互动等方式获得教育。有随班就读学生的学校应为特殊儿童提供适合其特殊需要的教育内容及方式。普通学校(简称普校)应将随班就读工作纳入学校整体发展规划，同时学校应针对学生的实际需要安排学校内容、时间和施教方式，保证每个学生的个别教育和康复训练时间。

近年来徐汇区随班就读学生的数量基本保持在240名左右，分布在20多所小学和20多所中学。前些年的实践经验显示，随着特殊儿童年龄的增长，在普校中特殊儿童与其他儿童的差距逐渐拉大，特殊学生很难适应快节奏的课程内容，普通学生也在实际生活和交往中与特殊学生产生了隔阂。同时，普校学生生源多，教师工作压力大，很难在大课堂上顾及到每一位特殊学生的需求，在特殊学生的教育辅导方面缺乏相关的知识技能，学校在专业化的教学、康复设备的配备方面也十分缺乏。因此，在推进随班就读工作的过程中，往往会出现因教师特教辅助水平参差不

---

* 本文获2008～2010年度上海妇女儿童发展课题调研成果优秀奖。作者：徐汇区教育局

齐而产生随班就读学生个别化教育难以落实的问题，而特殊学生无法获得适合其自身发展的有针对性的教育，对其社会适应性和各方面能力的发展形成了障碍。此外，2007年前，除了在校就读的特殊儿童外，徐汇区尚有一批因重瘫等身体原因而无法进校读书的义务教育阶段适龄残障儿童仍徘徊在义务教育大门外。

## 二、随班就读资源教师支持模式的实践与探索

"让每个有特殊教育需要的随班就读学生受到适切的教育"是徐汇教育多年来的追求。针对普通学校在随班就读工作中出现的问题，我们健全政策保障体系，制定有关文件，对随班就读人员配置、专项经费、设施设备等予以具体规定；优化教育支持模式，开发随班就读学生拓展学习课程，形成基于网络的辅助教学等新型教学模式，落实以资源教师为核心的个别化教育系统；强化指导服务系统，由特教指导中心整合调动区域资源，发挥"专业指导、课程服务、资源支持、鉴定评估"的作用。多年的实践，我们积累了一些经验，其中"专职资源教师辅助随班就读"是基于区域特点、体现徐汇特色的工作实践。

### （一）直面难题　首创集约式辅助模式

1997年，徐汇区教育局提出"构筑随班就读工作最大支持系统"的设想，要求学校为每10位随班就读学生配备1位资源教师提供服务，同时加强资源教室的配套建设。各校积极探索实践，在资源教室100%完成达标建设的同时，三个难题逐渐显现：一是学校随班就读人数经常发生变化，资源教师配置难以落实；二是资源教师服务质量参差不齐，不能完全保证个别化教育计划的落实；三是资源教师多为兼职，流动性大，专业发展动力不足，相关培训流于形式。对此，我们研究实施了"专职资源教师辅助随班就读"的工作模式，其特点是：依托特教指导中心集中招聘管理专职资源教师，为有需求学校提供服务。专职资源教师协助学校管理资源教室，落实残障学生个别教育计划，支持随班就读工作。这一模式的意义在于：

第一，集中有限资源，发挥最大效应。针对随班就读服务群体较小（占全区接受义务教育人数的0.5%），普通学校基本不能配备专职资源教师的现状，集中政府有限的财力物力，为随班就读学生提供实实在在的支持，使市教委提出的"每位随班就读学生每天半小时辅导"的要求得到有效落实。

第二，形成专业力量，提高服务水平。采取"集中招聘、普特结合、培训先行、研训结合"的办法建设一支相对稳定、专业化程度较高的资源教师队伍，形成随班就读的核心专业力量。

经过近 4 年的实践，“专职资源教师辅助随班就读”的模式基本形成，资源教师的工作成效开始显现，资源教师成为扶助随班就读学生进步的良师、家长的益友，受到学校的欢迎。

### （二）建章立制，强调精细化流程管理

**1. 专家把关，公开招聘**

为贯彻上海市教委《关于加强随班就读工作管理若干意见》，经区教育局局长办公会议专题讨论，决定在区特教中心设置 3 名专职管理人员的同时，配置 20 名专职资源教师额度，人员经费由教育局统一拨付。专职资源教师采用全系统公开招聘的方式，每一位应聘者需通过市级专家主持的资格审核、专业测试和面试答辩三个评审环节，最后由专家组综合个人素质、专业背景、经历经验等因素，确定入选人员后报行政主管部门审批。

**2. 按需申请，行政调配**

特教中心分派资源教师的依据是“按需配置、动态调整”。每年 3 月份，特教中心在本区教育信息网上发布信息，告知关于专职资源教师的工作职责及任务，征询学校对特教中心资源教师的用人需求；6 月上旬，学校在分析本校随班就读现状的前提下，向特教中心书面提出资源教师需求申请；6 月中旬，特教中心汇总分析学校用人需求，提出新学年全区资源教师配置方案（优先考虑随班就读学生人数较多、随班就读工作压力较大的学校）上报教育局审批；8 月，特教中心完成对资源教师派驻学校的调整并告知学校。

**3. 学校主导，明确职责**

只有当普通学校的领导、教师意识到资源教师的派驻不仅不会影响学校正常的教育教学，反而能帮助任课教师更好地完成教育教学任务时，随班就读质量才能得到保证。为此，我们制定了符合学校实际的资源教师工作职责：(1) 通过上门家访、深度访谈和每周不少于 5 课时进入课堂观察随班就读学生，全面了解特殊学生情况，协助班主任、学科老师做实做细随班就读学生的个别化教育方案；(2) 落实对每位随班就读学生每天个别训练不少于 30 分钟；(3) 发掘学校与家庭的教育资源，沟通、协调和指导老师家长，全方位有效实施个别化教育计划；(4) 每学期，根据个别教育计划的实施和学生的进步，对个别教育计划方案提出调整建议，尽量保障个别教育计划的适切性；(5) 负责学校资源教室的建设、使用与管理；(6) 提供特殊教育相关的咨询服务等。

**4. 形成合力，确保质量**

资源教师的工作形式比较特殊，平日分散在近 20 所学校工作，每周半天回到

特教中心参加教研活动。如何通过有效的管理使资源教师的敬业精神、学识水平和专业能力与高质量的随班就读工作要求相匹配？我们强化特教中心的服务意识，本着“服务学生，方便学校”的理念，探索了入驻学校-特教中心双重管理模式，即资源教师的工作绩效由入驻中学和特教中心共同考核和管理，以“学生进步评估、家长满意调查、学校评价反馈和特教中心其他任务完成情况”等要素为核心，对资源教师进行全面考核。

为保证资源教师工作顺利开展并落到实处，特教中心安排一名工作人员作为联络员，每天巡回走访资源教师入驻的学校，与分管领导、班主任、科任教师和随班就读学生进行面对面的交流沟通，了解并帮助资源教师解决实际工作中发生的困难和问题，为特教中心—资源教师—入驻学校形成良性互动起到桥梁纽带作用。

### （三）医教结合，重视信息化专业支撑

资源教师进入普通学校，首要任务是尽快科学、全面掌握特殊学生学习、康复特点与情况。医教结合工作的推进，为资源教师提供了极大帮助。教育局先后与复旦大学儿科医院、徐汇区中心医院签约，成为这两所医院的医教结合工作基地。每学年开学前，这两所医院的专业医师参与特殊学生评估，出具书面评估材料并提出教育指导、康复服务建议。资源教师通过开展“三个一”活动（做一次家访、做一次课堂观察、做一次学生测试）与专家诊断互为印证，指导实践。如家访后，资源教师们将家访获得的情况结合专家讲授的经典访问调查案例，分析获得的信息是否真实，并在此基础上总结家访模式加以推广；同时，资源教师也将观察记录等学生资料反馈给康复医师便于康复计划的调整，医教结合使资源教师的教育介入更有针对性。

随着资源教师工作日益精细化、日益深入学生个体层面、日益关注满足学生的各类特殊需求，资源与需求的矛盾就益发凸显出来。我们建成了面向随班就读学校、教师、学生、家长的“随班就读支持平台”，设立“随班就读学生鉴定评估模块”和“随班就读学生成长记录模块”，快速而有效提供学生的基础信息和教育经历，完善个别化教育计划，制定电子化流程与格式，提供教育目标分解库及与目标配套的评价测试库及教学资源库。平台的建立方便了教师、家长获取、利用各类资源，使我区的随班就读工作更趋专业、便捷。

### （四）研修共进，提倡“个性教育”科学实施

我区专职资源教师均来自普通学校，因此进行特殊教育专业理论与技能的培训显得十分必要。但培训必须摆脱学科教学的束缚和纯理论学习的弊端，以解决

实际问题为研修出发点。例如，围绕“随班就读学生资源教室课程开发”，我们渗透特殊教育理念、教育内容选编方法、教材教法等理论学习；通过“设计小组学习课程”这一主题，组织资源教师开发了“丝网花制作”、“传统节日”、“生活礼仪”、“感恩教育”等生活系列课程。在研修形式上，我们也力求活泼多样：有相对集中的专题培训，也有基于问题解决的教学案例研讨；有“讲讲做做”的相互资源教室参观、教学观摩，也有利用假期集体到书城购置特殊教育专业理论书籍；等等。

特教中心每周安排半天组织资源教师开展教研活动，有各位资源教师的个别教育计划交流，有“与学校教师、学生和家长的沟通技巧”分享，有巡回各校资源教师汇报展示活动观摩，等等，相互取经，启发灵感。

资源教师全部参加华东师范大学特教学院举办的特殊教育专业岗位培训，并顺利通过理论考试与课堂实践考核，获得上海市特殊教育教师岗位证书。通过研修，资源教师不仅迅速掌握了基础特殊教育知识技能，并且在实践中形成了自己的操作特点，资源教师已成为我区推进随班就读工作重要的专业力量。

从学校、家长和学生的反馈中我们欣喜地看到，有了资源教师的介入，随班就读学生的教育更有了针对性，个别教育的实施得到了保障。但在工作中我们也发现了一些问题：(1) 随班就读学生的科学合理安置尚缺乏相应的测试评估手段和强有力的政策法规作为支持保障。(2) 目前残障类型、障碍程度相当复杂，对资源教师的专业要求很高，而区域特教师资培训的资源有限。我们将继续深入研究，积极探索与实践，不断提高教师专业水平，继续践行我们的工作理念：“让每一个有特殊教育需要的随班就读学生都受到适切的教育。”

## 三、探索特殊教育医教结合，满足残障学生发展需求

随着特殊教育的发展，残障学生残疾程度呈多样化发展趋势，有一部分智障学生伴有其他障碍。特教中心分别于 2007 年和 2008 年起，与市、区医疗与特殊教育专家、复旦大学附属儿科医院康复中心、徐汇区中心医院合作，对特殊学生教育康复状况进行综合评估，为 348 名特殊学生的合理安置提出科学建议，以及对区域内脑瘫学生进行运动功能水平评估，指导老师和家长实施个别化教育康复计划，提出康复辅具适配的建议；以及对残障儿童进行健康诊断等。

为了落实市、区《特殊教育三年行动计划(2009～2011)》及上海市教育委员会、上海市卫生局《关于开展特殊教育医教结合工作的通知》中“构建满足残疾学生身心全面发展需求、医教有机整合的特殊教育支持保障体系”的要求，2010 年徐汇区教育局与复旦大学附属儿科医院、徐汇区中心签约正式成立“徐汇区特殊教育医教

结合工作基地”，就为残疾学生进行健康检查并有针对性地提出医疗就诊建议、医师定期到校参与制定残疾学生教育康复方案、接受特教学校康复教师参与等临床实践和学习等合作事项，明确了医疗和教育双方的任务和职责；同时，还与复旦大学附属儿科医院、复旦大学附属眼耳鼻喉科医院、上海市精神卫生中心、第六人民医院、华东师范大学、市教委教研室的10位在儿童发育、行为、语言、运动、心理等领域卓有专业特长的医疗和教育专家签约，组建了“徐汇区特殊教育专家咨询委员会”，为本区坚实走好特殊教育内涵发展之路，为培养高素质的特教师资队伍提供支持保障。2011年6月，徐汇区教育局《区域性“医教结合工作基地”建设的实践与探索》成为上海市教委《推进医教结合、提高特殊教育水平》这一国家教育体制改革试点项目的子项目。

## 四、开展送教上门，实现义务教育“零拒绝”

重瘫在床而无法到学校就读的重度残障儿童与其他孩子一样，也有平等受教育的权利。2007年，特教中心及时对这类特殊孩子给予了关爱，提出开展“送教上门”工作的建议，将重度残障儿童的学籍纳入特殊教育学校，由专职特殊教育教师上门入户，为该类学生提供个别化的教育训练。

在区教育局和特教中心的指导下，董李凤美康健学校精心挑选教育能力和沟通能力俱佳的专职送教教师，并组成“送教上门”教研组，特教中心对送教上门教师进行统一管理，每学期组织专题工作交流会；根据学生和家长的需要，整合本区特教资源，为送教上门学生提供康复训练及教育教学所必需的器材设备、教育经费；广泛听取家长意见，为送教上门的家长按时开设培训和讲座。自2007年以来，16位老师先后为徐汇区近50名重瘫学生按时进行了有计划、有步骤的个别化教育训练。“送教上门”工作的开展实现了徐汇区教育局对全区儿童教育教学“零拒绝”的目标，也为重度残障儿童打开了一条通向社会的大门。

近年来徐汇区在随班就读、送教上门、医教结合等工作方面的做法，已取得家长和学校的高度肯定。“专职资源教师辅助随班就读”的工作模式推动了普教与特教的融合发展，让教育真正实现了“零拒绝”，找到了适合轻度智力残疾学生能力发展的途径，让这些学生有所作为、也为专业技术学校输送了人才，从而完善教育体系，进一步维护社会的安定和谐。今后，徐汇区教育局仍会以“优化适合每一个学生终身发展的教育之路”为目标，继续推进区域特殊教育的进一步发展。

# 第四篇

# 女性人才研究

# 上海女性高层次人才成长状况研究*

“十二五”开始，后世博时代的上海将进入一个全新发展阶段，人才将成为推动城市功能转换、产业结构调整的关键因素。如何从上海经济社会发展需求出发，尤其从提升产业能级、优化产业结构、加快“四个中心”和现代化国际大都市建设的高度出发，开发高素质人力资源，加快推进本市经济社会结构转型，是各级党政组织非常关心的重大课题。

2010年3月，“上海女性高层次人才成长状况研究及对策建议”课题正式启动。课题组在市委领导的支持下，由市委组织部、市妇联牵头，整合各大系统和委办局的资源，组成专家组、政策指导组和课题研究组，发动多方力量，借助座谈、数据采集、问卷调查等方法，对上海市女性人才成长状况进行深入研究。

## 一、上海女性高层次人才成长的基本现状

### （一）上海各类人才总量、统计口径以及女性高层次人才的界定

后世博时代，上海要走出一条以自主创新为特征的内涵式发展道路，必须从地区特点出发，大力实施人才强市战略，特别是加大高层次人才队伍建设的力度，在优化人才结构的同时，提高人才的层次和质量。

据上海市人力资源和社会保障局提供的数据，2008年，全市党政、经营管理和专业技术人才总量为358.13万人，占户籍人口、常住人口及从业人员的比重分别为26.1%、19%和34%，其中：公有制领域人才有106.69万人、非公有制领域人才

* 本文获2008～2010年度上海妇女儿童发展研究政策建议成果一等奖。作者：上海市妇联　上海市委组织部　上海市科协

有 251.44 万人，分别占人才总量的 29.8%和 70.2%[①]。

从上海市各类人才总量来看，具有以下三个特点：一是人才总量丰富。尤其以专业技术人才为多，主要集中在制造、批发和零售、教育、金融、信息及建筑等行业；二是体制外非公有制领域人才数量增长迅速。特别是近两年的新增人才大量集聚非公领域，公有制领域人才总量保持相对稳定，前者数量远远超过体制内公有制领域人才；三是人才学历结构不断优化。党政人才队伍学历结构已经呈两头小中间大的橄榄型，但经营管理类人才和专业技术人才队伍里中专学历仍然占到 30%。

然而，上海市人事部门公布的人才数据中，统计口径沿用的是国家人事部规定的统计口径——中专及以上学历的从业人员。这一统计口径曾受到不少批评，认为对于“人才”的界定过于宽泛，已经不适用于社会发展新形势。此外，这些人才数据还缺乏性别信息和不同层次人才的信息，从中无法了解到女性高层次人才的总量和规模。

本课题根据全国人才工作会议精神，结合上海具体市情和本次调研的涉及范围，将调研重点放在组织部及各大口系统下属单位中的女性高层次人才队伍，并将其划分为三类，明确了统计口径，具体如下：

党政干部类：副处实职以上女干部；

专业技术类：科研、研发、医疗、教育、金融等领域副高及以上职称女性；

经营管理类：国有、民营企业高管中的女性。

根据不同系统的特点，课题组设计了专门的数据报表，请市直机关、科技、教育、卫生、金融、经信、国资、建交委、社科院各大口系统，分别就本单位女性高层次人才的总体情况进行梳理。

### （二）上海三类女性高层次人才的现状

经对各大口系统上报数据进行汇总整理，目前卫生、教育、社科、经信、金融、科技和建交系统的女职工比例都超过了 30%，特别是卫生、教育系统，女性比例已接近 2/3，成为行业主力军。

就本次调查来看，高层次女性人才队伍中，专业技术类在数量上占绝对优势，是女性高层次人才的主体，主要集中在经信、金融、教育、卫生、宣传、科技等行业；党政干部人才以市直机关为主，各大口也有一定比例；经营管理类人才在数量上较

① 上海市人力资源和社会保障局：《2008 年上海人才资源状况报告》，http：//www.21cnhr.gov.cn/xinxi.

少，目前也是三类人才中女性比例较低的一类。

**1. 党政干部类**

《上海市妇女发展“九五”规划和2010年远景目标》实施以来，党政干部类女性高层次人才队伍建设水平不断提高，在全国处于前列。自20世纪80年代以来市委、市人大、市政府、市政协四套班子中均有女性领导人，市、区党委和政府部门领导班子中女干部配备率分别达到55.6%和58%，局处级女干部比例平稳增长，优秀女性人才储备初具规模。2008年，本市处级后备干部中女性比重达37.3%，局级后备干部中女性达到21.7%[①]，具体见表1。

**表1　1995～2008年上海市局、处级女干部在同级干部中的比例(%)**

| 年份 | 局级 | 处级 | 局级后备 | 处级后备 | 45岁以下局级 | 35岁以下处级 |
|---|---|---|---|---|---|---|
| 1995 | 10.94* | | | | | |
| 1998 | 11.45 | | | | | |
| 1999 | 11.13 | | | | | |
| 2000 | 8.96 | 13.47 | 26.6** | | | |
| 2001 | 9.64 | 14.43 | 26.2 | | | |
| 2002 | 13.73 | 15.09 | 27.1 | | | |
| 2003 | 10.37 | 15.66 | 32.2 | | | |
| 2004 | 11.4 | 15.85 | 30.1 | | | |
| 2005 | 12.9 | 15.5 | 30.3 | | 14.7 | 5.8 |
| 2006 | 12.8 | 16.9 | 19.3 | 33 | 16.2 | 6.4 |
| 2007 | 13.3 | 16.4 | 21.1 | 35.6 | 14.2 | 6.9 |
| 2008 | 11.7 | 16.1 | 21.7 | 37.3 | 15.5 | 6 |

注：*：1995～1999年局级干部比例包括正副局级；**：2000～2005年局级和处级后备干部混合统计。
资料来源：根据上海市妇联妇儿工委办公室提供的《上海妇女发展“九五”、“十五”、“十一五”规划》制作。

本次调研中数据表明，公务员性质单位中，女性党政干部的高层次人才比例与监测评估数据基本保持一致，如：市级机关全系统公务员性质的44家单位中，局级干部总数为382人，女性占13.1%；处级干部总数为3 086名，女性占22.9%。

但各大口系统的女性高层次党政干部存在比例不等的现象，如：教育系统副处实职以上女干部有1 371人，占69.1%；社科院88位副处以上干部中，女性有20

① 参见市委组织部妇女发展规划“十五”终期报告：《上海市培养选拔女干部工作情况报告》，上海妇女儿童工作信息网，http：//124.74.238.134/portal/html/jcbg/chengyuandanweibaogao/15final/2009/0612/2712.html.

位，占 22.9%；建交系统 701 位副处实职以上干部中，女性 110 人，占 15.7%；经信系统 102 位党政领导中女性有 15 人，占 10.1%。

**2. 专业技术类**

从数量上来看，三类人才中，专业技术类人才占绝对优势。近年来，随着上海经济社会的快速发展，女性人才尤其是女性高层次人才的总量和比例均不断提高。《上海统计年鉴》数据表明，本市女性专业技术人才的总量和比例均呈显著上升趋势。2004 年，在全市专业技术人员中，女性为 32.06 万人，占 45.06%；截至 2008 年底，则增至 38.09 万人，年均增长 1.2 万人，占全市专业技术人才的比例也上升至 48.68%。从图 1 可以看出，2004 年以来，不同性别专业技术人才数量增长的趋势中，两性人才总量都呈增长趋势，但女性人才增长速度远远超过男性人才。

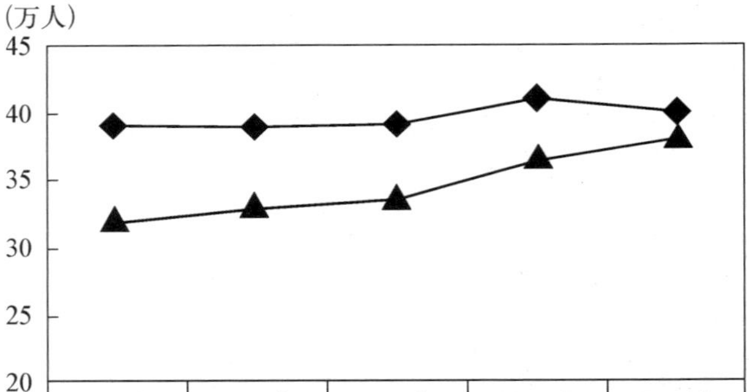


| | 2004年 | 2005年 | 2006年 | 2007年 | 2008年 |
|---|---|---|---|---|---|
| 男性人数 | 39.05 | 38.96 | 39.2 | 41.11 | 40.15 |
| 女性人数 | 32.06 | 33.03 | 33.52 | 36.57 | 38.09 |

**图 1　近年本市专业技术人才分性别趋势比较**

专业技术类人才中，经济信息系统、金融、社科院、科教文卫等系统是女性高层次人才集聚较多的行业。如来自教育系统的统计数据显示，具有副高职称的专业技术人员中女性比例，高校为 40.9%、中等职校为 53.4%、普教系统为 58%；具有正高职称的女性比例，高校为 15.7%、中等职校为 23.8%。卫生系统的女性人才也高度集中。市卫生局对 394 名医务女性的抽样调查数据同样显示，该系统的女性高层次人才以中青年为主，70%的调查对象年龄在 50 岁以下，受教育程度普遍较高，女性高层次人才的受教育经历，64.4%为本科、27.4%为硕士、19.8%为博士。不仅如此，卫生系统女性人才还具有明显的国际化背景。26.9%的女性高层次人才具有海外留学经历，其中留学时间 1～2 年的占 84%、3～5 年的占 17.5%、5 年以上的占 8.9%；硕导、博导以上占 17.3%，且有不少女性高层次人才享受国务院特殊津贴。

和全国其他城市比较，上海是科技高端女性人才数量最高的城市之一：本市科技系统中科学院女院士有 4 名，美国科学院在华女院士 1 名。而且科技系统近年来女性人才总人数一直呈上升趋势：2004 年，全市科研机构研究人员中女性有 10 883 人，占总数的 32.8%；到 2008 年，增至 12 149 人，比例上升达 33.2%；2009 年本市科技系统正高以上职称女性约 230 名，占全系统正高职称的 25%。随着女性人才后备梯队数量的不断扩大，科技系统高层次女性人才的比例还会继续提高。

**3. 经营管理类**

"十二五"期间，为适应上海经济结构转型和增长方式转变的需要，要尽快集聚一批具有全球视野、胜任市场竞争、通晓管理与商业动作规则的金融、航运、贸易以及现代服务业领域的高层次人才。随着人才地位与作用的日益凸显，在产业结构知识化、企业管理技术化的过程中，经营管理类人才的数量、层次和类型等至关重要。其中，女性高层次人才的结构、分布状况及比重等数据，集中反映了在上海产业能级提升和企业管理模式优化过程中女性人才的角色定位与贡献率。

2006 年，上海市妇女儿童工作委员会公布的《上海妇女儿童发展"十五"计划终期监测评估报告》显示，2005 年末，本市局级企业领导班子中的女性比例为 9%，比 2000 年增加了 0.8 个百分点；女性参与经济管理的程度增加，职工董事中女性比例为 44.4%，职工监事中女性比例为 46.9%，均超出 40%的目标值。

自"十一五"规划以来，体制内的经营管理类女性高层次人才有所增加，据"十一五"中期监测评估数据，2007 年底女性经营管理人才的比重为 31.8%，2008 年底提高至 36.2%①。

目前，上海市经营管理类女性高层次人才主要分为公有制和非公有制两大领域。根据课题组从各大口系统获得的数据，公有制领域国有企事业单位的经营管理类女性人才的基本情况如下：

(1) 经济信息化系统：目前，共有市管及直属企事业单位 19 家，职工总人数 3 641 人，其中：女性干部职工 1 378 人，占 37.8%。在女性干部职工中，女性人才 149 人，占系统内人才总量的 25.8%，高管中有 4 名经营管理类人才。

(2) 金融系统：市属金融企业员工总数 11 万余人，其中女职工占到 52.6%。目前，在 16 家市属金融企业领导班子中，女性领导有 18 名。

(3) 建设交通系统：上海市建设交通系统在职职工共有 10 838 人，其中在职

① 此处数据来自人保局，其人才界定为中专以上学历管理人员，与本文中的经营类人才（企业高层管理人员）界定有所不同。

女性职工 3 451 人，男女比例大致是 2∶1，女性高层经营管理类人才达 110 名。

（4）国资系统：上海市国资系统共有在职女职工 19.2 万人。经营管理类女性人才表现出明显的行业特征，从事生产制造业、生产服务业比例较大，尤其是制造业女性经营管理人才占近一半。在 322 名高层管理人员中，共有女性高管 26 名。

非公有制领域的女性高层次人才，虽然这次调研并没涉及，但上海人事局数据显示，非公领域是近几年来经营管理人才增长的重点领域，远远超过公有制领域。以往相关调查的结果也显示，自 20 世纪 80 年代中期以来，上海已经开始有女性人才注册创办企业，从 1992 年以后逐步增加，到 20 世纪末进入高峰。1992 年，上海地区创业者中的女性比例约为 8%，到 1999 年底上升为 20%，个体户、私营企业主中的女性比例占全市总量的 32%[①]。以女民营企业家、女经理、女个体工商户、女“白领”等为代表的一个社会新群体开始形成。据有关资料统计，截止 2005 年，上海私营企业中法定代表人及负责人总人数为 470 689 人，其中女性为 131 599 人，占总数的 28%，比 2000 年提高了将近 10 个百分点。2008 年底，上海工商登记的法人代表为女性，即由女性担任董事长、总经理负责人的企业达 15 万家[②]。同时，据上海市妇联的调查，愿意创业的女性比例已从 2000 年的 6.4%上升到 2007 年的 11%。

## 二、上海市促进女性高层次人才成长的主要做法

近年来，上海高层次女性人才的规模不断扩大，在上海经济社会发展中的贡献率也不断提升。这首先是女性人才自身不断努力的结果，同时，各级政府部门和组织机构也发挥了重要作用，从而促进了大批女性高层次人才的产生。

### （一）以妇女发展规划和监测评估为抓手，有力推动女性人才发展

20 世纪 90 年代以来，上海市妇儿工委先后出台上海妇女发展“九五”规划、“十五”规划和“十一五”规划，并配合规划指标监测，协调各成员单位按照责任签约，扎实推进妇女规划的有效实施和各类女性人才的发展（见表 2）。

---

① “妇女就业和性别平等的劳动力市场政策研究”课题组：《妇女就业和性别平等的劳动力市场政策研究——上海妇女就业、创业状况调查研究报告》，参见上海女性网，http：//www.shlottery.gov.cn/epublish/gb/paper381/1/class038100003/hwz902455.htm.

② 上海市女企业家协会会长王佳芬在世界女性经济和社会论坛主办“世界女性论坛首届亚洲大会”上的演讲，2008 年 5 月 15～17 日，参见 http：//finance.sina.com.cn/hy/20080517/06394880455.shtml.

表 2　"九五"以来妇女发展规划中有关女性高层次人才的主要指标

| | 女性高层次人才相关指标 | 目 标 值 |
|---|---|---|
| "九五" | 各级政府领导班子成员中都有女性 | 100% |
| | 政府部门负责人中女性比例有较大提高 | 较大提高 |
| | 区、县正职领导中女性比例有所增加 | 有所增加 |
| | 逐步提高局级干部中的女性比例 | 逐步提高 |
| | 积极培养各类女性专业技术人才 | 积极培养 |
| | 中高级专业人员中女性增长幅度不低于平均增长幅度 | 不低于平均增长幅度 |
| | 在各类教育中增加促进女性成才的专门教育 | 增加 |
| | 区县党政领导班子中有 2 名女干部的班子比重 | ≥50% |
| | 市党委和政府部门班子中有女性的班子比重 | ≥50%(≥60%) |
| | 区县党委和政府部门班子中有女性的班子比重 | ≥60% |
| | 局级正职女干部比例 | 有明显提高 |
| | 处级正职女干部比例 | 有明显提高 |
| | 女性在经贸、金融等领域中的管理人员比例 | ≥30% |
| "十五" | 大型(或以女性为主)企事业单位局级企业领导班子中的女性比例 | 有所增加 |
| | 有适当女性比例的企业董事会比例(职工董事中女职工董事的比例) | ≥50%(≥40%) |
| | 高级女性专业技术人员比例 | ≥22% |
| | 各类先进模范中的女性比例市劳动模范(4 年一次) | 逐步增加 |
| | 女性经营管理人才的比重 | 逐步提高 |
| | 女性专业技术人员的比重 | 逐步提高 |
| | 高级女性专业技术人员的比重 | ≥25% |
| "十一五" | 女性平均受教育年限 | 增加 |
| | 表彰奖励科技人员中的女性比重 | 增加 |

"九五"期间，上海设立了"上海市巾帼创新奖"，启动了"女性人才工程"；"十五"期间女性党政干部类高层人才培养问题得到重视；"十一五"强调了对经营管理人才和专业技术人才的培养。

在妇女发展规划的推动下，本市各类女性高层次人才队伍不断扩大。"十一五"中期评估的数据显示，本市党政干部中局、处级女干部比重均在"十五"期末的基础上平稳增长，市、区(县)党委和政府部门领导班子中女干部配备率分别达到 55.6%和 58%，达到妇女规划提出的 55%左右的目标要求。经营管理人才中女性占31.8%，在4万个非正规就业劳动组织中，女性开业者约占41%。专业技术人才中女性占39.6%，其中高级女性专业人员占27.7%，达到妇女规划不低于25%的目标要求。

### （二）借助各类人才发展计划，为女性人才提供发展机会

无论是党政干部、经营管理类女性人才还是专业技术类女性人才，成长过程都高度依赖特定的制度环境和政策设计。近年来，为了构筑人才高地，推进“四个中心”建设，上海各大系统纷纷出台了人才发展计划，并有意识地为女性人才提供了相对公平的发展机会。

**1. 市委组织部**

为推动优秀女干部脱颖而出，在市委组织部的统筹规划下，市、区县党委组织部门把培养选拔女干部、促进妇女参政议政纳入组织工作的整体框架，建立健全各级党委组织部门、统战部门和工青妇等有关方面的联席会议制度，定期通报各地区、各部门培养选拔女干部工作进展和目标落实情况，加强沟通联系和调研监督。坚持和完善每年集中向同级党组织推荐优秀女干部制度，定期举荐党内外各层面、各领域的女性人才。本市培养选拔女干部工作成效显著：目前，市委、市人大、市政府、市政协四套领导班子中有女干部5人；市委工作部门的领导班子中女性占61.1%，市政府工作部门的领导班子中女性占66.7%。市管干部中女性占14.4%；区县领导班子中女性占21.1%；局级后备干部中女性占20.5%，超过了中组部关于省（自治区、直辖市）后备干部中女性比例不少于15%的目标要求。

**2. 教育系统**

1995年设立“曙光计划”，其项目资助对象为具有博士研究生学历、副教授以上职称、40周岁以下的高校青年教职工，当年所资助的19人中女性仅1人；但在2009年，所资助的56人中女性已有15人。15年间受资助的女性共有110名，占整个“曙光群体”的15.1%。2005年设立的“上海高校选拔培养优秀青年教师科研专项基金”，资助对象为35岁以下的青年教师。5年来获得资助的女教师有3 186名，占总数的61.8%。随后，2007年，市教委设立的高校青年科研骨干培养计划（简称晨光计划），其资助对象为30岁以下、具有硕士及以上学位、副高级及以上职称的高校教师。实施3年来，迄今已经资助了157名青年女教师，占资助总人数的53%。

**3. 科技系统**

1991年由市科委设立的“上海青年科技启明星计划”（A类计划），以35岁以下的优秀青年科技人才为项目资助对象。实施19年来，女性获得项目资助比例不

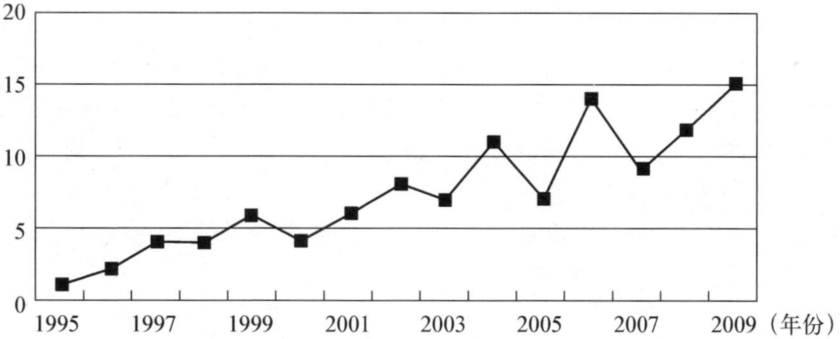


**图 2　曙光计划历年获资助女性人数**

断上升，至 2008～2009 年度已经达到了 37.4%。一些科研院所以创新方式加强人才队伍的教育培训，提高人才能力与素质。科研院所领导党政班子重视人才培养的整体规划，制订《科研院所高端人才实施计划》、《青年科研人员职业发展规划》等，建立了集科研、技术、管理、经营为一体的“四支人才队伍”。

**4. 卫生系统**

通过医学领军人才培养，造就有影响的“医学精英”和“帅才型”专家，以此为核心和模板组建年轻优秀团队；通过宏观调控和政策引导，加快紧缺专业和薄弱专业人才的培养和引进；在三级医院培养具有高超医技、高尚医德和擅长解决疑难杂症的医学专家队伍；在二级医院培养具有过硬临床技能、能解决群众常见病的临床骨干队伍；在社区卫生服务中心培养善于运用全科医学理念、胜任社区卫生服务的全科医师队伍，根据需要和可能，实现医学人才合理流动，发挥整体效用。

此外，全市的“千人计划”、“浦江计划”等也纷纷加大高端女性科研人才的引进力度。比如中科院上海分院，近两年引进的人才中女性占 20%以上；而 2005 年由市人事局、市科委设立的“浦江计划”，实施以来获得项目资助的留学回国人员中，女性比例达到了 21.6%。

## （三）完善政策配套，为专业技术人才成长提供全方位的支持与保障

在各级党委、政府和妇女工作部门的推动下，上海市各大系统也积极完善各类促进女性人才成长、维护女性人才发展权益的政策措施，从继续教育到晋升提拔，从结婚生育到延迟退休，初步形成了一整套政策体系，从而使女性人才的培育、使用、激励、保障等各个环节都能有章可循，有据可依。

**1. 建交系统**

重视通过建章立制促进女性成长，相继颁布《交通运输和港口管理局机关女职

工专项保护条例(试行)》、《上海市交通运输和港口管理局女职工周末学校章程》、《关于印发上海市城市交通考试中心女职工专项保护办法的通知》、《上海市交通运输和港口管理局指挥中心(上海市交通港航信息中心)女职工专项保护条例》、《关于延长女性高级专业技术人员退休年龄的有关事项的通知》、《关于延长女性高级专业技术人员退休年龄的补充说明》、《关于延长女性高级专业技术人员退休年龄的操作意见》、《关于印发〈上海航运交易所女职工产假及续假的规定〉的通知》等，使女性人才成长获得了规范化保障。

**2. 国资系统**

积极引进年轻女性人才，择优推荐优秀女性人才到海外培训和进修，使女性人才队伍的年龄结构不断优化，知识背景不断走向国际化。目前，国资委机关本部处级以上干部(实职)共有51名，其中：女干部有9名，占处级以上干部比例为17.64%;35～40岁的女干部有6名，占女干部数的2/3。上海国资委系统企业集团(院所)后备干部263名中女性有47名，其中：40岁以下有18名，占后备干部女性的比例为38.29%，18人均接受过全日制本科以上的高等教育，其中5人获得硕士学位、1人获得博士学位。

**3. 经信系统**

有重点、有步骤地培养女性后备干部。化工区管委会注重女干部培养，对符合条件的女干部，通过选拔处级后备干部、选送到处级干部培训班等形式，加大培养力度。上海商学院注重从教学部门的优秀青年女教师中选拔后备干部，安排到企业和学校职能部门挂职和轮岗锻炼。

**4. 金融系统**

出台了《关于进一步加强金融人才工作的意见》、《上海市集聚金融资源加强金融服务促进金融业发展的若干规定》，设立了金融创新奖、上海金融发展基金，重点培养金融领军人才和高技能人才，并通过项目化方式为女性人才健康服务。

### (四) 各级妇女组织积极努力，创新工作机制，为女性人才成长创造条件

在市妇联的指导和带领下，各大系统妇委会也不断加大工作力度，努力为女性人才成长创造条件。

**1. 市教委系统妇工委**

于2003年设立了“优秀青年女教师成才资助金”，资助项目包括家庭服务补贴、生育补贴、单亲困难补贴和教学科研成果奖励补贴。7年半来共向1 061人次优秀青年女教师提供资助98.49万元。与此同时，复旦、交大、华师大、财大、上师

大、上大等高校也根据各自情况配套建立了优秀青年女教师成才资助金。

**2. 市科技系统妇委会**

一是建立青年女科研人员科研成果奖励、高端女性人才家政(生育)补贴和科技巾帼创新成果奖等制度,激励科技女性成长成才;二是开展"明日科技之星——女科学家科普拓展基地"的建设和"女科技工作者进农村"行动,积极为科技系统知识女性以知识回报社会搭建平台。

**3. 上海社科院妇委会**

积极创新妇女工作机制,通过"3+2模式"为"社科女性"人才队伍成长提供保障和动力。对内依托"女博士工作室"、"女高知女干部联谊会"和"妇女研究中心"三大平台,满足高层次女性发展需求,为她们提供知识反哺社会的机会;对外与卢湾(现并入黄浦区)、南汇合作建立两大研究基地,整合资源,开展国情调研,建言献策。

近年来,随着上海市女性人才经营管理活动的不断增加,各级妇女工作部门更加关注此类人才的成长状况。尤其在《关于促进本市小企业发展的决策》颁布后,一系列配套政策落实到位,为女性人才创业提供了外部支持和资助。上海市妇女工作系统专门开展百名创业女性培训,制定"青年女性职业飞翔计划",开通女性创业咨询热线,评选"上海市优秀创业女性"等,从而为女性人才的经营管理活动提供了重要帮助和鼓励。

## 三、上海女性高层次人才成长面临的主要挑战

总体来看,上海女性高层次人才队伍一直在发展壮大,并处于全国相对领先地位,但同时,随着新时期上海经济社会发展战略目标的确立,女性高层次人才队伍建设开始面临新的挑战,具体表现在以下几个方面。

### (一) 女性人才结构不合理,与上海产业结构优化的总体目标不一致

随着后世博时代的到来,"十二五"时期的上海将进入产业经济转型的关键阶段:一方面,需要按照上海市重点产业开发目录的总体要求,在淘汰落后产能、提高产业能级的基础上,加快九大支柱产业的发展速度,优化产业结构,实现产学研一体化,对各类科研研发人员的需求量会大幅上升;另一方面,需要优化所有制结构,加快民营企业的发展步伐,鼓励更多的人才积极创业,并发挥创业带动就业的倍增效应,改变目前创业意愿偏低、经营管理类人才偏少的状况。但从目前人才队伍的整体状况来看,确实存在不小的差距。

按照市场经济发展的一般规律，人才队伍的主体是从事市场活动，而不是从事行政管理或者公共服务。但从目前的调研和统计结果来看，大部分的女性人才并未直接投身于产业经济发展，而是集中在公共部门。这里，需要补充说明的是，在公共部门的女性中，直接从事科技研发和经营管理一线工作的人才比例同样很低，大部分女性仍然在服务性岗位上工作。

此外，层级越高女性比例越低的现象也普遍存在。有的企业基层女性占半数以上，部门级负责人女性不足三成，领导班子中女性不足1/10，有的企业一位女性领导都没有。统计数据显示，职级较低的女性绝对数在逐步上升，而职级越高女性越少，呈"金字塔"型。这一现象在机关干部中也普遍存在，处级及以下多，局级及以上少。调查表明，级别越高，女性领导干部比例越低，正局级女性领导干部比例只占女性领导干部的1.8%，占整个领导干部队伍的比例只有0.3%。

### （二）经营管理类女性高层次人才偏少，在产业结构调整中作用有限

高层次人才的比例偏少，这是上海市整个人才队伍面临的普遍性问题。但在女性人才队伍中，相对而言，专业技术类和党政管理类稍好，经营管理类女性高层次人才比例最低。事实上，无论是在体制内还是在体制外，经营管理类人才的层次差异都首先体现在企业的控制权上。在体制外，上海市的女性创业过程不是伴随着20世纪80年代的市场化进程，而是伴随着20世纪90年代末的国有企业改制、职工下岗分流过程。换言之，上海女性创业在很大程度上是不得已而为之的行为，是为了维持相对体面的工作方式的结果，因此，企业规模小，产业能级低，发展潜力不足，也就很难培养出真正高层次的女企业家和女高管。根据上海市工商局2008年底的统计数据，上海市女性董事长、总经理已经达到15万人，但真正能形成规模企业、处于产业链高端的极少，更多的女性人才开拓的是中低端服务业市场。

国有企业的女性高管同样很少，比如：有的企业全体职工中女性占37.9%，女性高管仅占2.7%；有的企业女性职员超过50%，但高层副职以上女性只有8人，男性却达到130人。

此外，在经营管理类高层人才中，女性领导干部担任副职的多，正职的少。如某系统中，322名高级管理人员担任正职的女性只有2名，其余24名分别担任不同岗位的副职。

### （三）女性高层次人才成长的压力大、成本高

高层次人才的成长周期长，人力资本投资成本高，并且时常会与其婚育周期重叠。因此，很多女性人才在座谈、访谈过程中反映，成才与婚育是他们所面临的双

重压力，使其成才过程中需要比男性付出更多努力，甚至遇到更多的困难。同时，经营管理类女性人才一直在经历着剧烈的产业结构调整、制度环境变迁和企业管理模式嬗变，专业技术类女性人才经历着学科转型、专业化程度提高、公众文化需求变化等一系列挑战，党政管理类女性人才遇到了行政管理体制改革、公务员管理规范化、公共管理趋于复杂化等压力，这就在正常的人力资本投资和婚育成本之外，增加了第三类成本，即时代和环境变迁所带来的社会成本，使女性人才成长的压力进一步加大。

根据2009年8月进行的“上海提升城市软实力”(市政府发展研究中心2009年度招标课题)的问卷调查结果显示，在受访的339名高层次女性人才中，感觉“压力太大，但还能忍受”的占29.7%，感觉“压力有点大，但还能忍受”的占33.3%，感觉“压力越来越大，但不会离开上海的”占到11.7%，只有18.3%的受访者感觉“压力不算大，比较适合自己发展”，另有3%的受访者表示“压力越来越大，打算离开上海”，还有4%的受访者表示“不清楚或不想回答”。

### （四）女性高层次人才成长过程中的政策支撑问题

首先，政策思路问题。自新中国成立以来，尽管各项人事人才政策在形式上都力求“男女平等”，但实际上往往忽视女性人才在婚育等方面所承担的特殊责任，形式上的男女平等政策造成了对女性人才的新的不平等，这就意味着女性人才在取得同样成绩的过程中，需要比男性付出更多、更大的努力。就上海市而言，关于人才工作的14项主要政策中，很少专门确立性别指标。

其次，政策执行问题。在女性人才成长过程中，相关的倾斜性政策还涉及能否及如何执行的问题。事实上，很多政策由于执行力度不大，或者方法不当，政策效果不佳，女性人才未能真正受益。比如，中组部有关文件和《上海妇女发展“十一五”规划》均规定：在各级领导班子中要有“至少一名”女性成员，但是，在执行中往往变成“最多一名”。不仅如此，即使是“最多一名”，也未能在所有党政领导班子中全部落实。再比如，尽管文化社科类女性高层次人才55岁以后可以按政策规定继续在岗工作，但很多单位又作出了补充要求，这些员工必须每年填写申报表，造成明显的心理压力，很多人有被歧视的感觉。体制外的经营管理类女性人才更是经常遇到各种政策操作问题。

再次，传统观念问题。尽管目前在用人单位内部明显的性别歧视几乎不存在，但一些看似无性别差异的政策措施，其执行结果却往往会造成实际上的性别歧视。比如，若能身兼两职，就有可能争取到更多的科研课题、科研经费，其结果必然会扩大科研人员中的性别差异。而因为退休年龄上的男女有别，在一些系统或部门，职称、职级的晋升上也男女有别。比如教育系统，因为在职称、职级晋升上规定女性要比男性早 5 年，所以同龄男性要比女性多 5 年机会。

### （五）女性高层次人才成长历程中的工作家庭平衡问题

女性高层次人才步入工作岗位后，或者在自主创业过程中，均面临婚育关键期与发展关键期重叠的难题。女性高层次人才的成长与同期男性人才相比，她们往往因怀孕、生育、哺乳等“天生的责任”而分散很大的精力，以致在事业起步阶段就开始同男性人才拉开距离。国内外的大量研究均表明，婚育期是女性人才成长的“低谷”，虽然许多女性人才热爱工作和事业，但她们不得不顾及家庭和婴幼儿，做出一定程度的自我牺牲。

度过婚育期之后，不少女性人才发现自己在知识更新、业务能力、工作成果等方面都可能落后于同期的优秀男性人才。这导致女性人才队伍（尤其是专业技术类女性人才）开始分化：一部分坚持理想，克服困难，“欲与男性试比高”，加倍努力地工作、学习或者创业，将事业和家庭“双肩挑”；也有一部分女性则相对信心不足，或在视野、志向、专业兴趣等方面有所削弱，进而将事业有成的梦想寄托于丈夫，在家庭和孩子的拖累中退出事业上的竞争，形成新时期的“男主外、女主内”模式。这在客观上造成了一部分女性人才的浪费，使得女性人才队伍在向上攀登的过程中规模越来越“缩小”。

## 四、促进上海市高层次女性人才成长的对策建议

### （一）贯彻落实上海市人才发展中长期规划精神，积极为女性人才发展营造良好环境

经市妇联的积极争取和市委组织部的统筹协调，《上海市人才发展中长期规划（2009～2020）》已经采纳课题组的建议，提出未来 10 年内要“进一步完善有利于女性高层人才成长的支持环境，加大女性人才培养力度”，并希望妇联组织女性人才培育中心发挥积极作用。同时，市委组织部也支持吸纳妇联组织参加由同级党委领导、人保局具体负责的人才协调小组，有效推动女性高层次人才发展工作。

为此，本市各级妇联和妇女组织要从促进上海社会经济发展的大局出发，从维护妇女权益、促进妇女发展的高度增强服务女性人才，尤其是女性高层次人才的责任感和使命感，全力以赴开展工作。具体来说，需要从以下几个方面着手，认真贯彻落实上海市人才发展规划：一是要积极协调政府相关部门和社会组织，通过妇

女发展“十二五”规划，有力推动女性人才发展；二是要通过相关项目计划和政策措施，服务女性人才需求，促进女性人才发展，优化女性人才成长的政策环境；三是要继续完善“三八红旗手”、“巾帼创新奖”等评选活动，扩大对不同类型人才的覆盖面和代表性，大力宣传优秀女性人才的事迹，以及在上海经济社会发展中女性不可替代的作用；四是要继续大力支持大口妇委会和知识女性民间社团的发展，在为知识女性提供相互交流、沟通信息机会的同时，可以通过建立社会基地的方式帮助这类民间社团走向社会，服务社会。

### （二）以“十二五”规划的制定落实为契机，协同各级人才工作主管部门，为女性高层次人才发展提供体制和机制保障

从“九五”、“十五”到“十一五”规划，可以说上海女性发展在基础性指标方面都已达到目标要求。“十二五”规划应当承前启后，具有新阶段性特点，即：一是作为国际大都市，参照国际标准，继续运用妇女发展指标推动妇女发展；二是根据现实情况，与上海增强城市国际竞争力、实现“两个率先”总体目标相联系，与国际社会妇女发展主流指标体系相协调，将目标定位于高层次女性人才的扶持及能力培养上。具体而言，要有计划、有步骤地提高女性在各级决策层中的结构比例，扩展女性参与决策和社会公共事务管理的深度和广度，逐步平衡女干部在不同层面、地区、行业和部门之间的分布。

在妇女发展“十二五”规划中要注重三类高层次女性人才的发展指标的均衡性，结合监测评估，有效推动高层次人才队伍结构的合理化和科学化，为实现上海经济增长方式率先转型服务。

**1. 继续推动三类人才的规划指标设立，大力培养经营管理类女性人才**

坚持“九五”以来对各级党政领导班子中女性比例予以政策性量化指标，并积极通过组织部的后备人才队伍培养机制，有意识增加女性比例。具体而言，第一，建议将上海市人大、政协的女代表、女委员比例分别提至 30%和 25%。我国在第十一届全国人民代表大会中首次明确规定，全国人大代表中女性的比例不低于22%。2008 年上海市人大代表中女性比例为 28.14%，政协委员中女性比例为20.7%，这些指标分别超过和接近国家指标，领先于全国平均水准。但是，上海作为国际大都市和中国经济发展中心，具有女性社会参与的良好条件，不仅要在推进男女平等、社会参与的进程中走在全国的前头，而且要具备同“国际接轨”的志向和雄心。面对国际社会衡量女性参政指标的女议员比例不低于 30%的目标要求，“十二五”规划应该考虑在现有基础上将市人大、政协代表委员中的女性比例分别提高至 30%和 25%。第二，将局、处级后备干部队伍中的女干部比例分别提升至

25%和35%。“十一五”规划要求局、处级后备干部队伍中的女干部比例分别不少于15%和25%，2008年上海这两个指标监测评估结果分别为21.7%和37.3%，大大超过15%和25%。因此，原有的指标要修正，新的指标可分别设定为25%和35%。此外，为了在不同系统中保持女性党政领导干部的均衡性，建议可适当考虑提出企事业单位党政领导班子中女性“不少于1名”或“按女性职工比例确定女性领导干部比例”的指标。

继续设立女性专业技术人才和副高及以上专业技术人才比例两大指标，适当提高目标值比例，提升专业技术人才的地位和待遇，和人事部门协商在有条件的企事业单位实行女性专业技术人才“家政补贴金”的可行性。

根据上海缺乏高层次女性经营管理人才的现状，建议在“十一五”规划中“女性经营管理人才的比重”的基础上增加一项“高级女性经营管理人才的比重”。加强相关人才的培养力度，引导经营管理类女性人才完善职业生涯规划，适时创设人才基金，为经营管理类女性人才的成长提供资助。

**2. 加强女性人才数据库和动态监管机制建设，逐步建立健全女性人才发展指标监测系统**

迄今为止，很多政府主管部门依然缺乏社会性别意识，往往在统计数据中忽略了男女性别的分类，致使女性人才的数据不够完整，对于了解女性人才的基本情况产生困难。为此，需要加强女性人才数据库建设，建立并完善按照专业和性别分类的统计工作，形成分行业、职业和性别的更加细化的统计数据，并定期对上海女性高层次人才发展的实施状况进行专项监测评估，将其逐步列入市、区县人才协调小组的工作范畴，督促有关部门认真落实人才政策中有关性别比例的规定，增强各部门的社会性别意识，充分发挥市妇联系统在督促政策落实方面的重要作用，维护女性人才成长和发展的机会。

### （三）创设女性人才发展专项基金，加大女性人力资本投资力度

建立健全以用人单位为主，政府、社会、个人共同投资的人力资源培养机制，加大公共财政对高层次女性人才队伍建设资金投入的倾斜力度。

**1. 在市级层面建立女性人才发展专项基金，促进女性人才成长**

从“十二五”时期开始，需要根据上海市经济社会发展的重点目标，以及上海市女性人才领域分布的特殊规律，与市级人才主管部门协同成立女性人才发展专项基金，并下设办公室，负责各项发展计划的具体实施。

**2. 借助现有培训网络，强化女性人才的教育培训机制**

女性人才成长过程中，往往需要付出比男性相对较多的劳动，也正因此，在家

庭和工作的双重压力下，如何维持较强的事业心和企划心，就成了女性人才层次提升的关键因素。尤其对大批体制外的经营管理类女性人才，她们更是面临制度变迁所带来的种种风险，以及市场变化带来的诸多不确定性，这也是近年来上海女性人才自主创业势头有所下降的重要原因。无论是创新创业，还是党政管理，在事业发展的转折期，需要获得一定的外部推动。对此，上海市妇女工作系统的教育培训机制理应发挥更大作用。

纵观以往的做法，虽然安排了各种结对交流、经验宣讲、媒体报道等活动，但始终是小范围的、阶段性的，并主要针对体制内。今后，需要在市妇联现有培训机制和工作平台的基础上，从妇女工作人头费中确定一定的比例，在更大范围内进行专门性的培训和继续教育，并重点针对以下几个群体的培训：一是体制外的民营企业经营管理者，特别是女性民营企业家群体；二是上海地区重点扶持产业中的初次创业者；三是科研（研发）类事业单位的骨干，并更为均衡地关注科技领域与文化社科领域的科研（研发）骨干力量的培养与支持。

**3. 在原有各系统 14 项人才政策基础上适当增加新政策**

结合国家和本市中长期人才发展规划纲要，加大对重点领域女性人才的培养力度。在原有的 14 项人才政策基础上，尝试按不同年龄段增加各类人才计划的性别指标，比如：在青年人才计划中，女性资助比例不低于 20%；中青年人才和高级人才计划中，女性比例不低于 10%。同时，鼓励未设立专门人才计划但女性人才比较集中（如科教文卫以及宣传）的各大系统，设立专门的女性人才基金，提供科研课题申请、海外培训和进修的机会。

**4. 针对女性人才成长的年龄规律，出台具有可操作性的专项支持计划**

一是针对女性生命周期特点提供生育期支持计划，即参照两病筛查模式，与市卫生、人事部门合作，以配套资金、援助计划的形式，在政府实事项目中考虑为女性人才提供四期支持服务。由于高层次人才女性所在单位健康体检服务一般都比较健全，不用提供专门的体检筛查，但后期治疗负担较重，建议为查出不孕、流产、乳腺等女性常见病的高层次女性人才提供专项治疗补助项目。二是在我国现行的男女退休政策的基础上，积极鼓励各系统采取措施，适当放宽高层次女性人才的退休门槛。

### （四）强化激励机制建设，鼓励不同行业女性人才勇攀高峰

继续完善“三八红旗手”、“巾帼建功”、“巾帼创新奖”等评选活动，针对不同类型人才和先进集体，按比例覆盖，突出代表性。目前，上海市妇联的“巾帼创新奖”主要针对女性科技人才，“优秀女企业家”评选针对初创型女性人才，“三八红旗手”

按大口分配比例。迄今为止，专门针对重点行业，如经营管理、教育、卫生、宣传出版、人文社科女性人才的激励机制仍需进一步完善。今后，需要根据后世博时期上海产业经济发展的实际需要，进一步根据不同类别的女性高层次人才，研究更具针对性的声誉激励机制，尤其是加大对经营管理类和宣传文化类女性高层次人才的宣传和激励力度，为女性人才成长树立更多的榜样。

### （五）充分发挥大口妇委会和专业群团组织在女性人才资源开发中的主体作用

一是建立健全大口妇委会的机构人员设置，将大口妇委会主任吸纳进市女性人才基金工作小组，具体负责协调本系统内女性人才的相关推动工作，并通过专题调研以及“三八红旗手”、“巾帼建功”等激励手段，推动大口妇委会积极参加女性人才工作。

二是充分发挥专业群团组织作用，为女性人才成长提供组织支持和物质保障。为了满足各层次、各领域女性人才事业发展与生活幸福的需求，现有的各类民间团体不仅要继续发展，覆盖到体制外，而且要积极走向社会，在服务会员、服务社会中提升组织的活力与影响力。

### （六）政府购买家政服务，帮助女性人才减少后顾之忧

市妇联可以尝试与教育、卫生、民政等部门合作，通过完善保育服务、养老服务、家政服务等家庭服务业，推动家务劳动社会化，尽力解除女性成才的后顾之忧，为高层次女性成长提供更好的工作家庭平衡发展的环境。

# 上海市女企业家群体特质及发展状况研究*

男女平等是我国的基本国策之一，推动女性平等就业，促进女性创业，维护占人口“半边天”的女性的经济权益，保持两性协调和谐发展，不仅是全面建设小康社会的客观内容，也是新时期全面落实科学发展观、构建社会主义和谐社会的必然要求。因此，在女性参与经济社会发展中形成的高端“精英”阶层——女企业家群体的发展水平不仅是衡量一个社会男女平等与性别和谐程度的显著标志，也是考察一个国家或地区经济健康发展程度的重要窗口。

## 一、社会发展催生对女企业家群体研究的必要性

改革开放以来，上海女企业家群体实现了由小到大、由弱到强的巨大进步，为上海的经济、政治、社会发展作出了突出贡献。当今国际上层次最高、影响力最大的女性论坛——“世界女性论坛”，以“经济增长和可持续发展：女性的角色和影响力”作为论坛主题，在上海组织召开了亚洲分论坛，充分表明上海女性参与经济社会发展所取得的成果得到了国际上的认可与肯定，同时也赋予上海女企业家群体新的历史使命。

### （一）对女企业家群体的调研意义重大

毋庸赘言，上海市女企业家群体的发展成就不仅是改革开放大潮中上海女性奋发进取、努力拼搏以及各级妇女组织积极支持、倾力服务的结果，也是国家和上海实施的一系列相关政策措施和法规制度催生的产物。值得强调的是，这些政策措施和法规制度的制定与推行都是基于一系列科学的调研工作之上的。比如，

---

* 本文获2008～2010年度上海妇女儿童发展研究政策建议成果三等奖。作者：上海市妇联妇女发展部　上海社会科学院经济研究所。

1990年和2000年上海市妇联积极参与了全国妇联和国家统计局联合实施的第一期和第二期“全国妇女社会地位调查”，2001年上海市妇联专项组织开展了“上海市女企业主、企业女经济管理者社会地位调查”，并在这些调查的基础上撰写了《上海职业女性的群体分化与流动》、《上海女性失业状况及其对策》、《上海女企业家群体的社会地位变迁》等研究论文，提出了一系列在当时具有针对性的政策建议和意见[①]。

从2001年至今，企业发展的国际经济环境发生了深刻变化，国内经济政策和政治制度发生了深刻调整，上海地区的经济格局发生了深刻变动[②]。上海市女企业家群体的发展在新时期出现了一些新情况，遇到了一些新问题。鉴于此，目前开展上海市女企业家群体特质及发展状况的调查研究便被赋予了十分重要的意义：第一，有利于进一步深入了解本市女企业家群体发展的现状及存在的问题，为政府科学制定推动女性创业和女企业家群体发展的政策措施提供客观依据，有利于进一步推动女性创业和女性平等就业，促进性别和社会和谐发展。第二，有利于进一步厘清百余年来本市女企业家群体发展的完整历史轮廓，总结本市女企业家群体发展的经验与成就，有利于妇联充分发挥桥梁和助手作用，为本市女企业家提供更满意的服务，并丰富对外宣传工作和参与国际交流活动时需要的文献资料。第三，调查研究的过程，也是女企业家或其领导的企业向妇联、政府及社会传递其创业和成长过程中取得的成就、遇到的障碍及希望获得的帮助等信息的有效渠道，有利于女企业家群体与妇联、政府及科研机构进一步加强有效沟通，推动社会更加全面、客观地反映和宣传女企业家群体，促进其领导的企业更加健康发展。第四，通过专项调查研究，可以有效接续1990年、2000年、2001年的相关研究工作，使其形成一个时间跨度接近20年的专项研究系列，不但为参与第三期“全国妇女社会地位调查”热了身，而且有利于建立和完备本市女企业家群体的数据库，为妇女理论研究工作增加宝贵资料。

### （二）本课题研究的思路与方法

从本课题研究的目的来讲，通过本次调查研究，力求达到下列研究目的：一是

---

① 参见上海市妇联、上海市妇女儿童工作委员会、上海市妇女学会合编：《面向21世纪的上海妇女发展：1990～2000年》第4、11、15章，中国妇女出版社2003年版。

② 企业经营和女企业家群体发展环境方面的变化发生在诸多方面，举其要者，如：中国加入WTO；2002年党的十六大通过的党章修正案规定私营企业主中的先进分子可以入党；2005年国务院下发关于《鼓励支持和引导个体私营等非公有制经济发展若干意见》和《鼓励和促进中小企业发展的若干政策意见》等政策性文件；上海地区商务成本的提高、区域产业结构的优化升级等。

对本市女企业家群体的发展历史获得总体性了解；二是对本市女企业家群体的现状获得比较清晰的整体认识；三是对影响本市女企业家群体发展的诸因素获得比较深入的把握；四是对促进今后本市女性创业和女企业家群体良性发展的政策措施给出比较详细而具有操作性的建议和意见。

从本课题研究的思路来讲，本研究遵循“两点论”和“重点论”的辩证逻辑展开。具体思路如下：第一，研究既对本市女企业家群体的发展状况进行描述性介绍，亦对影响本市女企业家群体发展的诸因素进行统计性分析，从而提出相关政策性建议，重点是后面的因素分析和政策建议。第二，对本市女企业家群体发展状况的描述性介绍，既有对20世纪女企业家群体形成、发展历史的综述，又有对当前女企业家群体发展现状的描述，重点是后面的现状描述。第三，对女企业家群体发展的影响因素分析，既包括女企业家自身年龄、身体健康状况、政治面貌、家庭支持和慈善事业等社会因素，也包括个人经济收入、企业性质、销售总额、税收、企业创新能力、融资情况等经济因素，重点是经济影响因素。第四，在结合上海市的社会经济条件提出合理化政策建议时，不仅吸取国内其他省市的有益经验，也借鉴海外国际性大都市和有关国家的优秀成果，重点是后者。

本项研究的对象为截止到2008年4月1日在上海市居住时间在半年以上、在各类企业中担任副总经理(含同等职务)及以上职务或企业法人代表的女性。

本项调研采用以下几种方法：一是问卷调查。调查时间为2008年3月。调查问卷由受访者个人自填个人基本情况、企业基本情况、企业管理和发展、女企业家发展的社会环境等内容。问卷数据使用社会科学统计分析软件包(SPSS16.0版本)进行运算处理。二是座谈。时间为2008年2月23日。座谈对象为本市女企业家协会会员中10位不同行业的女企业家，座谈内容主要包括个人成长为企业家的经历、企业基本情况、企业发展中遇到的问题以及对调查问卷初稿的建议和意见等。三是文献分析。参考文献主要包括三大类：上海市妇联和上海市女企业家协会的相关工作报告和调研文章；上海市工商行政管理局提供的全市由女企业家经营管理的企业中2007年注册资本金排在前列的2 000个企业的基本资料；国内外与女性创业和女企业家成长发展有关的研究文献和资料。

## 二、上海市女企业家群体发展的历史概况

### (一) 20世纪上海市女企业家群体的发展历程与特征

根据有关史料和统计数据，20世纪上海市女企业家群体的百年发展历程大致

可以划分为如下三个阶段。

第一个阶段是新中国成立前的零星发展期。根据《上海妇女志》记载[①]，1904年张竹君创办女子中西医学堂和女子中西医养病院。同年，黄姓老太创办了黄泰兴煤号，这是关于上海女企业家的最早记载。在新中国建立之前的几十年里，虽然上海有一些女性投身于企业创办与经营活动，然而由于战争频繁、社会动荡、民生萧条等诸多因素的干扰与限制，女性创办经营实业在整体上尚属零星发展状态。这一阶段女企业家群体的发展主要表现出如下特点：第一，具有新思想的知识女性是创业女性中的一个亮点。作为开埠最早的沿海城市之一，男女平等、妇女解放的新潮思想在上海得到广泛传播，正是在这种新思潮濡染特别是在实业救国理念支配之下的知识女性所创办的实业往往集中在工业领域，而非一般的商业和居民服务业，企业规模和社会影响也比较大。比如，民国初年创办中国女子实业进行会的汪赵润、费配元、陆震坤、卢玉华等人都有西式学堂的教育背景；再如，"五四运动"时期创办女子工业社的赵友兰等人也是如此。第二，女性创业活动与社会政治形势之间存在密切关联，主要集中在民国初年和新文化运动时期。比如，1912年，在孙中山先生实业救国的号召下，一些女性和妇女团体相继创办了若干企业，到1916年，因当时北洋政府的压制，这些企业基本被迫歇业关闭。1919～1923年，"五四运动"的爆发和新文化运动的兴起以及北洋政权控制能力的迅速下降，促成了上海女性创办实业的第二次高潮。第三，企业资金和人员规模普遍很小。根据文献记载，在新中国成立之前屈指可数的较大规模企业只有1925年严叔和、谢姚稚莲两人发起集资创办的上海女子商业储蓄银行和1935年董竹君创办的锦江饭店。

第二个阶段是新中国成立后至改革开放之前的初步发展期。新中国成立后，在社会稳定、百业待兴的利好形势下，上海的女性创业出现了复苏景象。这一时期主要表现出以下几个特征：第一，女性创业者绝大多数为个体业主。据统计，1956年上海从事经营个体工商业的女性有2.4万余人，而创办经营大中型企业的女性寥若晨星。第二，随着国有经济的发展和工商业的社会主义改造，初步形成了一个新型的国有企业女性经营管理者群体。1953年底，全市女厂长占厂长总数的4.02%，女党委书记占党委书记总数的8.53%。如表1所示，从1954～1960年，上海市工业、交通、建设、商业、外贸、金融保险六个部门中担任企业中层以上经营管理职务的女性从原来的11人增长到207人。第三，受政治形势的影响，呈现前高

① 《上海妇女志》编纂委员会编：《上海妇女志》，第15、351～352页，上海社会科学院出版社2000年版。

后低的发展曲线。1960～1979 年的 20 年间，由于连续不断的政治运动、“三线建设”工业内迁以及“文化大革命”，使得上海市女性创业的潮流基本销声匿迹，而上述女企业经营管理者群体的发展势头也跌入低谷。

第三个阶段是改革开放之后至 2000 年的迅速发展期。改革开放以后，本市女企业家群体的发展在经历了短暂的恢复之后(大致到 1985 年，该年经济体制改革正式在城市展开)进入了有史以来的迅速发展时期。以国有企业中的女企业家群体为例，这一时期的主要特点是：第一，女企业家人数迅速增长，群体规模空前壮大。从表 1 可以看出，1996 年与 1960 年相比，本市工业、交通、建设、商业、外贸、金融保险六个系统部门的女性经营管理者总人数从 207 增至 13 489，增长了 65.2 倍。第二，女企业家的行业系统分布面日益扩大，除传统的工业、商业部门之外，在历来的弱项领域如交通、建设、外贸、金融保险中，女企业家的人数也有了很大增长，取得了可喜的长足发展。尤其是金融保险部门，更是从原来的数人增至 1996 年的 967 人。实际上，根据 2000 年“第二期全国妇女社会地位调查”上海部分的资料，女企业家经营领域业已遍及工农业生产、交通、建设、教育、卫生、金融、餐饮等经济部门，在诸多新兴行业领域，如美容保健、物流、咨询、旅游、IT 信息等行业中，人们也越来越多地看到女企业家运筹帷幄、决胜千里的英姿。第三，随着公有制经济之外其他经济成分的发展，本市女企业家工作单位的所有制成分呈现多元化的态势，在外资、私营等非公有制经济单位中担任管理职务的女性越来越多。根据上海市妇联对 2000 年女企业家情况的抽样调查(有效样本数为 519)，在女性企业主

**表 1　上海市 1954～1996 年若干年份若干系统企业女性经营管理者人数**

| 年　份 | 1954 | 1957 | 1960 | 1963 | 1982 | 1984 | 1986 | 1992 | 1996 |
|---|---|---|---|---|---|---|---|---|---|
| 工业系统 | 9 | 54 | 178 | | | | 438 | 11 030 | 9 729 |
| 交通系统 | 0 | 0 | 10 | | | 21 | | 67 | 93 |
| 建设系统 | 0 | 0 | 19 | | | | 75 | 142 | 1 348 |
| 商业系统 | 41 | 63 | | | | 41 | | 1 316 | 1 059 |
| 外贸系统 | 0 | 6 | | 10 | 9 | | | 295 | 293 |
| 金融保险 | 2 | 3 | | | | 37 | | 805 | 967 |
| 年度合计 | 11 | 126 | 207 | 10 | 9 | 99 | 513 | 13 655 | 13 489 |

注：(1) 鉴于国有企业中管理人员职务的行政化特征，表中各系统数据均为对该系统企业中担任中层以上管理职务(处级以上)的女性人数进行加总后得出的数据；(2) 因缺少相关记录导致表中有些数据空缺，相应的阶段特征我们只能根据历史大环境作出相对合理的推测。

资料来源：《上海妇女志》编纂委员会编：《上海妇女志》，上海社会科学院出版社 2000 年版，第 319、320、349 页。

群体中，分布在私营企业的占73%、三资企业占10%、其他企业（以股份制企业为主）占7%、城镇集体企业占7%、个体企业占3%。在企业女管理者群体中，分布在国有企业的占61.5%、三资企业占15.9%、城镇集体企业占9.7%、其他企业（以股份制企业为主）占8.1%、私营企业占4.8%。第四，本市女企业家的组织化程度明显提高，女企业家群体对内对外的信息交流与职业交往日趋活跃。1988年，上海市妇联成立女企业家联谊会，1997年改为上海市女企业家协会。从此，上海市女企业家协会开展了一系列面向本市女企业家群体发展的专门性工作和针对性服务，有效推动了本市女企业家的业务发展和素质建设。

### （二）新时期上海市女企业家群体的发展状况

改革开放以来上海经济持续高速增长和妇女参与层次和能力的提升，为21世纪女企业家群体整体素质的进一步提升提供了极好的外部环境和内在基础，进入21世纪以来上海市女企业家群体的发展步入质量提升期，取得了一定的阶段性成就，这亦可视为上海市女企业家群体发展的第四个阶段。其特点具体表现在以下几个方面。

**1. 女企业家群体规模进一步壮大，女性创业意愿得到增强**

（1）据有关资料统计，截至2005年，上海私营企业中法定代表人及负责人总人数为470 689人，其中女性为131 599人，占总数的28%，比2000年提高了将近10个百分点。2005年，上海女性在经贸金融领域的管理人员中占到44%，比2000年提高了4个百分点。（2）值得指出的是，除上海本地女性积极参与创业之外，不少海外和外省市的女性也纷纷来上海创业，成为上海妇女参与经济发展的一个亮点。本次抽样调查的统计结果显示，在212位女企业家中，外地户口者有21名，占总数的9.9%，其中：其他省市户口者19名、境外户口者2名。并且这些外地户口的女企业家半数以上属于自主创业。如果结合企业的最初注册地来考察，就会发现这些自主创业的女企业家基本上都是先在外地创业，然后将企业（或企业总部）迁至上海经营发展。（3）上海女性创业的意愿不断增强，女企业家群体规模的进一步壮大获得了一定的社会基础。据上海市妇联的调查，愿意创业的女性比例已从2000年的6.4%上升到2007年的11%。

**2. 女企业家群体的文化程度进一步提高，管理经验更加丰富**

（1）根据2000年的抽样调查结果，当时拥有大专及以上学历的女企业家占调查总数的73.3%，本次抽样调查得出的比例为80.3%，文化程度明显提高。（2）尚有20.2%的女企业家曾有在海外学习（5.6%）、工作（4.7%）、短期培训和考察（8.5%）或生活（1.4%）的经历。（3）专业背景和人生历练必然对女企业家经营能力的提高和管理经验的丰富产生积极的助推作用。本次调查显示，55.8%的受访女企业家对自身的管理能力和水平有相当的自信心，认为她们领导的企业在同行中的管理水平处于很高或较高水平。另外，有20位女企业家是通过市场招聘或民主推选担任目前职务，这种任职方式充分证明了上海女企业家的管理水平。

**3. 女企业家群体为上海的经济、社会发展作出了重要贡献**

(1) 调查结果显示(见表2)，2005～2007年，女企业家管理的企业在总资产额、销售额和利润额方面有了较大提高。从2005～2007年，被调查企业的平均资产额、平均销售额和平均利润额分别从原来的73 051万元、28 157万元元和2 378万元提高到97 245万元、35 195万元和3 859万元，增幅分别为33%、25%和

**表2　2005～2007年企业资产总额、销售总额和利润额的变化情况**　　单位：%

| 数额分组 | 2005年(n=120) | 2006年(n=122) | 2007年(n=128) |
|---|---|---|---|
| 资产总额的变化情况 | | | |
| 0～500万元 | 34.2 | 27.9 | 25.8 |
| 500万～1 000万元 | 10 | 12.3 | 10.9 |
| 1 000万～5 000万元 | 24.1 | 27.8 | 28.9 |
| 5 000万～1亿元 | 5.9 | 3.3 | 3.9 |
| 1亿元以上 | 25.8 | 28.7 | 30.5 |
| 销售总额的变化情况 | | | |
| 0～1 000万元 | 34.6 | 28 | 27.6 |
| 1 000万～5 000万元 | 31.8 | 35.6 | 37.1 |
| 5 000万～1亿元 | 5.6 | 9.3 | 5.1 |
| 1亿～5亿元 | 15.9 | 17.8 | 16.4 |
| 5亿元以上 | 11.2 | 11.2 | 13.8 |
| 利润额的变化情况 | | | |
| 0～100万元 | 37.3 | 36.9 | 38.8 |
| 100万～500万元 | 34.3 | 30.1 | 26.7 |
| 500万～1 000万元 | 11.8 | 12.6 | 7.8 |
| 1 000万～1亿元 | 13.7 | 12.6 | 18.1 |
| 1亿元以上 | 3.9 | 7.8 | 6.9 |

62%。从规模结构来看，中等或中等偏上规模的企业所占的比重越来越多。按照《中小企业标准暂行规定》中的职工人数标准，16.6%和1.1%的企业规模已达中等和大型企业标准。此外，根据上海市工商行政管理局提供的数据，2007年在全市最大的2 000家由女性担任法人代表的上规模企业中，注册资本金在1 200万～5 000万元的企业有1 406家，占总数的70.3%；在5 000万～1亿元的企业有356家，占17.8%；在1亿～10亿元的有226家，占11.3%；在10亿元以上的有12家，占0.6%。(2) 通过提供就业岗位、纳税和参与慈善事业等各种形式，为社会发展作出了显著贡献。统计结果显示，113家女企业家管理的企业2007年共纳税172 145.64万元，平均纳税达1 523万元。在容纳劳动就业方面，187家企业2007年底的职工总数为60 339人，平均雇员人数约为323人，无疑为促进社会充分就业发挥了积极作用。调查显示，绝大部分企业参加过不同形式的慈善事业，经常参加的占所调查企业总数的45.1%。女性领导的企业参与慈善事业的方式多种多样，就捐款的情况来看，截至2007年底，有88家企业共向社会累计捐款7 653万元。(3) 企业科技创新和企业文化建设取得累累硕果。本次调查显示，有25.6%的企业获得过专业技术奖项，其中：获得国际性、全国性、省市级和本系统级别奖项的企业分别有3家、22家、21家和10家。从获奖层次来看，企业的技术水平在国内和本市范围内已处于较高水平。此外，女企业家在建设企业文化、提升员工综合素质方面也取得了不斐成绩，根据统计结果，共有114家企业获得过荣誉奖项，其中：有23家企业共计获得国家级荣誉奖项47次；40家企业共计获得省市级荣誉奖项86次；30家企业共计获得本系统级别荣誉奖项74次。

**4. 女企业家群体的社会、经济与政治地位不断提高**

(1) 进入企业主要决策层的女性比例继续上升。根据上海市妇联2001年的抽样调查，被访女企业家担任所在企业董事长(副董事长)的比例为23.9%，本次抽样调查得出的比例则为28.2%。(2) 女企业家的个人平均收入有了较大增长。2001年的抽样调查显示，当时女企业家的年平均收入为12.2万元，本次调查的结果则是44.7万元。(3) 女企业家群体的政治地位有所提高。根据本次抽样调查，受访女企业家社会职务任职情况具体如下：担任地(区、局)级及以上级别人大代表者共20人，占企业家总数的9.4%，其中：全国人大代表2人、担任政协委员者26人，占总数的12.2%；担任工商联委员者38人，占总数的17.8%；担任青年联合会委员者20人，占总数的9.4%；担任行业协会理事及理事以上级别职务者64人，占总数的30.1%。这些社会职务尤其是人大代表和政协委员职务为女企业家深入参与国家和地方政治、社会与经济事务，表达意见建议、维护自身权益提供了有效途径。(4) 女企业家们还凭借自身的经营业绩和劳动成果获得了众多社会荣誉：获得地(区、局)级及以上级别劳动模范称号者 17 人，占总数的 8%，其中：全国劳动模范 1 人；获得“三八红旗手”称号者 108 人，占总数的 50.7%其中获得全国“三八红旗手”称号者 5 人；获得“新长征突击手”称号者 21 人，占总数的 9.9%；评为先进工作者 76 人，占总数的 35.7%；评为优秀党员者 37 人，占总数的 17.4%。

**5. 女企业家群体的组织化程度进一步提升，社会对女性创业和女企业家的成长给予了更多重视**

除市女企业家协会外，最近几年来，一些新的女企业家团体组织也相继成立，进一步提升了女企业家群体的组织化程度。这些女企业家团体主要有三种类型：一是各区县成立的女企业家团体，如嘉定区女企业家协会、青浦区女企业家联谊会等；二是一些市级行业协会下设的女企业家团体，如上海经济区出口商品企业协会女企业家联谊会等；三是一些外地在沪商会下设的女企业家团体，如上海浙江商会女企业家联谊分会、上海徽商女企业家联谊会等。这些女企业家团体拥有一定数量的女企业家会员，有的多达 200 人以上。众多女企业家团体在企业拓展、学习提升、国内外交流等方面为女企业家积极开展服务，有力地促进了企业和女企业家群体整体素质的提高。抓住中国加入 WTO、CEPA 战略等机会，上海市妇联和女企业家协会组团参加了南非“联合国非政府年会”，2002 年组织了“入世与中国女企业家发展研讨会”、2008 年召开了“中美精英女性论坛”和“世界女性论坛亚洲分论坛”；在妇联的支持下，上海市女企业家协会连续组织举办了四届全市女性“十佳”创业方案竞赛活动，并从 2005 年起开展“年度全市优秀创业女性”评选活动；2007 年5 月，还开通了上海市女企业家协会网站，不仅设立了理财顾问、法律顾问和创业顾问热线，还设立了生活顾问，受到女企业家的欢迎。社会对女性创业和女企业家成长的关注也日益增强。比如，上海市妇联推出“上海市妇女就业行动项目”过程中，浦东区妇联在开展“深化妇女就业行动——‘手艺中国’民间工作坊”就业项目时，上海龙芳有限公司负责网络销售；新区劳动服务中心对项目提供政策支持；上海应必应投资管理有限公司负责商业规划、提供开业指导；社区学校以及在绒绣、刺绣、纸艺、时装编织等方面为具有专长的众多个人提供了技术支持和指导。

## 三、上海女企业家群体特征分析

根据本次调查的统计口径，女企业家的范围包括法人代表、董事长、副董事长、总经理和副总经理等，范围相对较宽。通过本次调查，突出地反映出女性企业家作为女性所具有的突出特点。

### （一）上海女企业家具有勇于承担责任的企业家精神和以人为本、团结合作的柔性管理特征，突出体现了女性企业家的性别特征

女企业家特有的耐心、坚忍与自控力强有利于有效促进企业发展，同时，敏锐的洞察力、善于言辞、沟通能力强、富有人情味等性别优势也有利于促进企业成功发展。调查显示，上海女企业家不仅勇于承担责任，而且还以女性特有的细腻、富于关怀和耐力，充分体现了女性特有的柔性管理风格：尊重并信任职工，积极与部属互动，注重团队合作精神。这种柔性管理风格对于体现以人为本与促进企业发展具有积极意义。

问卷设计中对经营管理有影响的因素选项中，被选为"很重要"的选择项中，占据第一位的是"第一负责人的决策能力"，其中 80.8%的问卷选择了"很重要"，18.6%的问卷选择了"较重要"，两项共计达 99.4%。企业家精神在决定企业的发展中具有重要作用，对第一负责人决策能力的高度重视充分反映了上海女企业家勇于承担职责的企业家精神，这种对决策能力的重视不仅将促进女企业家不断提升自身能力利于企业发展，也显现女企业家对于自身责任的清醒意识。

当问及"管理团队"和"企业文化"的重要性时，选择"很重要"和"较重要"的分别高达 80.7%、76.7%和 18.2%、19.9%，充分显示女企业家对于管理团队和企业文化的重视。结构合理、实力较强的管理团队对于促进企业发展具有重要作用，同时良好的企业文化也将有效地发挥合力，不断促进企业发展。在开放式问题中，女企业家普遍较为认同类似"商道即人道"、"以人为本：尊重人、关心人、理解人、信任人；团结务实高效创新"、"工作是幸，平安是福，共事是缘，创造是金"等企业文化，对相关企业文化的重视充分体现了上海女企业家具有以人为本、团结合作的柔性管理特点。

另外，当问及上述因素时，所有问卷均选择了前三项(很重要、较重要或一般)，而当问及"决策方法"、"信息自动化"、"友情感召的工作方式"、"企业家的沟通、公关能力"、"接受新事务的能力"、"企业家形象"或"吃苦耐劳的工作精神"时，部分问卷则选择了"不太重要"。对这些选项的不太重视，显示上海女企业家更为看重决策能力与柔性管理，而对于这些选项如果不予以足够重视可能也会影响企业发展。当然，对这些选项选择"不太重要"，可能是受到选项数的限制，在企业实际运行中女企业家也应该对相关因素予以必要的重视。

### （二）上海女企业家对本企业的管理水平具有较高的自信心

调查显示，上海女企业家对自身的管理能力和水平有相当的自信心，并不因为

性别而感到不如其他企业家，企业的健康发展证实了这一点。当问及本企业的管理水平时，123 位（占受访女企业家总数的 55.8%）女企业家认为她们领导的企业在同行中的管理水平处于很高或较高水平，仅有 1 位女企业家认为她所领导的企业在同行中的管理水平处于较差地位。受访企业中有 20 位女企业家是通过市场招聘或民主推选担任目前职务，充分证明了这些女企业家的管理水平。

近年来上海女企业家领导的企业，在注册资本金、总资产额、总销售额和利润额等方面稳步提高，规模进一步扩大，取得了良好成绩。调查显示，成立之初注册资本金为 500 万元以下的企业占了 69.1%，500 万～1 000 万元的企业占了 8.7%，两部分合起来约占了 1/3 强。经过几年的努力和企业发展的需要，当前这部分企业中有约一半的企业增加了注册资本金，注册资本金为 1 200 万元以下的企业仅占 37.2%。受访企业的平均资产额、平均销售额和平均利润额则分别从 73 051 万元、28 157 万元和 2 378 万元提高到 97 245 万元、35 195 万元和 3 859 万元，增幅分别为 33%、25%和 62%。总资产额、销售额和利润额的中位数也分别从 1 500 万元、2 000 万元和 182 万元提高到 2 410 万元、3 000 万元和 234 万元，增长幅度分别为 60.7%、50%和 28.6%。女企业家领导的企业的健康发展，有力地证明了女企业家有较高的管理水平和能力。

拥有较高的学历及丰富的工作经历是上海女企业家的一大特点。从统计结果来看，受访女企业家的教育程度较高，拥有研究生学历的女企业家有 45 人，占总人数的 21.1%，其中：拥有国外研究生学历的有 7 人，占总数的 3.3%；拥有本科学历的有 56 人，占 26.3%；拥有大专学历的有 70 人，占 32.9%。综合而言，曾受过大专及以上学历教育的女企业家占到总数的 80.3%。此外，具有中专或高中学历的有 33 人，占 15.5%；而初中及以下学历的只有 8 人，仅占 3.8%。受访的女企业家担任目前的职务平均已有 8 年之久，最长者达 26 年，担任职务的时限也从一个角度证明了这些女企业家的管理能力。这些女企业家的专业中，有 53.1%是管理类专业，有 13.1%是文科。目前有 27.7%的女企业家具有高级专业技术职称，33.3%具有中级职称，两者合计占到总数的 61%。此外，尚有 20.2%的女企业家曾有在海外学习(5.6%)、工作(4.7%)、短期培训和考察(8.5%)或生活(1.4%)的经历。具有较高的学历，以及在海外学习、工作等经历，均有利于促使女企业家不断提升管理能力。

### （三）上海女企业家自主创业意识和能力较强，有效促进了经济社会发展

这具体表现为，首先，私营经济比重较大。在被调查的 213 份问卷中，私营企

业占有绝大比例，共有133份，占68.9%；公有制企业（包括国有独资、国有控股与集体企业）次之，共有44份，占22.0%；外资企业（包括外方独资与外方控股企业）共有7份，占7.0%；其他所有制性质的企业共5份，占3.0%。私营经济中的女企业家占有较大比例虽然可能存在反馈的问卷中私营经济较多的原因，但也从一定程度上说明私营经济中女性企业家较多，突出反映了上海女企业家具有较强的创业意识，创业是女性成为企业家的重要途径。一般而言，女性具有感情细腻、坚韧不拔、观察敏锐、善于发现与把握机会等优良性格，这些性格有利于女性成功创业。快速发展的上海经济社会，不仅为女性提供了更多的创业机会与市场空间，有利于企业发展壮大，而且也吸引了一些外地女性企业家在企业发展到一定阶段后将企业迁移上海继续发展。上海作为海纳百川追求卓越的国际大都市，相对于内地城市而言对女性创业更无偏见，这也有利于女性创业。而且上海女性具有较高的人力资本水平，这也是决定上海女性创业并获得成功的重要原因。总的来讲，上海私营经济中的女性企业家占有较高比例是上海经济社会环境与女性特点共同作用的结果，女性企业家的成功创业也在相当程度上有效促进了经济社会发展与扩大就业。

其次，女企业家从事当前工作的主要原因是能参与社会和对本行业的喜爱。受访企业中111位女企业家选择了“能参与社会、实现自我价值”，69位女企业家选择“对本行业的喜欢”，这两类女企业家分别占所调查企业总数的52.1%和32.4%。上海女性一向具有自立自强的优秀传统，女企业家作为女性中的特殊群体为了实现自我需要，通过本职工作参与社会为社会做出应有的贡献是实现自我价值的重要途径。当今女性尤其是上海女性具有前所未有的参与社会、回报社会、努力为社会做贡献的优良品质。上海女性身处上海这个具有大量优秀女性的现代化大都市，女企业家更有动力与能力通过做好企业为社会做出贡献以实现自我价值。同时，对所处行业的喜爱也是女企业家立足本职工作做好企业的重要原因，既有为社会做出贡献的本性，也有对所在行业的喜好，两者的相互结合有力地促进女企业家实现自身价值。这也充分显示了大部分女企业家的职业是自主选择的结果，自主意识较强。

再次，市场招聘与企业自主推选是女企业家成长的重要途径之一。在213份问卷中，分别有20位和9位女企业家是通过企业自主推选担任目前职务的，两项问卷共占问卷总数的15%。这充分说明女企业家具有足够的管理能力与掌控企业发展的水平，并得到所在企业的认可，承受了激烈市场竞争的考验。尤其值得强调的是，在被调查的44位国有企业中，有5位女企业家是通过民主推选成为企业负责人的，在强手如林的国有企业能脱颖而出，充分体现了女企业家的管理水平与领导能力，也说明所有制并不是限制女性企业家发展的因素，是否具备足够的管理水平与领导能力是影响女企业家发展的关键因素。这也说明无论是在私有经济或外资企业还是在国有企业，女企业家均表现出了较高的领导能力与管理水平，巾帼不让须眉。

### （四）上海女企业家具有较强的自我价值实现意识，经济、政治和社会影响越来越强

调查显示，上海女企业家具有较强的自我价值实现意识，这不仅从创业动机、对工作的满意度等主观方面得到充分反映，而且也可从经济、政治和社会影响等客观事实方面得到有力证明。

调查显示，受访女企业家中有51.2%的女企业家的创业动机是因为“能参与社会、实现自我价值”；有72.9%的女企业家对当前工作非常或比较满意，其中非常满意的女企业家有19位，比较满意的女企业家有134位；从对工作的成就感来看，37位和143位女企业家对目前的工作有非常强和比较强的成就感，共占所调查企业总数的86.5%。上海女企业家作为特殊的女性群体，对于实现自我价值的渴望不仅决定其创业动机而且也在相当程度上决定企业运营状况。上海女企业家普遍具有奋发向上、自强不息等优秀传统，这种特性不仅利于促使其实现自我价值，同时也有利于企业的不断发展。正是由于女企业家对自我价值的追求，决定了企业家对当前工作的满意度以及对工作的成就感，从而有效实现了自我价值，完成了自我实现的需要。

### （五）上海女企业家的平均年龄有增高趋势，既显示女企业家的成长需要一定的时限，同时也表明应加大对年轻女企业家的扶持

调查显示上海女企业家平均年龄较大，本次受访的213位女企业家中，平均年龄为47.21岁，其中最小者24岁，最大者73岁。从年龄分组的情况来看，本次受访女企业家主要分布在36～55岁，占79.3%；其次是56岁以上，占12.7%；35岁以下，占8%。2001年上海市妇联组织进行的“上海女企业主、企业女经济管理者社会地位调查”的统计显示，女企业主和企业女经济管理者当年的平均年龄为43.02岁；中国企业家调查系统显示，中国女企业家的平均年龄为46.5岁。本次调研中的女企业家平均年龄高于这两次的调查结果属于正常，毕竟本次调查的时间较上两次相差几年时间。同时上海女企业家平均年龄的增高趋势反映了女企业家年龄的正常增长，同时也说明年轻的女企业家增长情况不太理想，有待增强女企业家的培养力度，在努力促进年轻女性创业的同时，加大公有制企业对年轻女性企业家的选拔力度。

## 四、上海女企业家群体生存与发展的外部环境分析

企业家在企业发展的过程中面临来自宏观环境、经济政策、市场变动等多方面的影响，要求企业家对于可能出现的各种影响企业发展的因素做出积极应对，而女企业家在瞬息万变的市场竞争中为谋求企业的生存与发展可能较男企业家面临更多的问题。本次调查充分显示上海女企业家群体生存与发展的中面临的外部环境。

### （一）上海女企业家领导的企业在发展中存在的主要障碍依次为人才缺乏、商务成本高和资金不足，当前女企业家融资渠道已明显增多，资金不足问题有所缓解

上海经济发达、人才集聚，同时也是企业云集、市场竞争激烈之地，企业发展面临来自国内外的多种挑战。本次调查显示，上海女企业家领导的企业在发展中存在的主要障碍依次为人才缺乏、商务成本高和资金不足。不同所有制企业均在不同程度面临上述三大问题，从不同程度上影响到企业的长远发展。

**表3　受访企业目前面临的主要障碍**　　单位：%

| | 占比(可多选) |
|---|---|
| 人才缺乏 | 42.7 |
| 商务成本高 | 33.3 |
| 资金不足 | 23.9 |
| 政策扶持不完善 | 18.3 |
| 技术创新不足 | 17.4 |
| 治理结构不完善 | 8 |
| 反倾销等全球化挑战 | 6.6 |
| 行政干预 | 4.2 |
| 其　他 | 8.9 |

人才缺乏是本次调查中女企业家领导的企业在发展过程中面临的最大困难，这是中国企业面临的共同问题。2006年中国社会调查事务所调查显示，59.8%的国有企业存在着人才危机，且对35.1%的国有企业产生了严重影响，其中北京、上海、广州国企人才流失现象更为严重。《1999～2005年美国企业在华营商环境调

查报告》显示，外资企业也面临高级人才缺乏的困扰，70%的公司认为它们的业务因高级人才缺乏而受到了影响。上海女企业家认为人才缺乏是企业发展的最大障碍，一方面反映了当前我国人才总量相对不足，难以满足企业快速发展的需要，另一方面也可能私营企业与民营企业在吸纳人才方面处于相对弱势的地位。接受本次调查的企业，私营/民营企业占了绝大比例为68.9%，家族式经营特点使受访企业的人才缺乏显得更为突出。

商务成本高是本次调查中反映的女企业家领导的企业在发展过程中存在的第二大问题。多项研究显示，尽管市、区县政府出台了多项政策，但房租和人力成本较高仍为上海企业发展的最大瓶颈之一。上海女企业家也处在商务成本高与人才缺乏共存带来的夹缝中，一方面她们愿意高薪招聘需要人才，但招聘难度较大；另一方面，她们还得为现有职工支付较高的人力成本，承担较高商务成本。在上海快速发展短期内商务成本难以有实质性下降的情况下，上海女企业家必须以更长远的战略眼光解决商务成本过高对企业的影响问题。

融资难是上海女企业家面临的又一大难题。受访企业中，有23.9%企业认为资金不足是当前发展的最大发展障碍。融资难不仅是女企业家面临的困惑也是当前我国中小企业面临的重大瓶颈。2006年中国第七次私营企业抽样调查反映，85.5%的业主感到贷款存在困难，14.5%的人没有回答这个问题，也许他们根本不指望银行贷款；2007年上海民营经济暨中小企业发展报告显示，融资难是困扰上海民营经济发展的第二大主要问题。

调查也显示，上海女企业家融资渠道已逐步增加，且随着企业的发展得到银行贷款的企业逐渐增多。在问及企业成立之初的资金来源时，有12位女企业家作了回答，其中：有2位是靠自有积蓄，2位是向亲朋好友借款或其他渠道，7位是银行贷款，1位是政府资助项目。当问及2007年企业发展资金的来源时，有20位女企业家作了回答，其中仍靠自有积蓄和向亲朋好友借款增资的各增加了1位，获得银行贷款的增加了7位，达到14位。上海女企业家获得证券市场、风险基金的股权融资比例还较少。随着女企业家领导的企业发展及女企业家的成长，进一步优化融资结构改善融资难的困难是上海女企业家进一步发展的当务之急。

### （二）上海女企业家普遍面临较强压力主要来自工作本身，而对于一般认为女企业家可能存在来自家庭的压力没有得到调查支持

目前上海女企业家也面临较强的压力。调查显示，207位女企业家中，有23.2%的人感觉目前的职务工作压力非常大，58.9%的人感觉压力比较大，两

者合计占到总数的82.1%，只有16%的女企业家感觉压力不太大或者基本没压力。

调查还显示，上海女企业家的压力主要来自工作，即来自千头万绪的企业经营管理。受访女企业家的统计结果显示，女企业家每周用于阅读报刊书籍、上网、闲暇、体育锻炼、家务劳动的平均时间分别仅为5.7小时、6.2小时、8.1小时、2.9小时和5小时，以每天平均来计算的话，每项活动的时间都仅为1小时左右，特别是体育锻炼时间仅为20分钟。女企业家的时间主要被工作所占，而闲暇和体育锻炼时间的不足，不仅直接影响了女企业家健康，而且也产生了较强的工作压力。

与一般公众认为的女企业家可能面临来自家庭的压力较大不同，本次调查并没有显示女企业家面临较多的来自家庭的压力。这可能是由于来自家庭的压力虽然存在，但与来自工作的压力相比并不重要。此外，这也可能一方面是因为现代社会男女平等家庭对女企业家的负面影响并不明显，另一方面随着服务业的发展，家务不再对家庭产生较大的影响，而且女企业家作为企业领导可能在家里具有较多的发言权，较少感觉来自家庭的压力。

较强的工作压力产生的一个后果是一些女企业家产生了卸任意向。本次调查中，有71位(占总数的1/3)女企业家表示曾经考虑过卸去现任职务，在对这些女企业家的调查中，认为最重要的原因是工作压力太大、太辛苦的，占70%(50人)。

### （三）全球化经济对上海女企业家领导的企业影响并不明显，但上海女企业家已具备融入国际市场竞争的较好基础

全国调查数据表明，女企业家领导的企业与国际市场的接轨普遍不高。其原因主要有二：一是全球化、知识经济，使知识更新更快，对人才和技术的要求更高。例如，本次受访企业中仅有25.6%的企业获得过专业技术奖项，其中国际性、全国性、省市级和本系统性的此类奖项分别有3家、22家、21家和10家。从获奖类型来看，受访企业的技术水平在国内和本市内范围内已处于较高水平，但与国际水平相比，存在一定差距，需要进一步提高。二是女企业家本身还缺少国际市场竞争的经验和经历。本次调查中尽管有部分企业是面向国际市场的大型企业，但绝大部分企业刚刚起步，经营规模不大的，还没有能力参与国际市场竞争。中国女企业协会组织的最近一次调查显示，不到1/3的女企业家生产的产品直接或间接销售到国际市场，且大部分企业的销售额仅为10万美元。

从上海的地理位置及经济发展战略而言，上海女企业家负有率先走出国门的重任。而调查也显示，上海女企业家具备较好地融入国际竞争的条件和基础。调

查中有 45 位女企业家(占回答该问项的女企业家总数的 22.3%)回答自己有 3 个月以上的海外经历(学习、工作或考察)。海外经历不仅提高了她们的管理水平,而且也为女企业家走向国际市场奠定了一定的基础。

### (四)上海女企业家得到家庭的大力支持和社会的日益关注,是个人成功与企业发展的重要保证,而且同行中的性别歧视感觉并不明显

宽松良好的社会氛围是上海女企业家获得成功的重要因素。调查显示,大部分上海女企业家拥有非常支持她们成长的家庭条件。当问及"家庭是否支持女企业家的工作"时,受访女企业家中,45.1%认为家庭对她非常理解支持,44.1%认为家庭比较理解支持,两项共计有 89.2%获得家庭的大力支持。这可能与一般认为的女企业家并不总是能获得家庭支持的认识不同,在上海女性具有独立自主的优良传统,其在企业的成功更容易获得家庭成员的认可与支持,来自家庭的支持也促进了女企业家的成功。

调查显示,社会比较关注女企业家群体及她们的企业发展。当问及社会对她们是否非常关注时,有 8%的女企业家选择了"是",另外,39.3%的女企业家认为社会对她们比较关注。来自社会的关注,有力地支持鼓励了女企业家所在企业的发展。

**表 4 政府和社会对女企业家的关注程度** 单位:%

| 关注程度 | 政 府 | 社 会 |
|---|---|---|
| 非常关注 | 11.4 | 8 |
| 比较关注 | 41.6 | 39.3 |
| 一 般 | 32.7 | 44.3 |
| 不够关注 | 11.9 | 6.5 |
| 根本不关注 | 0 | 0.5 |
| 说不清 | 2.5 | 1.5 |

上海女企业家对同行中的性别歧视感觉并不明显。调查中问及"成长过程中面临的最大困难"时,受访女企业家认为同行中的性别歧视并不明显,在"管理能力"、"专业技能"、"人际关系比较难处"等 8 个选项中,列于第 7 位,仅高于"家庭压力大"选取项。在上海海纳百川的城市文化中,大家对成功者更为认同而并不在意对方的性别,上海女企业家并没有感觉到同行中的性别歧视,这也有利于女企业家的顺利发展。

## 五、本课题的相关结论和建议

### （一）结论

**1. 较强的自主创业和自我价值实现意识、较高的管理水平和教育程度及丰富的人生历练和良好的创业环境共同推动了上海女企业家健康成长**

在上海女企业家积极参与社会经济发展的过程中，自主创业和自我价值的实现意识发挥了很大的作用。也许她们中间有许多人曾经是下岗工人、也许有不少人因创业失去很多机会，但创办私营企业、勇担国有企业的重任、敢于接受市场挑战、从事自己喜欢的工作、实现自我价值，几乎成为上海女企业家的共同特点，成为上海女企业家健康成长的重要源泉。

上海女企业家具有较强的自主创业和自我价值实现意识，是与其受到较高的教育水平、丰富的人生经历及积累了较高的管理经验等因素密切相关。上海历来是一个经济发展水平较高的城市，女性有机会受到良好的教育。随着上海经济社会持续快速发展与浦东改革开放，上海良好的投资创业环境又吸引了大批海外留学生回来创业，其中不乏许多优秀的女性，她们不仅成为上海女企业家群体的重要组成部分，而且结合自身的知识和经历带回了许多现代经营理念，推动上海女企业家群体整体素质的提高。

上海良好的投资创业环境也极大地推动了上海女企业家的成长。良好的投资环境不仅吸引了大批海外高学历人才及内地有志女性，而且还吸引了大批国内已有作为的女企业家到上海再创佳绩；不仅表现为经济环境的完善，而且还表现为社会氛围的友好，家庭的大力支持及社会和政府的日益关注，成为上海女企业家成长的巨大动力，而且上海的性别歧视并不明显。

**2. 人才缺乏、融资困难、商务成本、年龄结构偏老化及工作压力较大等不利因素，影响上海女企业家健康成长**

商务成本高是上海所有企业面临的一大障碍，尽管政府出台了许多相关政策，但从上海中小企业发展报告及其他相关调查反映，商务成本高仍很突出。内地女企业家普遍反映管理经验不足阻碍其发展，而本次调查发现商务成本是上海女企业家发展的第二大障碍。这一方面反映上海女企业家所面临的困难有别于内地女企业家，带有鲜明的上海社会经济环境特点，另一方面也显示上海女企业家面临与男性企业家相类似的挑战，与男性企业家站在同一起跑线上。

年轻女企业家是上海女企业家队伍是生力军和后备力量，但调查反映受访女企业家大部分在36岁以上，且担任目前职务8年以上，年轻的女企业家明显偏少。年轻女企业家偏少的原因之一可能是女性不愿或很难加入创业者队伍，这在相当程度上将影响女企业家队伍的健康发展。尽管上海女企业家对工作的满意度和成就感较强，但工作责任感、年龄、健康等原因造成的工作压力仍让上海女企业家时时产生“很累”的感觉，有的甚至产生卸任的念头。因此，进一步提高上海女企业家的后备力量成为推动上海女企业家群体更加健康发展的重要任务之一。

### （二）政策建议

**1. 建议政府通过建立女性创业风险基金等多种融资形式为女企业家提供必要的政策和资金支持，协调相关部门开展“女企业家助理实习”活动，培养年轻女企业家**

融资和贷款是企业持续发展的保障，有待出台更加健全完善的针对女企业家的扶持措施，有效促进女企业家的进一步发展。为此建议：

首先，政府推动成立女性创业产业基金，可采取封闭式基金形式，由政府相关部门、女企业家协会、金融机构、自然人等共同发起，委托专业基金管理公司管理。专业基金管理公司定期为女性举办风险资金交易会，必要时为女企业家提供技术帮助，但绝不直接参与或控制企业管理，一旦女企业家领导的企业发展成熟，女性创业产业基金可逐步退出。

其次，中小企业办可尝试开展针对女性创业和发展的融资项目，比如开展以担保方式促使上海银行向妇女所办中小企业提供50万～200万元的贷款，担保比例可为80%，期限为2年。为了便于妇女申请及提高申请效率，中小企业可提供创业或贷款计划书建议大纲。另外，还可根据上海产业结构调整的需要，对推动上海现代服务业和科技型的创业项目给予优惠。

再次，努力引导和培养年轻女企业家。建议政府相关部门协调本市高等院校、知名企业，共同开展“女企业家助理实习”活动。该活动可每年开展一次，由本市高等院校、女大学生本人和知名企业共同协商，选拔500名优秀三年级女大学生（或二年级女研究生）到企业进行为期3～6个月的“女企业家助理”实习。实习期满，女大学生有意自主创业者，政府给予资金、贷款适当优惠，并在留沪打分时给予加分，实习企业则给予一定的技术或市场开拓支持。对于实质性支持女大学生创业支持的企业，政府在有关政策方面给予优惠。

各种政策的切实落实是重要环节。有关部门不仅要建立执行、检查的组织机构和支持网络，而且还应在统一监测指标基础上的进行专门的监控和评估，以保证相关政策的切实落实。

**2. 建议上海市女企业家协会设立女性创业和发展支援计划，帮助那些有创业意愿但缺乏资金的女性启动创业计划，并设立“人文讲坛”减轻女企业家的工作压力，引进高素质的家政服务人员协助女企业家营造温暖的家庭环境，发布《上海女企业家年度报告》，积极向社会各界宣传上海女企业家**

女企业家协会是女企业家创业和发展的重要支持者，有待更加充分发挥上海女企业家协会对女企业家的帮助与扶持作用。为此建议：

首先，上海市女企业家协会可建立女性创业产业基金，并开展有关女性创业论坛，提供妇女创业商业计划书建议大纲等。关于女性创业论坛，建议2～3年召开一次与高层对话，邀请国家或市有关领导或专家，就国内外经济形势和国家重大方针政策开展对话，促进女企业家从国家（地区）经济发展和产业结构调整等角度，提高企业竞争力。

其次，女企业家协会可每季举办“女企业家人文讲坛”，帮助女企业家从日常紧张的管理工作中暂时解脱出来，感受到工作之外的人文关怀和心灵的放松。讲坛采取免费方式，授课老师可聘请高等院校历史、文学、宗教等相关学科的教授，也可以聘请知名的高级心理咨询师。讲坛还可设立讲坛基金，由社会各界人士包括女企业家本人出资，以支付必要的讲坛运作费。另外，还可定期举办女企业家与男性女企业家、女企业家与外籍女企业家的交流，一方面为企业家提供经验交流平台，另一方面借此让女企业家了解男企业家或外籍女企业家的思维方式、工作世界，从而在一个更大的范围内审视、完善和提高自己的工作质量。

此外，尽管很多上海女企业家已从大量的家务劳动中解脱出来，但给家人创造一个温暖的家仍是女企业家的内心愿望。女企业家协会如能及时为女企业家介绍或培养素质较高的家政服务人员，无疑可帮助女企业家实现这个美好的愿望。可借鉴日本经验，进一步推动完善妇女兼顾工作与家庭的社会福利设施的活动。

向社会全面客观地介绍女企业家也是女企业家协会义不容辞的责任。建议女企业家协会每年4月向社会发布一次《上海女企业家年度报告》，内容可包括女企业家的影响力、地位、经验或不足等。运行之初《上海女企业家年度报告》着重介绍重要的或女企业家较集中的行业，随着经验和资料的积累，逐步扩大涵盖的行业或企业，争取3～5期后，成为上海市妇联的品牌和上海女企业家群体的重要名片。

**3. 建议企业通过建立女企业家健康档案等多渠道关心女企业家身体健康，同时勇敢地推动上海女企业家率先走出国门，走向世界**

企业家是企业的巨大财富，女企业家的成长离不开企业的支持和关心。企业除了积极协助妇联倡导的关心女企业家成长的有关活动外，还可督促协助女企业家关注身体健康。女企业家应积极响应并参加女企业家俱乐部、女企业家协会等基层妇女组织，后者牵头为女企业家开展定期体检。企业有关部门还可积极与企业所在地的街道、社区卫生中心联合建立女企业家健康档案，并组织一对一的医护人员为她们进行各种疾病预防和咨询活动。

为顺应上海建设国际大都市的历史潮流，上海女企业家应进一步提高战略高度，以国际战略的眼光完善企业发展战略规划。首先，应积极与外籍企业家进行交流和互动，善于学习国际先进经验，敢于实践，在企业内部形成国际化的经营理念。其次，每年鼓励和支持1～2名企业骨干学习国际市场规则和国际化标准，以提高国际竞争力。再次，依靠科研机构研究力量和在沪大量的外籍人士，主动调研和客观分析海外市场特别是港澳台市场的需求，为有针对性地开发国际市场作好必要的客户准备。

**4. 建议社会引导媒体营造良好的社会舆论氛围，积极宣传妇女发展理论的最新成果，并进一步提高女大学生(研究生)的培养质量**

政府除了在资金上或政策上等方面鼓励和支持女性创业和成长之外，还应该引导媒体，营造更加关心、家庭进一步支持的社会舆论氛围。

首先，客观、全面地宣传女企业家的创业精神，改变和消除社会对女性的负面印象。宣传中国女性勤劳智慧、吃苦耐劳、善于管理的特长，使全社会真正形成支持女性创业的共识；经常性地宣传女性创业的先进典型，表现女企业家的风采，传播女企业家精神；对在经营管理中遇到困难和挫折的女企业家，避免性别歧视的不良报导，要从心理上给予安慰。

其次，积极宣传妇女发展理论的最新成果，在全社会范围内形成更科学的女性创业共识。例如，《女性人力资源的最新研究成果之一》即为女性协调工作和家庭负担提供了最新的理论依据。当前建有妇女研究中心的上海社会科学院、复旦大学、上海师范大学、华东理工大学等应进一步加强与妇联合作，加强女企业家发展理论研究，增加相应的课题经费，并争取纳入上海市哲学社会科学类课题。

此外，为了实现女性人力资源开发利用和社会和谐发展的良性互动，高校必须加强女大学生(研究生)的培养质量。高校应率先构建性别平等文化，重视女大学生的科研和实践能力培养，改变女生更多地做一些协助工作的教育方式；高校就业指导中心应从高学历女性的就业需求出发，对她们的心理健康、创业技巧、自身权益等方面进行有针对性的指导，提高她们的职业成就动机和独立追求事业发展的意识。

# 上海女科技人才的状况调查及对策研究[*]

为了了解上海女性人才的现状，推动女性人才的发展，2009 年 8～9 月，市科技妇委配合市妇联就女性人才工作展开调查。调查采用个人问卷调查、单位统计调查和座谈会相结合的方法，共发放个人问卷 1 150 份，单位统计问卷 100 多份。在回收的 1 000 份有效个人问卷中，市科技系统有 197 份；有效单位问卷中市科技系统有 32 份；8 个座谈会中，在市科技系统召开的有 3 个。

我们之所以关注科技系统以及社会各领域中的女性人才，一是作为女性中的佼佼者，女科技人才引领着上海妇女的社会参与向更高层次、更广领域的发展；二是因为上海在建设“四个中心”的过程中，需要一大批人才。我们希望以女性人才培养工作的理念创新、载体创新与工作模式创新，帮助更多女性成才，并使得广大女性人才在参与社会的同时实现自身价值。

## 一、上海科技领域女性人才发展的基本特征

数据分析表明，科技领域女性专业技术人员具有以下基本特征：

### （一）具有较高的学历与继续学习的积极性

被访者中 83.7%的人就业后参加过各种类型的继续教育，其中：参加全日制或成人高校学历教育的占 21.6%，全日制硕士、博士教育的占 4.3%，在职硕士、博士教育的占 15.8%，MBA 的占 1.4%。其结果是与当初就业时相比，被访者的受教育程度大大提高，具有高中学历的从 23%下降为 3.6%，且年龄都在 50 岁以上，具有硕士、博士及博士后学历的从 12.1%上升为 26.6%；人均受教育年限从 15.13

---

* 本文获 2008～2010 年度上海妇女儿童发展课题调研成果优秀奖。作者：上海市科技妇工委。

年上升为16.30年[①]。调查中问及前一个工作日用于学习的时间，平均为1.04小时，且与学历相关，本科为0.95小时、研究生为1.14小时、博士为1.30小时、博士后为1.75小时。

### （二）追求事业与家庭双赢

具有相对较高的自信心与成就欲。如果将调查中对“对自己的能力有信心”和“相信自己一生中会有所成就”两题的回答，按程度折算成10分[②]，被访者的平均得分为8.32分和7.23分，也就是说基本在“比较同意”的区间内。问及对“人生成功标志”的理解时，被列为第一、第二选择的分别是“在社会中体现自我价值”(43.1%)和“婚姻美满、家庭幸福”(40.6%)。因此在择业时，31.7%的人注重“有发展前途”，23.8%的人希望“符合兴趣与志向”，23.2%的人选择“能充分利用自己的知识与专长”，不过对“工作稳定/有保障”的关注程度最高，达到了64.6%。

### （三）职业稳定，有相对较高的职业满意度和生活满意度

较高的学历和孜孜不倦的努力使早年进入科技领域的女性继续保持竞争力，也使众多进入这一领域的年轻女性获得了施展才华的机会。如果将调查中对职业满意度和生活状况满意度的回答也按程度折算成10分[③]，从图1、图2中可见，被访者对一些项目的满意度还是处于相对较高水平。其中，职业满意度以对“工作稳

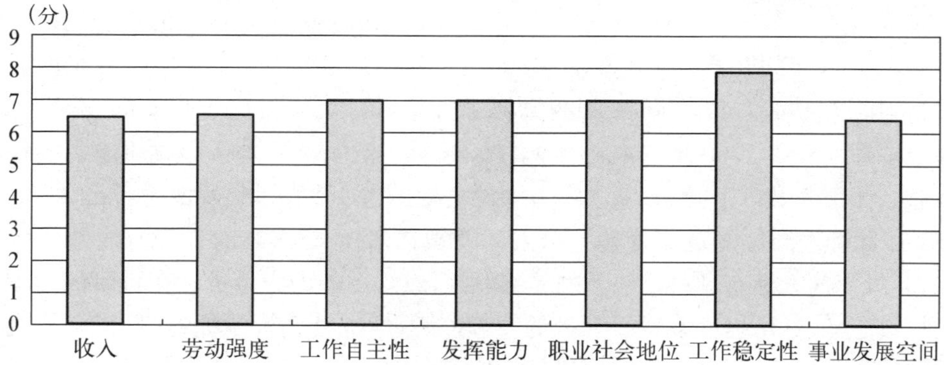


**图1　被访者的职业满意度**

---

① 按高中12年、大专14年、本科16年、硕士18.5年、博士21年、博士后23年计算。

② 计分方法：“非常同意”为10分，“比较同意”为8分，“说不清”为6分，“不太同意”为4分，“很不同意”为2分。

③ 计分方法：“很满意”为10分，“比较满意”为8分，“一般”和“说不清”为6分，“不太满意”为4分，“很不满意”为2分。

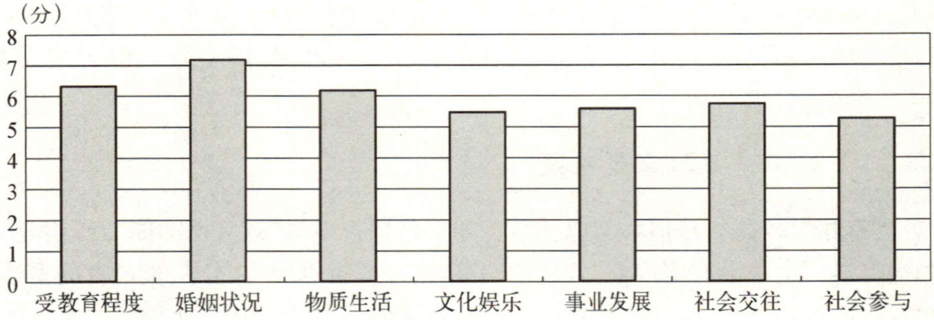


**图 2　被访者对自己目前生活状况的满意度**

定性”、“工作自主性”、“发挥能力的程度”、“职业社会地位”的满意度最高；由于这些项目是不少被访者择业时所关注的，因而“跳槽”现象相对较低——被访者就业后换职业的频率平均为 0.9%，换工作单位的频率平均为 1%。至于生活状况的满意度，则以对“婚姻状况”、“受教育程度”和“衣食住行等物质生活”的满意度最高。

数据分析还发现，科技领域女性专业技术人员的群体构成呈现以下变化。(1) 年轻化趋势明显。从 32 个单位的数据统计看，女专业技术人员中 34 岁及以下的占 58.8%，35～44 岁的占 22%，45～54 岁的占 17.7%，55 岁及以上的仅占 1.5%。调查也表明，35～50 岁的优秀女科技人才仍然匮乏，人才梯队上有断裂现象。(2) 新上海人比例不断增大。个人问卷被访者中，出生地“非上海”的比例为 41.6%。进一步分析发现，1967～1979 年间开始就业者中新上海人占 21.6%，1980～1989 年间开始就业者中新上海人占 20.5%，1990～1999 年间开始就业者中新上海人占 48.9%，2000～2009 年则上升至 65.2%。而且新上海人的学历明显高于本地人。以 2000 年以来新就业的女性被访者为例，本地人中硕士学历的仅占 6.3%，无博士及以上学历；新上海人中硕士学历占 40%，博士及博士后占 13.3%。(3) 兼职管理岗位的现象普遍。个人问卷被访者中 88.4%的人拥有专业技术职称，37.7%的人拥有副科及以上的干部职级，21.7%的人为科员。在科研的同时兼任行政职务，这可以提升科研人员的管理能力，增加社会资源拥有量，但必然也会增加工作量以及对科学研究时间与精力的投入。

## 二、影响科技领域女性人才发展的主要障碍及原因

尽管科技领域中的女专业技术人员有着较高的自信心与成就欲，以及继续学习积极性，然而两性相比差距依旧很明显。对 32 个单位的数据统计发现，国家级

科研课题负责人中，女性占15.4%；市级科研课题负责人中，女性占18.1%；本系统科研课题负责人中，女性占14.7%；获得国家级科研奖的课题中，由女性担当课题负责人的占14.3%，获得市级科研奖的课题中，由女性担当课题负责人的占13.7%，获得本系统科研奖的课题中，由女性担当课题负责人的占17.1%；获国务院特殊津贴的239名专家学者中，女性占13.4%。数据统计还发现，虽然34岁及以下年龄段的专业技术人员中男女两性在学历上差距很小，甚至女性受教育年限还略高于男性，但高级职称上男性依旧保持着优势——该年龄段具有本科、硕士、博士学历的比例，男性中分别为52.9%、26%和10.7%，女性中分别为42.9%、35.9%和10.4%；具有中级、副高和正高职称的比例，男性中分别为31%、5.3%和0.8%，女性中分别为34.8%、4.3%和0.3%。至于45～54岁年龄段，高级职称上的男女差异就更大了——该年龄段具有副高和正高职称的比例，男性中分别为31.2%和25.3%，女性中分别为30.2%和6.7%。

那么"影响女专业技术人员成长的最主要障碍"是什么？调查中问及此题，被女性认定为第一、二、三位的分别是"缺乏较强的事业心"(34.4%)、"缺乏公开、公平、公正的人才选拔机制"(34.4%)和"妇女家务负担重"(33.8%)；被男性认定为第一、二、三位的分别是"缺乏较强的事业心"(44.8%)、"妇女家务负担重"(41.4%)和"科研工作难度大"(24.1%)。也就是说，被调查者认为，影响女专业技术人员成长的因素有客观的，也有主观的。对调查数据以及相关座谈会发言材料的梳理，可对此作更为详细的剖析。

### (一) 以养儿育女为主的家务负担阻碍了部分青年女专业技术人员的事业发展

座谈会上很多科技女性谈到了生育后家庭与事业的冲突。因为能接收0～3岁婴幼儿的幼托机构十分稀少，也因为男性成就事业的可能性更大，一部分在子女抚育中难以得到老人帮助的女性，尤其"新上海人"，不得不放缓自己的事业发展，或者干脆调离科研岗位。调查中问及"目前最希望获得的社会服务时"，女专业技术人员需求最高的依次为"钟点工"(58.2%)、"便捷食品"(32%)和"子女的学习辅导"(22.9%)。其中，孩子的教与养是女专业技术人员希望获取社会帮助的重要内容，不过因孩子年龄不同，需求也不同：孩子年龄在0～5岁的，"婴托班"、"晚托班"、"暑托班"的需求旺盛，分别为21.7%、26.1%和21.7%；孩子年龄在6～11岁的，"晚托班"、"暑托班"的需求分别减至13%和17.4%，但"子女的学习辅导"的需求达到56.3%；孩子年龄在12～14岁的，"晚托班"的需求为零，"暑托班"的需求降至13.3%，"子女的学习辅导"的需求还是保持在53.3%。

### （二）有性别差异的制度性因素使部分女专业技术人员在成才过程中遭遇了或明或暗的性别歧视

随着社会经济的发展以及文明程度的提高，女性发展的社会环境也在逐步优化。统计数字表明，在34岁及以下的专业技术人员中，受教育程度上的男女差异已经基本消除，这与高校扩招后教育资源空前充沛有着密切关系。调查也发现，问及是否得到过“专业培训与进修机会”时，女性认可的程度略高于男性，不过问及在事业发展中是否得到“领导的关怀与支持”、“机遇”和“工作上锻炼的机会”时，女性认可的程度均低于男性。而从座谈会上看，男女有别的退休制度对女性成才影响甚大。因为比男性早5年退休，一些单位中女性50岁甚至45岁时已经失去晋升与进修机会；而一些子女业已长大、工作经验丰富、原本想在事业上干一番的女性也因此失去了继续奋进的动力，于是45岁以上的科研人员中，在职称、科研实力和科研成果上两性差异不断扩大。

### （三）存有传统性别观烙印的价值取向弱化了部分女专业技术人员的进取心与事业心

调查发现，一个不可否认的事实是部分女专业技术人员以家庭为重，缺乏较强事业心。女性被访者中有27.2%的人对“男性以社会为主、女性以家庭为主”的传统观念持“非常同意”和“比较同意”态度，18.9%的人认为“干得好不如嫁得好”。两性相比，女性中将“婚姻美满、家庭幸福”和“子女聪明健康有出息”列为“人生成功标志”的合计为58.7%，比男性高出26.5个百分点；目前工作中，尽管女性有23.8%的人“胜任工作，不感到压力”，比男性高出7.7个百分点，但选择“希望接受更多挑战”的却只有5.5%，比男性低4.2个百分点。

上述种种障碍的存在，使女专业技术人员发展中出现一些令人担忧的现象。由于高端岗位职数有限，且评聘分开，上升空间不大，一些女专业技术人员认为技术职称在短时期内对她职业发展没有帮助，因此不愿意参加职称竞争。一些高端女性人才，有的忙于应付繁重的课题任务，缺乏业内交流机会，未能获得业内较高认可；有的安于现状，科技创新的主动性不够，发展后劲略显不足；等等。而在科技领域女专业技术人员的构成上，来自科技妇委会的调查表明，有高级职称的女科技人员中，工程类人才缺乏，研究类人才相对较多；研究类人才从事的领域中，生物医药、IT领域相对集中，船舶制造、新材料研发等较为缺乏；从全系统女专业技术人员的专业分布看，法律、翻译、质量管理和财务类的相对较多，政工管理类人才中50岁以上的超过六成。

## 三、目前为推动女性专业技术人员成长所采取的有效措施

由政府部门颁发、旨在推动科技人员创新发展的奖项，目前在国家层面的有国家最高科学技术奖、国家自然科学奖、国家技术发明奖、杰出人才进步奖和国际科学技术合作奖，国家教育部有提名杰出人才奖。在市级层面的有上海市科学技术进步奖，其中包括科技功勋奖、自然科学奖、技术发明奖、科技进步奖和国际科技合作奖。此外，还有一些地方性的人才培养、资助与奖励制度，如“上海市优秀专业技术人才”、“上海市优秀留学回国人才”、“上海市自然科学牡丹奖”，等。其中，20 世纪 90 年代初由市科委设立的“上海市青年科技启明星计划”，用科研项目来培养人、锻炼人。尽管资助的经费有限，但成效显著，10 多年来在上海各高校、研究所的众多学科领域出现了人才聚集反应，研究能力发生了新的飞跃。2005 年由市人事局、市科委联合颁发的《上海市浦江人才计划管理办法》，则重点为回国来沪工作和创业的海外留学人员创业发展提供资助，实施数年来，有效缓解了留学人员工作创业初期启动资金短缺的问题。

由上海市妇联和市科委等共同发起的“巾帼创新奖”评选活动，则以推动女性成才为宗旨，重点表彰在科技、教育方面做出重要贡献的女性人才。自 2000 年起，每两年举办一次，每届评出上海市巾帼创新奖获得者若干名和上海巾帼创新提名奖获得者若干名，获奖者都是上海科教领域中的佼佼者，至少拥有国家或省部级科技发明奖二等奖以上的科研成果，有的还在国际和国内获得过发明专利，社会效益与经济效益显著，因而“巾帼创新奖”被誉为上海女性的“诺贝尔奖”。

此外，市科技系统妇委会在同级党委支持下，依托所在单位人才工作载体，积极推动女性人才成长。比如，科技系统下属各单位，一方面通过“百人计划”、“浦江人才计划”等积极引进高端女性人才，扩充科研实力。以中科院上海分院为例，近两年引进的人才中女性占 20%以上。另一方面以创新方式加强人才队伍的教育培训，提高人才能力与素质。在中科院一些研究所，以项目支持的形式让女科技人员挑担子，担任课题组长和实验室主任，实现技术和管理双肩挑。2008 年共有 41 名青年女科技人员获得“上海市青年科技启明星计划”资助，达到该计划(A 类)资助人员总量的 50%。

科技系统的各级妇委会和工会女职工委员会形成合力，从建立制度、搭建平台等方面入手，为女性成才提供服务。一是建立青年女科研人员科研成果奖励、高端女性人才家政(生育)补贴和科技巾帼创新成果奖等制度，激励科技女性成长成才；二是开展“明日科技之星——女科学家科普拓展基地”的建设和“女科技工作者进

农村”行动，积极为科技系统知识女性以知识回报社会搭建平台；三是坚持做好女科学家、女劳模带家属疗休养工作，为女性人才提供服务。

多年的工作实践给我们的体会：

第一，女性人才工作不仅要覆盖体制内，还要积极向体制外扩展。因为随着多种所有制经济的发展，在体制外新经济组织中就业的人越来越多。2008 年底，上海在岗职工中就业于“港澳台及外商投资单位”和“其他单位”的已经达到 75.3%。所以，我们既要按照“党管干部、党管人才”的原则，不断完善人才工作的各项制度，帮助体制内的女性人才成长，并充分发挥其作用；同时还要通过完善政府的社会管理、包括人才管理的相关公共政策，通过发展多种形式的女性民间社团，把女性人才工作做到体制外去。目前在组建新经济组织中的妇女组织和女性民间社团上，上海各级妇联已经做了很多尝试，并取得一些成果，然而如何在新经济组织中有效地开展包括女性人才工作在内的妇女工作，我们还必须进行工作理念、工作载体、工作模式上的探索与创新，且刻不容缓。

第二，女性人才工作的要点是发现、依靠和服务。评奖不仅可以发现人才并给予其应有的物质奖励与精神奖励，而且通过对优秀女性人才的宣传，能更好地发挥其引领作用。而为女性人才引进科研项目、提供科研经费等，不仅能推动科学技术的创新发展，也为女性人才学术、技术能力的充分施展搭建了平台，这也是对女性人才的最大奖励。而提供优质的托幼、家政等服务，则能有效缓解女性人才成长中面临的事业与家庭的冲突问题。至于通过参政议政，表达利益诉求，参与利益协调，最终完善有关女性人才成长的公共政策，则是妇联组织女性人才工作的一项十分重要的工作内容。

## 四、对策建议

调查中问及“为促进女专业技术人员成才应该采取哪些措施”时，女性选择率超过 20%的依次是“给女科技人员更多的培训进修机会”(49.7%)、“设立专项计划培养高科技女性人才”(41.6%)、“建立公开公平公正的人才选拔晋升机制”(28%)、“提高家务劳动社会化程度”(24.8%)和“赋予女科技人员与男性同龄退休的权利”(23.6%)；而男性选择率超过 20%的依次是“给女科技人员更多的培训进修机会”(42.9%)、“建立公开公平公正的人才选拔晋升机制”(39.3%)、“鼓励创新，宽容失败”(28.6%)、“设立专项计划培养高科技女性人才”(28.6%)和“提高家务劳动社会化程度”(28.6%)。也就是说，通过完善政策、制度、措施和社会服务来推动女性成才，是众多专业技术人员的共识。

据此，我们的对策建议是完善女性成才的政策环境与社会环境。

### （一）制定上海女性人才发展计划，并作为“上海妇女发展十二五规划”和“上海科技人才培养规划（2011～2015）”的重要内容列入其中

要按照现实性、前瞻性、可操作性的原则，根据上海妇女的现状及发展趋势，以及上海经济社会发展对人才的需求，制定上海女性人才发展战略及具体计划，并将其列入即将出台的“上海妇女发展十二五规划”和“上海科技人才培养规划（2011～2015）”之中，运用政府的力量推动女性人才发展。为促进女性人才战略、女性人才计划的实施，妇女组织要积极介入政府的人才工作，为女性成才争取相关的政策措施支持。近10余年来为了更好地服务于经济社会发展对人才的强大需求，上海市政府不断加大力度，推进人才的公共服务和市场服务建设。目前不仅全市范围内建立了“市区两级、覆盖全市”的20多个人才服务中心机构，而且按照“党管人才”原则，在市、区县层面建立了由同级党委领导、人保局具体负责的人才协调小组，其成员单位有市科委、市教委、团市委等。妇女组织要想方设法介入其中，代表妇女表达利益诉求，参与利益协调。

### （二）完善“巾帼创新奖”评选活动，适时建立女科学家、女青年科技人才发展基金

目前上海妇女发展中有一个现象值得关注，那就是为了追求职业的稳定性，本地女生选读理工科的少，选择与理工科相关的职业的更少，这就加剧了公务员、秘书、银行职员等热门岗位招聘时女性竞争的激烈性。为鼓励更多的女性献身于科技事业，建议在继续完善“巾帼创新奖”评选活动的同时，适时建立女科学家、女青年科技人才发展基金，为攻读物理、数学等理工科专业的女生提供专门奖学金，为从事与理工科包括先进制造业相关的女工程师、女科学家提供包括科研经费、进修深造机会在内的各种奖励。在人才奖励的范围上，要关注体制内的，也要关注体制外的；要奖励帅才、将才，也要奖励有特殊才能者，特别是有创新能力者；要奖励已经脱颖而出的“显人才”，也要为正在努力奋斗的“潜人才”助力。

### （三）协调社会力量，解决0～3岁婴幼儿入托难问题，减轻女科技人员家务负担

近年来随着家庭规模的缩小、人口老龄化程度的加剧，以及对子女期望值的增高，人们的家务负担不断加重，其中最突出的是18个月以内婴幼儿的托养和丧失生活自理能力的老年人的护理问题。由于目前的幼儿教育体系是早期教育导向，

而不是家庭照顾和保育导向，所以18个月以内婴幼儿的托养很少能得到政策和公共服务的支持。婴幼儿的托养和幼儿园、小学、初中阶段孩子的教与养问题，成为女专业技术人员日常生活中必须时时面对的一大难题。为此，一些女性或是不结婚，或是结婚了不生育，或是为了相夫教子放缓自己的职业发展。在此建议政府应该尽快将包括保育事业、养老事业在内的家庭服务事业纳入公共服务范畴，大力发展多种形式的家庭照顾服务，减轻女性的家务负担，保障有家庭责任的女性追求事业发展和待遇平等的基本权利。

### （四）通过人大、政协提案等方式，积极呼吁在科研院所高层次人才中率先实行男女平等的退休政策

20世纪50年代，在人均期望寿命不足50岁且女性普遍多生多育的情况下，出于对妇女的照顾，《国务院关于工人、职员退休处理的暂行规定》把男工人、男职员的退休年龄定为60周岁、女工人定为50周岁、女职员定为55周岁。然至今天，在上海女性的平均期望寿命已经延长到83.5周岁且55岁以下的女性绝大部分响应政府号召只生一胎的情况下，这一法定退休年龄的负面效应就凸显出来。一是经济利益受损。受过全日制高校本科及以上教育的女性由于达不到35年工龄，其退休金与男性相比，在基本工资的替代率上至少存在5%的差距。二是女性接受培训与深造的机会明显减少。因为女性要比男性早退休，许多用人单位在安排培训进修时往往“重男轻女”。本次调查中问及“影响女性成才的最主要因素”时，女性中选择“缺少锻炼培养机会”和“领导不器重”的比例分别达到31.9%和17.8%。三是女性职务、职位、职称升迁的可能性普遍降低。在一些单位、地区，因为女性比男性早5年退休，就将女干部提拔的年龄限定在处级不超过40岁、局级不超过45岁。而上升空间减小，也使得一些中级或副高级职称的女专业技术人员一过50岁，其在事业上奋斗的积极性也大大减退。

### （五）创新妇联女性人才工作的工作理念、工作载体与工作模式

本市各级妇联要从维护妇女权益、促进妇女发展的高度，增强服务女性人才尤其是高层次女性人才的责任感和使命感，全力以赴开展工作。为此，一方面要完善妇委会、女职工委员会等妇女组织，扩大女性人才工作覆盖面，另一方面要大力发展以女专业技术人员为主体的各类民间组织。从20世纪80年代起，上海市妇联就积极帮助知识女性组建民间团体，比如市女工程师协会、市女企业家协会、市女法官协会、市女检察官协会、市女科学家联谊会、市女医师联谊会、市女律师联谊会等，并且已经扩展到各区县。为了满足各层次、各领域女性人才事业发展与生活幸

福的需求，这类民间团体不仅要继续发展，并覆盖到体制外，而且要积极走向社会，在服务会员、服务社会中提升组织的活力与影响力。据此，现阶段妇联女性人才工作模式的创新必须多管齐下：一要通过调查研究，及时了解女性人才的需求，承担起代言人、代理人的职责，参政议政，参与利益协调，优化女性人才成长的政策环境；二要继续完善“三八红旗手”、“巾帼创新奖”等评选活动，大力宣传优秀女性人才的事迹，以及在上海经济社会发展中女性不可替代的作用，优化女性发展的文化环境；三要积极协调政府相关部门和社会组织，完善保育服务、养老服务、家政服务等家庭服务业，推动家务劳动社会化，尽力解除女性成才的后顾之忧；四要继续大力支持知识女性民间社团的发展，在为知识女性提供相互交流、沟通信息机会的同时，可以通过建立社会基地的方式帮助这类民间社团走向社会，服务社会，为女科技人员的研究成果向现实生产力转化牵线搭桥，为科技兴市做出贡献。

# 上海国资系统高层次女性人才成长状况研究及对策建议[*]

上海国资委系统高层次女性人才成长状况的调研，主要从市国资委机关处级以上女性领导干部、51 家直管集团和院所的领导班子成员、享受国家特殊奖励的科技领军女性人才以及后备干部女性人才中进行，市国资委党委宣传处专门召集了部分集团、院所妇女干部，就上海国资委系统高层次女性人才的基本构成及成长状况、上海国资委系统女性职业生涯发展规划以及制约女性高层次人才成长因素等问题进行座谈，对上海国资委系统高层次女性人才成长、发展现状进行了解和分析，挖掘和总结直管单位中培养选拔高层次女性人才的经验和做法，找出制约和影响高层次女性人才成长的难点和瓶颈问题，思考、探讨如何破解难题，切实发挥高层次女性人才在企业经济建设、经营管理、科技创新、产品研发和党建工作中的重要作用，为进一步加强上海国资委系统高层次女性人才的队伍建设提出相应的对策、建议。

## 一、上海国资委系统高层次女性人才发展的基本概况

近年来，上海国资委党委重视开发女性人才资源的工作，专门召开上海国资委系统妇女工作联席会议，总结上海电气、建工集团等直管单位遵循女性人才成长的发展规律，组织女企业家联谊会、女性人才沙龙、女性人才海外培训等，加大女性人才的培训力度、培育高端女性人才，努力提高女性人才的整体素质，不断壮大女性高端人才的后备力量的成功经验，在全系统进行介绍和推广，对全系统女性成才成长创造了良好的氛围。统计数据表明，上海国资委系统现有女职工 19.2 万名中，女性经营管理人才在行业分布方面，从事生产制造业、生产服务业女性经营管理人才占比例较大，尤其是制造业女性经营管理人才占近一半（见表 1）。其中，市国资

---

* 本文获 2008～2010 年度上海妇女儿童发展课题调研成果优秀奖。作者：上海市国资委。

委机关、51家直管集团和院所的领导班子中的高层次女性人才有90名，平均年龄为44.5岁，占上海国资委系统高级管理人员的比例为14.15%；享受国家特殊奖励的科技领军人才和获得国家、上海市科学进步奖有7名，平均年龄为40.45岁(见图1)。截至2009年7月，51家直管企业集团、院所后备干部263名，有47名女性，所占比例为17.87%，平均年龄为39.82岁。从上海国资委系统女性人才总体状况来看，呈现出五个较为显著的变化。

**表1　上海国资委系统女性经营管理人才在行业上分布情况**

| 行　业 | 比例(%) | 排　序 | 行　业 | 比例(%) | 排　序 |
|---|---|---|---|---|---|
| 制造业 | 44.8 | 1 | 房地产业 | 3.4 | 6 |
| 批发和零售业 | 14.2 | 2 | 电力、煤气及水生产与供应业 | 2.8 | 7 |
| 交通运输、仓储和邮政业 | 10.4 | 3 | 住宿和餐饮业 | 2.8 | 7 |
| 建筑业 | 9.3 | 4 | 科学研究、技术服务和地质勘查业 | 2.5 | 9 |
| 租赁和商业服务业 | 5.7 | 5 | 水利、环境和公共设施管理业 | 1.0 | 10 |

注：卫生、社会保障和社会福利业因人数太少，未列入计算范围。
资料来源：上海市国有资产管理委员会。

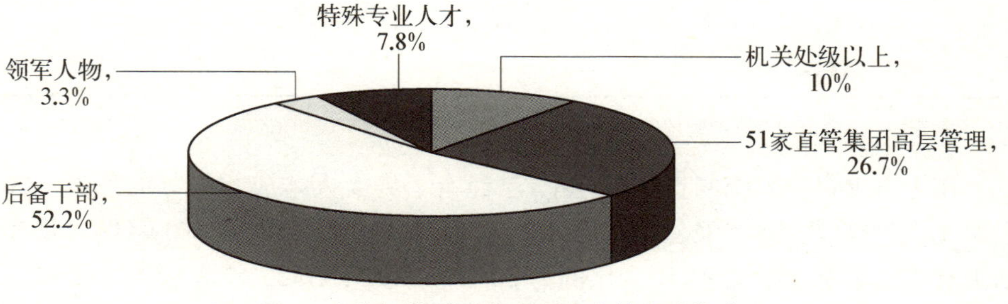


**图1　上海国资委系统高层次女性人才构成**

## (一) 高层次女性人才和后备干部的年轻化步伐加快

近年来，上海国资委系统通过推进引进培养年轻女性人才的工作，女性人才队伍的年龄结构不断优化。上海国资委机关本部处级以上干部(实职)共有51名，其中女干部有9名，占处级以上干部比例为17.64%；35～40岁的女干部有6名，占女干部数的2/3。上海国资委系统企业集团(院所)后备干部共263名,女性有47名,其中：40岁以下有18名,占后备干部女性的比例为38.29%,18人均接受过全日制本科以上的高等教育,5人获得硕士学位,1人获得博士学位。

## (二) 培养选拔高层次女性人才的力度明显加快

在推进国有企业干部体制机制改革创新过程中,市国资委党委重视女性人才培养使用,以公开、公平竞争的选聘形式,公开选拔优秀女干部。如现任市国资委副主任的刘燮就是通过公开选拔,从处室领导走上市国资委领导的管理岗位。市国资委党委还通过笔试与面试,进行考核择优推荐优秀女性人才到海外培训和进修。例如,机场集团2名女干部通过海外进修,回国后就提拔到集团中层管理岗位上;又如,锦江集团3名女干部经过海外培训,提升女性人才的职业竞争力,其中有一人已担当起宾馆主要经营者的重任,成为锦江集团女性经营管理者的"后起之秀"。

## (三) 女性人才成长列入企业人力资源的发展规划

在上海国资系统女性专业技术人员职称结构中,女性专业技术人才在评定职称上与男性专业技术人基本一致(见表2)。

**表2　上海国资系统专业技术人才与女性专业技术职务(职称)情况**

| 专业技术职务 | 总 比 例 | 女性比例 |
|---|---|---|
| 高级职务 | 10.3 | 8.4 |
| 中级职务 | 39.1 | 40.5 |
| 初级职务 | 50.6 | 51.1 |

资料来源：上海市国有资产管理委员会。

在上海国资委系统的直管单位中,已经有了男女人才成长平等的范例。如在上海现代建筑(集团)有限公司在制订实施"213"人才工程时,在601名纳入培养计划中有170名是女性人才,所占比例为28.3%,其中：在20名A级人才中有9名女性,100名B级人才中有23名女性,300名C级人才中有138名女性,使女性人才培养成长享有与男性人才的同等权利。

## (四) 高层次女性人才整体素质快速提升

2009年,为适应上海国资国企改革发展的需要,市国资委本部机关通过公开选拔、竞争上岗,有12名干部走上了处室的领导岗位,其中5名为女性,占41.7%,

既为高层次女性人才成长进步创造了比较好的工作环境和成长氛围，又为基层单位选拔使用好女性人才起到了表率作用。近年来，上海国资委系统运用科学的考核方法和先进的测评技术，对基层优秀女性人才进行知识、能力、个性等进行全面的测试和评估，选拔一批优秀的女性人才，让她们担当起企业经营管理、科技领军和科研带头的重任。

### （五）高层次女性人才追求事业与个人价值的双赢

从调研情况来看，上海国资系统高层次女性人才勤奋好学，具有较强的社会责任感、忘我的奉献精神，追求事业发展和自我价值的实现。一是凭借细致、耐心的自身特性，在财务总监等专业管理岗位上发挥女性的独特优势；在市国资委系统24名女性高级管理人员和47名局级后备人才中，有10名女性分别担任集团及二级企业的总会计师、财务总监、资金决算部总经理等职务。二是凭借女性比较善于观察和协调、善于沟通的亲和力，在企业经营管理中发挥女性的独特优势。三是凭借执著、坚韧不拔的毅力，在科技领域中发挥女性的独特优势。如现代建筑设计集团副总工程师杨联萍先后获得上海市科技进步奖六项、上海市巾帼创新奖（全市命名仅5名）、华夏建设科学技术进步三等奖两项及教育部科技进步奖一等奖。

## 二、影响上海国资系统女性人才发展的主要问题及原因

### （一）影响上海国资系统女性人才发展的主要问题

从调研情况来看，上海国资系统高层次女性人才总量不足，高层次女性人才资源开发与管理的投入不足，各集团培养选拔使用女性人才的发展还不平衡，以及在女性人才队伍管理上缺乏创新理念和方法，高层次女性人才和女性领导干部比例明显低于男性。女性高端人才人的发展还不尽如人意，较为突出的有以下问题。

**1. 女性高端人才的严重缺乏**

统计数据显示，全系统的职级较低女性绝对数在逐步上升，而职级越高，女性越少，尤其是进入企业集团和院所领导班子成员的女性比例偏低，呈“金字塔”型：在全系统19.2万女性员工中，一线女职工122 668人，占比例为63.89%；一般女性管理和技术人员69 332人，占比例为36.11%；集团层面领导班子成员及后备干部90人，占全系统女性比例仅为0.047%。

从全系统女性人才的总体结构来看，存在着“三多三少”的现象：一是担任领

导干部的女性副职多、正职少。据统计数据表明，截至2009年6月，市国资系统322名高级管理人员中，担任正职的女性只有2名，其余24名分别担任不同岗位的副职；二是担任领导干部的女性从事行政业务的较多，从事党务工作的较少，在47名后备干部及24名女性高层次管理人员中，只有13名女性从事党务工作，占18.3%，其余皆为经管或工程类；三是从事财务总监、生产管理的女性高端管理人才较多，从事科研开发和在科技一线的女性领军人才较少，市国资委系统41名拥有高级职称的女性人才中，有35名女性从事经济、金融及工程类，特殊专业技术人才仅有7名，领军人才仅有3名。

**2. 女性人才建设的制度机制不完善**

调查数据表明，不少直管单位中男女干部比例往往不在同一层次考虑。多数单位对女干部进入领导班子比例上是“做减法不做加法”，有的直管单位存在着“凑数”、“点缀”现象；有的企业集团领导班子甚至是“男性的天地”，没有女干部。不少直管单位对女性人才成长培育的研究，仅限于妇联自我“小循环”、非主流轨道，而未纳入集团人力资源管理“大循环”而进行整体的、系统的规划。

**3. 女性人才成长受两性差异的制约**

从上海国资系统女性经营管理人才在所在行业内分布情况来看，女性管理者除了在餐饮等传统的服务业外，在金融业、租赁和商业服务业及信息传输、计算机服务等现代服务业比例亦接近外(见表3)，制造业中的女性经营者比例有所下降。例如，上海纺织行业鼎盛期有55万名女工，曾有女厂长、女经营者“五朵金花”，她们是女干部中的佼佼者。然而，随着纺织传统产业转型，纺织行业的女性人才来源明显不足，以致形成近5年来纺织行业入围上海市劳模全是男性。目前，对女性人才的社会评价标准与体系尚不明确，女性的职业发展往往受制于“玻璃天花板”，升迁到一定的职位后难以再高升一步。因此，在干部选拔使用上，即使男女人才在年

**表3 上海国资系统女性经营管理人才在所在行业内分布情况**

| 行业 | 比例(%) | 排序 | 行业 | 比例(%) | 排序 |
|---|---|---|---|---|---|
| 教育 | 53.1 | 1 | 批发和零售业 | 37.9 | 6 |
| 住宿和餐饮业 | 44.4 | 2 | 居民服务及其他服务业 | 37.1 | 7 |
| 租赁和商业服务业 | 40.7 | 3 | 文化体育和娱乐业 | 25.1 | 8 |
| 金融业 | 40.2 | 4 | 制造业 | 32 | 9 |
| 信息传输、计算机服务和软件业 | 38.7 | 5 | 房地产 | 31.7 | 10 |

龄、学历、经历等条件相同，企业往往优先提拔男干部而不是女干部，尤其在主要领导岗位或部分职位定向选拔上往往倾向于男干部，两性差别成为制约女性人才成长的瓶颈口。

**4. 女性人才库尚未真正建立形成**

在调研中发现，上海国资委系统对女性人才的年龄结构、素质结构、层次结构、数量结构等基本数据不全，缺乏对女性人才不同层次、不同专业、不同岗位的分门别类的统计数据，尚未形成一个反映女性人才的学历、年龄、能力和个性等综合要素的、完整的、系统的人才信息库。

### （二）制约上海国资系统女性人才成长的原因

我们从以上存在的四个主要问题中剖析其原因，发现制约上海国资委系统女性人才成长有以下因素：

**1. 受社会传统观念的影响**

由于中国社会长期形成的“男主外、女主内”的思想根深蒂固，对女性人才成长的外部环境不理想，造成女性在竞争中处于弱势群体的地位；再加上女性承担人类再生产和劳动力的再生产，即使社会进步，使女性得到与男性平等教育的权利，然而在招聘、录用、选拔、使用上女性难以享有与男性的同等权利。

**2. 受女性自身特性的影响**

由于女性人才资源的形成、开发、使用等很大程度上受时间、机遇等条件的限制，以及女性承担着人类再生产的重任，必然要占去一部分时间和精力，致使相当数量的女性人才为了自己的孩子和家庭，放弃理想、事业的追求、放弃继续学习的机遇，在职场的激烈竞争中，渐渐“落伍”，跟不上时代发展的步伐。

**3. 受男女选拔使用隐性歧视的影响**

不少女干部反映，目前基层女干部的配备比例低，全国、上海市人大、政协委员比例明显低于男性。尽管，国家出台《妇女权益保障法》、《中国妇女发展纲要》等保护妇女权利的规范性文件，然而在女性人才的培养、选拔、使用上多为原则性的条文，缺少可量化的、可操作的、可考核的政策，缺少必要的制度和机制上的切实保障。

**4. 受男女有别退休制度的影响**

不少女干部反映，女性人才从成长到成才，以及进入职场、生育哺育、事业有成等阶段的磨炼，能进入高层次管理岗位已经是凤毛麟角的“佼佼者”；然而，男女有别的退休制度，又进一步制约女性人才成长和发展的空间。尽管，国家出台了高层次女性人才与男性同龄退休的规定，在直管单位中，真正执行的是局级女性领导干部享受这一待遇，而女干部或女性科技人员一到55岁年龄就走人，已成为绝大多数直管单位约定俗成的惯例。

## 三、对进一步完善女性成才政策及社会环境的建议

### （一）以科学发展观为根本点，确立女性人才培养选拔工作的新理念

根据我国社会经济转型及市场经济的需要，政府应学习借鉴其他国家的成功经验，制定并实行禁止以社会性别为依据的政策，以立法形式建立起以人才能力和业绩为导向的科学的社会化人才评估机制，为女性成才提供一个强有力的政策保障。一是各级党组织要有责任意识，做到准确发现女性人才、推荐女性人才，使女性人才及时得到起用，不被埋没；二是各级领导干部要有男女平等意识，特别是男干部要对女性人才能做到看主流、看发展，全面而客观地看待女性人才和女干部；三是各级党组织、政府要把开发利用好女性人才资源纳入本集团、本企业、本单位的人力资源开发管理整体规划中同步规划、同步研究、同步部署、同步落实、同步考核。

### （二）以学习型组织建设为抓手，探索建立女性人才培养的新模式

在遵循女性人才成长规律的前提下，一方面女性人才要牢固树立终身学习的思想观念，具有勤奋学习、刻苦学习、不断充电的自我驱动力；另一方面，根据岗位要求和女性特点，从政策上制定女性人才的教育培训、挂职锻炼和轮岗交流的刚性指标，促使各级领导将有潜力的女干部有意识地从专业部门向综合部门轮岗，从非经济主管部门向经济主管部门轮岗，从分管党群工作向主要业务工作轮岗，培养炼就她们具有“帅才”、“将才”般的判断能力、预测能力、决策能力和实战能力，为女性人才健康成长提供有利的外部条件，使女性早出人才、多出人才、出优秀人才。

### （三）以能力建设为着力点，探索建立女性人才梯队建设的新途径

国家要在女性人才的选拔、使用上应从政策制定的源头上给予积极支持。一是在女性人才的储备上下工夫。从市国资委本部机关选派一批、从企业集团和院所女干部中考聘一批，拓宽来源，夯实基础，推进女性人才梯队的长远建设。二是在女性人才的选拔上下工夫。在同等条件下要优先提拔女干部，从党政机关，以及国有企业、高等院校、科研院所等事业单位一线定向选拔女干部，把培养选拔女干部工作纳入组织工作的整体框架。三是在女性人才的使用上下工夫。除了落实国

家明确规定各级领导班子中女干部配备的比例和目标外，还要使用好女干部，对能够直接使用的不搞过渡，能够胜任实职的不安排虚职，能够破格提拔的不搞按部就班，为女性人才健康成长创造良好的环境。

### （四）以人才信息库为突破点，建立健全有利于女性人才成长的新资源

各级党组织要依托组织人事部门、工青妇组织女性人才信息库的资源优势，统一规划，整合现有的资源，做好女性人才信息建库工作，把经过基层一线磨炼并熟悉宏观经济、财政金融、现代科技知识，懂法律、会经营、善管理的优秀女性人才的数据“入库”，形成一个能及时反映女性人才不同年龄、不同层次、不同专业、不同岗位的完整而系统的人才信息库，并加强日常管理，动态调整，滚动优化，使优秀女性人才能够及时进入组织视野，为女性人才的推荐、选拔和使用提供可靠的依据。

第五篇

# 婚姻家庭与社会环境

# 婚姻家庭纠纷中妇女权益保护状况研究*

随着世界范围内对妇女人权问题的关注，中国妇女的人权（权益）问题也越来越受到重视。很多学者从不同的角度对妇女权益进行了研究。本文主要以《婚姻法》为研究视角，来梳理婚姻家庭领域对妇女权益保护的相关立法演变及对实践的影响；同时结合近九年来的司法实务统计分析，以离婚纠纷为核心，透视婚姻家庭领域妇女权益保护的现状，指出我国婚姻家庭领域妇女权益保护存在的问题，提出加强对妇女婚姻家庭权益保障的对策，以期为进一步推进婚姻家庭领域内的妇女权益保障提供某些启迪。

## 一、婚姻法立法对妇女权益保护的演进

### （一）1950 年《婚姻法》的颁布，使妇女婚姻家庭权益实现了历史性的飞跃

1950 年 4 月 13 日，我国首部《婚姻法》经中央人民政府委员会通过，并自公布之日起实施。该法“原则”中废除“包办强迫、男尊女卑”的“封建主义婚姻制度”，“实行男女婚姻自由、一夫一妻、男女权利平等、保护妇女和子女合法权益的新民主主义婚姻制度”，“禁止重婚、纳妾；禁止童养媳；禁止干涉寡妇婚姻自由”，从而为我国维护妇女权益的婚姻法律制度奠定了基础，给女性的婚姻家庭权益带来了历史性的飞跃。他真正把全社会妇女从社会的底层解救出来，从封建婚姻家庭桎梏中解放出来，享有与男子平等的婚姻家庭权益。它改变了中国几千年来对女性的传统观念，堪称为我国妇女解放的“宪章”。

---

* 本文获 2008～2010 年度上海妇女儿童发展课题调研成果优秀奖。作者：卫晓蓓等，长宁区人民法院。

### （二）1980年《婚姻法》的颁布，使妇女婚姻家庭权益得到了快速的发展

随着极“左”思想的解锢及改革开放所带来的婚姻家庭的变化，我国第二部婚姻法于1980年9月10日通过，1981年1月1日起实施。1980年《婚姻法》在重申1950年《婚姻法》基本原则、保留许多行之有效规定的基础上，对其作了必要的修订，在更多方面保障了妇女婚姻家庭权益，使在“文革”十年中遭到严重破坏的婚姻家庭法制重新走上了健康发展的轨道。

在婚姻自主权的保护上，专门增加了禁止买卖婚姻的规定，并将“感情确已破裂”作为离婚的条件，确立准予离婚的法定条件，为广大妇女以感情为基础的真正婚姻自由权提供了法律保障。

在对妇女人身权的保护上，规定了“子女可以随父姓，也可以随母姓”、“禁止家庭成员间的虐待和遗弃”、“父母有管教和保护未成年子女的权利和义务”，加强了对妇女独立的姓名权、妇女对子女的监护权等人身权利的保护。

在对妇女财产权的保护上，以婚后所得共同制为我国的法定夫妻财产制。关于法定夫妻财产制的规定虽然过于概括、原则，却比1950年婚姻法中的相应规定更明确。尤为重要的是，法律规定夫妻可以约定婚姻财产的归属，为构建约定夫妻财产制作了立法上的尝试和准备。

### （三）2001年《婚姻法》的颁布，使妇女婚姻家庭权益的保护力度明显加强

随着改革开放的深入发展，我国的社会生活和民众的婚姻生活经历了巨大的变化，1980年《婚姻法》的原规定已经不能完全适应在新的形势下调整婚姻家庭关系的实际需要。2001年4月28日，在广泛听取各方面意见和充分酝酿协商后，又经过两次大的修改和完善，新《婚姻法》在全国人大常委会终于获得通过。2001年《婚姻法》在坚持1980年《婚姻法》基本立法原则的基础上，针对婚姻家庭领域出现的新情况和新情况，在内容上作了相应的修改，体现了对妇女婚姻家庭权益的强力保护。

**1. 对妇女人身权益的保护**

(1) 对妇女婚姻自主权益的保护。婚姻自主权包括结婚自主权和离婚自主权。对于结婚自主权的保护，除了沿用1980年《婚姻法》结婚自愿的规定外，首次提出“因胁迫结婚的，受胁迫的一方可以向婚姻登记机关或人民法院请求撤销婚姻”。由于受胁迫的多为女性，所以新《婚姻法》的这一规定对于防止买卖婚姻、拐

骗妇女并强迫其与他人结婚和其他干涉妇女婚姻自由行为起到了积极的作用，体现了对妇女结婚自主权的保护。关于妇女离婚自主权保护，新《婚姻法》第 32 条对调解无效应准予离婚的情况做出了更具操作性的规定，规定只要有五种情形之一的，调解无效后即应准予离婚。这为一些妇女尽快摆脱因男方重婚、家庭暴力、虐待、遗弃、赌博、吸毒等带来的痛苦，提供了有力的法律保障。

(2) 保护妇女生命健康权。新《婚姻法》及相关司法解释第一次把禁止家庭暴力上升到立法高度。相对于 1980 年《婚姻法》，2001 年《婚姻法》的这些规定，对于保护家庭成员免受家庭暴力侵袭无疑起着重要的作用。它不仅明确规定禁止家庭暴力及家庭暴力行为的具体内容，而且规定了相应的救助措施和法律责任，除应承担行政与刑事责任外，还附带了民事赔偿责任。由于家庭暴力所侵害的对象大多为妇女，而且在其所侵害的权利中最常见的就是侵害生命健康权，新《婚姻法》的这些规定对于保护妇女的生命健康权起了至关重要的作用。

(3) 保护妇女配偶权益。新《婚姻法》在“总则”中增加“禁止有配偶者与他人同居”和“夫妻互相忠实，互相尊重”的规定。在“救助措施与法律责任”中规定了保障措施，如直接将“有配偶者与他人同居的”列入离婚的法定理由，并规定因配偶同居而离婚的，无过错方有权请求损害赔偿。新《婚姻法》的这些规定是对配偶权益的保障。由于与人同居的大多以男性为主动，因此可以认为新《婚姻法》的这些规定明显增强了对妇女配偶权益的保护。

(4) 对妇女的特殊保障。对女性的特殊保障，主要是基于女性的生理特征和所承担的人类再生产的任务而产生的权利的保障。新《婚姻法》在 1980 年《婚姻法》的基础上增加了“中止妊娠后六个月内，男方不得提出离婚”这项内容。这表明新《婚姻法》较 1980 年《婚姻法》给予妇女更多的关怀与保护，体现了新《婚姻法》对女性更多的人道主义关怀。

**2. 对妇女财产权益的保护**

(1) 保护婚姻存续期间的妇女财产权益。对于夫妻关系存续期间妇女财产权益的保护，首先，新《婚姻法》对夫妻共同财产进行了较为详细的界定，细化了夫妻共同财产规定，解决了原有规定过于笼统的问题，有利于妇女财产权益的保护。其次，对夫妻共有财产新《婚姻法》给予妇女与男子平等的处理权。而相关司法解释则在此基础上赋予了广大妇女家庭消费决定权。再次，新《婚姻法》规定了专属一方财产的情形，保护了妇女个人财产所有权。

(2) 保护离婚时及离婚后的妇女财产权益。新《婚姻法》首次确立了离婚经济补偿、离婚损害赔偿、离婚后经济帮助、离婚后财产追索制度。首先，离婚经济补偿制度的确立，在中国“男主外、女主内”的传统模式下，承认妇女家务的价值，有利于妇女婚姻家庭权益的切实维护。其次，离婚损害赔偿制度的确立，使离婚中以女性居多的无过错方，可以有效地运用民事制裁手段制裁重婚、"包二奶"、家庭暴行为，加大了对离婚中过错方（多为男性）的惩罚力度，从而有效保障妇女的合法权益。再次，关于离婚时经济帮助制度的规定则体现了对弱者特别是女方的保护。最后，离婚后追索制度的确立使现实中大量存在的因丈夫隐瞒财产而使财产受侵害的女性可以得到法律救济，可以在离婚后向法院提起诉讼，请求再次分割夫妻共同财产。

## 二、司法实践所折射出的妇女权益保护的现状[①]

### （一）离婚纠纷案件在数量上占绝对多数

2007年、2008年、2009年长宁区人民法院（简称长宁法院）婚姻家庭纠纷类案件分别收案857件、776件、850件，其中离婚纠纷案件数分别为643件、559件、568件，占总收案数的75.03%、72.04%、66.82%。由此可见，在婚姻家庭司法领域，离婚纠纷占据绝对多数，无论是离婚后财产纠纷还是抚养权纠纷，在离婚之后再单独提起诉讼的情形很少，大都在离婚案件中一并解决。因此，在离婚纠纷案件的处理中贯彻妇女权益保护的法律，具有至关重要的意义。

### （二）离婚纠纷案件中，女性提起诉讼的比例明显高于男性

2007年、2008年、2009年长宁法院审结离婚纠纷案件的数量分别为648件、578件、575件，而其中女性作为原告提起诉讼的案件数分别为422件、355件、328件，分别占据各年结案数的比例为65.1%、61.4%、57%。

调研数据显示，女性提出离婚诉讼的比例明显高于男性。这说明，一方面随着女性社会地位的提高和经济收入的增加、女性自强自立能力的增强，女性对家庭的依赖性已经开始减弱，当夫妻感情出现危机、婚姻难以维持时，她们能勇敢地拿起法律武器，维护自己的合法权益；另一方面在我国的特殊背景下，仍有多数女性通常只有在婚姻生活实在难以忍受的情况下才会鼓起勇气主动提出离婚。因此，女性提起诉讼的比例较高，也从另一个角度提醒我们，女性在婚姻生活中所遭遇到的问题也较男性为多。

---

① 本文以上海市长宁区人民法院审理的案件为调查对象，除有特别说明外，以下数据均采自上海法院审判管理5.0系统。

### （三）离婚纠纷案件中，女性的年龄日趋年轻化

2007～2009 年 3 年第四季度的长宁法院分别审结离婚纠纷案件 85 件、75 件、72 件，女性离婚时的平均年龄分别为 39.8 岁、38.4 岁、37.8 岁，而其中女性当事人为 35 岁以下的案件分别为 33 件、35 件、34 件，后者占前者的比例分别为 38.8%、46.7%、47.2%。

3 年同一季度抽样调查显示，女性离婚时平均年龄在 35～40 岁，且有继续走低的趋势。这一方面反映了女性独立意识的觉醒，她们重视婚姻质量，一旦感情破裂，会越来越早地解除婚姻关系，而不是采取“拖延战术”，以维护自己的合法权益；另一方面也说明《婚姻法》保护妇女权益的倾向对于新女性婚姻观的改变起到了一定的推动作用。

### （四）离婚时子女抚养归属女性的比例较高

通过对 2007～2009 年 3 年第四季度的离婚纠纷案件抽样统计，其中涉及子女抚养权的案件为 107 件，其中判处抚养权归属于女性的为 74 件，后者占前者的比例为 69.1%。显然，妇女的意愿受到了较多的考虑，而且为了获得抚养权而放弃抚养费甚至所有财产权利的情形也是极少。

### （五）离婚纠纷案件中财产分割越来越复杂，但房产分割仍是重点，女性获得所有权的比例较低

随着社会经济的发展，夫妻共同财产的形式越来越多样化，数额也日趋增长。现金、房产、汽车、股票、保险、古董、珠宝、黄金、知识产权、股权等名目繁重，这使得离婚时对夫妻共同财产的认定和分割变得越来越复杂。但在绝大多数情况下，离婚双方分割的最重要的财产依然是房产。然而，根据随机抽样统计，在 2007～2009 年涉及房屋产权分割的 50 个判决离婚案件中，房屋所有权归属男性的案件数量为 31 个，远远大于归属于女性的案件数 19 个。由此可以折射出女性在占有、控制和利用家庭及社会资源的机会和权利与男性相比仍处于劣势地位。

### （六）女性在离婚中取得三大财产性权利的案例极少

新《婚姻法》规定了离婚时的经济帮助请求权、经济补偿请求权和损害赔偿请求权。但是，在 2007～2009 年 3 年第四季度审结的 233 件离婚案件统计中，获得经济帮助请求权的只有 2 件、经济补偿请求权的只有 5 件，而损害赔偿请求权未有 1 件。

显然,《婚姻法》中关于女性离婚时享有的财产性权利条款的设置在实践中未能真正达到立法时所期待的保护妇女权益的目的。

### （七）离婚判决理由中,感情基础差或双方性格习惯不同使婚后矛盾无法调和、分居等是主要原因(见表1)

**表1　离婚理由统计**

| 判决离婚案件数 | 判决理由 | 数量(件) | 比例(%) |
|---|---|---|---|
| 72 | 草率结婚、感情基础差 | 26 | 36.1 |
| | 性格脾气不和、难以沟通、矛盾不能调和、长期分居等 | 26 | 36.1 |
| | 家庭经济问题 | 4 | 5.6 |
| | 男方与异性不正当交往 | 8 | 11.1 |
| | 男方存在家庭暴力 | 4 | 5.6 |
| | 男方赌博、犯罪、吸毒等 | 7 | 9.7 |
| | 其他原因 | 3 | 4.2 |

注：由于存在并列原因之情形,故统计存在一定重复。

需要指出的是,由于“婚外情”的举证难度较大,当事人(往往是女性)无法充分举证证明,因此法院在判决中无法对该部分事实作出认定并据此作为准予离婚的理由。但从抽样调查中我们仍然可以看出,因男性存在过错而导致离婚的占绝大多数,在家庭关系中,女性较之男性仍然处于弱势地位。

### （八）离婚案件较多适用简易程序,审理周期较短(见表2)

**表2　2007～2009年离婚案件适用程序及平均审理周期统计**

| 年　份 | 离婚案件审结数量(件) | 简易程序案件数量(件) | 简易程序案件所占比例(%) | 平均审理周期(天) |
|---|---|---|---|---|
| 2007 | 648 | 548 | 84.6 | 56 |
| 2008 | 578 | 499 | 86.3 | 50 |
| 2009 | 575 | 469 | 81.6 | 53 |

较短的审理周期,使得意欲离婚的妇女能够及时从失败的婚姻中抽身,重新追求新的生活。

（九）调解结案方式占离婚案件审结数量的比重较大（见表3）

表3　2007～2009年离婚纠纷案件审结方式比重比较　　单位：%

| 年份＼处理方式 | 判　决 | 调　解 | 撤　诉 | 其　他 |
|---|---|---|---|---|
| 2007 | 29.3 | 47.5 | 19.3 | 3.9 |
| 2008 | 30.6 | 50.2 | 15.7 | 3.5 |
| 2009 | 27.1 | 52.7 | 16.9 | 3.3 |

由于离婚案件的特殊性，法院在审判中仍然注重调解方式的运用，以和解的方式处理双方之间的人身及财产等问题，平衡双方利益。

## 三、《婚姻法》对妇女权益保障存在的不足

通过立法梳理及司法调研可知，我国《婚姻法》在保护妇女权益、促进男女平等方面有着特殊的地位和作用，妇女权益保障的力度随着时代的发展和进步也在不断地加大。妇女法律意识增强，越来越多的妇女拿起法律武器来保护自己的合法权益。然而，受到历史传统、社会大环境以及立法技术等因素的影响，《婚姻法》在保护离婚妇女权益方面还存在诸多不足。

### （一）在人身权益保护方面

首先，对军婚的特殊规定不合理。《婚姻法》第33条规定："现役军人的配偶要求离婚须得现役军人同意，但军人一方有重大过错的除外。"该条是在非现役军人一方将现役军人告上法庭要求与其离婚的情况下适用的。同时，婚姻法司法解释规定了"重大过错"是指"实施家庭暴力、虐待、遗弃家庭成员；重婚或有配偶者与他人同居；有赌博、吸毒等恶习屡教不改等情形"。换言之，在现役军人有上述重大过错之外的其他情况下，现役军人配偶要想离婚必须得到军人一方的同意。这种规定显然违背了离婚自由的原则，限制了现役军人配偶的离婚自由权。诚然第33条的规定是为了保护军婚，早在1934年《中华苏维埃共和国婚姻法》中就有保护军婚的规定。当时规定保护军婚是由于全国战争不断，大批青壮年应征入伍，为了稳定军心，确保战争的胜利而制定的。而我国现行的《婚姻法》是在和平年代制定的，在和平的大背景下，保护军婚的规定丧失了它存在的土壤。而且在《婚姻法》这个私法领域中，公民的权利平等，任何人都不能享有特权，显然限制非军人配偶离婚自

由权的规定有失公平。而且我国现役军人绝大多数为男性，法律的规定侵害的是广大女性的离婚自由权，如果双方婚姻关系已经破裂，仅仅根据军人一方不同意而维持这个名存实亡的婚姻，是对配偶一方（大多数为女性）合法权利的损害。

其次，对家庭暴力的规制不足。这表现在：(1) 对家庭暴力的界定不全面。《婚姻法》及其司法解释对家庭暴力的界定范围比较窄，只指传统的身体暴力。而在现实中，家庭暴力除了身体上的殴打、折磨外，还出现了精神上的暴力行为，这种暴力较之身体暴力的影响更为深层，更为久远。另外，由于《婚姻法》没有规定性暴力，即对妇女的重要权益——性自主权出现结构性缺失，致使性暴力的受害者难以得到明确的法律保障。性暴力规定的缺失也使"婚内强奸"这一客观存在的事实无法得到法律的惩治。(2) 对家庭暴力受害者的救助措施不完善。《婚姻法》第 43、45 条规定了三种救助措施：一是受害人向居民委员会、村民委员会以及所在单位请求劝阻和调解，或由公安机关予以行政处罚；二是对于正在实施的家庭暴力，受害人可以向公安机关请求制止；三是构成犯罪的，受害人可以提起刑事自诉，或由检察院提起公诉。这三种救助措施都属于事后救济，不能在暴力未发生时将受害者与加害人隔离，而且家庭暴力具有私密性，使得许多受害妇女在着手离婚期间甚至离婚后仍受到暴力侵害，时刻处于家庭暴力的危险之中。因此，新《婚姻法》在保障妇女免受家庭暴力侵害的问题上，并未起到理想的效果。

再次，妇女配偶权的规定缺乏可操作性。《婚姻法》对"包二奶"等问题制定了禁止性条款，而且，2001 年 11 月底，最高人民法院对民事诉讼证据也重新做出了解释，将公民使用偷拍偷录的证据作为呈堂证物。但私自拍录的资料能否作为证据，还要审查这资料的取得方法是否侵犯了他人的合法权益或者违反法律的强制性规定。因为最高人民法院关于民事诉讼证据的这一规定，并没有说捉奸举证就一定合法，同时，"包二奶"行为一般处于私密状态，这就使得妇女必须通过合法手段证据，无疑加大了配偶权得到确实保护的难度。

### （二）在财产权益保护方面

新《婚姻法》规定了离婚时妇女对财产方面的三个"请求权"，但这三个请求权并没有发挥应有的效用，妇女财产方面的权益仍未得到切实的保障。

首先，我国立法规定了经济帮助请求权，通过上面的司法调研可知，实践中适用的情况很少，这显然不是因为离婚时女性不需要经济帮助，其主要原因在于经济帮助适用的条件过于苛刻。经济帮助请求权以"生活困难"为要件。最高人民法院《关于适用〈婚姻法〉的司法解释(一)》第 27 条关于生活困难采用了绝对困难论，即必须是指离婚后依靠个人财产和分得的共同财产，无法维持当地基本生活水平。

这一生活困难的标准是以能够生存为条件的，没有考虑一方对另一方或家庭生活所做的贡献或牺牲，以及一方在离婚后为谋求职业或提高就业能力所需的培训与教育成本等情况，没有考虑离婚妇女的生存与发展的实际需要，使得妇女离婚经济帮助权未能得到真正实现。

其次，对于离婚经济补偿请求权，《婚姻法》规定以夫妻约定财产制为前提。然而无论从人们的观念上还是现实生活中，实行夫妻共同财产制是主流，而夫妻采取约定财产制的极少，这就使得现行离婚经济补偿制度缺少了一个前提，也就使离婚妇女的请求经济补偿权难以实现。

最后，对于离婚损害赔偿请求权。这规定在《婚姻法》第 46 条中。从统计 2007～2009 年三年的离婚案件中，未出现一例适用该条的情形。新《婚姻法》规定了离婚损害赔偿请求权的适用范围限于重婚、有配偶者与他人同居、实施家虐待、遗弃家庭成员而导致离婚的 4 种情形，而在现实中由于配偶一方的过错导致离婚的不仅仅是这 4 种情形，因通奸、赌博、嫖娼、吸毒、长期与他人保持婚外恋但并不稳定地同居等行为给配偶他方所造成的危害，有时并不亚于新《婚姻法》规定的这 4 种行为，但由于新《婚姻法》只规定了 4 种离婚赔偿情形，所以造成能够提起损害赔偿的范围过窄，使得立法时期望非常高的离婚过错损害赔偿制度在实践中无法很好得维护离婚时弱者(多数为女性)的权益。

## 四、加强对妇女权益保护的建议

### (一) 取消限制现役军人配偶(非军人)离婚自由的规定

根据《婚姻法》第 33 条规定，现役军人的配偶(大多数为女性)要想实现离婚请求权，必须以被告同意或者现役军人有重大过错为前提。这种以限制非军人配偶离婚自由权的规定是不公平的。军人驻守边疆为国家效力，国家应给军人提供良好的待遇，但不能在婚姻关系中以牺牲另一方的利益为代价。现役军人的配偶，作为一名普通的公民，同样应当享有私法领域中的一切权利，当然也包括婚姻自由权。我国《婚姻法》应摒弃一直以来对军婚的特别规定，将婚姻自由权特别是离婚自由权归还给现役军人的配偶们，还给她们追求幸福的权利。从国外的法律来看，一般没有保护军婚的特殊规定，我国的法律应予以借鉴。

### (二) 完善对家庭暴力的相关规制

首先，重新界定家庭暴力，明确家庭暴力的适用范围。《婚姻法》应当采用列举的方式规定构成家庭暴力的行为，包括：一是殴打、残害、捆绑等对身体的直接伤害行为；二是威胁、恐吓、限制人身自由等使另一方处于恐惧境地的精神伤害行为；三是通过暴力、威胁实施暴力或监禁手段强行发生性行为、性接触及攻击性器官的行为；四是因身体伤害而造成的精神损伤。明确界定家庭暴力，可以扩大离婚妇女获得损害赔偿的机会，不仅身体暴力可以获得赔偿，当遭受精神暴力、性暴力时也可以得到赔偿，弥补她们身心受到的伤害。

其次，可以考虑在《婚姻法》"救助措施"中增设保护令制度。即规定家庭暴力的受害者可以向法院申请保护令，禁止施暴者靠近处于危险中的妇女及子女，强令施暴者迁出申请人的住所，不得接近申请人的住所、工作场所及经常活动的区域，等等。如果加害人违反了保护令中的行为限制，由公安机关对加害人进行制裁。通过保护令制度将受害妇女与施暴者隔离，使受害妇女免受家庭暴力的时刻威胁，保护离婚妇女利益。

### （三）健全《婚姻法》中关于妇女财产权益保护的相关制度

首先，从立法上承认家务劳动的社会价值。家务劳动是婚姻生活的重要组成部分，妻子往往把大量的时间和精力操持家务、养育子女，支持丈夫外出工作，失去自己的发展机会。因此，家务劳动是劳动力再生产必不可少的组成部分，应该具有社会价值。不少国家在立法中承认家务劳动的社会价值，如：《瑞士民法典》第164条规定：负责料理家务、照料子女或扶助职业或经营事业的配偶一方，有权请求他方支付一笔合理的款项；英国法上有"妻通过家事之照料、子女之养育而对共同事业的贡献，维持家计、扶养家庭具有同等价值"的规定；日本在司法实务中也承认家务劳动具有价值。因此，我国立法上有必要借鉴他国成功做法，承认家务劳动的社会价值。

其次，改革我国的离婚经济帮助制度。应当逐步建立学者所呼吁的离婚后扶养费给付制度以取代离婚经济帮助。离婚时困难经济帮助制度，是基于双方曾有过的夫妻关系所产生的一种责任，依据我国法律规定，仅适用于在离婚时一方有困难且他方有能力负担情形。这种以救济形式出现的低水平保护，显然减损了原配偶的利益。而扶养费给付制度，是指在离婚时由当事人双方协议中规定或者在法院判处中确定当事人一方为满足另一方的合理需要而定期或一次性支付一定的款项，以体现当事人在婚姻与家庭中贡献的客观评价。实际生活中，承担较多家庭事务的一方，往往其发展及其他方面受到了较大制约，而配偶他方，则基于对方的奉献与牺牲，在婚姻家庭中获得了巨大利益。离婚抚养费给付制度充分考虑了当事人双方的合理经济需要，可以消除婚姻关系中地位较低一方离婚时对婚后生活保障的顾虑，减少现实生活中感情确已破裂久拖不离的婚姻，从而保障离婚自由的实现，填补离婚经济帮助制度所无法保护的空缺。

再次，完善离婚经济补偿制度。立法不应当限定离婚经济补偿的适用范围，无论实行分别财产制，还是夫妻共同财产制，只要一方对婚姻做出了特别贡献，一方超出法定义务的付出，而另一方因此而获得了利益，离婚时，无论有无现存财产，他方都应当给予经济补偿。

最后，完善离婚损害赔偿制度。一是放宽赔偿权利主体限制，拓宽赔偿义务主体范围，删除离婚损害赔偿权利主体的“无过错”要求，将其改为“受害方”应依照婚姻法的立法精神和民法原则，采取区别过错、过错相抵的原则来确定。同时，应把明知他人有配偶而与之结婚、同居的故意侵害合法婚姻关系的第三者纳入离婚损害赔偿的义务主体范围。二是增加有权提起离婚损害赔偿的法定情形，扩大离婚损害赔偿制度的适用范围。突破《婚姻法》第 46 条规定的 4 种情形的限制，增加诸如通奸、赌博、长期吸毒等重大的、情节严重的其他过错行为。司法实践中可由法官根据案件情况自由裁量。三是放宽受害方举证责任，在特定情况下适用举证责任倒置的规则。

# 关于健全上海市人口和计划生育利益导向政策体系的实证研究*

上海市人口和计划生育委员会

建立健全政府为主、社会补充的人口和计划生育利益导向政策体系，是贯彻落实中共中央、国务院《关于全面加强人口和计划生育工作统筹解决人口问题的决定》的重要内容。2003 年，上海颁布的《上海市人口与计划生育条例》（简称《条例》），对本市原有的计划生育奖励与社会保障措施进行了调整和完善。2006 年，上海市人民政府颁布实施《上海市计划生育奖励与补助若干规定》（自 2006 年 7 月 1 日起施行，简称《若干规定》），标志着上海全面落实了法律法规规定的计划生育奖励与补助政策，基本形成了政府为主、社会补充的人口和计划生育利益导向政策体系。

近年来，本市人口和计划生育利益导向政策体系建设有所发展，但是与经济社会发展不相适应的问题日益突出。本课题旨在对本市人口和计划生育利益导向政策体系建设的现状、存在的问题等进行分析，为进一步健全利益导向政策体系提出政策性建议，供政府决策参考。

## 一、本市人口和计划生育利益导向政策体系建设现状

### （一）全市统一规定和实施的计划生育奖励与社会保障政策

目前，全市统一规定和实施的计划生育奖励与社会保障政策共有 17 项，其中，独生子女父母奖励、年老退休时计划生育奖励、计划生育手术假期待遇、独生子女托幼费报销等规定，具有明显的历史延续性特征，其始于 1979 年全市全面推行计划生育政策，至今伴随着上海计划生育工作的开展和完善。其他政策措施则是随

* 本文获 2008～2010 年度上海妇女儿童发展课题调研成果二等奖。

着上海经济社会的发展而逐步建立起来的，使计划生育家庭优先分享改革发展成果，得到了更多的优先优惠。

**1. 鼓励晚婚、晚育**

（1）晚婚奖励。按照《条例》和《若干规定》的规定，符合晚婚规定的公民，在国家规定的婚假基础上，增加晚婚假 7 天；晚婚假一般应当与婚假合并连续使用，遇法定节假日顺延。晚婚假期间享受婚假同等待遇。

（2）晚育奖励。符合《条例》规定生育的晚育妇女，在国家规定的产假基础上，增加晚育假 30 天，其配偶享受晚育护理假 3 天。晚育假一般应当与产假合并连续使用，晚育护理假应当在产妇产假期间使用。晚育假、晚育护理假遇法定节假日顺延。晚育假期间享受产假同等待遇；晚育护理假期间的工资，按照本人正常出勤应得的工资发给。

**2. 对持有《独生子女父母光荣证》（简称《光荣证》）的公民的奖励与保障**

（1）独生子女父母奖励费。持有《光荣证》的本市户籍公民，在其子女年满 16 周岁以前，领取每月 2.5 元的独生子女父母奖励费。独生子女父母奖励费的支付办法是：有用人单位的，由用人单位支付；无用人单位的，由其户籍所在地的镇（乡）政府、街道办事处支付。

（2）独生子女父母年老退休时的一次性计划生育奖励。按照规定，参加本市城镇职工养老保险的公民，持有《光荣证》的在年老退休时给予一次性计划生育奖励费 2 300 元，由社保机构发放；未参加本市城镇职工养老保险的公民，女年满 55 周岁或者男年满 60 周岁，持有《光荣证》的给予不少于 1 000 元的一次性计划生育奖励费，由户籍所在地的区、县政府发放。在落实过程中，各区县政府对未参加本市城镇职工养老保险的独生子女父母年老退休时的奖励标准，基本上统一为 2 300 元。据市人口计生委统计，2006～2009 年，全市发放独生子女父母年老退休时一次性计划生育奖励费合计 80.4 万人次、18.4 亿元。

（3）独生子女意外伤残一次性补助。按照《若干规定》的规定，持有《光荣证》的本市户籍公民，其独生子女在未满 16 周岁之前发生意外伤残，自愿不再生育和收养子女的，凭其子女的《中华人民共和国残疾人证》，由其户籍所在地的区、县政府给予不少于 3 000 元的一次性补助。各区县政府在实际落实过程中，补助标准统一为 3 000 元。据市人口计生委统计，2006～2009 年，全市发放独生子女意外伤残一次性补助合计 1.9 万人次、5 825 万元。

（4）独生子女死亡一次性补助。按照《若干规定》的规定，持有《光荣证》的本市户籍公民，其独生子女在未满 16 周岁之前死亡，自愿不再生育和收养子女的，由其户籍所在地的区县政府给予不少于 5 000 元的一次性补助。各区县政府在实际落实过程中，补助标准统一为5 000元。据市人口计生委统计，2006～2009年，全市发放独生子女死亡一次性补助合计2 127人次、1 063.5万元。

(5) 农民在调整自留地和安排宅基地时，独生子女按照两个子女计算面积。这一奖励政策的应用，主要体现在农民宅基地和自留地的征收补偿上。近年来，上海城镇化建设进程不断加快，农民宅基地和自留地被征收的情况比较多，在计算面积时，持有《光荣证》的征地农民，其独生子女基本上是按照两个子女计算面积。

**3. 对实施计划生育手术的公民的奖励与保障待遇**

(1) 计划生育手术休假待遇。实行计划生育手术的公民，按照规定享受休假。假期期间的工资按照本人正常出勤应得的工资发给的情形共有8种：放置宫内节育器及随访的；取出宫内节育器的；输精管绝育的；输卵管绝育；第一次人工流产及因放置宫内节育器、绝育、皮下埋植术后失败的，再次人工流产的；放置皮下埋植剂的；取出皮下埋植剂的；放置宫内节育器或皮下埋植剂后因月经失调需诊断性刮宫的。计划生育手术假期自手术之日起计算；同时实行多项计划生育手术的，多项手术假期累计。

(2) 免费享受基本项目的计划生育技术服务。2003年开始，上海利用医疗卫生资源丰富的优势，通过与医疗服务质量好的医院签订协议的方式，由政府买单，为群众提供优质安全的免费基本项目的计划生育技术服务，并于2009年覆盖全市已婚常住人口。市和区县两级财政每年为此平均支出2 000多万元（不包括本市参加城镇职工基本医疗保险人员所需经费）。

(3) 计划生育手术后遗症医疗纳入医保范围。根据《上海市城镇职工基本医疗保险办法》第28条规定，因计划生育手术及其后遗症所发生的符合基本医疗保险规定的门诊急诊和住院、急诊观察室留院观察所发生的医疗费用，全部由统筹基金支付。

**4. 落实“两项”长效扶助制度**

(1) 农村部分计划生育家庭奖励扶助制度。根据国家人口计生委、财政部关于农村部分计划生育家庭奖励扶助制度试点的方案，上海从2004年7月起，在全市全面推行农村部分计划生育家庭奖励扶助制度，到2008年末累计24余万人次受益，发放扶助金1.2亿元，被誉为“德政善举”；2009年，本市又将农村奖励扶助标准从原来的600元/人/年提高到800元/人/年。据市人口计生委统计，2009年度上海市符合政策的农村奖励扶助对象为7.3万人，发放金额5 400万元。

(2) 计划生育家庭特别扶助制度。2007年，上海被国家人口计生委确定为全国独生子女伤残死亡家庭扶助制度试点地区。2008 年 8 月 11 日，市政府办公厅转发了市人口计生委、市财政局、市残联联合制定的《上海市计划生育家庭特别扶助制度实施办法》。从 2007 年起，独生子女伤残、符合条件的父母，可申领每人每月 120 元的特别扶助金；独生子女死亡、符合条件的父母，可申领每人每月 150 元的特别扶助金。特别扶助制度与本市独生子女伤残死亡一次性补助政策相叠加，特别扶助标准在国家规定的基础上分别提高 50%，进一步加大了对独生子女伤残死亡家庭的保障力度。据市人口计生委统计，2008～2009 年，全市发放计划生育特别扶助约 6 万人次、9 000 万元。

**5. 其他公共政策向计划生育公民倾斜**

(1) 依法生育子女的妇女享受生育保险待遇。根据《上海市城镇生育保险办法》(自 2001 年 11 月 1 日起施行)的规定，属于计划内生育的生产或者流产的妇女，可以申领生育生活津贴和生育医疗费补贴。其中，符合计划生育晚育条件的妇女，增加一个月的生育生活津贴。

(2) 依法生育子女的公民可以报销子女入托儿所、幼儿园的部分托费和管理费。根据上海市物价局、市财政局、市教育局于 2000 年 8 月 30 日联合发布的《关于调整本市托儿所、幼儿园收费标准的通知》规定，各年龄段儿童入托管理费的收费标准中，父母单位各报销 50 元；残障儿童的父母单位各报销 70 元。

(3) 计划生育家庭申请社会救助时，计划生育奖励与补助费豁免计算家庭收入。根据上海民政局、市人口计生委于 2007 年 1 月 18 日联合发布的《关于在申请社会救助时计划生育奖励与补助费豁免计算家庭收入有关事项的通知》，本市市民在申请社会救助时，计划生育奖励与补助费不计入个人和家庭收入范围。

**6. 婚后无子女奖励的过渡性规定**

《条例》取消了对婚后无子女夫妻的奖励，不再鼓励公民终身不生育孩子，但同时规定，“在本条例施行前结婚，且婚后未生育又未收养子女的夫妻，仍可以按照《上海市计划生育条例》第 27 条的规定享受奖励待遇。”

为此，《若干规定》专门列出一条“婚后无子女奖励的过渡性规定”，对参加本市城镇职工养老保险的公民，婚后无子女的，给予一次性计划生育奖励费 4 600 元，由社保机构发放；对未参加本市城镇职工养老保险的公民，女年满 55 周岁或者男年满 60 周岁，婚后无子女的，给予不少于 2 000 元的一次性计划生育奖励费，由户籍所在地的区县政府发放。在落实过程中，各区县政府对未参加本市城镇职工养老保险的公民的婚后无子女一次性奖励标准，基本统一为 4 600 元。据市人口计生委统计，2006～2009 年，全市发放婚后无子女一次性计划生育奖励费合计有 1.9 万人次、0.86 亿元。

## （二）区县、乡镇政府创新出台的人口计生利益导向政策

各区县、乡镇政府（街道办事处）在认真落实全市统一规定的计划生育奖励与社会保障政策的基础上，紧密结合本区域的人口计生工作实际，不断探索创新人口计生利益导向新机制，制定出台了一些新的奖励扶助政策，得到了计划生育群众的拥护，取得了比较好的社会效果。

**1. 对计划生育手术后遗症患者的扶助政策**

据市人口计生委2007年开展的调查摸底，上海在推行计划生育初期形成了一些计划生育手术后遗症患者，主要分布于崇明、松江、青浦、闵行、奉贤等郊区县。为了保障这部分特殊人群的生活，各区县、乡镇政府人口计生部门积极协调，采取给予报销全部医药费、发放医疗补助、给予定期或不定期补助、安排家属就业、参加农村合作医疗保险和低保等不同形式，重点给予扶助。例如，奉贤、松江、闵行等区，已经建立长效扶助机制，给予计划生育手术后遗症患者每人每月200～400元的扶助金；松江区每年还加送农村合作医疗保险和重大疾病保险；奉贤区还将计划生育手术后遗病患者纳入《医保帮困卡》发放行列，凭卡每年再享受500元的医疗补助。青浦、崇明等区县，则在报销医药费和重大节日走访慰问的基础上，给予每位计划生育后遗症患者每年1 000～2 400元的一次性补助。

**2. 对独生子女伤残、死亡家庭的扶助政策**

各区县、乡镇（街道办事处）十分关注和关爱独生子女伤残、死亡家庭，特别是生活困难的独生子女伤残、死亡家庭，结合实际制定出台了本区域的扶助政策，与全市统一的独生子女伤残、死亡一次性补助和特别扶助政策互补或者叠加，加大了对独生子女伤残、死亡家庭的扶助和保障力度。一是长效扶助措施。例如，青浦区从2007年开始，对男年满60周岁、女年满55周岁，未参加城镇职工养老保险和小城镇社会保险的独生子女死亡家庭父母每人每月补助200元。闵行区从2008年开始，为独生子女伤残或死亡、年满60周岁的老年家庭每天免费提供午餐；对年满70周岁的，加送每周2次、每次3小时的家政服务等。徐汇区2010年启动独生子女伤残、死亡家庭助老关怀服务项目，对该区独生子女伤残死亡、年龄为60～80岁的老年，以户为单位，提供每月2次、每次2小时的免费家政服务，开展社区计生志愿者与服务对象爱心结对活动，志愿者上门每月不少于1次。二是开展就业援助。比如，奉贤区从2009年起，对独生子女死亡、父母在49周岁以内、失业有工作能力的家庭开展就业援助，帮助这些失去子女又失业的父母尽早走出阴影，走进阳光。至2010年上半年，37名49周岁以内失业、有工作能力的独生子女父母经政府部门推动协调，已有25人上岗就业，其余12人的就业问题也在协调中。三是一次性补

助政策。比如，奉贤区、嘉定区马陆镇等分别出台规定，对独生子女在16周岁以后、结婚之前死亡的，给予独生子女父母每人5 000元的一次性补助。

**3. 对独生子女老年父母的优待与补贴政策**

针对第一代独生子女父母逐步进入老年阶段、逐渐成为上海人口老龄化主体的特点，各区县人口计生部门会同民政、财政、人口资源和社会保障等相关部门，整合相关资源，加大对独生子女老年父母的养老保障力度。例如，卢湾区(现并入黄浦区，下同)对75岁以上高龄、独居困难及低保特困老人给予每人每天1元的助餐补贴；对年满60岁的老人入住郊区养老院的，给予每人每月100元的补贴；对低收入家庭，再给予每人每月100元的补贴；护理等级为1级以上的，再给予每人每月200元的补贴。闵行区在深入调研的基础上，出台规定，对本区户籍5年以上、年满60周岁的第一代独生子女父母，患恶性肿瘤、尿毒症、重度心力衰竭、严重脑血管意外伴肢体残障、老年痴呆症合并其他疾病住院的，均可申请享受住院护工费补贴每人每天30元，全年补贴天数累计最多为90天，补贴金额最高2 700元。

**4. 对困难家庭独生子女学生的奖励与扶助政策**

为了帮助困难家庭独生子女学生完成学业，鼓励独生子女学有所成、自强自立，各级人口计生部门纷纷开展帮困助学活动，建立“帮困助学基金”。部分区县、乡镇还出台了对困难家庭独生子女学生的奖励与扶助政策。例如，浦东新区合庆镇从2001年起开展帮困助学活动，对贫困家庭独生子女学生发放助学金，小学、预备班学生每人每学期200元，初中生每人每学期300元。卢湾区于2006年印发《卢湾区享受低保的部分独生子女家庭扶助办法》，低保家庭的独生子女被全日制普通高等学校本科及以上录取的，录取当年可以申请一次性扶助金4 000元；全日制普通高等学校高职、高专录取的，录取当年，可以申请一次性扶助金3 000元；同时为残疾人家庭的，则增加一次性扶助金2 000元。嘉定区安亭镇、南翔镇、新城路街道等则明文规定，对低保家庭独生子女在被全日制大学录取当年给予一次性奖励1 000元。

**5. 对低收入家庭计划生育妇女的扶助政策**

为了缓解低收入家庭计划生育妇女在产前检查、住院分娩等方面存在的经济困难，部分区县、乡镇街道出台了专项扶助政策措施。例如，卢湾区从2007年开始，对本区低保家庭的妇女符合计划生育规定的，怀孕期间可享受产前检查扶助1 000元；2009年将扶助条件放宽至家庭人均收入低于上海市最低生活保障标准的150%，并增设一次性生育扶助，对不符合城镇生育保险申领条件的低收入家庭妇女给予一次性生育扶助金1 000元。嘉定区华亭镇对本镇户籍、婚嫁计划内生育不享受生育保险的妇女，顺产的给予每人400元生育补贴，剖腹产的给予每人500

元生育补贴。松江区佘山镇则对婚嫁到本镇的计划生育妇女，顺产的给予每人500元生育补助，难产的给予每人700元生育补助，晚育的再加100元补助。

### （三）整合社会资源形成的计划生育扶助机制

上海市人口计生委十分注重社会资源的整合，充分发挥上海市计划生育协会、上海市人口福利基金会等本市计划生育领域的非政府组织的作用，同时，积极争取市慈善基金会等投入对困难的计划生育家庭的扶助工作，形成了多元化、多渠道的计划生育扶助机制。其中，上海市计划生育协会因组织体系比较健全，以项目形式开展扶助工作，经常性组织开展活动，出台扶助措施比较多，是面向计划生育家庭开展工作最主要、最活跃的非政府组织，起到了“拾遗补缺”和“生力军”的作用。

**1. 扶助独生子女困难家庭**

（1）设立“上海市独生子女困难家庭扶助专项资金”。2004年，上海市在全国率先发行扶助独生子女困难家庭专题福利彩票，用筹集的资金设立“上海市独生子女困难家庭扶助专项资金”，主要用于扶助因独生子女死亡、伤残、大病而陷入困境的家庭。2005年2月1日，市人口计生委印发《上海市独生子女困难家庭扶助专项资金管理使用试行办法》，规范了对扶助资金的管理使用，由市计生协会具体负责资金的筹集、管理和使用。各区县也分别建立扶助专项资金，制定资金使用管理办法，对扶助条件、扶助标准、扶助方式等进行了规范。据市计划生育协会统计，2004～2009年，上海共发行专题彩票2 700万元，筹集福利金510万元，扶助独生子女困难家庭3 680户。

（2）慈善基金投入扶助工作。市慈善基金会是上海最大的社会性帮困团体，拥有庞大的社会性资源。从2006年开始，市慈善基金会以提供匹配资金的方式，投入对独生子女困难家庭的扶助工作。至2009年，市慈善基金会匹配资金共计73.3万元，有210人得到扶助。

**2. 开展独生子女保险计划**

上海于2006年开始在奉贤区开展独生子女保险试点。2008年以《上海市计划生育保险试点工作方案》正式印发为标准，全市开始计划生育保险试点工作。首批推出独生子女保险计划，保费为60元（独生子女父母奖励费2.5元/月，一年为60元），保险期限为1年，以群众自愿投保为原则，保险责任包括独生子女疾病身故、意外身故、意外医疗、重大疾病等，保障金额可达6万多元，使有限的资金发挥最大限度的保障效应。对于生活困难的独生子女家庭，徐汇、虹口、杨浦、闵行、松江等区县则由政府赠送一份保险计划，列入政府实事项目重点推进。据市计划生育协会统计，截至2010年10月，全市共有17万户独生子女家庭投保。

**3. 实施“生育关怀”行动**

2007 年 10 月 30 日，上海市委宣传部、市文明办、市计生协、市人口计生委等 10 个部门联合下发《关于广泛开展“生育关怀行动”的通知》。各区县围绕关怀计划生育困难家庭、关怀育龄群众生殖健康、关怀独生子女、关怀女孩成长、关怀基层人口计生工作者“五关怀”主题，结合实际，以项目运作方式，打造特色项目品牌，形成了“一区一品、一街一品、一镇一品”的生动局面。比如，金山区计生协携手区团委，开展“‘共享亲情’——关爱独生子女死亡家庭结对”活动。普陀区深入开展独生子女空巢老人家庭及独生子女死亡家庭关怀扶助工作，对不同对象分别给予每户 1 000 元的一次性扶助金、每年 500 元的定期扶助金、价值 100 元的“生育关怀”爱心券，每人每年赠送一份价值 40 元的意外伤害综合保险、每两年提供一次价值 200 元的健康体检。静安区计生协与老龄委联手，深化“床位留在家、服务送到家”的居家养老服务模式，为 60 周岁以上的独生子女死亡的老年家庭提供每人每月 200 元帮扶券，按照个人需求提供助餐、助医、助洁等服务。

**4. 开展“幸福工程”**

幸福工程，全称“幸福工程——救助贫困母亲行动”，主要以贫困地区计划生育家庭的贫困母亲为救助对象，采取“小额资助、直接到人、滚动运作、劳动脱贫”的救助模式(每户给予 1 000～3 000 元)，帮助她们发展家庭经济，脱贫致富。据上海市计划生育协会统计，1995～2010 年，全市共募集资金 2 073 多万元，建立幸福工程项目点 75 个，帮助 1.3 万余名贫困母亲劳动脱贫。

## 二、本市人口和计划生育利益导向政策体系建设中面临的主要问题和挑战

近几年来，上海各级政府相继出台实施了一系列的利益导向政策，切实让广大计划生育家庭享受到发展的成果，促进了社会和谐稳定。但是，随着经济社会发展水平的不断提高，人口和计划生育利益导向政策体系建设面临的一些问题与矛盾也日益突出。

### (一) 健全和完善独生子女父母奖励与社会保障政策的压力不断增加

**1. 部分用人单位不履行发放独生子女父母奖励费法定义务，有损法律法规的严肃性**

独生子女父母奖励费的支付办法是，有用人单位的，由用人单位支付；无用人单位的，由其户籍所在地的镇(乡)政府、街道办事处支付。对于这一规定，部分外

资企业、私营企业等非公有制企业认为，计划生育奖励属于政府奖励，独生子女父母奖励费应当由政府财政负担，因而不予支付独生子女父母奖励费。因此，许多在外资企业、私营企业等非公有制企业就业的独生子女父母不能享受法定奖励，又因奖励费标准太低、维权成本太高而不得不放弃。而人口计生部门对这些企业，只能是苦口婆心地宣传、督促，没有任何措施和手段加以制约。

**2. 独生子女父母逐步成为人口老龄化的主体，老年保障压力巨大**

2009 年底，上海市户籍人口中 60 岁及以上的老年人口数量为 315.7 万。据预测，2015 年这一比例将达到 28.1%、2020 年为 34.1%、2025 年为 36.6%、2030 年为 38.0%，也就是说每 3 个人中有 1 个是老年人。值得指出的是，上海人口老龄化与国外以及其他城市人口老龄化的一个显著区别是，独生子女老年父母绝对数量将越来越多，所占比重越来越大。据统计，全市独生子女数量已达到 305 万人，即有独生子女父母 610 万左右，独生子女家庭在全市总家庭的比例为 60%左右。随着时间推移，第一代独生子女父母已经陆续进入老年期，并将逐步成为人口老龄化的主体。据上海市社保中心初步统计，2009 年领取独生子女父母年老退休一次性计划生育奖励费的人数为 17.77 万人，约占当年新增领取养老金人数的 86%。与传统的多子女家庭相比，独生子女家庭的养老功能弱化，养老压力更为沉重。

**3. 省际政策冲突影响计划生育群众的切身利益**

根据《人口与计划生育法》的规定，计划生育奖励与社会保障的具体实施办法由各省、自治区、直辖市结合实际做出规定。因此，各地政策规定不统一，奖励标准不统一，省际政策冲突在所难免。其中，受影响最大的是两地婚姻的夫妻，而上海两地婚姻现象呈上升趋势，2009 年达 38%。

### （二）扶助特殊困难计划生育家庭的政策有待统筹完善

根据市人口计生部门 2009 年 12 月的摸底调查，全市有独生子女死亡、伤残和患重大病的家庭共 2.48 万户，占全市家庭总户数(《上海统计年鉴》显示 2008 年全市总户数为 506.64 万户)0.5%左右，其中，至少有一人失业的家庭合计 13 388 户，占 54%；低保和低收入家庭合计 10 778 户，占 43.5%；父母年龄为 49～59 周岁的有 13 713 户，占 55.3%，这意味着本市未来 10 年内，独生子女死亡、伤残和患重大病的父母将面临着更为严峻的养老问题。

目前，本市对独生子女意外伤残、死亡家庭有一次性补助政策、特别扶助制度，且两项制度为叠加执行，但由于规定的条件限制，只能是部分家庭得到补助、扶助。比如，独生子女意外伤残、死亡一次性补助的条件，必须持有《光荣证》且独生子女要在 16 周岁前发生意外伤残、死亡，这导致那些未领取《光荣证》以及独生子女在

16周岁以后发生意外伤残、死亡的父母不能申领一次性补助。特别是独生子女在16周岁以后死亡的父母，"老来丧子"、"白发人送黑发人"，又因年龄偏大丧失再生育能力，所遭受的精神痛苦可谓"精神癌症"，难以愈合。部分区县、乡镇街道结合实际，创新出台了一些扶助政策措施，解决了部分家庭的问题，但同时也产生新的不平衡，给其他区县、乡镇街道形成压力。

### （三）相关惠民政策与人口计生利益导向政策不配套、不协调

近年来，上海各级政府、各部门紧紧围绕保障和改善民生，相继出台实施了一系列的惠民政策措施，切实让广大人民群众享受到发展的成果，促进了社会和谐稳定，这与计划生育基本国策的目标是一致的。因为实行计划生育，就是为了实现人口与经济、社会、资源、环境全面协调可持续发展，归根到底是为了让人民生活得更美好。但是，有的惠民政策措施，比如，房屋拆迁和征地补偿政策、最低生活保障政策、教育"两免一补"政策等，由于对超生家庭与独生子女家庭一视同仁，没有体现独生子女家庭为控制人口增长作出牺牲所应享有的优惠待遇，反而形成了超生家庭多受益的客观事实，对计划生育基本国策的贯彻执行形成负面导向。

### （四）持续以独生子女父母为主体的人口和计划生育利益导向政策体系不利于人口的长期均衡发展

现行的人口和计划生育利益导向政策体系，调整的对象主体是独生子女父母。当前，上海户籍人口自然变动负增长已经持续17年，妇女总和生育率自1994年起一直低于1，处于世界极低水平状态。而且，1980年发表的《中共中央关于控制我国人口增长问题致全体共产党员共青团员的公开信》在号召："一对夫妇只生育一个孩子"的同时，也指出"到30年以后，目前特别紧张的人口增长问题就可以缓和，也就可以采取不同的人口政策了。"这意味着，独生子女政策是一代人的政策，随着第一代独生子女陆续进入婚育年龄，独生子女父母奖励政策应当逐渐淡出历史舞台。否则，独生子女父母奖励政策与抚养子女成本走高的形势相叠加，必然出现符合再生育条件的夫妻也只生育一个子女的导向，这将对人口的长期均衡发展不利。

## 三、健全本市人口和计划生育利益导向政策体系的建议

### （一）建立与经济社会发展相适应的独生子女父母奖励与扶助政策

独生子女父母响应党和国家的号召，终身只生育一个孩子，承担了独生子女意

外伤残、死亡的高风险，为全国和上海的经济社会发展作出巨大贡献。国家应当让独生子女父母特别是步入老年的第一代独生子女父母，优先分享改革发展成果，应当对第一代独生子女父母负责到底，加大奖励和扶助力度，让他们能够安度晚年。

**1. 适当提高年老退休时一次性计划生育奖励费标准**

上海现行的独生子女父母年老一次性计划生育奖励费（2 300 元）始于 1996 年，至今已有 15 年，未曾发生变化。然而，15 年来，上海经济社会快速发展，物价水平也不可与那时同日而语，上海人的平均预期寿命也持续上升，2 300 元一次性计划生育奖励费，对于高昂的养老费用可谓是“杯水车薪”。而其他省市则相继建立和提高了年老退休时一次性计划生育奖励。比如，湖南省 2009 年 10 月颁布规定，对符合城镇独生子女父母奖励条件的，每人一次性奖励 5 000 元。因此，课题组建议，按照 50%的幅度提高年老退休时的一次性计划生育奖励标准，即从独生子女父母年老退休时一次性奖励费由目前的 2 300 元/人提高到 3 500 元/人（2004 年 4 月15 日前结婚且婚后无子女的年老一次性奖励费，由目前的 4 600 元/人提高到 7 000 元/人），并建立与经济社会发展相适应的动态增长机制。

**2. 建立长效的独生子女父母助老扶助制度**

2009 年 12 月，广东省出台文件规定，凡是 2009 年 1 月 1 日后达到退休年龄的城镇独生子女父母，年老退休后的计划生育奖励每人每月不少于 80 元，地方财政在财力许可下可适当提高标准（在实施过程中，广东各地发放标准均在每人每月 120 元）。课题组认为，广东省的做法值得借鉴，建议建立独生子女父母助老扶助制度。扶助对象可以界定为年龄在 70 岁以上，患重大疾病的可以放宽至 60 岁；扶助标准可以参照广东省目前的年老退休时计划生育奖励水平，也可以根据本市财政收支实际确定。

**3. 调整独生子女父母奖励费的支付办法，适当提高标准**

随着社会主义市场经济的深入发展，政企分开是必然要求和大势所趋。独生子女父母奖励费属于政府奖励，应当由政府全部承担，而不应由用人单位支付。因此，课题组建议，调整独生子女父母奖励费的发放方式，由每人每月发放 2.5 元改为在领取《光荣证》时一次性发放每人 500 元（2.5 元/人/月×12 月/年×16 年＝480 元/人），从而减轻企业负担，减少基层人口计生部门每月发放奖励费的行政成本，也为人户分离的奖励对象节省了每月领取奖励费的交通成本。在此基础上，课题组认为，独生子女父母奖励费制度是计划生育奖励政策体系中最基本的部分，在国家基本生育政策不作改变、本市政府财力可以承担的情况下，适当提高独生子女父母奖励费的标准，以保持一定的激励作用，与国家基本生育政策的导向保持一致。

### （二）逐步建立聚焦全市独生子女父母养老服务的相关政策措施和保障制度

目前，上海正着力构建以居家养老为主、机构养老为辅的“9073”养老服务格局，即90%的老年人由家庭自我照顾，7%享受社区居家养老服务，3%享受机构养老服务。这种养老格局的设计，符合中国人居家养老的传统和意愿，但是，在独生子女家庭自我照顾功能弱化的特殊情况下，独生子女父母养老服务的问题显得尤其突出，需要从制度和政策上予以保障。

**1. 建立独生子女父母老年护理保险制度**

目前，本市已建立比较全面的医疗保障体系，基本能够满足老年医疗需求，需要个人支出的医疗费用额度较小，真正的负担则是日常老年护理问题。对此，课题组建议，借鉴国外经验，结合上海实际，建立独生子女父母老年护理保险制度。即独生子女父母从40岁开始缴纳护理保险费，年满70岁或者不满70岁但患有重大疾病时，可以申请使用护理保险金。老年护理保险制度的设计，既要有利于护理保险基金的统筹和扩大，又要使护理保险基金真正发挥效益，满足独生子女父母老龄化、高龄化以及老年护理的需求。

**2. 建立独生子女父母入住养老机构、享受社区助老服务和居家养老补贴等方面的优先政策**

近年来，部分区县在制定和落实养老服务措施时，通过打分的形式，比如在入住养老机构的评分标准中，独生子女父母加5分、独生子女伤残死亡的父母加10分等，体现了对独生子女父母的优先照顾，但是局限性很大。因此，课题组建议，市政府相关部门从全市层面出台指导性意见，明确要求各区县在制定出台相关养老服务的具体政策措施时，体现出对独生子女父母的优先、优惠。

**3. 建立向独生子女空巢老年家庭、独生子女伤残死亡老年家庭倾斜的助老政策**

对独生子女空巢老年家庭、独生子女伤残死亡老年家庭，特别是70岁以上的老年家庭，自我照料能力下降，又无依无靠，在养老服务的政策措施方面需要给予最大限度的倾斜，比如优先纳入镇保、新农保，优先慰问和救助，优先入住养老机构等；同时，要在生活照料上予以特殊照顾，比如提供助餐、助洁、助浴、助医等照料服务，还要从精神层面予以关怀，尽量满足独生子女老年父母精神生活的需求，让他们愉快地安度晚年。

**4. 建立相关惠民政策措施向独生子女父母倾斜的协调机制**

《条例》第40条规定，各级人民政府和有关部门在制定老年保障制度和措施时，应当体现对独生子女父母的优先照顾。课题组建议，一是市政府进一步完善《条例》的配套规定，建立和完善制定实施相关社会经济政策的沟通协调机制，加强执法检查，促进落实。二是人口计生部门要密切与相关部门的联系，打好“人口发展战略研究”牌，以人口发展战略研究的相关成果，主动融入相关部门的公共决策和政策制定，同时要抓住制定政策“征求意见”这一环节，及时提出修改意见，确保相关公共政策措施与计划生育基本国策的协调一致，切实维护计划生育家庭的权益。

### （三）建立全市统一、全市统筹的扶助特殊困难计划生育家庭的制度

为了更大程度、更大范围地解决计划生育家庭的特殊困难，上海市人口计生委鼓励各区县、乡镇街道结合实际，探索创新人口计生利益导向工作机制；同时，为了统筹区县人口计生利益导向机制建设，促进全市人口计生利益导向政策均衡化，于2009年底制定出台《上海市人口和计划生育利益导向政策统筹备案制度》。尽管如此，在当今信息时代背景下，不同区县的计划生育群众仍然存在攀比现象，引发了新的不和谐、不稳定因素，对全市统一推广区县和乡镇街道创新出台的计划生育奖励扶助措施提出了新的要求。

#### 1. 放宽独生子女意外伤残、死亡一次性补助的条件限制

独生子女发生伤残、死亡，对于家庭都是沉重打击，带给父母的是无尽的痛苦，而不论其独生子女是否16周岁、是否领取过《光荣证》都需要政府和社会的关爱和扶助。独生子女伤残、死亡家庭的一次性补助政策边界人群的诉求合情合理，对现行的独生子女伤残、死亡家庭的一次性补助政策确有必要进一步完善。课题组建议，在《条例》修改时，取消独生子女伤残、死亡的年龄限制和持有《光荣证》的限制，让更多的独生子女伤残、死亡家庭得到政府的关怀和温暖。

#### 2. 扩大计划生育特别扶助制度的对象范围

一是建议将计划生育手术后遗症患者纳入特别扶助范围。据调查，全市计划生育手术后遗症患者中，收入低于郊区最低保障线的占75.3%。虽然各区县及乡镇、街道提供了不同形式的扶助，但大部分的扶助措施尚未形成长期、稳定的制度，且扶助标准参差不一，存在实际上的不公平。将计划生育手术后遗症患者纳入全市计划生育家庭特别扶助范围，可以从根本上解决长期的扶助问题。

二是建议将独生子女患重大疾病的家庭纳入特别扶助范围。市人口计生委2009年12月的调查结果显示，在独生子女患重大疾病的家庭中，父母失业比重最高，双方失业的占17.6%，一方失业的占29.9%；经济生活普遍困难，低保、低收入的家庭比例高达71%。将这部分家庭纳入特别扶助范围，可以切实缓解这部分家

庭的实际困难。

**3. 建立一支专业社工队伍，加强对独生子女伤残死亡家庭的心理疏导和精神慰藉**

建议采用政府购买服务的方式，成立专业社工队伍，由人口计生部门会同相关部门进行培训，当独生子女发生死亡、伤残时，由专业社工上门提供心理疏导和精神慰藉。通过专业化的社工服务和理念，帮助解决独生子女伤残、死亡家庭生活上的困难，提供精神抚慰和开导、心理咨询和引导，减轻精神痛苦，帮助他们跨过阴影，重新走向生活。

**4. 适时推广区县、乡镇街道创新出台的利益导向政策措施**

建议市人口计生委在鼓励区县进一步创新面向特殊困难计划生育家庭的奖励扶助政策的同时，进一步加强统筹指导和统一规范。通过总结经验、评估效果、经验交流等形式，引导区县出台利益导向政策向计划生育困难家庭、特殊家庭等特殊人群聚集，促进全市人口计生利益导向政策体系建设的平衡发展。对适合在全市推广的，在时机成熟、条件成熟的情况下，要及时上升为全市统一的政策；对适合在全市推广，但时机、条件不成熟的情况下，可以组织召开区县现场会，让其他区县学习借鉴，因地制宜地应用于本区县，逐步实现全市政策的统一。

### （四）研究建立与统筹解决人口问题相适应的人口和计划生育利益导向政策体系

目前，人口与计划生育工作已经由单纯控制人口数量为主向在稳定低生育水平基础上统筹解决人口问题转变。因此，人口和计划生育利益导向政策体系建设也应当适应这一转变，强调优先投资于人的发展，动员全社会力量，加大建设力度。

**1. 着眼于优化人口结构，谋划和实施与完善生育政策趋势相一致的计划生育利益导向，鼓励符合再生育条件的育龄夫妻用足生育政策**

随着一代人独生子女政策使命的完成，上海一方面要完善独生子女父母老年保障服务体系，积极应对以独生子女父母为主体的人口老龄化，同时需要统筹考虑和实施新一轮的顺应完善生育政策趋势的计划生育利益导向政策，鼓励符合再生育条件的夫妻再生育子女。比如，对依法再生育的夫妻增加休假、发放母子营养补贴等，以提高再生育政策的使用率，扭转超低生育水平状态，增加出生人口数量，促进人口结构优化、促进人口长期均衡发展。

**2. 着眼于提高出生人口素质，不断加大对人口计生公共服务的投入，着力引导和推进从源头上提高人口素质**

建议人口计生、民政、卫生、教育等部门进一步加强协作，共享资源，优势互补，加大投入，形成共同推进优孕、优生、优育工程的合力，从源头上提高人口素质。比如，要进一步加大免费婚检工作的推进力度，促进婚检率的提升；全面开展免费孕前优生健康检查，完善孕产妇保健服务，提供完整的覆盖生育全过程的随访服务，尽可能地减少出生缺陷。深入推进 0～3 岁婴幼儿科学育儿指导服务，加强标准化、规范化、制度化建设，进一步提高科学育儿指导服务水平。

**3. 着眼于促进人口合理分布，落实属地化管理，深入推进公共服务均等化**

上海建设“四个中心”和现代化国际大都市，急需人才，同时也需要大量的从事服务业的年轻劳动力。目前，上海全力推进居住证和“两个实有”登记制度，为推进属地化管理和公共服务均等化奠定了基础。课题组建议，进一步完善流动人口源头互动服务管理机制，维护两地婚姻夫妻和来沪计划生育群众的合法权益；加大对计划生育公共服务的投入，逐步将基本项目的免费计划生育技术服务覆盖全部常住人口；进一步加强人口计生信息系统建设，完善信息资源共享，为计划生育行政办事、技术服务等服务管理项目属地化提供技术支撑。

**4. 着眼于计划生育家庭的高风险，进一步完善“政府、社会、市场”三位一体的计划生育保障机制**

在完善政府为主的计划生育利益导向政策的同时，建议进一步整合资源，扩大影响力，引导社会、市场更多地参与计划生育扶助工作。推动完善独生子女保险计划，逐步开发独生子女父母养老保险、计划生育家庭成员保险、计划生育手术保险等新产品，以满足计划生育群众的不同保障需求。进一步发挥人口计生社会团体的生力军作用，动员更多的社会力量和资源投入对困难的计划生育家庭的关怀和扶助，形成全社会的关怀关爱机制，促进社会和谐。

# "独二代"成长状况、社会风险及应对策略*

自1978年我国推行计划生育政策后,青少年人口结构开始向独生子女转变。30多年过去,第一代独生子女如今已经长大成人,他们有的已经结婚,生儿育女,有的尚未成家,但也到了婚育年龄。目前"独生子女养育独生子女"的社会现象已不少见。未来10年,更会成为第二代独生子女出生的高峰期,"独二代"将成为青少年人口主流。与"独一代"的经历了中国从计划经济到市场经济的巨大转变不同,"独二代"大都出生于2000年以后,他们在中国社会形态逐步进入平稳发展的正常社会中成长,充分享受改革开放带来的优越环境。作为新一代独生子女,"独二代"是否会承袭"独一代"身上备受批评的种种缺点?他们的成长会遭遇什么问题?他们的出现会如何影响中国社会的发展?本文试图对上述问题作一探讨。

## 一、正常社会环境将赋予"独二代"新特质

中国社会现代化建设的巨大成功,将极大地改变青少年发展的社会条件,造成有利于青少年发展的社会机制,赋予青少年新的品质和特征。随着城市经济社会的发展,社会财富极大增长,国家形态逐步进入一个正常化社会,它所产生的结果是:作为新一代独生子女,"独二代"从一出生就身处这个政治稳定、经济优越、文化开放的社会环境之中,整体素质得到提高,人口构成更加多样化,家庭教育环境合理,信息化程度较高。

### (一)经济持续增长将使"独二代"接受更多优质教育

改革开放至今,中国的经济发展实现了历史性飞跃。社会经济的快速增长,极

---

* 本文获2008~2010年度上海妇女儿童发展研究政策建议成果优秀奖。作者:上海市妇联儿童和家庭工作部 上海社科院青少年研究所。

大地激发了社会活力，促使新一代国民素质得到改善和提高。教育经济学认为，一个地区的经济发展对人口文化素质起积极作用，经济越发达，这个地区的人均受教育水平就越高。研究也证明，我国各地的人均受教育年限与人均 GDP 均呈现极为显著的相关①。经济的飞速发展，无疑为“独二代”创造优越的受教育环境。在我国，一个面向现代化、面向世界、面向未来的现代国民教育体系业已初步建成，这从客观上为“独二代”的健康成长提供了良好条件。

### （二）独生子女家庭结构将使“独二代”获得更多关爱

中国社会发展的成就不仅在于经济体制转型、经济结构变化以及经济总量的快速增长，更值得关注的是社会的全面转型以及社会生活组织方式的根本性转变，使社会生活的各个层面都发生显著变化。独生子女的家庭结构，使“独二代”的父母更重视子女的健康成长，而物质生活水平的提高，也使他们有能力为子女提供优质教育条件。与前几代青少年相比，“独二代”家庭的父母教育方式将变得更为合理，亲子关系朝着平等民主的方向转变②。由于从父母那里获得的满足度和关注度高，“独二代”青少年没有理由反叛父母，他们也将更能体验家庭生活的幸福与快乐。

### （三）新媒体将为“独二代”提供更开放的文化环境

调查发现，目前 6～18 岁之间的网民占青少年网民总数的五成以上，已经成为青少年网民的最大群体③。有理由预测，随着信息技术的继续发展，“独二代”对新媒体的使用率将会更高。没有了传统社会中的信息不对称，“独二代”视野将更开阔，接受信息的渠道方式更多元化，其思维变得更加独立，喜欢独立观察、认识和思考问题，独立判断的能力越来越强；他们评判事物的标准更为多元，尊重利益多样化、尊重个性，不强求整齐划一；他们形成了批判精神，对事物有自己的理解途径，注重事实，敢于质疑，反对不加思考接受强加的说教，渴望话语权平等。

进入 21 世纪，中国经济开始进入了平稳高速增长发展阶段，“独二代”青少年

---

① 通过对人均 GDP 代表的经济发展水平与人均受教育年限进行相关分析显示：1990 年两者的相关系数为 0.670 2，2000 年两者的相关系数为 0.637 7。参见沈百福、杜晓利：《人口文化素质与经济发展水平的相关分析》，《北京大学教育评论》2004 年第 1 期。

② 在青少年心目中，父母已由高高在上的“家长”逐渐变为与孩子平起平坐的“朋友”。51.2%的少年儿童将母亲视为自己的好朋友，46.7%的少年儿童将父亲视为自己的好朋友。参见“当代中国少年儿童发展状况”课题组：《中国少年儿童发展状况调查报告》，《中国青年研究》2006 年第 2 期。

③ 参见中国互联网络信息中心：《2008～2009 年中国青少年上网行为调查报告》，http：//research.cnnic.cn/html/1245132193d646_1.html，2009－01－16.

遭遇的生活环境空前优越，社会文化环境更为开放，没有政治动荡、没有大的经济波动，中国社会已开始进入了一个“正常发展”的社会，为他们的健康成长提供了一个正常社会环境。

## 二、“独二代”成长将面临五大挑战

当然，在肯定“独二代”青少年健康、正常发展的同时，我们也要客观地看到，“独二代”所面临的特殊社会环境，不可避免地使他们在成长中遭遇一些问题。概括而言，以下五个方面问题是我们必须重视的。

### （一）隔代抚养带来“精神留守”现象

在当前社会转型期，不但在农村存在留守儿童现象，在城市也存在着精神上的留守儿童。由于工作太忙或缺乏照顾孩子的经验，许多年轻父母都将孩子交给祖辈抚养。据2008年的一项调查显示，上海市祖辈参与孙辈教养率高达88.9%[①]，这表明“隔代抚养”时代已经来临。这种祖辈抚养功能扩大的现象，很可能导致“独二代”与父母在一起的时间很少，变成新型的“精神留守儿童”。调查显示，超过四成的青少年出现过“父母工作忙，没时间管我”的现象，近九成青少年认为需要政府协助家庭一起抚养儿童，弥补家庭对儿童抚养能力的不足[②]。心理学研究表明，高质量的亲子依恋关系是孩子内心产生安全感、行动力和价值感的最重要前提。而隔代抚养的育儿模式使孩子与父母亲密接触的时间大为减少，这些孩子虽然在物质生活上是丰富的，但是他们得不到父母的精神抚慰和心理关爱，无人关注他们的内心世界，及时体察他们的所思所想，因而他们在精神上是孤独的。经常与父母分离的孩子容易形成分离的焦虑和对爱的焦虑，使他们缺乏安全感，不相信父母，影响与父母建立亲密的关系。隔代抚养令“独二代”和父母之间的情感产生隔膜，这已成为建立中国现代家庭亲子关系的主要障碍之一。

### （二）教育期望过高而引发成长压力

“独一代”父母们大多是出生于70年代末和80年代，他们的青春期是在改革开放的社会变革中度过的。他们经历了西方文化的传入、市场经济观念的盛行和快速发展的城市化进程，他们的价值观是自我设计、自我实现、自我负责。这一点

① 乐善耀：《隔代教养的喜与忧》，《中国德育》2010年第1期。

② 数据来自上海社会科学院青少年研究所主持的“上海儿童发展需求调查”。

折射在他们对孩子的教育观念上，体现为过去那种绝对服从的教育观念被竞争、消费等符合市场经济的教育理念所取代。他们对孩子的教育期望很高。一项关于现代父母教育期望的调研显示，“千年宝宝一代”的父母对孩子的教育期望非常高，48.7%的父母希望孩子获得本科以上学历，40.6%的父母期望孩子获得本科学历。据此看来，近九成“独二代”父母都希望孩子能接受大学本科教育[①]。为了让孩子在市场经济法则的竞争中取得成功，一些家长不惜动用所有的社会关系，花费巨资为孩子择校。但是，由于每个孩子都有不同的潜质，他们的兴趣、潜能未必与父母的理想模式相吻合，有些孩子的发展方向甚至与父母的期望相悖。这种过高的期望带来的负面影响，一方面，“独二代”接受到的不是人的自然成长，而是一种类似工具的积累进化；另一方面，当孩子经过努力还是不能实现父母设定的目标时，会因对自己的能力感到怀疑，背上沉重的心理包袱。

### （三）独二代子女遭遇“独一代”父母和“独一代”教师

随着“独一代”进入生育年龄和踏上工作岗位，不可避免地带来一种前所未有的新情况：“三独现象”，即子女、家长和教师都是独生子女。20 世纪 80 年代出生的独生子女正逐渐在中小学教师行业扮演“接班人”的角色，而他们的学生几乎都是独生子女。新一代独生子女教师在学生中普遍受到欢迎，因为他们跟学生的距离比老教师更近，对独生子女的需求也更了解，他们有自己的优势，如专业技能强、有特长、充满自信等。但是，这些“独一代”教师身上的不足之处也是不容忽视的，例如受挫能力弱、沟通技巧差、依赖性比较明显，表现出“心理幼化”的特点，等等。

不但学校里独生子女教师的比例在不断上升，学生家长是独生子女的比例也在不断上升。在小学里常常会碰到同样是独生子女的家长和老师面对面的情况。由于彼此都了解自身的一些性格特征，同时有些家长自身的学历层次和学问水平并不比老师低，对于教育他们也有自己独到的见解，所以他们往往会对独生子女教师的能力表现出一定程度的怀疑和不信任。这种情况往往容易引起家长与教师之间的碰撞，增加了学校教育和管理的难度。

### （四）部分“独二代”的社会化存在不足

“独二代”生长在“6＋1”家庭结构环境下，受到家庭的高度关注，同时又缺乏玩伴，这往往导致“独二代”产生以自我为中心、无法忍受挫折、缺乏社会交往技能等

---

① 包蕾萍：《家庭教育新发展》，史秋琴主编：《城市变迁与家庭教育》，上海文化出版社 2006 年版，第 68 页。

社会化方面的不足。我们的调查发现，部分“独二代”青少年的社会化存在不足，主要表现在：一是缺乏对他人的理解，缺乏现实交往和沟通的技能。例如，有近七成的学生不同程度地认同“我觉得有些同学很讨厌”的说法，有近一半学生表示“和不熟悉的同学交往时，我感觉不自然”，近三成学生认为自己“常常被同学捉弄”。二是在追求个人价值最大化时，过于强调实惠实用，导致道德界限的模糊不清。例如，在对待考试作弊的问题上，有超过1/4的学生认为“只要能考出好成绩就可以”或“无所谓”，23.8%的学生承认“如果其他人作弊，我可能也会跟着作弊”。三是存在情绪稳定性较差的问题，可能会对其身心发展造成潜在的危害。有21.7%的学生经常感到很沮丧，有4%的学生承认自己在遇到重大挫折时经常想到放弃生命。四是在对待生命、对待性的问题方面存在模糊认识，青春期与生命教育有待进一步加强①。

### （五）“独二代男孩”可能遭遇社会危机

近年来，关于“拯救男孩”的讨论引起了社会广泛关注。一些学者指出，中国男孩子的学业、心理、体质等方面均面临危机，迫切需要得到拯救②。由于现代教育制度是一种工业化的教育制度，它往往漠视性别差异的存在，因此，在当今的中小学教育中，存在忽视男女在身心发育和学习方式方面存在差异的现象。其一，学校以有利于女孩子的言语教学方式，向所有的孩子传授同样难度的教学内容，以同样的标准评价所有的男孩和女孩，许多男孩的表现自然会落后于女孩子，从而产生男孩的学业危机。其二，许多父母为了不让孩子“输在起跑线上”，往往倾向于让孩子提早进入学校，有些准妈妈甚至选择提前一个月剖腹产，目的就是为了让孩子不比别的孩子晚上学。然而，由于男孩子的身心发育晚于女孩子，使得许多男孩子过早在学业上掉队。在学业失败的阴影下，许多男孩子逐渐丧失了自信和自尊，产生心理危机。其三，男孩的一些好动、竞争与叛逆的天性在学校中往往被看作缺点，天性“想跑想跳”的男孩被按在座位上学习，缺乏应有的运动锻炼。而家庭中父教缺席、母教溺爱，以及学校中男教师的缺乏等问题，又使男孩生活在一个相对女性化的环境中。这些因素都令男性气质的培养遭遇危机。目前，一些进入幼儿园和小学的“独二代”男孩已开始遭遇这些问题，可以预计的是，在未来20年中，随着更多“独二代”的出生和进入学校，“男孩危机”可能成为一个普遍现象。

---

① 数据来自上海家庭教育研究会重点课题：《2009年上海儿童发展状况研究》，由上海社科院青少所、上海市妇联儿童和家庭工作部课题组共同实施。

② 孙云晓等：《拯救男孩》，作家出版社2010年版。

## 三、“独二代”现象带来四大风险

家庭是社会的细胞，家庭结构的变化也会引发社会结构的变动，甚至带来社会风险。已有学者指出，从人口学意义来说，独生子女家庭是风险最大的家庭[①]。概括而言，“独二代”为社会带来以下四大风险。

### （一）家庭结构缺损风险

独生子女的生存风险直接影响着家庭的生存风险。在生命周期早期出现的生存风险可以通过补偿性生育得到消解，而在生命周期晚期出现的生存风险却因为父母年龄已大而丧失了补偿性生育的可能。如果是大龄独生子女夭折或者发生严重伤病残事件，对家庭的打击几乎是毁灭性的。根据1990年人口学界研究数据显示，我国每1 000个出生婴儿大约有5.4%的人在25岁之前死亡，12.1%的人在55岁之前死亡。由于死亡概率的变化十分缓慢，所以5.4%和12.1%的家庭会经历孩子夭折的风险，几乎难以规避。根据2000年全国第五次人口普查数据，我国农村地区曾经有过一个孩子但现在无后的家庭有57万之多。在2008年汶川大地震中有上万名孩子遇难。据新华网相关报道，在地震中失去子女的计划生育家庭有10 000多个，其中8 000多个是独生子女家庭[②]。大龄独生子女夭折，将会导致完整家庭变成残缺家庭，这一风险在“独二代”家庭必然存在。据推算，假如一个活产子女在成年前夭折的概率是5%，生育一个子女的家庭比生育2个子女的家庭所面临风险要大20倍[③]。而且，一旦遭遇非常事件导致孩子夭折或者严重的伤病残，“风险家庭”就转化为“残破家庭”和“困难家庭”，如果没有外界的支持和帮助就很难摆脱困境。

### （二）养老风险

基于中国的社会经济发展水平和社会养老保障、服务、福利等条件，在现阶段和未来很长的时期内，家庭子女养老依然是中国老人最重要的养老支柱，而对于许多“独二代”而言，他们需要至少同时供养6个中老年长辈。上海社科院人口与发展研究所研究表明，从2006～2040年，出生独生子女约为230万人，累计65年内

---

① 穆光宗：《独生子女家庭本质上是风险家庭》，《人口研究》2004年第1期。

② 穆光宗：《“独生子女”风险论》，《绿叶》2009年第8期。

③ 左学金：《由地震和独生子女存活风险引发的几点思考》，《人口与发展》2008年第6期。

独生子女数量将超过 500 万人，由此推算独生子女父母的总数将超过 1 000 万人，祖辈总数将会更多。预计，2018 年独生子女父母数量进入高速增长期，独生子女父母照料护理需求快速增长，社会保障和照料护理将面临挑战①。届时，由于家庭内部老人供养支持的人力资源严重短缺，他们会受到“上养老，下育小”的双重挤压。可见，“独二代”家庭养老负担将会非常沉重，或将成为未来社会和家庭的突出矛盾之一。

### （三）劳动力风险

生育率的下降必然带来“独二代”人口数量的急剧萎缩，从而导致劳动力资源的短缺。中国社科院发布的《2007 年人口与劳动绿皮书》就指出，中国劳动年龄人口（15～59 岁）供给增长率在 2004 年首次出现下降，预测到 2011 年左右，劳动年龄人口开始不再上升，2021 年开始绝对减少②。目前，生育率下降对中国劳动力的供求关系的影响现在已经初步显现，中国近年劳动力的报酬上升较快，就是这一影响的反映。同时，我国高中阶段教育（包括普通高中和职业高中、中专、技工学校）在近几年获得了快速发展，初升高的比率已从 2003 年的 59.6%上升到 2008 年的 83.4%，使 20%以上的新生劳动力推迟 2～3 年进入劳动市场。在“十二五”时期将基本普及高中阶段的教育后，再加上接受高等教育人数不断增长，也会造成劳动力短缺的风险。可以预计，由于“独二代”人数的缩减和进入劳动力市场的时间推迟，今后一个时期发达地区劳动力短缺将成为常态，并会越来越严重。

### （四）国家安全风险

进入 21 世纪以来，我国面临的人口再生产状况已经发生了根本变化：从传统的高出生、高死亡、低增长，转变到 20 世纪 90 年代以来的低出生、低死亡、低增长，出生率下降的趋势基本不可逆转。可以预见，“独二代”将成为社会的中坚力量。而这一中坚力量能否担当起建设国家的重任，还面临着诸多问题和挑战。首先，由于“独二代”人数的总体下降，会导致兵源年龄段人口数量的减少。而独生子女父母一般不倾向于将自己唯一的孩子送去参军，征兵形势将日渐严峻。第二，“独二代”的身体素质和心理素质堪忧。从临床医学的角度看，任何一种疾病的出现都离不开社会经济大背景。根据近几年兵检的档案显示，适龄青年体检合格率呈下降

① 周海旺、寿莉莉：《上海独生子女父母老龄化发展趋势与养老对策研究》，上海市社会科学界联合会编：《2008 年度上海市社会科学界第六届学术年会文集（政治·法律·社会学科卷）》，上海人民出版社 2008 年版。

② 王俊秀：《中国距劳动力短缺时代还有多远？》，《中国青年报》2008 年 5 月 9 日。

趋已是不争的事实，特别是相当数量的独生子女由于视力、体质原因被淘汰了。在“独二代”身上，食欲不振、缺乏活力，反复感冒发烧、腹泻、便秘、口腔溃疡等成长代谢类疾病广泛存在①。

一个独生子女占劳动力主体、老龄化程度日深的社会，其对战争的承受能力将完全不同于以往。由于老龄化程度加深，社会总抚养比增大，用于老龄人口养老、医疗等的费用增多，将使国民收入中用于消费的部分增加，而用于投资的部分将不得不减少，使支撑国家长远发展的财政能力受到制约。此外，一个老龄化的社会必然在心理上总体趋向保守和防御，公众对于良好社会保障的压力会使国家不可能将更多财富用于国防建设。在中国国家利益日益拓展的情况下，如果没有足够的财政能力支撑足够的军事能力，这不仅影响军事安全，也影响国家安全。“独二代”要面临的国家安全问题，现在来看还不是特别严峻，但未来会对中国的发展形成重大影响。

## 四、对策与建议

如何规避“独二代”可能遭遇的问题和风险，是完善青少年公共政策的题中应有之义，也是使家庭结构和社会结构安全运行、保障社会可持续发展的必然要求。促进青少年发展是一个系统的工作，需要全社会多方面力量的参与。针对“独二代”的发展现状，本文提出以下对策与建议。

### （一）用发展的眼光来观察“独二代”

从青年社会学理论出发，关于青少年的成长，目前存在“问题”与“发展”两种不同的视角。前者将青少年期看作充满不稳定因素的急剧动荡阶段，因此着重关注青少年的心理与行为问题；而后者则将青少年被看作有待开发的积极个体，整个社会都应为青少年的健康成长提供支持。青少年研究不仅仅旨在修正青少年自身的问题，而是着眼于社会环境与青少年健康发展的关系。从这一角度来观察“独二代”，要求我们用发展的眼光来对待他们成长中出现的问题。首先，“独二代”正在经历一个在生理和心理上都具有特殊性的人生阶段，他们的某些不成熟在特定阶段是正常的，只要加以适当引导，就会随年龄的增加而逐渐修正或消失。其次，许多“独二代”带来的风险实际上是由特定社会背景下的某些政策，或是社会转型中的社会问题所致，因此解决问题需要从社会变革和政策调整入手。第三，作为受教

① 余梓：《关注“独二代”成长代谢问题》，《劳动报》2010 年 4 月 26 日。

育者,“独二代”发展中的一些缺憾与某些教育制度、家庭教育以及社会文化环境所密切相关,故学校、家庭、社会形成统一的教育力量至关重要。“独二代”表现出许多新的特质,说到底是由反映了社会进步的发展环境决定的,同时也应以发展的眼光看到“独二代”问题存在的客观必然性、看到青少年问题获得解决的可能性、看到青少年问题与社会问题的同构性,并以社会发展视野解决青少年发展问题。

### (二) 开辟多种渠道保障“独二代”抚养问题

首先,推进“独二代”家庭扶助服务,增强家庭的育儿能力,对因故临时或长期不能提供给儿童以适当照顾的家庭,给予育儿津贴、生活照料、儿童暂托等支持;在社区中开办家长学校,通过培训方式提高祖辈的现代育儿知识和技能,确保“独二代”拥有良好的成长环境。其次,建立“独二代”家庭就业援助计划,为有未成年子女的城乡低保家庭提供就业援助服务,增强带有未成年子女的父母的就业能力与育儿经济能力。第三,发展儿童暂托服务,为在日间或其他特定时间无法照顾10岁以下儿童的家庭提供全日托、半日托或钟点托等暂托服务,协助有需要的家庭更好地照顾儿童。第四,建设青少年社会工作者队伍。每个街道(镇)都必须配备一定数量的青少年社工,建设一批专业化的青少年社会工作者队伍,通过青少年社工队伍的建设,弥补家庭育儿条件的不足,提升青少年福利服务的质量。

### (三) 营造“三结合”的家庭教育指导网络

首先,要提高“独二代”家庭教育质量,需要完善家庭教育指导工作的长效机制,推动学校、家庭、社会“三结合”的家庭教育指导网络建设。应通过政府赋权、政府购买等形式,鼓励并规范各种社会组织和个人投资参与创办各种类型的家庭教育指导和服务机构;应加强家庭教育专业社工队伍建设,重视家庭教育机构准入机制管理,对家庭教育机构的证照、教学内容、师资力量和办学成效等做出严格规定,促进家庭教育市场的有序发展;各地区家庭教育指导工作领导机构应明确家庭教育指导工作的职责分工,确保家庭教育指导工作的经费投入,同时也要重视家庭教育指导的受众评估。此外,还要加强家庭教育指导宣传阵地建设,重视家庭教育理论、应用研究和教材建设等。在进行家庭教育指导时首先要以青少年为本,尊重青少年身心发展规律,顺应青少年天性和个性,创设适合青少年成长的必要条件和生活情景,保护青少年的合法权益,促进青少年自然发展、全面发展、充分发展。其次,要以家长为主体,确立为家长服务的观念,了解家长需求、适应家长特点、尊重家长愿望,并调动家长参与的积极性,发挥家长在指导过程中的能动和主体作用。再次,要遵循“多向互动”原则,努力创设指导者与家长、家长与家长之间互相学习、家长与儿童双向沟通的环境与条件。

### （四）兼顾家庭养老和社会养老体系的构建

首先，在应对“独二代”将面临的养老压力时，应同时强调家庭养老与社会养老体系的建设，使家庭养老与社会保障、自我保障平等发展，相互补充。在家庭养老方面，首先要坚持不懈地加强尊老、爱老、养老教育，发扬中国文化中在家庭养老方面的伦理道德优势，建设以“家庭美德”为核心的养老文化。其次，随着经济的发展，要完善社会保障制度，解决老年人的经济保障问题，让“独二代”家庭充分发挥养老中的照顾与保健职能，这是提高家庭养老质量的根本途径。第三，引导“独二代”的父母和祖辈对我国老龄化趋势有充分认识，并为自己的老年生活早作考虑，以购买养老保险、储蓄等方式未雨绸缪。第四，各级福利设施要顺应老人及照顾者的需要，不断扩大服务功能，提高护理质量，降低服务成本和收费标准。另外，社会也应有明确的制度和法律依据，让“独二代”家庭以法律为主、道德为辅来维系家庭养老机制的运行。

### （五）为“独二代”社会化提供教育支持

首先，在尊重精神自由的同时，必须对“独二代”进行核心价值观的引导。在核心价值的内容方面，加强诚实、友爱、敬畏、合作、尊重等核心价值的领引；在核心价值的构建上，成人社会应承担示范作用，为青少年树立遵循核心价值的榜样；在引导方式上要与社会生活接轨，考虑社会生活的导向作用。其次，要为“独二代”提供接触社会和实践的机会。社会实践有利于青少年接触社会、开阔眼界、增长知识，使他们养成正确处世和社会活动的能力，以与相应的社会人群建立良好的人际关系，使青少年提高面对挫折、摆脱困境、超越障碍的心理能力，还可以倡导奉献精神，培养青少年的公民意识和社会责任感。因此，要积极鼓励青少年学生积极参加社会实践，促进相关社会资源向青少年开放。第三，要积极开展“独二代”的心理建设和生命教育。针对部分“独二代”青少年的心理健康问题，要重视和加强对良好情感、综合素质的培养，切实减轻“独二代”的心理负担，营造积极健康的成长环境。学校、家庭、社会都应该根据青少年的发展需求，建立家庭、社区、学校、社会“三位一体”的心理支持系统，培养和形成青少年快乐的人生理念、生活态度、健康的心智需求。

# 子女最佳利益的判断标准

## ——以离婚案件中子女抚养关系的确定为研究视角*

从家族本位到子女本位、从家长决定子女命运到子女最大利益原则，始于20世纪下半叶的亲子关系立法改革已带动了世界各国在此领域的立法变革。反观我国婚姻家庭法律制度，我国虽已加入《儿童权利公约》，但受传统法律观念和立法理念的影响，相关立法仍是以父母权利为视角，并没有真正确立“子女最佳利益原则”，因而极不利于未成年人权益的保护。本文试图从离婚案件中子女抚养关系的判断标准切入，对如何在父母离婚时实现子女最佳利益谈一点粗浅的看法。

## 一、举步维艰：实现子女最佳利益的法律困境

### （一）法律理念滞后，无法充分地保障子女权益

我国《婚姻法》以及最高人民法院《关于人民法院审理离婚案件处理子女抚养问题的若干具体意见》（简称《意见》）等均体现了对未成年人权益保护的理念，但也仅仅是给予一般保护，并未体现子女最佳利益。2006年12月修订的《未成年人保护法》第3条规定“未成年人享有生存权、发展权、受保护权、参与权等权利，国家根据未成年人身心发展特点给予特殊、优先保护，保障未成年人的合法权益不受侵犯”，以立法的形式确认了对未成年人的合法权益予以优先保护的原则。但“权益优先”并不等同于“权益最佳”，该种方式的保护实质上依然是在父母本位的立法框架内，并未超出父母权利的规制，且该原则也尚未正式引入我国婚姻家庭法领域。综上，我国采取的仍是“父母本位”的立法理念，在这种立法理念下，未成年子女的合法权益无法得到完善的保护。

---

* 本文获2008～2010年度上海妇女儿童发展课题调研成果优秀奖。作者：金民珍等，黄浦区人民法院。

### （二）法律规定笼统，忽视子女最佳利益的实现

我国《婚姻法》第36条第3款规定："离婚后，哺乳期内的子女，以随哺乳的母亲抚养为原则。哺乳期后的子女，如双方因抚养问题发生争执不能达成协议时，由人民法院根据子女的权益和双方的具体情况判决。"《意见》进一步规定："两周岁以下的子女，一般随母方生活。母方有下列情形之一的，可随父方生活：(1) 患有久治不愈的传染性疾病或其他严重疾病，子女不宜与其共同生活的；(2) 有抚养条件不尽抚养义务，而父方要求子女随其生活的；(3) 因其他原因，子女确无法随母方生活的。"从上述规定中可看出，对两周岁以下的子女，以随母方生活为原则，在特定情况下，才可随父方生活。该规定虽然在司法实践中极具操作性，但却未从正面规定判断或评估子女最佳利益的客观标准，忽视了子女最佳利益的实现。再如，《意见》中仅规定两周岁以上未成年子女抚养关系确定中法院应优先考虑的情形，但却同样未予规定确定抚养关系时需考量的因素及具体标准，导致法官在案件中无法客观、全面衡量子女最佳利益。

### （三）法律规定陈旧，无法满足时代的发展需求

《意见》第3条关于已做绝育手术或因其他原因丧失生育能力的，以及无其他子女，而另一方有其他子女的情况下，对两岁以上未成年的子女抚养关系确定可予优先考虑的规定，以及《意见》第5条关于父母双方对10周岁以上的未成年子女随父或随母生活发生争执时，才考虑该子女意见的规定，充分体现了父母利益的重要性，这些规定均是"父母本位"立法理念的体现。显然，在父母离婚自由与未成年子女权益保护的价值衡量中，我国相关法律规定选择的是前者。在司法实践中同样存在类似情形，对于子女抚养关系无争议的离婚案件，法官一般不对父母双方的抚养能力进行审查，亦不征求子女的意愿，即在子女抚养问题无争议时，对子女的利益持放任态度。上述司法实践中的操作方法导致子女利益在此类离婚案件中往往被忽略，使得某些父母为了尽快离婚而在一定程度上牺牲子女权益的情形无法受到监管和规制。

此外，相关立法中未直接规定判断子女最佳利益的具体标准，导致法官在裁判时自由裁量空间过大，也为同类案件执法标准、结果不一埋下隐患。

## 二、综合考量：判断子女最大利益遵循的原则

### （一）主要照顾者原则

主要照顾者原则是从美国学理和司法实践中发展出的推定原则。所谓主要照

顾者，是指："曾经对子女日常生活中的事实上需要提供最多关心注意的父或母，这些日常生活中的事实上需要包括：吃饭、洗澡、穿衣、睡觉，开车接送上下学或往返朋友家，健康上的照顾及生病时送医诊疗，与子女的朋友及老师联络接触等。"[①]主要照顾者原则认为子女由日常生活中的主要照顾者抚养，才能实现"子女最佳利益"。该原则准确地反映了在日常生活中子女身心所主要依赖的对象，能够体现对子女的抚养的稳定性和持续性，应当成为判断子女最佳利益的主要依据。但该原则亦存在局限性，即在父母双方对子女进行分工照顾，或均未直接对子女进行照顾的情况下，法官无法判断主要照顾者，亦无从适用该原则，此时仍需结合其他原则来判断子女最佳利益。

### （二）尊重未成年子女意愿原则

在确定抚养关系时，应当充分考虑有识别能力的未成年子女的意愿和情感。我国《民法通则》第 12 条第 1 款规定："十周岁以上的未成年人是限制民事行为能力人，可以进行与他的年龄、智力相适应的民事活动。"《意见》第 5 条规定："父母双方对十周岁以上的未成年子女随父或随母生活发生争执的，应考虑该子女的意见。"据此，我们认为，10 周岁以上的未成年子女具有部分民事行为能力，具有一定的智力水平，对事物有一定的识别和判断能力，因此 10 周岁以上的未成年子女对于和父母何方共同生活，有自己的意愿和情感，对确定有利于自己的生长环境有一定的认知能力，故在抚养关系的确定中，从有利于子女健康成长的角度出发，法官应当充分尊重 10 周岁以上未成年子女的意见，使其能得到更好的关怀和照顾，以减少父母离异对子女心灵造成的伤害。

### （三）精神因素为主原则

物质与精神同为子女成长所必需的因素，但在未成年子女的成长过程中，诸如父母对子女的关爱度，父母的道德品质，子女的意愿、性格等精神因素在子女性格的形成过程中至关重要，应当占据主导地位。即在判断子女最佳利益时，应当以能促进子女健康成长的精神因素为主要判断依据，物质条件仅是衡量父母双方抚养能力的标准之一，即使物质条件相对较差，但能够较好地在精神上、心理上给予子女关爱，依然应当被确定成为抚养者。

---

① 王洪：《论子女最佳利益原则》，《现代法学》2003 年第 6 期，第 34 页。

## 三、现实路径：子女最佳利益的具体判断标准

### （一）子女最佳利益判断标准的比较法考察

**1. 美国**

1973年《统一结婚离婚法》第402条规定了法院在判断子女最大利益时应考虑的因素，包括：（1）子女的双亲或其中一方对于担任监护的意愿；（2）子女本身对于由谁担任其监护的意愿；（3）子女与父母、兄弟姐妹或其他任何可能重大影响其最佳利益之人间的互动与彼此关系；（4）子女对于家庭、学校及社区之适应；（5）所有牵涉在本事件内之利害关系人之心理及身体健康状况；（6）其他相关因素。

**2. 英国**

1996年颁布《英国家庭法》第11条第（4）款规定："法院在作出离婚或分居的指令应根据所悉证据特别注意以下事项：子女因其年龄和理解力而可能具有的意愿和感受，以及其表达的情形；当事人双方抚养子女的行为；以下一般原则若无相反证据，子女获取最佳利益的方式为：经常接触对其负有父母责任的人或家庭其他成员；与其父母尽可能保持一种持续的良好关系；任何因以下情形引起对子女的利益不利：与子女共同居住的人住在或打算住在何处；或与子女抚养相关的其他安排。"①

**3. 德国**

在确定子女最佳利益时，须考虑如下标准：（1）支持原则：行使未成年子女监护权的离婚父母一方，必须就其个人品格、能力、职业状况及其与子女间关系而言，能较好地照顾子女（尤其对年幼子女最好能亲自照顾），促其身心健康发展。对物质条件与精神支持而言，更应强调对子女在心灵上、精神上的支持。而父母经济之优劣则非考虑的因素。（2）继续性利益：子女监护权的归属，应使子女目前以及未来的教育、发展获得一致性，并注意子女与父母及兄弟姐妹的连续关系，子女上学受教育的环境、朋友关系及与祖父母关系等。（3）子女之意愿、年龄及性别，而子女的意愿则应考虑子女的年龄及动机等。（4）另有学者主张斟酌上述因素仍无法做出符合子女利益的决定时，可考虑婚姻破裂的原因（即有无过错）及离婚程序进

① 李忠芳：《外国婚姻家庭法汇编》，群众出版社2000年版，第111页。

行的状态等，例如殴打妻子之丈夫，其教育子女的适格性就应受到怀疑①。

### （二）子女最佳利益判断标准的本土化思考

如前所述，在发达国家的婚姻家庭立法中，大都遵循子女最佳利益原则，且为了使法官在判断时有客观化的标准，均直接规定判断子女最佳利益时需考量的具体因素。这些因素在一定程度上限制了法官自由裁量权的扩张，可将其归纳为三个方面：一是父母的因素。包括生理状态、经济能力、对子女的关爱程度、违法犯罪行为、道德上的不当行为、对子女的不当行为等。二是子女的因素。包括子女的年龄、性别、性格、意愿等。三是环境的因素。包括受养育环境的稳定性、继续性，以及子女对家庭、学校、社区的适应情况。四是其他因素。包括兄弟姐妹的相处情况，祖父母、外祖父母等近亲属对子女的照顾情况等。

诚然，要解决我国目前在子女最佳利益判断和子女权益保护上的困境，彻底转变"父母本位"的思想，完全确立"子女本位"的立法理念，我国立法还有相当长的路要走。通过近几年的司法实践，我们认为，我国一方面要借鉴其他国家成熟的立法和经验，另一方面也要结合我国婚姻家庭的传统，以及相关立法的实际情况进行综合考量。建议在婚姻家庭立法中增加如下规定：离婚案件中，人民法院在确定抚养关系时，应根据子女最佳利益原则，综合考虑以下情形：(1) 子女的年龄、性别、性格；(2) 10 周岁以上有识别能力子女的意愿；(3) 变更环境对子女的影响；(4) 父母在抚养子女上的愿望；(5) 父母的健康状况、对子女的感情以及经济条件；(6) 子女与兄弟姐妹或其他任何可能重大影响其最佳利益之人间的互动与彼此关系。并同时从反面规定父或母不宜与子女共同生活的情形，包括：(1) 患有久治不愈的传染性疾病或其他严重疾病，子女不宜与其共同生活的；(2) 对子女有不当行为的；(3) 有故意犯罪行为，并造成严重后果的；(4) 有吸毒、酗酒、赌博等不良行为，不利于子女健康成长的；(5) 其他不适宜与子女共同生活的情形。

此外，在涉及子女抚养问题时，父母的离婚自由在一定程度上要让位于子女利益，要将离婚案件中无争议的子女抚养问题纳入司法审查范畴，由人民法院审查确认子女抚养协议是否对子女利益造成严重损害。

根据不同年龄阶段未成年子女的特性，界定具体标准如下：

**1. 对子女抚养问题有争议的情形**

其一，对于两周岁以下的子女，从有利于子女成长的角度出发，根据"幼年原

① 见陈惠馨：《比较研究中、德有关父母离婚后子女间法律关系》，《亲属法诸问题研究》，月旦出版公司 1999 年版，第 277～278 页。

则”，从保障妇女权益的角度出发，宜判决由母亲抚养，但同时要兼顾子女最佳利益。如果有下列情形的，可以随父方生活：(1) 有抚养条件不尽抚养义务，而父方要求子女随其生活的；(2) 因其他原因，子女确无法随母方生活的。

其二，对于两周岁以上、10 周岁以下的子女，除考虑子女的意愿外，法官应根据前述具体标准来判断子女最佳利益。由于此年龄阶段的子女心智尚未成熟，对父母的依赖性较强，故在确定抚养关系时，除父母有不宜与子女共同生活的情形外，应遵循主要照顾者原则，以保证子女心理上的适应性以及成长的稳定性。

其三，对于 10 周岁以上的子女，法官亦应根据前述具体标准来判断子女最佳利益。由于此年龄阶段的子女已具有一定的识别能力和判断能力，因此子女的意愿在确定抚养关系时应当得到尊重。除父母有不宜与子女共同生活的情形外，如子女选择随生活困难的父或母共同生活，法官一般应当尊重子女的选择，但应当充分考虑子女成长过程中的各项合理需求，在法律规定的范围内，适当增加对方抚养费的给付数额①。

**2. 对子女抚养问题无争议的情形**

在离婚案件中，一般情况下法院不宜对当事人无争议的问题进行司法干预，但在涉及子女抚养问题的离婚案件中，为保障未成年子女的合法权益，对于无争议的子女抚养问题，亦应纳入司法审查范畴，由人民法院审查确认父母双方达成的抚养协议是否存在严重危害子女利益的情形，即是否存在法律禁止的父或母不宜与子女共同生活的情形。如果人民法院在审查中发现上述情形，应对离婚双方当事人进行释明，并要求双方重新达成抚养协议。如果双方拒绝达成新的抚养协议，或者经磋商无法达成新的抚养协议，则抚养关系由人民法院审查确认。

## 四、结语

父母离婚时，对于未成年子女而言，其往往处于弱势地位，法官的判断可以说是维系其权益的最后一道屏障。我国要尽快在婚姻家庭立法中确立子女最佳利益原则，并规定判断子女最佳利益的具体标准，为司法裁判提供可操作性的、客观的依据，同时将离婚案件中无争议的子女抚养问题纳入司法审查范畴，以最大限度地保障未成年子女的合法权益。

① 参见《关于婚姻家庭纠纷若干问题的解答》(沪高法民一[2006]20 号)。

# 第六篇

# 来沪妇女儿童生存、发展与权益保护

# 卢湾区 0～3 岁流动儿童生存与发展状况研究*

按照《义务教育法》的规定和国务院有关文件精神，近年来，上海市委、市政府制定了一系列保障农民工及其子女权益的政策措施，积极承担起农民工同住子女义务教育和学前教育的责任，有效保障了在沪学龄流动儿童的权益，促进了上海社会的和谐发展。同时也应看到，尽管政府有关方面已经将 0～3 岁婴幼儿的教养工作纳入国民教育的体系，人们对 0～3 岁外来流动儿童的生存状况的关注尚未开始，这一人群的生存与发展状态没有得到应有的关注。学术界对于流动儿童的关注，大多聚焦于学龄儿童；而对于 0～3 岁儿童生存与发展的研究则主要集中在普通孩童，这些儿童与他们的父母共同生活在自己的户籍所在地，无须经受因为地域流动引发的心理震荡、文化震荡与社会震荡。从现实的情况看，由于居家迁移的人口流动模式越来越普遍，不少外来民工都和自己年幼的婴幼儿一起生活在上海。

由于现有的儿童福利政策较少关注 0～3 岁流动儿童家庭对于孩子的生活照顾，这些孩童的父母在照顾婴幼儿的过程中面临着沉重的压力。因为经济与时间的限制，他们通常很难如主流社会的家庭那样悉心照料孩子。不少父母既要上班，又要照顾孩子，生活条件相对恶劣。加之就业与生存压力的趋大，这些年轻的父母在照顾年幼孩子时面临着沉重的压力，在日常生活中，他们的孩子面临疾病与被忽视的风险。从这个意义上说，为了切实保障在沪农民工子女在上海的健康成长，更好地服务好这些未来的上海新移民，我们有必要将关注的视野进一步拓展到低龄的流动儿童，帮助这些孩童获得必要的照顾、养护与教育。

本研究的目的是要通过实证调查，通过调查研究卢湾区 0～3 岁流动儿童的生存与发展状况，查找、分析这一特殊人群在上海的生存、成长过程中面临的问题，并进一步探讨政府在政策、制度层面应对这些问题时的可能办法。

---

* 本文获 2008～2010 年度上海妇女儿童发展课题调研成果三等奖。作者：上海市卢湾区妇女儿童工作委员会　上海社科院青少年研究所。

## 一、0～3 岁流动儿童生存状况研究的路径选择

婴幼儿时期，是人生的初始阶段。这一时期的生存质量，对于个体今后的发展具有重要的影响。然而，由于 0～3 岁孩童的身体稚嫩，心智尚不健全，其社会化的过程也才开始，因此，他们很难通过自己的努力获得自身生存与发展的必要资源，而需要仰赖成人社会（特别是其监护人）的支持与保护。因此，对于 0～3 岁孩童的生存状况的研究，主要应透过对其监护人等相关成人的状况调查进行。

从现实的情况看，对于 0～3 岁儿童的生存发展具有重要影响的因素，主要包括他们的家庭照顾（包括照顾能力与照顾意愿）、社会支持与政府福利援助。家庭是儿童早期生活最基本的环境，0～3 岁的儿童其全部生活时间的 2/3 在家庭中度过。换言之，按照我国现有的儿童抚育模式，家庭承担了抚育儿童的首要责任，儿童发展所需要的几乎所有生存与发展资源，都仰赖他们父母与家庭的提供。因此，一般认为，家庭是儿童最早的教育场所，是儿童社会化的最早执行者和基本执行者。在家庭里，儿童学到了最初的社会生活知识及技能、道德规范、行为习惯等。国内外研究证明，儿童的早期生活经验，将深刻影响其整个一生，而学龄前期又是接受社会化的最佳时期。研究表明，无论是家庭的结构、类型、家庭气氛、父母的教育方式与教养态度、父母的主要职业、对子女的期望、亲子关系、儿童在家庭的地位和扮演的角色等都对儿童的发展起着很大的作用。家庭物质条件是满足孩子生存的基本条件，家庭物质条件的好坏直接影响儿童的社会性发展。实践证明，优越的物质条件可以使儿童拥有充裕的生活学习用品和社会学习机会，孩子各方面的兴趣和爱好容易得到满足，因而产生积极情感的可能性就越大，这对于儿童的自我意识、独立性以及创造性的发展十分有益。而物质条件缺乏则不仅会使儿童的思维和想象受到限制，他们的情感发展也会受到影响。亲子关系对儿童的发展也有重要的影响。父母和儿童之间的亲子关系是儿童最早建立的人际关系，亲子关系的好坏直接影响儿童对社会的认知，影响儿童的社会行为。研究表明，亲子关系良好的儿童容易受到同伴的欢迎，而亲子关系不好的儿童常常不受同伴欢迎，家长和孩子的关系及其所营造的家庭精神环境对儿童的社会性发展影响较大。

此外，由于工业化引起的家庭结构与功能的变迁，使得不少家庭缺乏抚育照顾孩童必要能力。因此，国家制定实施儿童福利政策，协助家庭更好地抚育儿童，成为现代国家发展的重要趋势。改革开放以来，中国儿童群体构成、分类分层及其生存发展状况发生翻天覆地的变化，国家儿童保护与儿童发展状况取得世人瞩目的成就，儿童福利事业蓬勃发展，极大地提高了我国儿童身心发展的水平。改革开放

特别是20世纪90年代以来，儿童生存发展状况和儿童权益保障、儿童福利事业成为国家公共政策与社会政策议程的核心议题。国务院成立相应的工作机构，先后制订两个国家级儿童发展十年规划纲要，形成儿童发展的国家级行动方案与发展规划。2001年5月22日，国务院发布第二个儿童发展十年规划《中国儿童发展纲要(2001～2010年)》，从儿童与健康、儿童与教育、儿童与法律保护、儿童与环境四个领域，提出儿童发展目标，基本搭建中国现代儿童福利制度框架与儿童福利政策框架，为儿童福利发展指明方向。但是，与家庭、儿童发展的实际需要相比，我国现行的儿童福利政策存在着明显的滞后，尚不能有效促进所有儿童的共同发展，这势必会影响到家庭对于儿童的抚育，影响到儿童的生存与发展。

基于这种认识，本研究着重从家庭养护、社会支持和国家儿童政策、儿童服务三个因素对0～3岁流动儿童生存与发展状况的影响来探讨本区流动婴幼儿的生存状况。按照这一思路，本研究对0～3岁流动儿童的关注，主要聚焦他们的生存与受保护的权利，而影响这两项权利实现的变量则包括家庭、社会与国家政策三项因素。具体而言，我们将集中探讨如下问题：卢湾区0～3岁流动儿童的家庭社会经济特征如何？他们的生理与心理发展情况、营养、住宿、卫生医疗、教育情况怎样？家庭背景、教育背景与社会经济地位背景不同的家长在提供给孩子以必要生活用品方面有什么差异？0～3岁流动儿童及其监护人所能获得的社会支持情况如何？他们如何理解并运用这种支持？0～3岁流动儿童的实际照护者在婴幼儿照顾、教育方面的知识、技能与态度如何？他们在照护孩童的过程中主要面临哪些问题，需要哪些支持与帮助？现存的面向0～3岁流动儿童的服务政策有哪些不足，应该如何改进？

## 二、研究方法

为了更深入准确地了解卢湾区0～3岁流动儿童的生存状况，本研究结合运用定量研究与定性研究的方法进行。

一是定量研究。通过自编问卷对卢湾辖区内所有登记在册的760名0～3岁流动儿童进行普查，全面了解他们的生存与发展状况，回收有效问卷470份，有效回收率为61.8%。在回收问卷后，课题组通过SPSS软件对数据进行统计分析、推论。

二是定性研究。为了深度了解0～3岁流动儿童的监护者在照顾、养育孩子的过程中面临的问题与需要，本研究召开0～3岁流动儿童家长座谈会，详细了解他们的主观认知、理解与需求，然后对所有的数据进行系统的编码，以寻找数据过程中出现的任何主题、类型与模式。

## 三、研究的主要发现

### （一）0～3岁流动儿童家庭的社会经济特征

在儿童抚育的职责主要由家庭承担的制度框架下，儿童的生存与发展状况在很大程度上取决于其出生家庭的社会经济地位特征。例如，大量的研究表明，家庭社会经济地位对于儿童的学业成绩及未来的发展具有重要影响。一般地，因为家庭条件的局限，来自贫困家庭的儿童大多得不到正常儿童所能获得的良好成长环境和发展机会。调查表明，0～3岁流动儿童家庭的社会经济地位特征普遍较低，其父母的教育水平、职业地位、经济收入水平相对较低，不少流动父母既要上班，又要照顾孩子，经济资源有限，生活条件差，在抚育年幼孩子的时候面临着沉重压力。

**1. 0～3岁流动儿童父亲的教育程度、职业与收入**

统计表明，有78.3%的0～3岁流动儿童都有专职的照顾者，在这些专职照顾者中有61%的孩子父亲。因此，父亲的教育程度、职业与收入对于家庭的社会经济地位具有决定性作用。在调查流动儿童家庭的经济资源时，我们着重分析流动儿童父亲的教育水平、职业地位与经济收入。调查发现，在文化程度方面，53.1%的流动儿童父亲的文化程度在初中以下，28%的有高中文化，大专及以上文化程度者只占18.9%；在母亲的文化程度方面，64%的人在初中以下，22.1%的为高中，大专以上文化程度只有13.9%。在知识社会，低教育程度是导致个体从属于较低社会阶层的重要因素。而且，如果说家庭是影响儿童成长的首要环境变量，那么从逻辑上说，流动儿童父母的低教育程度很可能会制约他们对孩子的教育的态度、知识与能力。

调查表明，很多0～3岁流动儿童父亲在上海从事建筑业或其他低端服务业工作。在被问到儿童父亲工作单位的性质是什么时，有32.1%的人选择“个体户”，21.5%的人选择“餐饮业”，12.1%的人选择“建筑业”，10.4%的人选择“制造业”，4.8%的人选择“流动商贩”，2%的选择“家政服务业”，其余17.1%选择了“其他”。可见，和目前绝大多数农民工一样，卢湾0～3岁流动儿童的父亲都在低阶职业就业，职业地位相对较低。

和职业地位一样，绝大多数流动儿童父亲的经济收入偏低。有超过一半（52.4%）的被访者月收入都在2 000元以下，月收入在2 000～4 000元的占27.2%，月收入超过4 000元的占20.4%。考虑到0～3岁流动儿童在饮食、卫生方面需要特别护理、流动家庭需要租房、不少婴儿的母亲都因为要照顾孩子而没有收入的现实，我们可以推断，至少有一半左右的被调查0～3岁流动儿童的家庭经济比较困难。

**2. 0～3岁流动儿童家庭的生活条件**

调查发现，大多数流动儿童家庭的生活条件较差，难以为孩子的成长提供良好的环境与条件。统计表明，有15%的流动儿童家庭表示目前遇到最大的困难是缺乏必要的经济能力去照顾孩子，还有12.6%的家长表示“居住条件差”是他们抚育子女时面临的最大困难。数据显示，有19.7%的家庭居住面积不到10平方米，43.3%的家庭居住面积在10～20平方米，居住面积大于50平方米的家庭只有12.8%。进一步的分析表明，只有11.3%的0～3岁流动儿童的家庭居住在自家的产权房中，其余近九成的家庭都是居住在租来的房子里。更引人瞩目的是，为了节省开支，有将近10%的流动儿童家庭选择与人合租一套甚或一间房子内居住，住房条件非常简陋，42.9%的流动儿童家庭没有独立的卫生设施。在这样的居住环境中，如果没有良好的卫生意识与习惯，孩子的卫生健康面临较大风险，更别提对他们的早期教育。

调查结果显示，不少年轻的流动父母并不能给他们年幼的孩子以充裕的物质生活条件，不少0～3岁流动儿童的生活条件堪称恶劣。通过儿童家长座谈会发现，多位母亲都是全职妈妈，一家三(四)口的生活负担，完全由孩子的父亲承担，经济层面的负担大。由于抚养孩子的成本越来越高，参加座谈会的数位家长都表示她们家只能做到收支平衡，基本没有节余，没有能力应对生活的任何突然变故。

### (二) 0～3岁流动儿童获得的生活照顾与早期教育

调查显示，0～3岁流动儿童大多由他们的父母教育带养，大部分家长都是独立自主地照顾小孩。从这个意义上说，0～3岁流动儿童的家庭教育基本取决于其父母的教育能力。

**1. 0～3岁流动儿童概由他们的父母亲自带养**

由于担心孩子的祖辈或他人不能较好地养育年幼的孩子，也为了让孩子从小能得到上海都市文化的熏陶，这些父母选择把孩子带在身边，亲自抚养。但是，迫于生计，父母中的一方或双方都需要工作；而同样因为经济条件的限制，他们没有足够的资源(如住房)让家中的老人来上海帮忙照顾孩子。这样，0～3岁流动儿童的父母在照顾孩子方面往往得不到一般父母所能获得的来自家庭或邻里的社区支持，只能单独辛苦地照顾小孩。从儿童的成长角度看，他们的孩子面临得不到足够照顾的风险。多位母亲表示，现在面临的重要困难之一，就是缺乏照顾孩子方面的支持。她们期盼，当她们在一些特定的时候无力照顾孩子的时候（如买菜、临时外出等），能有人为她们提供临时性的儿童看护服务。

**2. 0～3 岁流动儿童家庭的教育投入**

教育投入是影响教育产出的重要变量。对于流动儿童家庭来说，经济的压力直接制约了家长对孩子的教育投入。调查发现，即使中国社会有千年的“再穷不能穷孩子”的社会传统，即使现在大多数家庭都是独生子女家庭，被调查的 0～3 岁流动儿童家庭远不如上海户籍家庭那样每月花巨资在孩子身上。在被问到“您的孩子每月花费总计（包括衣、食、教育、卫生等所有方面的开支）是多少”时，有 35%的家长选择了“500 元及以下”的选项，41%的人选择“501～1 000 元”，14%的人选择“1 001～1 500 元”，每月开支在 1 500 元以上的占 10%。考虑到婴幼儿时期奶粉、尿不湿等生活必需品开销较大的现实，可以看到，0～3 岁流动儿童的每月消费总体偏低。

进一步的分析发现，0～3 岁流动儿童所有的开销中只有一少部分用在他们的教育身上。在被问到“在您孩子的每月花费中，用于孩子教育的支出（含购买婴幼儿书籍、光碟、教育性玩具、参加各种育儿培训、聘请专职育婴师等的费用）是多少”时，有近一半（46.2%）选择“100 元及以下”，29.1%选择“101～200 元”，11.9%的人选择“201～300 元”，只有 12.8%的家庭每月有多于 300 元用在孩子的教育上。调查发现，有 2%的家长从来没有给孩子买过任何玩具，有 11.9%的父母在给孩子买玩具时始终坚持“只买便宜的”原则。在这里，科学育儿课堂上经常提到的关于玩具对儿童成长的意义少有实践的空间。与上海户籍家庭重金投资孩子教育的现实相比，0～3 岁流动儿童家庭的投入相当少，由此针对他们孩子的早期教育因为家庭经济的不好而难以良好地开展。

**3. 流动儿童父母具备的科学育儿知识**

新生儿的成长过程中出现的任何问题或新情况，都会给 0～3 岁流动儿童家长带来困扰。在孩子的早期教育、预防接种、体格健康、营养卫生等方面，很多家长缺乏必要的知识与技能。调查表明，尽管经济压力较大，但是，68.1%的 0～3 岁流动儿童父母表示目前面临的最大问题是育儿知识经验不够。数据显示，有 10.3%的家长表示自己“不了解”或“完全不了解”0～3 岁婴幼儿身心发展的规律，也有 42.2% 的家长不清楚自己是否明白此种规律，明确选择“完全了解”与“了解”婴幼儿身心发展特点的家长分别只占到 3%和 44.5%。因为科学育儿知识的欠缺，有 57.5%的家长表示，如果可能，他们最希望获得关于婴幼儿早期教育与智力开发的知识，还有 10.6%的人希望了解如何教育婴幼儿良好地进行社会交往。可见，如何提高自身的家庭教育知识与能力已经成为 0～3 岁流动儿童家长的普遍需求。

进一步的调查表明，现代大众传媒（包括电视、报纸、书刊、互联网、广播等）成为0～3岁流动儿童家长获得幼儿教育知识的最主要渠道，其中主要从电视中获得相关知识的家长占37.6%、书刊占33.1%、报纸占17.6%、互联网占14.9%、广播占5.4%。传统社会中传播育儿知识的渠道“家中长辈”和“朋友邻居”尽管仍然是流动儿童家长获得知识的重要来源，但其重要性明显降低，分别只占18.7%和17.4%。此外，还有7.5%的家长主要从政府有关部门组织“育儿讲座”中获得育儿知识。

**4. 流动儿童家庭教育意识与实践**

调查表明，尽管年轻的流动儿童父母自己表明缺少科学育儿知识，但仍然具有较强的家庭教育意识，绝大多数父母都会在日常生活中有意识地对孩子进行早期教育。如图5所示，在被问到“您是否经常对孩子有意识地进行早期教育”时，有22.7%的家长选择了“经常教育”，64%的家长选择“有时教育”。

除了自觉对孩子进行家庭教育外，更有73%家长认为有必要甚至非常必要接受由专业早教机构或早教工作者提供的关于育儿的成长指导。可见，流动儿童家长对孩子早期教育的重视已经比较普遍。不过，也有少数家长的早期家庭教育意识薄弱：7.9%的家长明确表示自己从未对孩子进行过早期教育，5.6%的家长认为没有必要让孩子接受专业的早期教育。在他们看来，0～3岁孩子抚育的主要内容就是生活上的照顾，教育则是往后的事情。

在较强的家庭教育意识驱动下，不少0～3岁流动儿童的父母积极开展对幼儿的教育活动，大部分的家长也能比较科学地教育孩子，具有较强的育儿能力。例如，尽管工作很忙，大部分家长都努力保持与孩子的交流，通过语言沟通、游戏等促进幼儿的成长。调查表明，每天和孩子交流的时间在2小时以上的家长占到31.4%，交流时间在1～2小时的占19%，1小时左右的占26.6%，半小时左右的占21.9%，只有极个别（1.1%）家长从不与小孩共同活动。这种对与婴幼儿共同活动的普遍重视，既是家长自然本性的展现，也是他们具有一定现代家庭教育意识作用的结果。

0～3岁流动儿童家长良好的教育能力也体现在如何处理让孩子看电视这个问题上。现代医学表明，婴幼儿时期过长时间地看电视，会对孩子的视力和心理发育造成长久的负面影响。因此，有专家指出，2岁以下的婴幼儿每天看电视的时间不宜超过两小时。数据显示，绝大多数卢湾0～3岁流动儿童的家长都没有让孩子过长时间观看电视，每天看电视的平均时间在2～3小时的孩子只占3.7%，3小时以上的更不到2%，绝大多数在2小时之内（1～2小时占16.1%、1小时之内占61%、不看电视占17.2%）。

**5. 0～3 岁流动儿童的家长普遍担忧孩子的入托入学问题**

由于现行教育制度受制于城乡户籍隔离，非上海籍的孩子在非义务教育阶段(托儿所、幼儿园、高中、大学等)面临着制度性的排斥。几乎所有的家长都非常担心孩子的未来、担心从小在上海长大的孩子初中毕业后必须回到、陌生的老家读书、担心这种突然的“必须”回迁可能引发的对孩子成长的不良后果，一些家长表示，他们不敢在上海买房子，不能安心在上海扎根发展。不少家长表示，孩子在入托入学阶段，也面临公立学校的排斥。他们感到自己的孩子，作为流动儿童，较难进入价格相对低廉的公立幼儿园读书。公立的幼儿园唯有在招收不到足额的上海籍儿童时，才会向他们开放。他们指出，在当前这个生育高峰的时候，这方面的问题特别明显。由于经济条件有限，若进入私立幼儿园，他们较难支付昂贵的学费。参加座谈会的所有家长异口同声地表示，最希望政府帮助解决的问题就是孩子的受教育问题。

### (三) 0～3 岁流动儿童家庭获得的公共服务

为了协助年轻家长更好地进行家庭教育，2004 年，市教委等六部门共同颁发了《关于推进 0～3 岁散居儿童早期教养工作的意见》(简称《意见》)，开始有系统地协助 0～3 岁儿童家长做好家庭教育工作，推进本市 0～3 岁散居儿童早期教养工作。卢湾区妇联等多部门积极落实《意见》，采取多种方式协助 0～3 岁幼儿的家长做好早期教育工作。各街道在开展早教活动的过程中，并不局限于辖区内的上海籍幼儿，而将关注点扩大到了人户分离的散居儿童和外来流动人口的儿童家庭，力图使最大多数的幼儿获得身心的健康成长。例如，淮海街道为满足新上海人家庭、社区散居儿童家庭等一些特殊群体的育儿教育需求，组织开展了“同在蓝天下欢畅”等大型亲子专题活动；打浦街道家庭儿童服务指导中心每月举办的“家庭科学育儿系列讲座”，为社区中 0～3 岁散居儿童家庭提供合理喂养、多元智能开发等养育知识指导。

调查表明，有相当一部分的流动儿童家长都从政府部门开展的散居儿童早期教育工作中获益，增长了开展婴幼儿家庭教育的能力。例如，有 14.8%的家长获得过婴幼儿护理指导，22.3%的人参加过亲子游戏，19.7%的人参加过亲子教育讲座，16.5%的人获得过科学育儿相关资料，6.2%的家长就不同的教育主题接受过电话咨询服务，只有 5.6%的被调查家长表示从未接受过由政府部门提供的任何教育服务。可见，现有的公共教育政策与服务已经开始覆盖这些外来儿童及其家长。另一方面，也要看到，仍有相当一部分的流动儿童家庭未能从当前政府有关部门给流动家庭提供的教育服务与支持中获益，不少家长都不了解现有的公共教育服务的内容与开展方式。

从农村到城市的流动使得 0～3 岁流动儿童的家长在抚育孩子的过程中无法如其他家长那样获得大家庭、传统社区邻里的支持。由此，公共教育服务的支持成为诸多家长的迫切需要。数据显示，当被问到“在抚育孩子方面，您最希望得到哪方面的支持和帮助”时，有近 45.5%的家长选择了“关于婴幼儿身心发展规律及科学育儿的知识”，15.1%的家长选择“如何理解孩子，并与孩子交流、沟通”。可见，总体上，协助流动儿童家庭更好地开展家庭教育已经成为有待迫切发展的公共教育服务。

## 四、结论与政策建议

本研究对卢湾 0～3 岁流动儿童的生存与发展问题进行了普查。研究发现，0～3 岁流动儿童家庭的社会经济地位较低、经济资源有限、生活条件较差、对子女教育投入相对较少。迫于生计，流动儿童父母中的一方或双方都需要工作，而同样因为经济条件的限制，他们没有足够的资源(如住房)让家中的老人来上海帮忙照顾孩子。这样，0～3 岁流动儿童的父母在照顾孩子方面往往得不到一般父母所能获得的来自家庭或邻里的社区支持，只能单独辛苦地照顾小孩，面临照顾孩子与工作赚钱的双重压力，从儿童的成长角度看，他们的孩子面临得不到足够照顾的风险。此外，流动儿童家庭普遍担忧孩子的入托入学问题，由于没有取得沪籍，在当前幼儿园入学高峰期，这些外地孩子在入托入幼问题上遭遇到比较明显的制度性排斥，这成为悬在 0～3 岁流动儿童家庭头顶的利剑。为了更好地保障 0～3 岁流动儿童的生存与发展权利，我们认为有必要深入开展以下几方面的工作。

### (一) 将 0～3 岁流动儿童工作纳入散居儿童工作体系

因为身份与地位的限制，0～3 岁流动儿童的生存与发展问题尚未引起足够关注。通过公共政策的努力，切实保障儿童的发展权以确保流动儿童与户籍儿童的共同成长，是建设和谐社会、实现经济社会协调发展的需要。0～3 岁流动儿童是上海儿童的重要组成部分，他们的健康成长，需要家庭、社会与政府的充分关注。为了确保 0～3 岁流动儿童的健康成长，有关部门需要更多地关注流动儿童的早期家庭教育问题，并对年轻的流动儿童家长给予有效帮助。近年来，教育、卫生、人口计生委与妇联等部门在户籍 0～3 岁儿童的营养、健康、教育等方面做出了许多卓有成效的努力，户籍 0～3 岁散居儿童的早期教养工作取得了良好的社会反响。为了让每一个儿童都能得到科学的教养，建议明确将 0～3 岁流动儿童纳入 0～3 岁散居儿童教养与服务工作体系中。

### （二）建立0～3岁流动儿童家长学校，为其提供教育技能培训

父母是流动儿童家庭教育的主导者，他们的教育意识和教育能力对于家庭教育的质量具有至关重要的影响。从调查的结果看，作为外来流动人口，流动儿童的父母在上海不仅面临经济方面的压力，也面临在社会文化、教育观念与方式上如何适应并融入上海的问题。一些流动儿童家长不知道怎样教育孩子，不知道何时鼓励、何时批评，更不懂得如何与孩子进行有效的交流沟通。例如，有10.3%的家长表示自己“不了解”或“完全不了解”0～3岁婴幼儿身心发展的规律，也有42.2%的家长不清楚自己是否明白此种规律。在这种情况下，无论家长如何重视家庭教育，子女在家庭中也无法得到高质量的教育。

为了确保流动儿童的父母能够拥有良好的家庭教育能力，建议早教部门设立非正规的0～3岁流动儿童家长学校，开设专门的流动儿童父母培训课程，协助他们形成并实践科学的育儿观念与生活方式，努力确保0～3岁流动儿童从出生开始就能养成良好的生活态度与方式。当前，0～3岁流动儿童家长学校最紧要的是要做好两件事情：一是要向家长讲述实施家庭教育的意义及有效途径、方法，帮助家长树立正确的家庭教育思想、理念，树立正确的家庭教育目的并掌握家庭教育的规律；鼓励并督促家长自身养成爱学习的习惯，提高自身的文化修养和水平，帮助他们营造良好的家庭学习氛围与家庭文化环境。二是要特别强化流动儿童家庭的安全教育。流动人口家庭的家长上班时间长，孩子单独在家的机会很多，为了防患于未然，家长必须全面消除家里的安全隐患。虽然不少家长已经把一些危险的东西藏在自认为不易被发现的地方，但他们过低地估计了孩子“探险”、“创造”的能力，使他们小心翼翼地收捡起来的东西总能很快被孩子找到，酿出大祸来。比如，没有吃完的药片藏在柜子里怕孩子误食，可孩子偏偏无意将它翻出来，并当作零食将它吃下……惊骇之余，家长们应站在孩子的角度设想孩子可能怎样，然后从安全的角度重新审视家里的摆设、装饰及水、电、气等设施，该修的就修、该收的就收、该移的就移，不能有一丝疏漏。为了防止意外，流动人口家长学校要传授必要的安全养育知识，教会家应向孩子传授“自我保护”的意识和安全知识，使孩子在遇到意外情况时不慌不忙，从容地避开伤害，寻求保护。比如，让孩子知道父母姓名、工作单位、家庭电话号码，会拨“110、120、119”等电话号码，懂得社会上有好人也有坏人，必须有戒备之心等。

### （三）为0～3岁流动儿童家庭创造良好的社会环境

必要的经济条件是开展家庭教育的前提。为了提高0～3岁流动儿童家庭教

育的质量，努力为上海培养好“民二代”、“民三代”，有关部门应该切实保障农民工的合法经济利益，提高他们的经济收入，这无疑是提升流动儿童家庭教育质量的经济基础。流动人口长期生活在社会的边缘，很多人自诉常常遭遇他人的歧视和社会的排斥，长期在城市里受到不公正的待遇往往会给他们的心灵带来难以抚平的伤害。如果这种心理伤害发展成为一种对主流社会的敌对仇视情绪，并弥漫到家庭教育之中，那么，我们就很难让 0～3 岁流动儿童形成正确的人生观和价值观，必将大大增加社会的不稳定因素，“民二代”、“民三代”的培养教育工作就将面临巨大的挑战。目前，在一些流动人口高度集中的地区出现的流动少年儿童犯罪现象已经给我们提出了警示。

为此，我们要积极改善农民工生存环境，以确保他们子女有一个良好的学习与成长环境。要努力降低现有户籍制度对流动儿童及其家庭的制约作用，逐步强化乃至取消与户籍相关联的城乡隔离的各种制度，为流动儿童受正规教育提供必要的制度空间，着力从根本上解决流动儿童的家庭教育问题。

# 新上海人中的两性差异与群体分化*

社会流动是社会结构自我调节的机制之一。城乡流动、异地就业与发展已经成为改革开放以来中国社会流动中最重要也最普遍的现象。本文以历次流动人口抽样调查资料、人口普查资料与2005年1%人口抽样调查资料为依据，从社会流动与社会性别的视角聚焦于新上海人。

所谓新上海人，是指改革开放以来尤其是20世纪90年代以来，进入上海的原户籍在外省市或青少年时期在外省市接受学校教育的人群。他们中包括目前户籍已经转入上海和户籍虽未转入上海但已在上海居留半年以上的常住人口。

来自统计年鉴及人口普查的数据表明，上海户籍人口的自然负增长始于1993年且延续至今。因此，自1993年开始，外来人口迁入就成为导致上海户籍人口增长的主要因素。上海户籍人口1993年为1 294.74万，2000年为1 321.63万，2005年为1 360.26人——尽管户籍总人口的增长速度仍然较慢，但进入21世纪之后，还是有明显加速。至于来沪居留半年以上的外来常住人口，在1983年还只有50万，但至2000年已达300多万①，2005年增长到438万，约占上海常住人口的1/4。如果加上短期流入者，则外来人口已经占据了上海全市人口的近1/3。

从社会学角度看，这些新上海人无论其是否取得户籍，当其进入上海并实现就业之后，也就开始并继续着其个体的社会流动：一是区域流动，从内地到沿海，从农村、城镇到大都市；二是代际或代内的向上流动，很多人从事着与其父辈或者与其先前的职业相比更高层次的职业生涯。

在受教育程度、能力与性别、年龄、家庭背景等众多后致性因素、先赋性因素的共同作用下，不断扩容的新上海人中群体分化加快，性别差异呈现新特点。

---

* 本文获2008～2010年度上海妇女儿童发展研究政策建议成果优秀奖。作者：陆建民，上海市妇女联合会。

① 此数据及本文中其后的数据，除特别注明的之外，2000年的数据为第五次人口普查数据，2005年的数据为全国1%人口抽样调查数据。

## 一、新上海人中两性差异的新特点

### （一）性别构成上，从男性为主过渡到两性比例趋于平衡

与1988年上海外来人口总量仅106万左右、女性比例不足三成现象形成鲜明对比，进入21世纪以来上海外来女性总量迅速增加，其在外来人口中所占比例也从2000年的42.4%上升至47.7%，性别比因此从原来的137.4下降为109.6。

### （二）年龄构成上，女性在继续保持低龄化特征的同时各年龄段比例快速上升

从表1可见，19岁及以下年龄段女性比例明显高于男性，而20～24岁年龄段女性比例在最近几年也快速上升，从而超过男性。尽管从25岁起，男性所占比例超过女性，性别比逐步攀升，但是与2000年相比，除了60岁及以上年龄段之外，性别比都在明显下降。这说明随着两性比例趋于平衡，外来女性在继续保持低龄化特征的同时各年龄段比例亦快速上升。

**表1　外来人口性别比**

| 年龄组 | 2000年 | 2005年 | 年龄组 | 2000年 | 2005年 |
|---|---|---|---|---|---|
| 合　计 | 137.4 | 109.6 | 40～44岁 | 213.3 | 130.7 |
| 15～19岁 | 86.1 | 86.2 | 45～49岁 | 172.9 | 137.0 |
| 20～24岁 | 109.9 | 92.2 | 50～54岁 | 174.3 | 112.8 |
| 25～29岁 | 131.8 | 103.3 | 55～59岁 | 160.9 | 129.1 |
| 30～34岁 | 155.7 | 111.5 | 60～64岁 | 123.3 | 135.6 |
| 35～39岁 | 186.8 | 122.2 | | | |

### （三）受教育程度上，女性高学历比例的增长速度略快于男性，但总体水平仍然偏低

2005年外来女性中具有大专及以上学历的比例为8.8%（见表2），是2000年的2.67倍，其增长速度比男性的2.49倍略有增加。与此同时，女性中具有小学及以下学历的比例、初中学历的比例分别下降了8个和2.5个百分点，但其下降速度

均不及男性。这不仅使得外来女性的整体受教育水平依旧明显低于男性，而且其内部也出现两极分化——受过高等教育的比例快速增长，但初中及以下学历的比例超过3/4。

**表2　15岁及以上外来人口受教育程度**　　单位：%

| 受教育程度 | 2000年 | | 2005年 | |
|---|---|---|---|---|
| | 男性 | 女性 | 男性 | 女性 |
| 未上过学 | 2.8 | 8.4 | 1.7 | 6.1 |
| 小　学 | 18.6 | 24.9 | 13.2 | 19.2 |
| 初　中 | 61.4 | 52.9 | 54.8 | 50.4 |
| 高　中 | 12.9 | 10.4 | 19.5 | 15.5 |
| 大　专 | 2.5 | 2.2 | 5.2 | 5.0 |
| 本科及以上 | 1.8 | 1.1 | 5.7 | 3.8 |

## （四）就业率与就业层次上，“男高女低”现象依旧明显

在15～64岁劳动年龄段人口中，2005年非上海户籍就业率为82.9%，其中：男性为93%、女性为72.2%。与2000年相比，男性就业率高了1.6个百分点，女性就业率微跌了0.6个百分点，不过依旧大大高于本地人——当年该年龄段本市户籍就业率为56.6%，其中：男性为74%、女性为47.4%。外来人口的就业率明显高于本市户籍的男性与女性，造成这一现象的主要原因首先在于外来人口的相对年轻。2005年，本市户籍就业人口中39岁及以下年龄段的比例为41.9%，而外来就业人口中该年龄段的比例为80.8%。外来人口的大量涌入，扭转了本市在业人口年龄老化的趋势；其次，与外来人口的生存压力大，择业标准相对较低有关。

然而，在外来人口内部，就业率与就业层次上“男高女低”现象仍然明显：

其一，从就业率看，女性在15～19岁年龄段就业率高于男性，为82.1%（见图1），而且在该年龄的外来就业人口中女性比例达到54.1%。可是从20～24岁年龄段起，女性在业率就一路下降，与男性的差距也逐步扩大至30甚至40个百分点。

其二，从就业层次看，外来女性中职业为“国家机关、党群组织、企业、事业单位负责人”（简称“负责人”）、“专业技术人员”与“办事人员和有关人员”（简称“办事人员”）的比例仅为12.1%，比男性低4.2个百分点。外来女性更多地就业于技术含量低、劳动密集型的岗位。分行业统计可对此作更为具体的描述：2005年外来女性中就业于批发和零售业、住宿和餐饮业、居民服务和其他服务业的比例为37%，

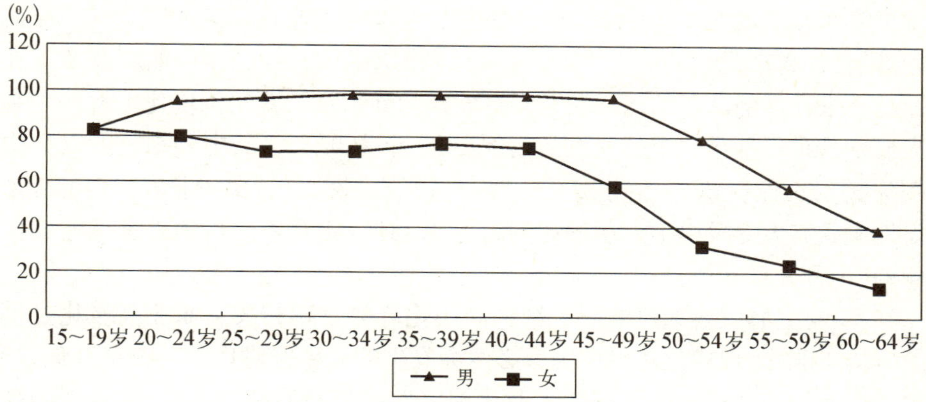


**图1　分性别、分年龄2005年外来人口就业率**

若加上制造业(49.2%)、农业(2.4%),其比例合计为88.6%,而外来男性中在这些行业就业的比例合计为69.7%。

其三,从就业待遇看,外来在业女性更多地属于就业待遇与职业稳定性相对较低的非正规就业。她们中在个体工商户、私营企业和其他类型单位就业的比例为90.3%,比男性高4个百分点;属雇员身份的60.7%未签订劳动合同,比男性高2.6个百分点。

还需指出的是,自我雇佣比例亦"男高女低"。2005年外来就业男性中为雇主与自营职业者的占21.5%,而女性中这一比例为10.2%。这些自我雇佣者以初中及以下学历为多,基本上是从事投资小、风险小、利润小的小本生意,集中于比较低端的商品服务产业。女性自我雇佣比例低,降低了大龄低学历者的在业率。

## 二、新上海人中女性内部群体分化的新动态

### (一) 知识化、白领化趋势逐步发展

数据统计表明,2000年外来在业女性中专业技术人员的比例为2.8%,机关事业单位人员比例为0.6%;而2005年她们中专业技术人员比例上升为5.7%,"负责人"、"办事人员"的比例合计为6.4%。

外来就业女性中知识化、白领化趋势的发展,首先是因为外来务工者人员结构的变化。一是受过高等教育的比例快速增长。如前所述,外来女性中具有大专及以上学历的比例从2000年的3.3%上升为2005年的8.8%。2004年上海市妇联研究中心进行的"本市部分高校千名应届本科毕业生就业状况调查"发现,非上海

生源大学生留沪就业比例为60.6%，其中女生留沪就业比例为66.5%[①]。与此同时，大批在外省市就读的大学生、研究生也源源不断地涌入上海，他们改变了在沪就业的外来人口的学历结构。二是来自城镇的外来打工者比例快速上升。外来在业人口中其户口性质原本属非农的比例2000年为9.1%，其中外来就业女性中的比例为9.3%，但在2005年分别上升为17.7%与18.1%。属于非农户口的外来就业女性中具有大专及以上学历的比例高达42.4%，比农业户口的外来就业女性高出40.9个百分点。

其次，与上海就业人口的职业结构高级化趋势密切相关。职业高级化是世界上所有搞工业化、现代化建设的国家必然会发生的一种普遍现象。改革开放以来，我国的职业结构也正经历着符合工业化国家发展趋势的高级化过程，表现为高层次职业位置数量的大幅增加。而在上海，职业高级化态势表现得尤为明显：1982年上海就业人口中属“负责人”、专业技术人员和“办事人员”的比例分别为3.2%、10.7%和3.1%，2005年则分别上升为5%、13.7%和12.3%，这也带动着包括女性在内的外来人口职业结构的整体上移。

### （二）在沪居留的倾向性继续增强

20世纪90年代中期之前，外来人口来沪打工，往往以回乡作为其社会流动的最终归宿。但在90年代中期之后，随着在城市中持续生活下去意愿的不断增强，外来务工者在沪居留方式已发生根本性转变：从以单身汉为主过渡到家庭型流动，从短期居留为主过渡到长期居留为主，从宿舍工棚为主过渡到常态居留为主。这导致外来人口中以家庭户居住方式的日趋普遍。2005年1%人口抽样调查时，上海有77.8%的外来人口户别属家庭户，户均2人；而这些家庭户中有11.4%购买了商品房、0.2%购买了经济适用房、3.1%购买了原公有住房、4.1%自建住房，也就是说在沪拥有房产的比例已经达到18.8%。但在2000年，外来人口中户别属家庭户的比例为77.5%，户均2.16人，自购房仅占7.1%。

在此背景下，第一，以夫妻型、家庭型流动方式进入上海的女性比例依旧很高。2005年，外来女性中因务工经商、工作调动、分配录用等以从事经济活动为目的来沪的比例为66.9%，比2000年上升了3.5个百分点；而因婚姻嫁娶、随迁家属、投亲靠友、拆迁搬家等原因而流入上海的比例为29.8%，比2000年仅低了0.5个百分点。持续10余年的家庭型流动，使得外来女性中年幼的、年长的比例持续上升。

---

① 万仁孝、陆建民：《性别差异与决定大学生就业收入的主要因素》，《1995～2005年：中国性别平等与妇女发展报告》，社会科学文献出版社2006年版。

低学历、缺技能、家务负担重的大龄女性在劳动力市场上是缺乏竞争力的，因此15岁及以上的外来女性人口中，处于无业状态、靠家庭其他成员供养的比例达到了24％。第二，"外来媳"数量激增。来自相关部门的统计表明，1991年上海"两地婚姻"结婚登记数只有5 112对，2007年上升为45 974对，占当年全市结婚登记总数的比例也从原来的5.4％上升为39％；1991～2007年上海"两地婚姻"累计已达37.08万对①，其中81.1％是沪男外女的"外来媳"家庭。如果以8％的离婚率作扣除，2007年底上海约有"外来媳"家庭28.58万户。数据显示，"两地婚姻"的快速上升始于1997年，其结果是"外来媳"人数从当年的10万左右增加到2007年底的近30万。第三，在沪就业的外来高学历女性，把获得上海户籍作为其职业生涯的起点或奋斗的目标之一。近年来，把获得上海户籍留沪就业成为众多优秀的非上海生源大学生、研究生孜孜以求的目标，竞争十分激烈。如果毕业时未能获得上海户籍，很多人也会留沪就业并为此而继续努力。

2005年笔者曾先后进行了有效样本量合计为1 943的"青年高学历群体就业状况调查"与"'两新'组织青年高学历者就业、创业与发展状况调查"②。数据统计发现，外来高学历女性已经成为上海青年就业者的重要组成部分——前一项调查以1990～2000年全日制高校本科毕业、目前具有本科及以上学历者为问卷对象，主要分布于科教文卫、党政机关以及金融等行业；"14岁时居住地"在外省市的占44.1％，他们中45.4％为女性，绝大多数已获取上海户籍。后一项调查以静安等11个区内非公经济组织中具有大专及以上学历者为调查对象；"14岁时居住地"在外省市的占43.9％，他们中46.4％为女性，目前有一部分人户籍尚未迁入上海。

### （三）就业与发展中城乡差异、学历差异日趋扩大

市场经济在本质上要求人的能力充分发挥，要求建立一个以能力为本位的社会。随着社会主义市场经济体制的日趋完善，受教育程度、能力等后致性因素以及户籍、家庭背景等先赋性因素，在外来女性就业与发展中的影响越来越大。

第一，城乡差异大于性别差异。在外来女性身上，集中反映了现阶段中国社会的城乡差异、地域差异与性别差异。外来务工女性81.9％来自农村，由于外省市农村并未实行严格的独生子女政策，即如果第一胎是女儿，还允许生第二胎，如此的生育政策再加上一部分人的超生，多子女家庭在外省市农村尤其中西部农村司

① 1991～1996年的数据来源于上海市民政局的抽样调查推算数据；1997～2007年数据来源于上海市民政局历年婚姻登记年报。

② 陆建民：《"两新"组织中高学历女性的就业、创业与发展》，《妇女研究在上海2001～2005》，上海科学普及出版社2006年版。

空见惯。农村社会保障制度的不完善，传统性别观念影响的存在，使得相当一部分农村家庭将有限的教育投入用于儿子的培养上，由此造成来自农村的外来务工女性的学历偏低：5.7%未上过学，22.4%只有小学学历，高中及以上的仅占13.6%；而在来自农村的外来务工男性中这三项比例分别为1.9%、15.8%和19.2%。

与其形成鲜明对比的是城镇女性。尽管有些地区也未实行严格的独生子女政策，但义务教育制度的落实、对女孩教育的重视，使得来沪务工的外省市城镇女性的学历层次明显高于农村女性：未上过学和小学学历的仅占3.2%，高中及以上学历的高达73.2%，并由此造成职业层次上的巨大差异。从表3可见，属于"负责人"、专业技术人员和"办事人员"的，在外来城镇女性中其比例为42.7%，但在外来农村女性中仅占5.5%，女性内部的城乡差异远远大于性别差异。

**表3　分性别、户口性质非上海户籍在业人口的职业构成**　　单位：%

| 职业类别 | 农业人口 | | 非农业人口 | |
|---|---|---|---|---|
| | 男 | 女 | 男 | 女 |
| 国家机关、党群组织、企业、事业单位负责人 | 3.9 | 1.2 | 12.8 | 5.3 |
| 专业技术人员 | 2.3 | 2.1 | 20.7 | 22.2 |
| 办事人员和有关人员 | 3.8 | 2.2 | 12.6 | 15.2 |
| 商业服务业人员 | 28.1 | 40.3 | 30.9 | 42.8 |
| 农林牧渔、水利业生产人员 | 2.7 | 3.0 | 0.4 | 0.2 |
| 生产、运输设备操作人员及有关人员 | 58.5 | 50.8 | 22.3 | 14.1 |
| 不便分类的其他从业人员 | 0.6 | 0.5 | 0.2 | 0.2 |

第二，城乡之间、不同学历之间社会发展差异扩大。女孩一到劳动年龄就外出打工，在我国很多农村地区已成为一种社会习俗。这些已经完成或者尚未完成义务阶段教育的女孩成为了上海15～19岁年龄段就业者的主体。她们来沪就业的目的多是为了挣钱，或供兄弟求学、或供家中盖房，有的还为自己赚些嫁妆。但因为学历低、技能缺乏，特别在需要体力付出的岗位上，她们会遭遇男农民工的挑战，所以即使频频跳槽，就业收入依旧很低，她们更多地属于生存型就业。

来自城镇的女性，尤其是高学历女性，其实在自己的出生地也能找到不错的工作，她们大多是为了自己的人生发展而来沪打工。上海在产业结构调整中大量涌现的新行业、新岗位，为这些有着较高学历且在日后工作中能不断学习的女性创造了众多发展机会，她们更多地属于发展型就业。

## 三、几个与女性相关的新上海人群体

### （一）高学历群体

将2005年笔者进行的“青年高学历者就业状况调查”与“‘两新’组织青年高学历者就业、创业与发展状况调查”中具有本科及以上学历者的数据合二为一，发现填写了“14岁时居住地”的1 441人中，属上海的占52.6%，属外省市的占47.4%；新上海人的平均年龄为30.31岁，比本地人低1.15岁，他们中35岁及以下的占88.4%。相比之下，新上海人中的女性更年轻，平均年龄29.45岁，比本地女性年轻1.8岁，35岁及以下的占91.8%。

进一步分析表明：

第一，新上海人所占比例呈逐年上升趋势。调查对象中，原本属非上海户籍的，在1994年及以前的就业者中占35.8%，在1995～1999年间就业者中占44.3%，在2000年及以后就业者中占60.7%。因为男性社会流动的速度快于女性，所以男性被调查者中新上海人占51.4%，女性被调查者中新上海人占43.2%。

第二，新上海人来自“五湖四海”，但以相邻省份为多：江苏占9.2%、安徽占5%、浙江占4.7%。新上海人中14岁时户口性质属城镇的占71.6%。由于外省市城镇女性的受教育状况明显好于农村女性，所以被调查女性中城镇比例达到了79.1%。

第三，新上海人的最初学历与目前学历均高于本地人。调查对象中，最初就业时硕士及以上学历的在本地人中占3.2%，新上海人中占21.1%；目前硕士及以上学历的在本地人中占28.6%，新上海人中占50.3%，其中：新上海人中有博士及博士后学历的占13.8%，比本地人高11.1个百分点。所以，尽管就业后本地人与新上海人都在继续深造，但因为新上海人的起点高且更愿意将时间、精力投入学习中，两者之间学历差距因此而继续扩大——按目前平均受教育年限计算，本地人为16.79年，新上海人为17.64年①。新上海人中的女性，具有硕士及以上学历的目前为49%，比本地女性高出21.4个百分点；其目前平均受教育年限为17.51年，比本地女性多0.78年。

第四，新上海人的平均收入高于本地人。尽管从总体看，新上海人的大量涌入

① 按本科16年、硕士18.5年、博士21年、博士后23年计算，在职读硕士、博士的以及目前尚未毕业的亦按此方法计算。

是最近10年的事，本地人的就业年限一般要长于新上海人，但不拘一格的用人政策和社会对知识、技能的推崇，使新上海人凭借较高学历获取了比本地人更高的就业收入。本次调查中2004年的年均总收入，按就业年份，1994年及以前就业的，本地人为7.07万元，新上海人为7.84万元；1995～1999年期间就业的，本地人为5.72万元，新上海人为5.80万元；2000～2005年期间就业的，本地人为4.48万元，新上海人为4.56万元。而且性别差异不大。

第五，新上海人的自信心与成就欲强于本地人。如果将“对自己能力有信心”和“相信自己一生中会有所成就”两题的回答按程度折算成10分①，新上海人平均得分为8.50分和8.21分，本地人得分为8.34分和7.91分。问及就业目的，新上海人选择“实现自身价值”和“发挥才能”的比例累计为76.9%，比本地人高10.2个百分点；问及目前的工作状态，新上海人自认“胜任工作，不感到压力”和“游刃有余，希望挑战更高职位”的比例累计为24.3%，比本地人高5.2个百分点。新上海人中的女性，在就业目的上选择“实现自身价值”和“发挥才能”的比例更高，为79.3%，比本地女性高13.5个百分点；自认“胜任工作，不感到压力”和“游刃有余，希望挑战更高职位”的比例累计为27.5%，比本地女性高8.4个百分点。

由此可见，与本地人相比，新上海人女性中的高学历者其竞争的实力与动力更强。凭借自身努力及教育、市场机会等后赋性社会因素，在以往岁月中通过竞争，她们在区域流动、代际流动中获得了体面的职业、比父辈更高的社会地位和相对舒适的生活境遇，这一人生经历增强了她们的自信心；而现代社会知识技能更新速度的加快、收益期的缩短，以及职场竞争的激烈，也迫使她们如同穿上了“红舞鞋”，不得不把学习与竞争作为一种生活方式。

这一群体面临的主要问题是婚育后家庭与事业的冲突。由于她们中独生子女比例偏低，自己及配偶的父母多在外地，因此与本地同龄女性相比，子女幼年时的抚育及上学后的家庭教育问题更为突出。

### （二）外来务工女性群体

外来在业女性81.9%来自农村，在制造业、批发和零售业、住宿和餐饮业、居民服务和其他服务业就业的比例为86.2%，在个体工商户、私营企业和其他类型单位就业的比例超过九成。

以在企业就业的低学历、低职业层次的外来务工女性为主要对象，2005年上

① 计分方法：“非常同意”为10分，“比较同意”为8分，“说不清”为6分，“不太同意”为4分，“很不同意”为2分。

海市总工会女职工委员会开展过样本量为 1 227 的个人问卷调查①。调查发现,这一群体在就业中遇到的主要问题:一是劳动合同不规范。一些企业尤其是小型非公企业存在故意不签订劳动合同、工人与企业的关系纯粹靠“口头协定”来维持的现象。有的企业虽然签订了劳动合同,但存在很多无效条款和“霸王条款”,对进城务工者的义务规定多,权利体现少;还有些劳动合同不完整,必备条款不全,如员工的工资、福利、工时尤其是进城务工女性“四期”待遇没有规定。二是工资报酬普遍较低。有近一成的外来务工女性月工资低于政府规定的最低标准,而且女工的工资普遍比男工低一个档次,加班费不按规定发放。几家被调查的私企普遍存在对外来务工女性实行罚款、变相克扣工资甚至拖欠工资的现象。三是工作时间过长,休假日没有保障。调查中有 40.6%的人日工作时间在 9 小时以上,美容、美发、服装加工、餐饮等行业中的女工,工作时间更是在 12 小时以上。在正常情况下,有 56.9%的人无法享受每周 2 天的休息,有 9.4%的人基本上没有休息时间。四是参加社会保障的比例偏低。

另外,家政服务员也是外来务工女性中值得关注的群体。2007 年市劳动和社会保障局、复旦大学的调查表明,上海家政服务业从业人员达到 45 万,其中外来务工者占 87%,以来自农村的中年女性为主,平均年龄 44.4 岁,94%的人文化程度在初中及以下,将近九成的人未接受过家政服务方面的技能培训。目前这一群体面临的主要问题是如何通过培训提高其劳动技能、职业操守与服务水平,如何通过家政服务业的规范与健康发展,在规范家政服务的同时维护家政服务员的合法权益。

### (三)“外来媳”群体

根据笔者在 2004 年进行的样本量为 542 的个人问卷调查②,以及 2008 年配合市政协进行的“外来媳”调查,可以对上海的“外来媳”及其家庭作如下描述:

第一,“外来媳”绝大多数为青壮年,近 2/3 来自农村,受教育程度七成以上在初中及以下,平均受教育年数 8.63 年,比上海城镇同龄人低 2.68 年。

第二,近 1/3 的“外来媳”为婚嫁而来沪,七成以上靠家人或朋友与现在的丈夫相识。夫妻间平均婚龄差在 7 岁左右。丈夫年龄偏大,受教育程度、就业率及职业地位均低于上海同龄男性。

第三,因为“外来媳”及其丈夫的受教育程度、就业率和职业竞争力普遍低于上

① 上海市总工会女职工委员会:《上海进城务工女性权益保障状况》,《妇女研究在上海 2001～2005》,上海科学普及出版社 2006 年版。

② 陆建民:《“外来媳”状况调查》,《妇女研究在上海 2001～2005》,上海科学普及出版社 2006 年版。

海同龄人，这种“弱弱联手”使得就业、经济收入、住房问题成为“外来媳”家庭面临的主要问题。“外来媳”家庭收入水平偏低，住房条件较差，独立门户的核心家庭不足半数。根据市政协的问卷调查，“外来媳”就业率为57%；对徐汇、宝山、青浦三区的抽样统计发现，“外来媳”家庭中享受低保待遇的占9.5%。如果按人均400元、一个家庭每月1 200元的收入标准计算，“外来媳”家庭在这条线以下的比例为25.4%；如果按上海家庭人均最低消费600元计算，“外来媳”家庭在这条线以下的比例则为35.9%。

但尽管物质生活水平较差，众多的“外来媳”还是对其婚姻、家庭持有较高的满意度。她们中87.1%的人对其家庭地位“很满意”或“比较满意”，九成以上的人“喜欢”上海，“不喜欢”者仅占4.1%。究其原因，与上海丈夫的体贴、公婆的明事理有着密切关系。她们的丈夫多为独生子，公婆们爱屋及乌，因为心疼儿孙，宁愿自己省吃俭用，也要省下养老金补贴小家庭，这使得不少的“外来媳”家庭婆媳关系较为融洽。

这一群体面临的主要问题是就业。因为学历偏低，没有技术，又没有本地户口，在与上海同龄女性的竞争中处于弱势；而她们中的绝大多数又不愿再去干“打工妹”的活，何况一些人还抱着老家带来的“嫁汉吃饭”思想。

## 四、主要结论

第一，包括女性在内的新上海人已经成为上海经济社会发展中一支不可或缺的有生力量。其以年轻人为主、农民工为主，但高学历者比例逐步上升的人员结构，在一定程度上与本地劳动力形成互补。他们缓解了本地劳动力年龄结构老化的趋势，并在本地新生劳动力白领化趋势显著的情况下，填补了包括加工业、零售业、餐饮业、居民服务业等在内的部分劳动密集型岗位的用工需求；在上海高新技术产业与现代服务业快速发展的背景下，也满足了部分高层次岗位的人才需求。在这社会流动的过程中，相当一部分新上海人改变着自己的职业地位、生活方式、思想观念与人生轨迹。

第二，当在区域流动中女性数量已经与男性趋于平衡时，迫在眉睫的问题是如何提高外来女性的“质量”。因为在能力社会的背景下，这不仅关系到新上海人中性别差异的缩小，更关系到来沪务工女性的生存与发展。过去岁月中，文化程度偏低的外省市农村女性之所以仍能拥有较高的就业率，是因为上海一些劳动密集型产业和第三产业中传统服务业的发展，主要通过增加劳动力数量来实现。然而随着上海向“国际经济中心、金融中心、贸易中心、航运中心之一”的发展目标挺进的速度加快，上海经济发展对外来劳动力需求将不再仅停留于数量上，对劳动力质量的要求将会越来越高。在就业竞争日趋激烈的未来，学历偏低、没有技能的外省市农村女性的求职将会越来越困难。因为先进制造业、现代服务业中难以寻觅到适合她们的岗位，在重体力劳动中她们又无法和男性抗衡，因此这些十五六岁就中断学业、来沪打工的农村女性，需要一个继续社会化过程——通过培训转变观念，提高自己的人力资本存量。

第三，新上海人中女性内部群体分化日趋明显的现状，一方面说明个体努力在改变自身命运中的重要意义，另一方面也说明根据群体差异提供公共服务、制定和调整人口管理政策的必要性。这些年来为了维护外来务工女性的合法权益，为了提高外来家政服务员的劳动技能，为了帮助"外来媳"解决就业、生活中的难题，上海各级工会、妇联组织已经做了大量工作；上海众多的就业服务机构也已经向外来人口开放；从 2002 年开始推行的居住证制度，正在不断完善之中……总之，为了上海的经济社会发展，为了促进新上海人的社会融合与社会发展，相应的户籍管理制度、就业服务与就业管理制度、社会保障制度的调整与改革已经势在必行。

# 来沪未成年人平等司法保护若干问题研究*

近年来，随着上海法治建设的不断推进，未成年人保护工作受到普遍关注，未成年人犯罪预防和控制工作逐步深化。从法院审理的未成年人犯罪数据分析，2007 年未成年人犯罪达到最高峰值，2008 年同比下降 4.14%，2009 年同比下降 19.29%，2010 年同比下降 34.27%，未成年人犯罪已得到有效控制。公平、正义是人民法院追求的终极目标，我们在积极参与防控犯罪工作的同时，十分重视未成年人司法处遇的公平性问题。在非上海籍未成年人已成为上海未成年人犯罪主体的客观状况下，司法过程中体现出的非上海籍未成年罪犯缓刑适用率低、法定代理人出庭少及社区矫正落实难等突出问题已难以回避。本课题从刑罚的适用、诉讼权利的保障及刑罚的执行方面，对非上海籍未成年人的司法保护提出建议和对策，以期实现对未成年被告人司法处遇上的平等对待。

## 一、非上海籍未成年人司法处遇中三个突出问题

### （一）从刑罚方面来看，非上海籍未成年被告人缓刑适用偏少

近年来，非上海籍未成年人犯罪虽已得到有效控制，但总体升幅仍较大。上海法院判处的非上海籍未成年罪犯由 2004 年 771 人，上升到 2009 年 1 454 人，增幅达 88.59%；而同期上海籍未成年罪犯从 2004 年的 779 人，下降到 2009 年的 621 人，下降了 20.28%[①]。同时，非上海籍未成年罪犯占上海未成年罪犯总数的比例亦总体上升，2004 年占 49.74%、2005 年占 56.57%、2006 年占 61.01%、2007 年占 68.34%、2008 年达峰值占 83.27%，2009 年开始下降，占 70.01%。因此，在非上

* 本文获 2008～2010 年度上海妇女儿童发展课题调研成果一等奖。作者：上海市高级人民法院。

① 本文数据除特别注明外，其余均来自上海市高级人民法院研究室。

海籍未成年人已成为上海未成年人犯罪主体的情况下，如何保障外来未成年人司法处遇上的平等性问题成为法院不得不面对的重要课题。

**1. 非上海籍未成年罪犯适用缓刑情况有所改善**

与非上海籍未成年罪犯已成为上海未成年人犯罪主体形成对比的是，非上海籍未成年罪犯适用监禁刑的情况与上海籍未成年罪犯差别不大，但适用缓刑的人数并未过半。非上海籍未成年罪犯适用缓刑 2004 年 30 人、2005 年 45 人、2006 年 59 人、2007 年 83 人、2008 年 184 人、2009 年 142 人；同期适用缓刑的未成年罪犯总数分别为 379 人、489 人、520 人、497 人、483 人、421 人。这组数据表明，一是非上海籍未成年罪犯适用缓刑数在逐年提升，尤其是 2008 年开始显著增加，同比增长了 121.68%，近两年来上海高院重点强调上海籍和非上海籍未成年罪犯在司法处遇上的平等性问题已取得突破；二是相对于上海籍未成年罪犯适用缓刑情况而言，非上海籍未成年罪犯适用缓刑出现增长停滞遭遇瓶颈期的可能。

**2. 非上海籍未成年罪犯适用缓刑比例偏低**

从最高人民法院统计全国法院对未成年罪犯适用缓刑情况看①，2006～2009 年适用缓刑率维持在 28%左右；同期上海未成年罪犯适用缓刑率低于全国平均水平(见表 1)。我们再看上海法院审理的上海籍与非上海籍未成年罪犯的三组数据。第一组数据为非上海籍未成年罪犯适用缓刑数占非上海籍未成年罪犯总数的比例，2004～2009 年逐年上升，分别为 3.89%、3.82%、3.95%、4.53%、8.59%、9.77%；同期上海籍未成年罪犯适用缓刑数占上海籍未成年罪犯总数的比例分别为 44.8%、49.06%、48.27%、48.76%、69.53%、44.93%。第二组数据为判处缓刑的未成年罪犯总数中非上海籍罪犯的比例，2004～2009 年分别占 7.92%、9.2%、11.34%、16.7%、38.1%、33.73%；同期上海籍罪犯的比例分别占92.08%、90.8%、88.6%、83.3%、61.9%、66.27%。第三组数据从对非上海籍未成年罪犯适用缓刑明显改善的 2008 年、2009 年犯罪情况看，未成年人实施抢劫犯罪占首位，2008 年占犯罪总数的 35.55%、2009 年占 33.93%；盗窃犯罪占第二位，分别占犯罪总数的 35.08%、32.92%；第三至第五位依次为寻衅滋事罪、聚众斗殴罪、故意伤害罪。上述五类犯罪占未成年人犯罪总数的 90%左右。以占未成年人犯罪七成左右的抢劫罪、盗窃罪进行分析(见表 2)，一般意义作为重罪的抢劫罪中非上海籍未成年人所占比例明显高于上海籍未成年人，在盗窃罪中情况也相同。上述

① 佟季、马剑：《五年来人民法院审理未成年人犯罪案件情况分析》、《2009 年人民法院审理未成年人犯罪案件基本情况和特点》，《中国少年司法》2009 年第 1 期、2010 年第 1 期。

情况表明两点：一是上海未成年罪犯适用缓刑率低于全国平均水平，这也许与上海作为特大型城市以及流动人口太多有关。但最高法院认为，根据党的宽严相济刑事政策以及对未成年人"教育为主，惩罚为辅"的原则，从总体来看，全国法院对未成年人适用缓刑的指标仍然较低①。因此，对未成年罪犯仍应依法扩大适用非监禁刑。二是非上海籍未成年罪犯适用缓刑情况明显改善，且由于其犯抢劫罪比例较高，因而出现缓刑增长停滞现象有其客观原因，故上海法院对未成年罪犯依法扩大适用非监禁刑的主要障碍可能在于非上海籍未成年人。

**表 1　未成年罪犯适用缓刑率情况**　单位：%

| 年　份 | 全国法院 | 上海法院 |
|---|---|---|
| 2004 | 24.81 | 24.45 |
| 2005 | 27.24 | 23.46 |
| 2006 | 28.78 | 21.23 |
| 2007 | 28.50 | 18.53 |
| 2008 | 28.53 | 18.79 |
| 2009 | 28.55 | 20.29 |

**表 2　2008～2009 年未成年人抢劫罪、盗窃罪中上海籍与非上海籍对比**　单位：%

| 年　份 | 抢　劫 | | 盗　窃 | |
|---|---|---|---|---|
| | 上海籍 | 非上海籍 | 上海籍 | 非上海籍 |
| 2008 年 | 9.76 | 25.79 | 4.71 | 30.38 |
| 2009 年 | 9.46 | 24.48 | 3.66 | 29.25 |

### （二）从程序方面来看，非上海籍未成年被告人法定代理人不到场情况较为突出

为保护未成年人的合法权益，我国法律法规等对未成年人刑事案件法定代理人制度做过一系列规定：1996 年《刑事诉讼法》第 14 条第 2 款规定："对于不满十八岁的未成年人犯罪的案件，在讯问和审判时，可以通知犯罪嫌疑人、被告人的法定代理人到场。"1998 年公安部发布的《公安机关办理刑事案件程序规定》第 182 条第 1 款规定："讯问未成年的犯罪嫌疑人，应当针对未成年人的身心特点，采取不

① 佟季、马剑：《五年来人民法院审理未成年人犯罪案件情况分析》，《中国少年司法》2009 年第 1 期，第 198 页。

同于成年人的方式；除有碍侦查或者无法通知的情形外，应当通知其家长、监护人或者教师到场。”2000 年最高人民法院《关于审理未成年人刑事案件的若干规定》第 20 条规定：“开庭审理前，应当通知未成年被告人的法定代理人出庭。法定代理人无法出庭的或者确实不适宜出庭的，应另行通知其他监护人或者其他成年近亲属出庭。经通知，其他监护人或者成年近亲属不到庭的，人民法院应当记录在案。”然而，在未成年人刑事诉讼中，一直存在法定代理人不到场的问题，其中非上海籍未成年人的法定代理人缺席情况尤为严重。在对上海法院 2008～2010 年法定代理人到庭情况进行统计（见表 3）中可以看出，全市未成年人刑事案件中法定代理人出庭率维持在 50%～60%，其中上海籍未成年被告人的法定代理人出庭率明显高于非上海籍，前者超过 80%，后者则不到 50%。上述情况表明，刑事诉讼过程中，对未成年人尤其是非上海籍未成年人诉讼权利的保障应当有所作为。

**表 3　2008～2010 年未成年被告人法定代理人出庭比例**　　单位：%

| 年份<br>未成年被告人 | 2008 | 2009 | 2010 |
|---|---|---|---|
| 全市 | 57.07 | 55.15 | 51.86 |
| 非上海籍 | 47.85 | 46.28 | 46.45 |
| 上海籍 | 87.86 | 87.58 | 80.92 |

### （三）从刑罚执行方面来看，未成年罪犯的社区矫正机制还不能完全顺应社会发展尤其是城市化的进程

我国目前正处于城镇化发展过程中，其结果之一是成千上万的流动人口从农村进入城市；同时，随着市场经济的发展，物质生活的丰富，未成年人思想活跃，涉足犯罪的领域不断宽泛，犯罪手段不断向技能化和智能化方向发展。为此，家庭、社会、司法如何与城市化进程相适应，如何增强对未成年人犯罪的预防和控制能力，如何完善与之相匹配的社区矫正手段已迫在眉睫。从法院的角度看，我们认为，未成年罪犯尤其是非上海籍未成年罪犯的社区矫正机制存在的问题主要体现在以下两个方面：

**1. 未成年罪犯社区矫正的针对性和规范性未能充分显现**

2003 年 7 月，最高人民法院、最高人民检察院、公安部、司法部发布了《关于开展社区矫正试点工作通知》（简称《通知》），提出了在我国构建社区矫正制度的思路、任务和工作方法，标志着社区矫正工作在我国司法制度中有了一席之地。据

此，上海建立了市、区县、街道三级社区矫正刑罚执行职能组织，培育成立了市新航社区服务总站，并组建了社会工作者和社会帮教志愿者队伍，截至2009年12月，本市直接从事社区矫正工作的社工队伍125人，志愿者队伍近万人，并吸纳了400余家热心社会公益事业的民营企业参与社区矫正工作，累计接受社区服刑人员26 758人[①]。《通知》明确提出，将罪行轻微、主观恶性不大的未成年犯作为社区矫正的重点对象。这表明我国顺应世界刑罚发展的潮流，真正重视未成年人行刑社会化的问题。但是，如何有针对性地对未成年人这一特殊群体开展社区矫正工作，目前仍处于探索阶段。如目前实践中主要包括公益劳动、思想教育、法制教育、社会公德教育、技能培训、心理矫正，以及就业指导、生活指导等。在上海，针对未成年人的分类矫正措施主要有：加强法制教育、行为养成教育；利用家人、亲属力量，营造家庭关怀的环境；对未完成高中阶段教育的人员，督促其参加学历教育；改善人际交往能力，培养团队合作意识，根据年龄与身心发展特征，开展丰富多彩的文娱等辅助活动；推荐参加相关的就业技能培训，掌握一技之长[②]。这些项目对矫正期间预防少年犯重新违法犯罪能够发挥一定的效用，但是其不足之处表现为有些项目缺乏针对性，未成年人精力旺盛、思维活跃，人生的道路还很长，如果不采取有针对性措施完成他们的重新社会化，不引导他们对今后的生活作出规划，他们很容易陷入迷茫，出现反复；同时，依靠上述125人的社工队伍不仅要针对未成年人，还要包括所有社区服刑人员开展矫正工作，其质量和效果可能还有待提高，其规范化、法制化进程亟须加快。

**2. 以户籍为依托的社区矫治体系不适应社会发展**

目前的社区矫正体系尚未适应人口大流动的社会经济发展新格局。根据现行刑事诉讼法有关规定，被判处缓刑的罪犯，由公安机关交所在单位或者基层组织予以考察，以罪犯户籍所在地为执行地。对于短期来上海的流动人员尚可将其送回原籍，而“民工二代”则大多数在上海就学或就业，送回原籍非常不现实；同时，由于我国未建立异地矫正委托制度，委托外地社区矫正机构进行矫正存在困难；再者，外来未成年人可能经常流动，被判处非监禁刑后相对于本地未成年人而言较难跟踪，由此提高了社区矫正成本。以上海为例，公安机关的市局、分局、基层公安派出所与社区矫正部门均建立了日常联络制度，规定派出所必须确定专人担任社区矫正工作联络员，定期向司法所了解社区服刑人员的现实表现；对人户分离的社区服刑人员，按照“居住地为主”原则，要求公安派出所及时查找下落，并分别通知对象

① 上海市社区矫正办：《上海市社区矫正工作资料汇编》，2010年，第15页。
② 上海市司法局：《上海市社区矫正工作指导手册》，2007年，第53页。

户籍地和居住地司法所落实监督考察措施。公安机关不仅将配合开展社区矫正工作纳入日常工作考核范围,还将其作为每年公安部对公安派出所进行等级评定的常规项目①。公安机关的上述举措无疑弥补了刑诉法规定的不足,但并未将非上海籍未成年人纳入其中。上海市政府购买的服务范围内,社工组织、社区机构并没有帮教非上海籍未成年罪犯的职责,目前在闵行区等试点的包括非上海籍罪犯在内的矫正工作,主要由区政府购买服务。因此,相对于本地户籍未成年罪犯来说,外来未成年罪犯的社区矫正难度相当大。

## 二、非上海籍未成年人司法处遇存在差别的原因分析

### (一) 非上海籍未成年被告人适用缓刑比例偏低的原因

**1. 从审前采用强制措施情况看,法院对部分非上海籍未成年罪犯只能选择监禁刑**

对非上海籍未成年犯罪嫌疑人审前采用非羁押性强制措施少是法院面对的普遍性问题。公安、检察机关对外来犯罪嫌疑人采用取保候审、监视居住等非剥夺人身自由的强制措施相对较少,客观上使一些罪行较轻的未成年被告人移送法院时已被关押数月,使原本可以直接宣告缓刑、管制或独立适用附加刑的案件,在关押后再适用反而可能失之过重,法院只能关多久、判多长刑期。

当然,产生上述问题有其客观原因。根据刑诉法的有关规定,被取保候审或监视居住的犯罪嫌疑人或被告人应当提出保证人或缴纳保证金。在实践中,这些条件对外地人或未成年人适用时尤为困难。首先,由于多数非上海籍未成年人的监护人不在身边或流动性大,无法提出传统意义上的合适保证人。其次,未成年犯罪嫌疑人、被告人一般没有稳定的经济收入,没有能力自行缴纳保证金。如果由其监护人或者亲属代为缴纳,即使违反了取保候审或监视居住的规定,保证金被没收,也体现不出对未成年人的惩罚作用。第三,有些涉罪的非上海籍未成年人在犯罪地无稳定居住地、经济来源和社会关系,一旦对其采取非羁押性强制措施,很难保证不脱保,从而影响诉讼程序的顺利进行。这是承办人最大的顾虑②。

---

① 上海市社区矫正办:《上海市社区矫正工作资料汇编》,2010年,第12～13页。

② 上海司法实践中曾发生非上海籍未成年犯罪嫌疑人被取保候审后,其亲属与其共同离开上海,不知去向,致诉讼无法继续的情形。

**2. 从司法实践中采用的未成年罪犯适用缓刑条件看，外来人员一般难以达到**

刑法将被告人的犯罪情节和悔罪态度作为适用缓刑的条件，最高人民法院《关于审理未成年人刑事案件具体应用法律若干问题的解释》（简称《解释》）第 16 条明确规定，在未成年罪犯符合刑法适用缓刑的规定且具备初次犯罪，积极退赃或赔偿被害人经济损失，具备监护、帮教条件三种情形之一的，对其适用缓刑确实不致再危害社会时，应当宣告缓刑。从上述法律规定看，第一，对未成年人适用缓刑除应具备刑法规定的一般条件外，尚需"同时具备"另行规定的三个条件之一，因此，从《解释》第 16 条的文义理解角度看，对未成年人适用缓刑比成年人更为严格。第二，一般而言，未成年人的犯罪情节较轻，是否初次犯罪、是否退赃或赔偿比较容易判断。但是，被告人的悔罪态度和是否具备监护、帮教条件则没有权威的标准。司法实践中，认定犯罪人是否有悔罪表现，通常从是否交代自己的全部罪行、是否积极退赃、是否检举揭发同伙的罪行加以考虑。由于非上海籍未成年人经济条件相对较差，所得赃款、赃物大多用于生活开支或挥霍，很难退赃或赔偿，因此，悔罪态度很难达到一般认为适用缓刑的条件要求。同时，监管、帮教条件仍然是缓刑适用时作为确实不致再危害社会的必要条件。司法实务中，根据社区矫正工作意见的规定，判处缓刑案件应进行审前调查工作。从上海地区看，由于普遍建立了社区矫正组织，上海籍的被告人一般由社区矫正组织承诺监管，故适用缓刑比例较高。但对于非上海籍的"民工二代"、流动外来未成年罪犯，由于尚未完全列入社工帮教范围，很难提供可以实施监管的材料，故缓刑适用率偏低。可见，在缓刑的适用上，户籍以及经济状况等外部条件对法院的判决结果产生了很大影响。以上海市闸北区人民法院 2006～2008 年对未成年罪犯的判决为例，在适用缓刑的 457 人中，上海籍 370 人，占缓刑总数的 81%；非上海籍 87 人，占缓刑总数的 19%。在适用缓刑的非上海籍罪犯中，在上海有固定住所的"民工二代"74 人，比例达 85%；短期来上海的流动人员只有 13 人，比例为 15%[①]。

### （二）未成年人刑事案件法定代理人不到场的原因

我们认为，未成年人刑事案件中法定代理人缺席与法律规定不完善有关。《刑事诉讼法》第 14 条第 2 款规定："对于不满 18 岁的未成年人犯罪的案件，在讯问和审判时，可以通知犯罪嫌疑人、被告人的法定代理人在场。""可以"而不是"应当"这个关键字眼，凸显了法律对该问题的基本态度。同时，相关法律法规均对法定代理人在场制度缺乏明确、严密的规定，如：法定代理人在场的作用是什么，他们享有

① 吕敏、王宗光：《少年刑事审判中缓刑适用的现状与思考》，2008 年上海市高级人民法院调研课题。

哪些诉讼权利和承担哪些诉讼义务，法律对此没有作明确规定，直接影响了这一制度的实践效果；如果公安、司法机关在讯问、审判未成年犯罪嫌疑人或被告人时，通知了法定代理人，而其没有到场，也没有规定相应的法律后果；法定代理人在场如果起了相反的作用，法律没有相应的排除性的规定；如果公安、司法机关在讯问、审判未成年犯罪嫌疑人或被告人时，没有通知法定代理人，也没有任何的法律后果；等等。根据最高法院司法解释，在审理阶段，法院对法定代理人经通知后不到庭的，也缺乏强制措施，只能记录在案。由于缺乏明确的、强制性的规定，导致未成年人刑事案件法定代理人不到庭现象时有发生。特别是非上海籍未成年被告人的法定代理人，有的因为路途遥远、交通不便或经济困难而不能到庭，他们的缺席率超过 50%，致使未成年人独自面对刑事诉讼时可能对其身心造成损害。

### （三）未成年罪犯社区矫正存在缺陷的原因

#### 1. 现有法律规范不完善

目前，我国对未成年罪犯执行刑罚的法律法规主要是《监狱法》、《少年犯管教所管理规定》。《监狱法》第 6 章"对少年犯的教育改造"共有 4 个法条。其中，第 77 条规定："对少年犯的管理和教育改造，本章未作规定的适用本法的有关规定。"该法条属于准用性规范。因此，《监狱法》中直接规定对少年犯执行刑罚的法条仅有 3 个。依据《监狱法》和《未成年人保护法》和有关法律法规，司法部于 1998 年 12 月 1 日发布实施《少年犯管教所管理规定》(简称《规定》)，共 8 章 65 条，是对少年犯执行刑罚的主要规章依据。上述法律规范都没有对未成年人适用社区矫正作出具体规定。2003 年 7 月 10 日，最高人民法院、最高人民检察院、公安部、司法部下发《关于开展社区矫正试点工作的通知》，2009 年 9 月 2 日又联合发布《关于在全国试行社区矫正工作的意见》(简称《意见》)，虽明确规定"对于罪行轻微、主观恶性不大的未成年犯"，"应当作为重点对象，适用非监禁措施，实施社区矫正"，但社区矫正工作在全国的发展仍不平衡，《意见》的法律位阶过低。另外，有的地方性法律规范也与上位法的规定不尽一致，如上海市教委 2010 年 9 月作出的《上海市中等职业学校学生学籍管理实施办法》第 32 条规定："凡触犯国家宪法和刑律，构成刑事犯罪的学生，经人民法院判决生效后，应给予开除学籍处分。"这与《预防未成年人犯罪法》第 48 条关于对被判处刑罚宣告缓刑的未成年人，"在复学、升学、就业等方面与其他未成年人享有同等权利，任何单位和个人不得歧视"的规定不符，不利于对未成年人的教育和矫正。

#### 2. 未成年罪犯社区矫正工作缺乏配套措施

虽然近年来我国社区矫正工作试点已经开始，但是在机构、人员、设施、矫正措施、评估手段、适用对象和资源配置等方面仍处于探索阶段。以上海为例，社工的配置比例已经不能满足工作需要，社区矫正经费需建立动态增长机制①。同时，上海目前存在青少年社工和矫正社工两支社工队伍，分别隶属于团市委和市司法局矫正办。青少年社工熟悉青少年特点，目前有部分工作是对法院审判的未成年被告人提供社会调查报告；矫正社工对社区矫正更为专业，但不仅对未成年罪犯且对成年罪犯均要开展矫正工作。我们认为，对未成年罪犯的矫正需要有兼具上述两支社工队伍之长的专业社工担任。从全国情况来看，以户籍所在地为基本依据的矫正对象划分方法缺乏科学性，异地委托机制急需建立。

## 三、非上海籍未成年人司法处遇公平问题应对措施

### （一）依法扩大外来未成年罪犯非监禁刑适用

刑事法律作为法律制度中最严厉、最根本的底线式保护制度，是实现社会正义的最为重要的一项制度，也是保护未成年人和维护社会治安秩序最为重要的组成部分。因此，我们必须努力改造和完善不利于平等保护的刑事法律制度及其配套工作机制，在外来未成年罪犯②非监禁刑适用问题上，可以根据我国目前的实际情况，在借鉴国外有益经验的基础上，转变观念，积极探索，努力改进。

**1. 及时转变观念，在侦查起诉阶段扩大适用非羁押性强制措施**

如前所述，非上海籍未成年犯罪嫌疑人判非监禁刑少的原因之一，是审前采用非羁押性强制措施较少。要从根本上解决这一问题，我们认为，一是深化平等保护意识。随着流动人口越来越多，外来人员的平等权问题已受到国家和社会的关注，进入刑事诉讼领域的外来未成年人同样应平等地享有权利。比如在审查批捕阶段，树立对未成年人“不捕为一般，逮捕为特殊”的理念，引入“非羁押措施风险评估制度”，通过对外来未成年人的犯罪行为、平时表现、家庭情况和帮教条件等的综合评估，对未成年人尽可能不予逮捕。对于预备犯、中止犯、初犯、偶犯以及被胁迫、诱骗走上犯罪道路的未成年人，或者在共同犯罪中起次要、辅助作用的未成年人，在综合权衡后尽量不予起诉。对于必须羁押的未成年犯罪嫌疑人，尽可能加快结案速度，以期缩短羁押时间。二是完善保证人和保证金制度。对外来未成年犯罪

---

① 上海市社区矫正办：《上海市社区矫正工作资料汇编》，2010 年，第 5 页。

② 本课题前面部分分析以上海数据为主，故采用非上海籍未成年人的概念，应对措施部分不仅对上海，对全国也有借鉴意义，故采用外来未成年人的提法。

嫌疑人，如果其本人或法定代理人、近亲属无法提出保证人或者缴纳保证金，在犯罪地已经就业的，考虑由其雇主作为保证人或缴纳保证金；在犯罪地就读或有固定住所的，可由当地社区矫正机构作为保证人或缴纳保证金；如果系流浪未成年人，是否可以考虑建立一种公益性质的保证机构为外来未成年犯罪嫌疑人提供取保候审的保证人或者保证金。

**2. 正确理解法律，对外来未成年罪犯尽可能适用非监禁刑**

《解释》第16条规定，对未成年罪犯符合《刑法》第72条第1款规定的，可以宣告缓刑。如果同时具有初次犯罪，积极退赃或赔偿，具备监护、帮教条件三种情形之一的，应当（而非可以）宣告缓刑。从法律层面来看，这里缓刑的适用条件并没有因户籍的不同而不同，同样，刑法对管制等非监禁刑也没有不同规定。实际上，我们应当正确理解刑法和《解释》中悔罪态度及监护、帮教条件的规定。我们认为，第一，关于悔罪表现。对于未成年人而言，由于其本人并不具备经济基础，只要认识到其行为已构成犯罪并真诚悔过的，不需要同时具有退赃或赔偿等其他条件即可认定其有悔罪表现。第二，关于监护、帮教条件。《刑法》第76条明确规定，缓刑由公安机关考察，所在单位或者基层组织予以配合；第38条规定，管制由公安机关执行。由此可见，法律并未规定公安机关必须是户籍所在地公安机关，基层组织完全可以是社区矫正组织。因此，只要罪犯真诚悔过，法院对在本地就学、就业或有相对固定住所的罪行较轻的外来未成年人同样可以判处非监禁刑，但在判决前必须做好与社区矫正的衔接工作。

**3. 不断创新机制，加大未成年人案件刑事和解力度**

刑事和解制度，是指在犯罪发生后，调停人使受害人与加害人直接商谈，协商解决刑事纠纷。刑事和解的目的是恢复被加害人破坏的社会关系，弥补受害人受到的损害以及恢复加害人与受害人之间的和睦关系，并为加害人改过自新、重新回归社会创造条件。比较而言，大多数未成年人罪行较轻，对犯罪未成年人应当“教育为主，惩罚为辅”，因此，建立犯罪未成年人的刑事和解机制，对未成年罪犯重返社会具有重要意义。上海法院在探索未成年人案件刑事和解方面已迈开了积极的步伐，如长宁区法院少年庭创设了“刑事和解面谈会”，由法官组织被告人、被害人、法定代理人等就犯罪对社会产生的危害、被告人对犯罪行为的认识、被告人对被害人的赔偿、被害人对被告人是否谅解等进行面谈。将“两个自愿”即被告人一方与被害人一方均自愿进行刑事和解，“三个充分”即被告人充分认罪悔罪、被告人或家人充分赔偿、被害人充分谅解作为刑事和解的必备条件，逐渐形成了未成年人“刑事和解”工作的特色；普陀区法院少年庭加大刑事附带民事诉讼调解力度以促进刑事和解，据统计，2008年，该法院96%的刑事附带民事诉讼案件在开庭前调解成功，并自动履行完毕，为未成年被告人适用非监禁刑创造了条件。可见，刑事和解制度的建立，可以从根本上提高未成年被告人非监禁刑的适用比例，有利于未成年罪犯的社区矫正。我们认为，刑事和解也适用于侦查、起诉阶段，在被害人对未成年犯罪嫌疑人达成谅解的基础上，对罪行较轻的嫌疑人尽可能不予起诉或采用非羁押强制措施，为未成年人悔过自新、融入社会创造条件。

### （二）创新建立未成年人刑事诉讼合适成年人参与制度

针对外来未成年犯罪嫌疑人、被告人的法定代理人不到场参加诉讼的现象，有必要建立和完善合适成年人参与制度①。上海推出的合适成年人参与制度是指在未成年人刑事案件的侦查、起诉、审理、刑罚执行过程中，在法定代理人无法或不宜到场的情况下，指定合适的成年人参与司法过程，并履行监督、沟通、抚慰、教育等职能，以保护未成年人的合法权益。这一制度起源于英国，是西方国家较为普遍设置的、体现对于特殊犯罪人的人性关怀和追求程序正义的制度。其基本含义是指警察在讯问未成年犯罪嫌疑人和有精神障碍犯罪嫌疑人时，必须有合适的成年人（如监护人或者专设的合适成年人）到场；合适成年人到场的主要作用是为未成年犯罪嫌疑人、有精神障碍犯罪嫌疑人提供帮助，协助其与警察沟通，同时监督警察在讯问过程中是否有不当行为。

在我国，对建立合适成年人参与制度还有一定的争议。2010 年 5 月，上海市公检法司联合签署《关于合适成年人参与刑事诉讼的规定》，在省市级层面率先建立合适成年人参与制度，200 余名在本地有固定住所、具有良好道德品质、热心于未成年人保护、具有较好的沟通协调和语言表达能力和基本法律常识及相关知识的专业社工、学校教师、共青团干部、青保干部等被核准为合适成年人。上海在借鉴国外合适成年人制度时，根据中国国情进行了创新。我们认为，合适成年人不仅可以在协助沟通和防止刑讯逼供方面发挥作用，在法院审理阶段，当未成年被告人的法定代理人不到场或不到庭时，合适成年人可以起到“代理家长”的作用，依法维护未成年人合法的诉讼权利。合适成年人在法院审判阶段继续参与有法律依据。

另外，在合适成年人义务方面，我们增加了“涉罪未成年人（含外地来沪未成年人）被判处非监禁刑的，参与诉讼的合适成年人一般应当继续参与其刑罚执行期间的帮教矫正工作”的条款，这对解决被判处非监禁刑未成年人，尤其是外地来沪未成年人的帮教问题，将起到极大的推动作用。同时，由于涉及刑事诉讼不同阶段，

---

① 在国内还没有统一的名称，有的称为“适当成年人介入制度”。参见姚建龙博士：《英国适当成年人介入制度及其在中国的引入》，《中国刑事法杂志》2004 年第 4 期。

如果侦查、起诉、审判、矫正阶段由不同的合适成年人参与，不仅会造成资源的极大浪费，而且也会影响合适成年人参与的效果。因为如果不同阶段由不同的合适成年人参与，他们每个人对案件的了解都是阶段性的，对未成年人的了解就可能是片面的，且未成年人不断面对新的陌生人也可能造成心理上的不稳定，因此，上海《关于合适成年人参与刑事诉讼的规定》要求，案件处理的各个阶段尽可能由同一个合适成年人参与。这样，合适成年人在未成年被告人经过公安、检察、法院一系列的诉讼阶段后，已成为未成年被告人最感亲切和对其最为了解的人，他们能够用最容易为未成年被告人所接受的教育方式对其进行教育。尤其是在社区矫正阶段，如果有同一合适成年人参与，对未成年被告人的矫正将起到积极作用，必将有利于对外来未成年被告人适用非监禁刑及行刑的社会化。

### （三）逐步完善对未成年罪犯的社区矫正制度

对未成年罪犯尽可能处以非监禁刑并在社区进行矫正，同时对未成年人的社区矫正应实行不同于成年人的管理制度，这已成为各国少年司法制度的共识。但是我国法律规定对未成年人非监禁刑的执行与成年人并无大的区别，同时，当前又面临大量流动人口犯罪的社区矫正问题，因此，我们建议，在将社区矫正工作及时上升到法律规定层面的同时，在目前社会发展大格局下，建立适合未成年人尤其是外来未成年人特点的社区矫正制度问题值得重视。

**1. 选择合适项目，将外来未成年罪犯纳入社区矫正项目**

未成年罪犯社区矫正项目的选择，必须高度关注被矫正者的需求和特征，社区矫正工作者要有一定的专业知识，才能使矫正工作具有针对性和有效性。综观世界各国，许多国家均采取了专门适用于未成年人的社区矫正项目。在美国，对少年犯罪人的社区矫正项目主要包括养育家庭、日处遇项目、小组之家、争取生存的项目等。南非社区少年犯罪预防和矫正项目包括：发展孩子的生活技能；同伴或青年指导项目，如通过联谊会使孩子结交良师益友，从而指导孩子；野外探险训练，因为很多孩子犯罪是为寻求刺激，设计这个项目可以弥补孩子这种心理特点；培养孩子企业家精神项目，实际上是教会孩子一些实用的技能。日本的少年犯社区矫正项目主要有缓刑监督、释放后的安置服务、保护观察和更生保护等。

目前，上海针对未成年人的分类矫正项目已经开始起步，并逐步积累经验。但是，对于本地未成年人尚可利用家人、亲属力量，营造家庭关怀的环境进行矫正，但对于占未成年罪犯七成左右的外来未成年人何时可以纳入社区矫正项目，目前尚没有时间表。因此，首先，政府应当加大购买服务的投入，树立“全国一盘棋”观念，使外来未成年人可以纳入犯罪地的社区矫正项目；其次，社工应当针对外来未成年人的特点，使他们通过矫正项目能够融入当地的主流文化和社会生活。

**2. 合理配置资源，实现社区矫正力量的整合**

目前，上海直接从事社区矫正工作的社工人员不足，按照“政府主导推动、社团自主运作，社会多方参与”的总体思路，应整合社工力量和社会组织资源，发挥帮教志愿者作用，多层次开展社区矫正工作。一是整合青少年社工与矫正社工力量，集中两者优势不断完善未成年人分类矫正项目。二是整合热心社会公益事业的民营企业等力量，探索建立未成年人非监禁刑考察基地。如上海闸北区法院为解决非上海籍未成年被告人判处缓刑难的问题，于 2010 年 10 月 12 日联合宝山区综治办、宝山区检察院、宝山区职业技术学校、迈浩实业公司等单位共同建立了缓刑教育考察基地“未成年人成长之家”，由宝山职校、迈浩实业公司、灵石学校等单位为被判处非监禁刑的非上海籍未成年人提供帮教监护场所，在其缓刑考验期内提供就学或劳动技能培训等。“未成年人成长之家”的建立，不仅落实了对非上海籍未成年人判处非监禁刑的帮教、监管措施，也为法院根据宽严相济刑事政策、扩大非监禁刑的适用力度提供了可能，同时还为罪错未成年人创造了良好的社会环境，使他们可以脱离不良外界的影响，通过在“未成年人成长之家”掌握扎实的劳动技能和文化知识，为日后回归社会、融入社会打下基础。我们认为，上述工作也许由社区矫正机构予以落实更为适宜。三是整合志愿者力量，由志愿者在专业矫正官的指导下开展教育、管理、监督工作。例如，可以由具有一定社会工作经验、热心帮教工作的离退休老同志，作为社区矫正工作志愿者与缓刑少年签订帮教协议，开展结对帮教活动。他们有着丰富的人生阅历和多年的教学、工作经验，对于失足青少年进行帮教，可以产生一种长辈教育晚辈的亲切感，更容易打消孩子心理抵触情绪，增强帮教工作的说服力，取得实际效果。另外，现代社会特征之一的“明星效应”，也是社区矫正大可挖掘和利用的有效社会资源。在社区矫正工作规划中，可以邀请一定数量的著名社会工作者及知名人士，与未成年罪犯谈人生感悟、创业精神，尤其是如何面对挫折的勇气和方法，或许能够收到很好的效果。四是整合全国各地社区矫正组织的力量，在人员大流动的社会背景下，社区矫正组织应当可以异地相互委托，在对流动犯罪人员开展矫正工作的基础上，更新现有的以户籍为划分条件的社区帮教、矫正工作机制，使进入刑事司法程序的外来未成年人，无论户籍地、经济情况如何，都能在司法的各个环节，享有法律赋予的各项权利，平等地受到司法保护。

# 来沪未成年人权益保护与罪错预防*

## 一、引言

随着上海经济社会的快速发展，大批外地来沪务工人员涌入，他们在为上海经济发展作出重要贡献的同时，也带来了种种社会问题，其中来沪未成年人的违法犯罪问题尤为突出。本课题立足于刑事检察工作实践，以近5年中来沪罪错未成年人司法处置情况为切入点，在对本市相关部门进行走访、座谈，对在押的1 474名罪错来沪未成年人进行实证调查的基础上，全面剖析来沪未成年人权益保护中面临的问题及原因，并提出解决方法和建议，使来沪未成年人平等享有沪籍未成年人的各项权益，从而有效预防违法犯罪，促进社会和谐稳定。

## 二、来沪未成年人基本情况和权益保护现状

### （一）近5年来沪未成年人基本情况

据市统计局抽样调查统计，2003～2007年，本市常住来沪未成年人分别为67.5万、71.3万、53万、56.6万和60.4万；常住外来人口出生人数分别为2.57万、2.2万、4.15万、5.3万、6.58万。在来沪未成年人中，年满14周岁未满16周岁的4.3万人，占来沪未成年人的7.1%，年满16周岁未满18周岁的11.4万人，占来沪未成年人的18.9%。另据教育部门统计，截至2007年9月，本市接受义务教育的来沪务工人员同住子女近38万人，小学阶段29.7万人，初中阶段8.3万人，而由于户籍制度和就学保障的局限，导致来沪未成年人在读完初中后一般无法

---

* 本文获2008～2010年度上海妇女儿童发展课题调研成果优秀奖。作者：上海市人民检察院未成年人刑事检察处。

再在上海继续升学，相当一部分未成年人又不愿回原籍读书，于是只能辍学，流入社会。

另据问卷调查数据显示，在来沪未成年人中，自己找工作和亲友介绍的占80.6%。在所从事的职业中，居于前三位的职业是居民服务和其他服务业、制造业、住宿和餐饮业，月收入在500～1 000元的占50.7%，1 001～1 500元的占30.2%，收入普遍偏低。

### （二）司法处置情况

数据显示，2003～2007年本市共处置罪错未成年人21 385人，其中来沪未成年人17 601人，占总数的82.31%。5年中，罪错来沪未成年人数占全市当年未成年人罪错总人数比例依次为73.18%、79.64%、81.5%、85.41%和86%，逐年递增，并呈以下特点：

**1. 群体性特征**

（1）闲散者居多。调查显示，在这些违法犯罪的来沪未成年人中，无业的占62.7%，没有办理过居住登记和暂住证的占60.8%，其中有75.5%的人日常住处为网吧、旅馆和浴室。

（2）违法犯罪年龄和受教育程度普遍偏低。调查显示，违法犯罪的来沪未成年人中以14～17岁这一年龄段为主，16～17岁的来沪未成年人增长最快；文化程度为初中以下的占88.2%。在被问及来沪后没有继续读书的原因时，有67.15%的人选择了“无力负担学费”，另有32.8%的人选择了“本市学校不收”。

（3）交友不慎是失足的主要原因。调查显示，有69.1%的来沪未成年人同其他外来人员交朋友，其中有42.9%是同乡，共有49.8%的受调查者认为导致自己失足的原因是来沪后交友不慎。

**2. 违法性特征**

（1）来沪涉罪未成年人对本市社会治安和人民群众的安全感产生较大影响。近5年来沪未成年人所涉罪名主要集中在盗窃、抢劫和寻衅滋事三类，合计占总数的77.58%，且多集中在校门口、网吧、街头商业网点、老式居民小区等区域。

（2）来沪未成年人作案暴力化。来沪未成年人犯罪中，涉嫌抢劫的占37.6%，故意杀人、故意伤害、强奸等暴力犯罪也较为常见。同时，问卷调查也显示，有56%的受调查者在“作案手段”一栏中选择了“暴力及暴力胁迫”。

（3）团伙化作案增多，社会危害日趋严重。据统计，在违法犯罪的来沪未成年人中，有76.5%的人参与共同犯罪，其中有48.6%的人与成年人共同犯罪。

（4）来沪未成年人犯罪判重刑者居多。近5年有罪判决的来沪未成年人中，被判处3年以上不满10年有期徒刑的占全市同类判决未成年人总数的69.5%，被判处10年以上有期徒刑的占全市同类判决未成年人总数的86%，明显多于本市未成年人。

### （三）来沪未成年人权益保护现状及存在的问题

来沪未成年人与沪籍同龄人在社会公共服务和司法处置等方面的权益保护仍存在一定差距。

（1）来沪未成年人管理工作存在盲点。问卷调查显示，1 474名罪错来沪未成年人中，75.8%的人无固定居所，通常住在网吧、旅馆和浴室；62.8%的人未曾办理居住证和暂住证。基层干部反映，来沪人口登记信息数据不准确且无法共享，来沪未成年人真实信息难以掌握。

（2）社会公共服务难以满足需求。本市义务教育公办学校吸收来沪务工人员子女的数量以每年5%的速度增长，有约18万人就读于农民工子女学校，但这类学校教学质量和条件与公办学校差距较大。另据调查，违法犯罪的来沪未成年人中，无业的占61.9%，有失业经历的占50.9%；就业人员中，靠自己找工作和亲友介绍的占80.6%，通过职业介绍所和社区介绍的仅为9.5%。

（3）社区服务管理尚未覆盖来沪未成年人。近年来，本市以政府出资购买社会服务的方式，对少数来沪社区闲散青少年，开展了心理咨询、学历和职业技能培训、就业援助等帮助，但由于青少年事务社工人数与工作对象是按照1∶150的比例进行配置，工作范围难以覆盖所有来沪未成年人，受益人数极少。

（4）立法尚不健全。目前，我国在包括《刑法》、《刑事诉讼法》等在内的法律中制定了一些专门性条款，以司法解释的形式颁布了审理未成年人刑事案件的若干规定，并制定了《预防未成年人犯罪法》、《未成年人保护法》等专门性的法律法规，但到目前为止，还没有专门规定未成年人犯罪案件的刑事诉讼、矫治的法律。

### （四）司法保护现状及问题

全市司法机关积极构建来沪未成年人平等保护与犯罪预防的体系，开展普遍的犯罪预防工作，但仍存在如下问题：

（1）机构设置相对滞后。除个别区外，本市公安机关尚没有专门办理未成年人案件的机构和人员；检察机关在市院、分院两个层面长期没有成立独立的未检机构；审判机关指定管辖的形式造成司法资源配置不合理；司法行政部门尚未建立一支专门针对未成年人的法律援助律师队伍。

（2）工作机制推进不够平衡。全市各级检察机关围绕未检职能，建立起一系列针对来沪未成年人司法保护的特殊工作制度，如非羁押措施可行性评估、合适成年人参与审讯、社会调查、法律援助、轻微刑案快速审理、刑事和解、诉前考察教育等多项行之有效的特殊工作机制。但是，上述各项机制在各区推进过程中，受到各种因素的制约，存在着不平衡现象。

(3) 社区矫治尚停留在试点阶段。自 2003 年以来，上海作为社区矫正试点区域之一，在对未成年犯矫正工作方面取得一定的成绩，但由于诸多原因，导致这项工作的开展出现诸多不足与缺陷。司法局提供的数据表明，近 5 年来沪未成年人正式接受司法矫正的数字为零。

## 三、来沪未成年人权益保护问题成因分析

随着来沪未成年人违法和犯罪的大幅上升，给上海的治安稳定与社会和谐带来严峻的考验，其原因主要有以下几个方面。

### (一) 观念落后，影响了对来沪未成年人权益的平等保护

平等权是未成年人享有的一项基本权利，但观念的落后，致使来沪未成年人在权益保护方面与沪籍未成年人产生了一定的差异。一是部分市民对来沪人员存在排斥的传统观念。部分市民对来沪人员存有偏见，忽视了来沪人员为上海城市建设作出的贡献，只看到少部分人员违法乱纪、扰乱社会治安的一面。二是政府职能部门重管控、轻服务。一些单位及部门，面对日益严峻的来沪未成年人违法犯罪的形势，尽力约束、加强对外来人员的限制和管理，并制定一系列政策。这些政策是城市管理的保障，也可能成为外来人员进入城市的壁垒，形成制度上的无形歧视。三是司法机关缺乏对来沪未成年人平等保护意识。受传统思想观念的阻碍和影响，执法人员不能完全树立先进的少年司法理念，在对来沪未成年犯的司法处置过程中，产生了与本地未成年人相比，“相同条件下不同等对待”的情况。

### (二) 法律滞后，阻碍了对来沪未成年人权益的平等保护

无论是国家层面还是地方层面，对未成年人权益保护缺失的很大原因是基于法律的滞后与欠缺：一是少年特殊性的刑事立法欠缺。成人刑事司法制度理念是优先保护社会利益，而少年司法制度理念是优先保护未成年人利益。当两种理念相冲突的时候，往往是传统的理论具有更强的定势和权威性，从而使独立的少年立法受到非难和排挤。二是地方立法不配套。《预防未成年人犯罪法》、《未成年人保护法》存在对未成年人实体权利程序保障不足、相应责任追究规定不明确等问题，

因此需要得到地方立法的配套、细化。《上海市未成年人保护条例》目前尚未根据上位法的变化进行相应修订，预防未成年人犯罪法的本市实施细则至今尚未制定，以致职责不明、措施不具体。三是正在探索的司法实践经验及做法尚未上升为立法。上海市司法机关已形成了自公安受理案件开始直至矫正结束的一系列针对来沪未成年人的特殊保护制度，但因探索缺乏法律的支撑，而成为最高司法机关等对"依法治国"的质疑①。立法的欠缺与司法的探索成为一对不可调和的矛盾，严重阻碍少年司法的发展。

### （三）公共服务不足，制约了对来沪未成年人的平等保护

来沪未成年人保护是一个复杂的系统工程，他们与沪籍同龄人在社会公共服务方面存在的差距，体现了政府在信息管理以及资源配置方面的欠缺。一是人口信息掌握不准确。市级、区级和基层三个层面上，来沪人口管理机构设置不统一，多方人口管理基层工作力量职责交叉，有待整合；来沪人员居住证办理采取自愿原则，部分人员不到当地有关部门进行登记；居住证和房屋租赁管理两大制度推进不同步，导致信息采集口径不统一、信息不完整。二是公共服务资源有限。社会公共服务的满足需建立在强大的财政支撑上，庞大的外来人口的流入，虽然对上海的经济建设起了推动作用，也带来了难以承受的社会公共服务之累，由此分配在来沪未成年人身上的教育和就业、社区帮教等资源就较本地未成年人欠缺。三是不良文化娱乐场所整治不力。"破窗理论"认为，在建筑物窗户玻璃被打碎之后，若不及时予以修复，久而久之，就有可能给人以暗示性纵容，认为无人关心而破坏更多玻璃②。对不良文化娱乐场所，以及随时进入这些场所的来沪未成年人，如果不快速着力整顿，并加以引导，就会如同"破窗理论"一样，滋生更多违法犯罪。

### （四）家庭监护缺失，削弱了对来沪未成年人权益的平等保护

在家庭环境中，与家庭相关的系列问题成为许多来沪未成年人权益保护缺失的直接原因。一是监护主体自身素质低下。调查显示，来沪未成年人学生家长只接受小学教育甚至未接受过正规教育的占到34.55%，接受过中学初等教育的占40.97%。不少外来务工人员受教育程度限制，本身素质不高。二是家庭教育方式

① 2004年7月2日，最高人民检察院发出《关于严格依法履行法律监督职责、推进检察改革若干问题的通知》，指出："暂缓起诉制度在现行法律中没有规定，在实践中不宜推行。各地也不要再行新的试点。"

② 张鸿巍：《少年司法通论》，人民出版社2008年版，第237页。

不当。家庭教育和控制功能的弱化和异化，使未成年人违法犯罪的第一道防线失之疏漏。来沪务工家长忽视、溺爱、打骂等不当的教育方式，很容易影响孩子性格的成长，可能会导致孩子的攻击性人格。三是监护人怠于行使权利。部分家长放弃履行父母的监护、教育职责，任由孩子沉迷网吧、打架或偷、盗、抢，最终使孩子走向犯罪的深渊。许多家长随意让孩子辍学早打工，甚至修改年龄，既侵犯孩子的教育权，也侵犯了国家户籍制度的严肃性。

### （五）司法保护不全，弱化了对来沪未成年人权益的平等保护

**1. 司法机构不匹配**

少年司法发展至今，公检法在机构设置上仍存在不匹配的问题。究其原因：一是公安机关重打击、轻维权，忽视专门机构建设。公安系统尚未完全建立一支专门针对未成年人案件的警察队伍，除了各区经济发展水平、公安人手紧张之外，少年警察机构的地位和作用与传统刑事司法价值目标相冲突才是最主要原因。公安机关历来以打击犯罪、维护社会稳定为第一要旨，并以刑事拘留数、逮捕数、移送审查起诉数为指标。显然，这样的指标设置与处置未成年犯的“三非”原则（非犯罪化、非刑罚化、非监禁化）是相悖的。二是检察机关垂直体系在司法改革推进中出现断层。在机构建制上，上海检察机关在分院、市院层面上尚无独立的未检机构，由此造成上下指导断层，未成年人检察工作的地位不高，从事未成年人检察工作的工作人员专门化程度不够，制约了上海市未成年人检察工作的开展及其效果①。三是审判机关少年案件指定管辖渐显弊端。指定管辖是为了解决少年庭案源不足、少年法官队伍不稳定及执法保持统一等问题，但实践中已渐显以下弊端：指定管辖导致新的审判资源与案件受理量的不平衡；造成未成年人羁押期限人为延长；导致跨区帮教，矫正体系出现中断。

**2. 司法机制不全**

少年司法机制发展过程中，涉及移植、制度推进、考核等问题，也影响了少年司法制度的发展。一是移植借鉴国外的机制本土化不够。现行地方探索的各项少年特殊司法制度，都来自对国外类似制度的移植和借鉴，但是许多制度因为条件欠缺或缺乏本土化的实质改造，在实施过程中达不到应有的效果。二是各项制度在推进过程中存在不平衡现象。各个区域经济发展的不平衡、政府及司法机关施政理念的不同、案件数量的多少，也影响着未成年人特殊司法制度在全市的推广与普及。主要表现在：一是各区域之间发展不平衡。未成年人特殊司法制度基本都停

① 张相军、樊荣庆、吴燕：《未成年人检察制度的改革与立法完善》，《青少年犯罪问题》2007 年第 4 期。

留在各区自行探索的层面。二是各司法机关之间发展的不平衡。三是司法机关考核导向存在一定偏差。现行考核机制中的成人刑事司法的考评体系以及价值判断标准，也成为少年司法机制发展的障碍之一。

**3. 司法与社会衔接不够**

社会监管和帮教条件的缺失，使来沪未成年人犯被排除在社区矫正体系之外。最高法院、最高检察院制定的相关司法解释中，均将具备有效监护或者社会帮教条件作为非羁押性措施适用的实质要件，这样的条件，甚至严于成人犯。由于多数来沪未成年人的父母不在身边或流动性大，采取非羁押性措施时没有合适保证人，无法满足法律规定的有效担保条件，财产保证无力承担且不能保证效果，这是目前来沪未成年人案件取保候审无法有效操作的主要问题。同时，没有一个公益性的观护机构，对于既无监护人又无居住地涉案来沪未成年人，往往就无法使用非羁押措施。

## 四、来沪未成年人权益保护的完善和发展

预防来沪未成年人犯罪，除专靠刑罚来禁止犯罪外，着重要从社会保护和司法保护两方面入手。本课题组针对来沪未成年人权益保护中存在的问题提出以下建议。

### （一）完善对来沪未成年人的社会保护

**1. 建立健全来沪未成年人的政府管理机制**

一是理顺管理协调机构。目前本市未成年人保护委员会常设机构在教委，建议在市级层面建立一个既能研究制定政策又能协调指导基层管理的工作机构，统筹相应的政策资源与管理资源，推进来沪未成年人的服务和管理工作。二是健全信息采集机制：(1) 加快建立本市实有人口登记、核查、统计制度，建立市、区县、街镇三级流动人口及来沪未成年人信息数据库，并逐步实现跨部门、跨系统的信息互通共享。(2) 扩大居住证的信息容量，根据持有人在沪居住、就业、就学的实际年限以及投资、纳税等相关记录，提供不同程度的服务，对来沪独生子女家庭实行相对的政策倾斜。(3) 全面推行来沪人员协管员制度，按 1∶500 的比例配备来沪人员协管员，设立相应的工作点。(4) 建立特殊来沪未成年人数据库，由公安机关在来沪人员集中导入地的派出所，依托学校、居委会加强对来沪未成年人的基本信息采集，以失学、失业、失管闲散未成年人为重点，强化滚动排查、分类建档、针对性教育等措施。

**2. 不断改善对来沪未成年人的社会公共服务**

一是树立正确的公共服务理念。各级政府和职能部门要树立公共服务为主的理念，对来沪人员及其未成年子女的相关权益做出明确规定和保护。与此同时，倡导上海市民要有海纳百川的胸襟。二是实现来沪未成年人的教育需求：(1) 扩大公办学校吸纳来沪务工人员子女的规模，继续加大专款投入，改善现有农民工子女学校的办学条件和教学水平，逐步将其纳入民办教育管理范畴。(2) 加大"义务后教育"投入，允许部分品学兼优的来沪人员同住子女参加中考，多渠道满足来沪人员同住子女对高中阶段教育的需求。继续加大职业教育的开放力度，逐年增加职校、技校开放名额。探索在长三角地区建立"异地委培"机制、学校和用工单位"定向培训"和"校企合作"等方式。三是加强对适龄来沪未成年人的就业服务。(1) 理顺本市就业服务体系，就业指导中心要向16～18岁的来沪未成年人开放就业服务。(2) 加大对适龄来沪未成年人的职业培训、推荐就业力度，鼓励企业和社会建立专项基金，用于推广"共享阳光"计划。(3) 加强劳动市场监管，设立"适龄来沪未成年人劳动保障权益维护热线"，加大对非法用工、拖欠薪酬、非法中介等违法行为的查处力度。

**3. 逐步建立对来沪未成年人的社区服务**

一是扩大政府购买社会服务项目对象的范围。政府可在各街道、镇、工业区设立青少年社工服务站，由青少年社工、综合协管员、志愿者对社区来沪青少年实施全覆盖的服务管理。二是引导来沪未成年人及其家长参与社区活动。依托社区活动中心，将来沪未成年人的教育空间从学校向社区延伸，以社区为单位设立家长学校，督促家长切实承担起监护人的法定义务，倡导家庭素质教育。三是推进青少年事务社工的职业化、专业化、社会化发展。政府应当加大力度，实施青少年事务社工职业培训、资质认定、职业晋升、薪酬制度改革等举措，确保这支队伍的稳定和发展。

**4. 不断加大对来沪未成年人社会治安综合管理的力度**

一是禁止未成年人进入有关场所。对网吧、营业性舞厅等场所，主管部门应采取经常性暗访、设立举报热线电话以及其他长效性的禁入措施，对违规者要依法进行查处，屡犯者应吊销营业执照。二是推广社工联系学校工作机制。加强青少年社工和农民工子女学校的联系，并动员社会志愿者共同参与，开展预防未成年人犯罪的相关工作。三是深化中小学校法治辅导员工作。深化包括农民工子女学校在内的中小学校的法治辅导员工作，有效开展多形式的法治宣传教育活动，协同开展学校周边治安环境整治。四是加大对特殊来沪未成年人的关心和管理。将工读学校收教范围扩大至非上海户籍人员，增设类似"儿保二班"的来沪流浪儿童福利中心，将有违法行为的流浪未成年人由有关部门专人管控。

**5. 尝试完善未成年人权益保护地方立法**

一是修订《上海市未成年人保护条例》。依据《未成年人保护法》，地方条例在政府承担农民工同住子女义务教育责任、规范未成年人沉迷网络、救助特殊困境的未成年人、强化对未成年人司法保护以及违法处罚措施等方面内容重新修订。二是制定《上海市预防未成年人犯罪实施条例》，将预防措施具体化，针对突出问题作出具体规定，将《预防未成年人犯罪法》规定的法律责任具体化。

## （二）完善对来沪未成年人司法保护

**1. 不断倡导司法保护的理念**

一是树立平等保护理念。从思想上认清来沪未成年人和本地未成年人一样拥有平等的接受司法保护的权利；加强业务学习，提高司法人员对相关法律的熟练掌握程度，排除因业务不精而造成损害未成年人权益的情况。二是树立不断创新的理念。我国少年司法制度尚未健全、成熟，有必要向各国多样化的少年司法模式借鉴，并要有自己的新的发展、开拓、创新和深化。

**2. 尽快建立配套的专业化司法机构**

伴随形势发展和少年司法体制建设的需要，我们仍需不断完善司法机构专业化建设：一是公安机关应在刑侦部门落实未成年人案件专门办理机制；二是检察机关应在市、分院层面建立独立建制的未成年人刑事检察机构；三是审判机关应适当增加指定管辖未成年人案件法院的数量；四是司法行政机关应建立为未成年人提供法律服务的专业律师队伍；五是刑罚执行机构应建立针对未成年犯的特殊刑罚执行机制。

**3. 建立健全少年司法体系**

为健全我国少年司法制度，更好地维护未成年人权益，有必要对目前审理未成年人案件的实体法、程序法进行完善。一是实体法方面。明确未成年人犯罪的概念，把未成年人犯罪从轻、减轻处罚的原则具体化；明确对未成年人适用的刑罚种类和量刑幅度；对未成年人扩大缓刑的适用范围，放宽减刑和假释的条件；规定非刑罚的处置方法以及增加前科消灭制度等的规定。二是程序法方面。对原有的规范性文件进行整理，将有关规定上升为法律法规，根据未成年人的身心特点，对处于讯问、羁押、审理中的未成年人可以规定一些特殊的程序，如品格证明材料调查制度、诉辩交易等。

**4. 深化发展刑事司法保护的机制**

本市各级司法机关已经建立了一些行之有效的司法保护机制，但在来沪未成年人的诉讼过程内中仍不能完全体现平等保护的原则，因此有必要进一步完善这些机制。

（1）拓展非羁押措施的方式。完善并创设一些适合我国国情的非羁押性强制措施适用的特殊程序。一是修正监视居住强制措施的立法。扩大监视居住的适用地点和方式，如在指定地点执行监视居住，并缩短监视居住期限，可考虑缩短为15天左右；二是尝试取保候审保证方式的多样化。增加自保[①]和单位保[②]。同时，加紧建立专门的少年观护机构，承担取保候审期间未成年人的考察监督职责。

（2）深化合适成年人参与审讯的程序。对目前合适成年人参与审讯的探索需不断深化：一是从立法的层面予以确立；二是在经费保障的前提下建立专业化的队伍，使之发挥最大的效能；三是贯彻全面保护和平等保护的理念，特别是对来沪未成年犯罪嫌疑人以及聋哑未成年人等，应该配备具有相应语言的合适成年人，给予他们最及时的帮助。

（3）提高心理测试的科学性。一是建议在刑事立案程序之初，即开展心理测试程序，并积极提高心理测试的科学性；二是对目前心理测试的内容、形式和方法进行研究、论证和改进，使其更符合本土化和时代化；三是有配套保障，如设立心理治疗期等，与帮教相结合，真正达到矫治功能。

（4）强化法律援助的实效。一是保障经费和简便申请手续。政府保障财政充足拨款，同时司法机关简便法律援助申请手续，及时为来沪未成年人提供法律援助；二是实现法律援助全程化[③]。但在审查逮捕阶段是否应提供法律援助，尚值得研究。

（5）实现简案快审的全程化。一是对来沪未成年犯罪嫌疑人全面适用简案快审程序，对快审程序的提起和批准建立衔接、制约机制，实现简案快审全程化；二是建议设计一套迅速简约的未成年人刑事案件特殊审理程序，对轻罪案件设置全程简易程序，简化各诉讼阶段的办案手续，缩短审限。

（6）探索刑事和解的发展。一是尝试建立替代监护体系，总结、推广青少年社工、"合适成年人"等具有"代理家长"性质的做法，致力于为来沪未成年人建立一种替代监护体系，保证其平等享有和解型少年司法的政策优惠；二是尝试建立犯罪人援助制度、按揭式补偿等新的补偿被害人、恢复犯罪创伤的方式，发展社区公益服

① 自保，即被取保候审的来沪未成年人以向司法机关提交保证书的方式，保证随传随到、不逃避或妨碍刑事诉讼活动进行。这是基于对来沪未成年人的信任而设的保证方式，对于那些既缴不起保证金又提不出保证人的来沪未成年人不失为一种较好的保证方式。

② 单位保，即由学校、居委会、村委会、社区等单位或机构充当保证人。这种方式有利于对被取保候审对象的考察教育，尤其是对那些在读、就业的来沪未成年人，由学校、工作单位提供担保，其意义更为重要。

③ 所谓法律援助的全程化，是指对未成年人法律援助的帮助提前至侦查阶段，使法律援助能贯穿诉讼的全过程。

务等。

**5. 深入推广属地化的社区矫正**

一是扩大社区矫正对象的范围。建立属地化的社区矫正模式，对于父母在沪且生活在沪的未成年人，按照“属地化管理”的模式进行社区矫正。建立专业矫正基地，政府可在全市集中几个区县，加大对社工队伍的投入，构建确保对来沪未成年人罪错帮教、考察、矫正的一体化机制，形成矫正工作网络。二是健全社会化的观护机制。针对目前试行的观护制度中存在的分散性、短期性及非专业性的缺憾，需从以下几方面加以健全：在适用范围上，观护制度与转处、暂缓处理、暂缓起诉、暂缓判决等制度结合；设置专门的观护员制度，组建专业化观护员队伍；建立公益性的观护帮教机构，落实对来沪未成年人罪犯的社工帮教和监管；加强观护体系中的司法与社会衔接，司法机关与相关部门密切配合并落实职责，提高对来沪未成年犯罪嫌疑人非监禁化、非刑罚化的适用。三是积极推进社区矫正地方立法化。将探索中形成的一系列经验和成功做法用法律的形式加以固定，解决社区矫正制度所遭遇的法律阻碍，使之形成一个完备、良好的法律体系。在目前条件下，可以先行通过地方立法，再进一步将其提升为法律。

# 后　记

本书收录了 2005～2007 年度、2008～2010 年度上海妇女儿童发展研究成果评奖活动中获奖的部分优秀研究成果。这些研究成果，汇聚了上海妇女儿童发展理论研究和实践工作者的智慧，也从一个侧面反映了上海妇女儿童发展的轨迹和路径。在此，我们要特别感谢收录在本书的各篇研究成果的作者，感谢他们为促进上海妇女儿童发展作出的贡献。同时，我们也要感谢多年来一直关注、关心和支持上海妇女儿童发展事业的各级领导，以及那些为推动上海妇女儿童法规政策完善、促进妇女儿童全面发展而辛勤耕耘的一线工作者，感谢他们为上海妇女儿童发展所付出的心血和努力。

本书的编辑出版是在上海市妇女儿童工作委员会办公室的直接指导下，由上海市儿童发展研究中心具体承担完成的。具体分工如下：上海社会科学院青少年研究所研究员杨雄、董小苹负责全书框架设计；上海社会科学院青少年研究所程福财、上海市妇女儿童工作委员会办公室曹宁负责统稿与修改；上海市妇女儿童工作委员办公室常务副主任田熊、副主任郑晔负责审稿；焦扬最后审定。

因时间仓促，加之编者水平有限，书中难免存在疏漏与不当之处，敬请专家同仁予以批评指正。

编　者